教学，是师生生命的邂逅。师生牵手，活泼泼地走向未来。

——贲友林

· 教育家成长丛书 ·

贲友林
与学为中心数学课堂

BENYOULIN YU XUEWEI ZHONGXIN SHUXUE KETANG

中国教育报刊社 · 人民教育家研究院 组编

贲友林 著

北京师范大学出版集团
BEIJING NORMAL UNIVERSITY PUBLISHING GROUP
北京师范大学出版社

图书在版编目（CIP）数据

贲友林与学为中心数学课堂/贲友林著；中国教育报刊社人民
教育家研究院组编. —北京：北京师范大学出版社，2016.6
（2023.11 重印）
（教育家成长丛书）
ISBN 978-7-303-20260-7

Ⅰ.①贲… Ⅱ.①贲… ②中… Ⅲ.①小学数学课－课堂教学－
教学研究 Ⅳ.①G623.502

中国版本图书馆 CIP 数据核字（2016）第 080279 号

图 书 意 见 反 馈　　gaozhifk@bnupg.com　010-58805079
营 销 中 心 电 话　　010-58802135　010-58802786
北师大出版社教师教育分社微信公众号　　京师教师教育

出版发行：北京师范大学出版社　www.bnup.com
　　　　　北京市西城区新街口外大街 12-3 号
　　　　　邮政编码：100088
印　　刷：唐山玺诚印务有限公司
经　　销：全国新华书店
开　　本：787 mm×1092 mm　1/16
印　　张：25.75
字　　数：440 千字
版　　次：2016 年 6 月第 1 版
印　　次：2023 年 11 月第 6 次印刷
定　　价：70.00 元

策划编辑：倪　花　　　　　责任编辑：马力敏
美术编辑：陈　涛　焦　丽　　装帧设计：陈　涛　焦　丽
责任校对：陈　民　　　　　责任印制：马　洁

教育家成长丛书

编委会名单

总　顾　问：柳　斌　顾明远

顾　　　问：叶　澜　田慧生　林崇德　陈玉琨

编委会主任：杨春茂

编　　　委：（按姓氏笔画为序）

　　　　　　于　漪　　王瑜琨　　方展画　　田慧生

　　　　　　成尚荣　　任　勇　　刘可钦　　齐林泉

　　　　　　孙双金　　李吉林　　杨九俊　　杨春茂

　　　　　　吴正宪　　汪瑞林　　张志勇　　张新洲

　　　　　　陈雨亭　　郑国民　　施久铭　　徐启建

　　　　　　唐江澎　　陶继新　　龚春燕　　程红兵

　　　　　　赖配根　　鲍东明　　窦桂梅　　魏书生

主　　　编：张新洲

副　主　编：赖配根　王瑜琨　汪瑞林

总 序

　　教育是国家发展的基石，教师是基石的奠基者。古人云："国将兴，必贵师而重傅。"兴国必先强教，强教必先重师。党中央、国务院高度重视教师队伍建设。2013 年教师节，习近平总书记在给全国广大教师的慰问信中指出："百年大计，教育为本。教师是立教之本、兴教之源，承担着让每个孩子健康成长、办好人民满意教育的重任。"2014 年，在第 30 个教师节前夕，习总书记到北京师范大学视察并发表重要讲话，指出："一个人遇到好老师是人生的幸运，一个学校拥有好老师是学校的光荣，一个民族源源不断涌现出一批又一批好老师则是民族的希望。"《国家中长期教育改革和发展规划纲要（2010—2020 年）》也明确提出，"有好的教师，才有好的教育"，要"努力造就一支师德高尚、业务精湛、结构合理、充满活力的高素质专业化教师队伍"。"倡导教育家办学"，要创造有利条件，鼓励教师和校长在实践中大胆探索，创新教育思想、教育模式和教育方法，形成教学特色和办学风格，造就一批教育家。"两个一百年"奋斗目标的实现、中华民族伟大复兴中国梦的实现，归根结底要靠人才、靠教育，而支撑起教育光荣梦想的，是千百万的教师。

　　时代呼唤好老师。有一流的教师，才有一流的教育；有一流的教育，才有一流的国家。出名师、育英才、成伟业，是时代赋予我们教育战线的神圣使命。"所谓大学者，非谓有大楼之谓也，有大师之谓也。"好学校、好教育的最重要标准，就是要有好老师。一所学校、一个地区，乃至一个国家，如果教师有理想、有爱心、有学识、有高超的教育艺术，那么即使硬件设施有些简陋，家长、学生也会心向往之。教师是中国梦的奠基者。教师的重要使命，就是为每个孩子播种梦想、点燃梦想，并帮助他们实现梦想。每一间平凡的教室，每一节朴实的课，都不仅是知识的传递，而且是人类文明精神的接续、人生梦想的起航。正是有亿万个孩子梦想的放飞、绽放，中国梦才更加光彩夺目。如果说中国梦最坚实的土壤是学校，那么教师就是最伟大的"筑梦师"，他们用默默无闻、孜孜不倦的智慧劳动，让每一颗年轻的心灵都与中国梦激情相拥。

倡导教育家办学，造就一批好老师，首先要尊重、珍惜我们的本土智慧、本土创造。教育家不是凭空产生的，而是扎根于自己的民族文化土壤，同时吸收人类文明成果，从而创造出独特而生动的教育实践、教育智慧和教育文明。五千年源远流长的中华文明，不但形成了有我们民族特色的教育理论体系，而且涌现出了千千万万优秀的教育家，有被推崇为"大成至圣先师""万世师表"的孔子，有"匹夫而为百世师，一言而为天下法"的韩愈，有"捧着一颗心来，不带半根草去"的人民教育家陶行知，等等。改革开放40年来，随着教育改革的不断深入，教育战线涌现出了一大批杰出教师。他们痴情于教育事业，坚守理想信念和教育良知，在三尺讲台上默默耕耘、刻苦钻研，同时以敢为天下先的精神大胆创新，不断进取、不断超越，形成了各具特色的教育思想和教学风格。正是他们的成功探索和实践，创造了具有中国风格的教育经验，丰富了具有中国特色的教育理论宝库。原由教育部师范教育司组织编写，现由中国教育报刊社人民教育家研究院组织编写的"教育家成长丛书"，就是要向这些宝贵的本土创造性的教育经验致敬。

当前，教育领域综合改革正在深入推进，考试招生制度改革的大幕已经拉开，立德树人、培育和践行社会主义核心价值观成为大中小学教育的头等任务。可以预见，中国教育将发生深刻的变革，将从"中国制造"向"中国创造"转变。"没有革命的理论，就没有革命的运动。"没有适合中国土壤、具有中国智慧的教育理论，就不可能为未来的中国教育改革提供有效的指导。我们的教育要向"中国创造"飞跃，必然要首先创造属于我们自己的教育理论，而不是"言必称希腊"或者老是贩卖欧美的教育理论。170多年前，美国思想家、诗人爱默生发表了著名演说《美国学者》，号召美国知识界："我们依赖旁人的日子，我们师从他国的长期学徒期时代即将结束。在我们周围，有成百上千万的青年正在走向生活，他们不能老是依赖外国学识的残余来获得营养。"由此，美国迈入精神立国阶段。

如今，我们也面临与爱默生同样的情形。随着我国GDP已从世界第二向第一迈进，我们要自觉养成强烈的"中国意识"，独立的中国文化品格，并由此去环视世界，去改造本土实践，去创造属于我们自己的精神养料——这在教育界显得尤为紧迫。"教育家成长丛书"，旨在把我们本土教育实践中蕴含的中国智慧提炼出来，从而形成具有时代意义的中国特色的教育话语体系，再以此去观照、引领、改造中国的教育实践，为伟大的教育改革提供经验、理论支持，也为未来的教育家提供丰富、可资借鉴的精神养料。

让我们为中国教育的伟大未来一起努力吧！

2018年3月9日

前 言

　　见证着中国基础教育半个世纪的春华秋实，代表着中国基础教育教学成果的最高成就——"首届基础教育国家级教学成果奖"，闪耀着李吉林、窦桂梅、吴正宪、张思明、洪宗礼、唐江澎、邱学华、于永正、孙双金、薄俊生、龚春燕等一大批优秀教师的名字。而上述这些教师杰出代表恰恰都是《人民教育》"名师人生"栏目中最受读者喜爱的名师，都是"教育家成长丛书"的作者。

　　"教育家成长丛书"（以下简称"丛书"），是在第 20 个教师节前夕，为了研究、总结、宣传和推广我国众多优秀中小学教师的先进教育思想和鲜活宝贵的教育教学经验，培养造就一大批德才兼备的优秀教师和杰出的教育家，促进教师队伍整体素质的提高，根据教育部党组安排，由师范教育司组织编写的一套凝聚着一大批教育家成长智慧的大型教育丛书。

　　"丛书"自 2006 年问世以来，不但得到国务院和教育部领导同志的高度重视，而且先后印刷多次尚不能满足广大读者的需求。这其中的奥秘何在？

　　当你翻开"丛书"，每一部著作都讲述着一位教育家成长的故事。这些著作主要从"成长历程""思想概述""课堂实录"和"社会反响"等方面全景式反映其教育思想、教育智慧、专业精神和专业人格的形成过程与教学实践过程。这是教育家成长的基本素质所在。

　　当你沿着教育家成长的足迹走近他们的时候，你会融入这些带有"草根色彩"、扎根中华教育实践大地、充满田野芳香的真实感人的教育故事中。

当你从"丛书"中，从这些当年和自己一样的普通教师，成长为今天受人尊敬的教育家的成长过程中受到启迪，当你触摸着自己的心，把学生的成长和祖国的未来紧紧连在一起的时候，你会真切地感受到教育家离我们并不遥远。

当你用整个身心蘸着自己的生活积累去品味"丛书"中的每一部著作的"成长历程"时，在一位位名师不断学习、不断超越自我、不断超越学科教学的求索足迹中，你会读懂"教育是事业，其意义在于奉献"的丰富内涵。

当你研读"丛书"中的每一部著作的"思想概述"，和每一位名师展开心灵对话的时候，都会深深地感受到，一名教师对教育独立的理解与执着的追求有多么重要。从一名普通的教师成长为受人尊敬的教育家的过程中，你会读懂"教育是科学，其价值在于求真"的深刻含义。透过"丛书"，你会看到一代代教师用爱与智慧塑造民族未来的教育理想。

随着我们从"知识核心时代"走向"核心素养时代"，教师教育教学活动的视野已拓展到人的生存与发展的方方面面。教师要结合自己的教学实践去感悟"教育理念是指导教育行为的思想观念和精神追求"，应该把爱化为自己的教育行为，让爱充盈课堂，触摸到一个个灵动的生命，让爱产生智慧，让爱与智慧在学生心中留下岁月抹不去的美好回忆，让教育者和受教育者都感受到教育的幸福。这是"丛书"给我们的启示，也是每位教师应有的胸怀和视野。

时代呼唤教育家。为了进一步把我们本土教育实践中蕴含的中国智慧提炼出来，从而形成具有时代意义的中国特色的教育话语体系，以此去观照、引领、创新中国的教育实践并在更大范围加以推广，"丛书"将由中国教育报刊社人民教育家研究院继续组织编写，希望能够在更广大教师的心田中播种教育家成长的智慧，从而出更多的名师，育更多的英才，成就中华民族复兴的伟业。这是时代赋予广大教育工作者的神圣使命。如果广大教师能在每位教育家成长、探索教育智慧的过程中受到启迪，形成自己的教育智慧，则实现了我们编辑这套"丛书"的初衷。

"教育家成长丛书"
编 委 会
2018 年 3 月

目 录
CONTENTS

贲友林与学为中心数学课堂

社会反响：大家眼中的贲友林

附录：贲友林从教大事记

我的成长之路：
做一位有思想的教师

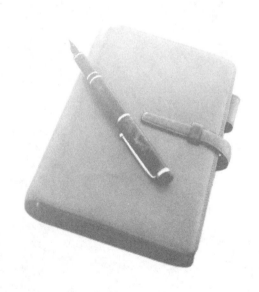

一、在村小的日子

人的记忆是带有选择性的。过去的时间里，很多事件都已经被时间冲刷干净，留下来能够回忆起来的经历一定与当下的状态有着或隐或显的关联。我们回忆过去，我们回忆的是什么？其实是过去与现在的互动。过去，影响着现在；现在，改造着对过去的认识。曾经我觉得非常无奈地被"抛置"到村小，今天看来，恰恰成就了我的现在。我的教师生涯，从村小开始。

（一）糊涂的开始

时间过得真快，感觉一眨眼的工夫，我做老师已经二十多年了。现在感觉，做老师，真好！不过，坦率地说，做老师，并不是我儿时的梦想。小时候的我，没有梦想，最为朴实的想法，就是好好学习，争取将来有出息。1987 年初中毕业的我，报考中师，就是为了"转户口""跳农门"。

跨进江苏省南通师范学校的大门，日复一日，我才发现这不是我曾心驰神往的清华、复旦，一度，我陷入了后悔、苦闷之中。

"既然生活选择了你，那你就要去把握生活"。父母的劝说，老师和同学的帮助，使我抬起了头，重新在人生坐标系中寻找新的位置。

中师三年，我刻苦学习，获得了"优秀学生干部""三好生""优秀毕业生"等荣誉称号。

毕业后，我回到了孩提时的母校——海安县大公乡疃口小学——一所只有 6 个年级 6 个班、180 位学生、9 位老师的农村小学。当时的两排教室，还是六年前（我从小学毕业后，读了三年初中，三年师范）的模样，墙壁斑驳脱落，摇摇欲坠。老师，还是原来教过我的那些老师。六年的变化，唯有学生，毕业了一届又一届。由于学校刚刚调走了一位任教四五年级两个年级数学的老师，我作为"替补"也就顺理成章成了一位数学教师。这就是我做教师的开始。实话实说，农民家庭出身的我，没有选择也无从选择，只能无奈被左右。做老师，对我来说，相当于"先结婚，后恋爱"。

初登讲台，我最忐忑不安的是如何上课，每天两个年级两个班的数学课，分别讲什么，怎么讲，最让我担忧的是"挂黑板"。每天课前，我都要把两本参考教案中的教案抄一遍。在抄写教案的过程中，我慢慢明白了"导入新课、教学新课、巩固练习、课堂总结、课堂作业"这样的课堂教学流程，备课有了思路，虽然是套路，但对于我这个课堂教学的"新手"来说，恰似"家中有粮，心里不慌"。

不久，乡教委组织听课。我根据教学进度，在五年级上了一节"小数乘法简便运算"，设计教学方案时采用了当时影响甚大且很"流行"的尝试教学法。为什么采用尝试教学法？现在回想，当时的我也是稀里糊涂，说不清，道不明。而二十多年后的今天再来反思，确实感觉在这一节课中采用尝试的教学策略是可行的、正确的。因为在此课之前，学生已经学习了整数乘法简便运算和小数乘法。他们完全有能力凭借自己已有的知识经验解决这节课中要学习的问题。一节课在我的忐忑不安中结束了，却意外地得到了听课的乡教委领导的好评。后来我把这一节课进行了整理，再投寄《广东教育》，一年后在《广东教育》第7、8期合刊上发表了出来。

在课堂上有了些许感觉的我，面对的更具有挑战的现实问题是，如何将数学考试成绩排名分别在全乡倒数第一、第二的两个班提高名次。当时的我，年轻气盛，为了证明自己的"价值"，毫不忌讳对考试分数的追求；当时的我，持有的理论就是，不管白猫黑猫，抓到老鼠就是好猫。一年摸索性的奋斗，我所带的两个班数学统考成绩排名分别变为全乡正数第一、第二。

糊里糊涂的我在课堂教学、教学质量都得到领导好评的同时，朦朦胧胧地意识到：教师的看家本领在课堂中，在学生身上。要想做一名好教师，一定要能上好课，带好班。我，一个数学老师，带好自己的班级，教好所教的数学，这是本职，是己任。于是，上好数学课，追求考试的高分，就成了我当时的目标。

有人说，优秀与平庸，最根本的差别，不在于天赋，也不在于机遇，而在于有无目标。有了目标，才有积累；有了积累，才有优势；有了优势，才有突破。

（二）失败的公开课

在这年的秋冬之交，乡教委组织青年教师课堂教学比赛。这一次，我准备得更是充分，连上师范时的听课笔记也给翻了出来。而这，大概是我当年唯一能参考的课堂教学设计方面的资料了。

根据教学进度，确定教学内容为"小数四则混合运算"。当时全然不知，教学内容还可以根据自己的喜好做一些调整。因为是有关计算教学的课，我参考了读师范时听过的一位常州老师的"9加几"的练习设计，将此课的练习采用游戏的形式，并将所有的题目安排在一个游乐场的情境中。为了完成游乐场图的绘制，我在上课之前花了整整几个晚上的时间。

充分的准备，让我信心百倍。课堂上，时而让学生当"小医生"辨错改错，时而让学生"放鞭炮"选题计算，课上热闹非凡，我颇有成就感。

然而，在评课时，中心学校的一位资深教导主任说，练习采用这样的游戏形式，不适合小学高年级的数学课。一句话，否定了我所有的设计。一句话，似一声响雷，让我的脑袋嗡嗡作响。它惊醒了自鸣得意的我：课堂教学，简单模仿不行！课堂教学，不能邯郸学步！

今天再看这节课，我当时关注的是课是否好看，把课堂当成了一场演出。而作为教师，并没有考虑学生的学习需求，并没有从学生的角度设计教学。

不过，我当时并没有这样的想法。当时的想法，仅仅是"课，简单模仿不行"。而这，也算是当时自己的感悟了。虽然这一节课失败了，但多了一些关于失败的感悟，这也算作收获吧。

作为一名新手老师，这样的公开课的开局，似乎有些落入俗套。我觉得无须辩解，这是事实，我只是想，即便落入俗套，只要是真实的，那又何妨？

有时，有些解释就是自寻烦恼。

正如平常的日子，有多少是惊心动魄令人难忘的？但恰恰是平平常常的每一天，串起了我们油米柴盐都有的生活。

更多的时候，更多的场景，我们成功过，失败过，得意过，失意过，与之相伴的想法，在自己心头闪过。那想法，稍纵即逝，如同周国平所描述的"风中的纸屑"，有多少又被我们抓住？

从想法到思考，进而有所感悟，需要我们有意为之。

失败也好，成功也罢，都已过去，留下的是思考与感悟。而坚持思考下去，形成习惯，则受益无穷——只要持之以恒，上帝都会敬佩你。

(三)两篇"豆腐块"文章

那一年的春节较晚，第一学期上课时间较长，乡教委决定期末考试结束后再教两周新课。在教第八册的《数学》(当时使用的是人教版通用教材)时，教材中有这样一题：

滨海村养虾专业组用人工养对虾，去年的产量是6857千克，今年的产量达到8325千克，今年比去年增产多少千克？

把上题改编成加法应用题。

学生改编时出现了两种不同的方法：

滨海村养虾专业组用人工养对虾，去年的产量是6857千克，今年的产量达到8325千克，今年和去年一共产对虾多少千克？

滨海村养虾专业组用人工养对虾，去年的产量是6857千克，今年比去年增产1468千克，今年养对虾的产量是多少千克？

学生的两种改编方法，都对吗？还是其中一种改编得对，另一种改编得不对？当时我对数学问题的认识，觉得数学问题应当有唯一的正确解答。当然，这样的认识，现在的我知道，是不妥的。在那个时候，哪种改编符合要求呢？我不知道。年轻的我在课堂上说不清楚，甚是窘迫。"这个问题，我们课后再来探讨。"这句话，是搪塞、是敷衍，是给自己救场。

下课之后，我不敢懈怠。请教办公室里的老师，但没有一个人能给我解答。查阅教学用书，也未对此题做相关说明。静心研读教材，我的理解是，第二种改编方法符合题目要求。

寒假里，我把学生的改编方法与我的想法整理后投寄《小学生数学报》。投寄《小学生数学报》，是因为当时《小学生数学报》的发行工作做到了即便是农村小学，每位小学生都订了一份。我能看到《小学生数学报》，于是就将它作为投稿对象。投稿，是非常偶然的举动。现在想来，大概那时有一种倾诉的冲动，是有想把教学中所遇到的问题和自己的教学处理告之诸人的愿望。这次投稿，其实是期盼《小学生数学报》的编辑老师能给我一个答复，告诉我，我的想法对不对。

没想到，一个月后，1991 年 3 月 15 日《小学生数学报》第二版左下角将我写的东西刊载了出来（如图 1-1），尽管是一份小学生看的报纸，尽管是一篇只有几百字的"豆腐块"，但对于一位对发表文章毫无奢望的人来说，我激动、兴奋、鼓舞，得意之情，溢满心田。

现在看这篇文章，最后的署名非常有意思。在我的姓名之前是我当时所工作的学校名，但这并不是学校的全称。我当时工作的学校的全称是"海安县大公乡噇口小学"，而这里把"大公乡"删去了。为何如此？这样的署名方式，真实了反映了我当时的自卑心态。我中师毕业后被分配到农村小学，这在当时我的所有同学中是最"糟糕"的。我的中师同学，有的留在南通工作，有的在县城，有的进了中学，再差一些的，也被分配到了乡镇的中心小学，而我，一下子到了最基层的村小。我觉着这很没"面子"，很丢人。而当时与别人联系是靠写信这种方式，信件上要署注联系地址或单位，不像今天借助网络与他人联系与交流。网络世界中，即便你在天涯海角，别人也不会太多关注你现在在哪儿。如何署注单位呢？我在当时用年轻人的

图 1-1

"智慧"，其实是"小聪明"，解决了这个问题。我把乡镇名删去了，直接署名"海安县噇口小学"，这样，不知道内情的人还以为我在县城里的一所学校工作。这样的署名方式，真实地记录了我当时的"青涩"心态。

后来，我又在《江苏教育》上发表了一篇更像"豆腐块"的小文章（如图 1-2）。文章写的就是我在教学画平行线的时候，教材中的插图是将直尺"斜"着放，我觉得改成"竖直"着放更好，文中谈了两点理由，没有一点理论色彩，都是"大白话"。虽然浅显、短小，但其创造了两个"第一"。这是我个人在《江苏教育》上发表的第一篇文章，这也是当时我所工作的乡镇的所有中小学、幼儿园老师在《江苏教育》上发表的

第一篇文章。

有意思的是，在后来我们看到的义务教育版小学数学教科书，无论是人教版，还是苏教版以及其他版本，画平行线的插图都改成了如我所画的右图的样子。我不敢说，我的想法改变了教材编写者的想法，但我可以说，我的想法和教材编写者的想法保持了一致，甚至我的想法走在了教材编写者想法的前面。因为我是一线教师，我天天在课堂中，天天和学生在一起，我或许能更早地发现一些类似"画平行线时直尺怎么放"这样的问题。

再看文章末尾的署名，可以发现，这时，我已经把学校的全名亮出来了。随着自己的思考，随着自己在教学中的累积，随着自己心态的调整，我有了一些自信，敢于告诉别人，我是一个村小的教师。

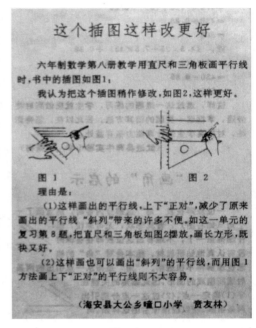

图 1-2

两篇"豆腐块"文章为什么能发表？因为我写的是我的实践，我的思考。正是这样的"小方块"启发了我：做教师，必须扎根课堂，研究学生，在课堂教学中，在学生学习过程中，发现问题，研究问题。两篇"豆腐块"文章，渐渐地把我带上了边教学边思考、边实践边研究之路。

作为教师，研究的对象就是自己的教学实践，研究的阵地就是自己的课堂教学。过去如此，现在，我依然认为如是。

(四)遨游书海

农村小学，非常宁静。学校距离家很近，步行大约只需要六七分钟。在农村小学，没有应酬，也没有什么娱乐活动，那时农村尚未开通有线电视，电视机凭借天线仅能接受三四套节目。正是因为这样，看书成了我支配业余时间的最好方式。

最初，我重温师范时读的《心理学》《教育学》，然后是借阅学校里的书，但农村小学毕竟条件较差，一天接一天地读，终于读完了学校里的藏书。读书的起因是"闲得慌"，但这一读，就无法收拾了。读书，也是容易"上瘾"的。

没书了，怎么办？

当我看到学校里老师的办公桌上放着的教学刊物时，心头一动，对！向他们借。《人民教育》《江苏教育》《小学数学教师》……学校老师所存的近年来的教学刊物先后汇聚到我这儿来了。我随身携带的包里是书，办公桌的抽屉里是书，睡觉的床头也堆得像书山。日日讲台夜夜灯，在每天完成教学工作后，我就一本一本看，一遍一遍读。为了看书，我放弃了不知多少节假日的休息，除了每天的《新闻联播》，其余时间，我都没在当时家里那台 21 英寸的彩电前多睇一眼，每天夜里 12 点熄灯，渐渐成了我的生活习惯。看书入了迷，吃饭忘过，穿衣忘过，不慎受凉感冒过，还曾眼睛发炎，充血红肿，被母亲骂了几天。长期晚上"坐夜"，自我保暖工作做得不到家，日复一日，竟引起了髋关节淋巴结发炎，坐不得，站不得，即使睡时，腿也动不得。但我离不开我的学生，忍着剧痛坚持每天一瘸一拐从家到学校，从办公室到教室。后来，还是父亲用自行车把我送到医院，无奈之下，我请了两天病假。病床上，我依然遨游书海，孜孜不倦，撷九天之风云雷电，汲大地之乳汁精华，充实自己的"一桶水"。

我还"窃"过书。那是在放暑假的时候，我偶然在办公室周老师的桌上发现了一叠教育刊物合订本。我欣喜若狂地"窃"走了这叠书。待开学时，我又神不知鬼不觉地把这叠书放回原处。至今周老师还蒙在鼓里，不知道他的一叠书曾在我身边"度"过了一个暑假呢！

校内的书籍报刊不能满足我的阅读需求，我又跑到乡教委办公室借书。那时的我，每年都自费订阅二十多种教育报刊，再加上学校及学校里其他老师订阅的十多种教育期刊，我每月大约能读到约四十种教育报刊。

而课堂教学，在平平淡淡中进行着，没有人指点。除了备课、上课、批改作业，我其余的时间几乎全被书占据了。日子过得平淡无奇、简单，但充实。这宁静的日子，让我养成了读书的习惯。直至现在，没有书相伴的时候，我的心里总是空荡荡的，人，像丢了魂似的。

我在工作的时候，最初的读书，就是为了打发时间。读着读着，发现读书的好处了，于是也就继续读下来了。读书，不排斥功利性的想法，但不能仅仅是功利性的。

我怀念村小的日子，因为我有很多的时间读书。我感激村小的日子，因为那时养成的读书习惯滋养了我，成就了我的发展。

现在想来，习惯的养成，其实很简单：定时、定点，日复一日，反复做！

1993 年，喳口小学易地重建后全校教师合影

（五）追求创意的教学

那是一个很平常的晚上，我看书看累了，放下书，抬起头，正好看到了电视机上的羊角天线。咦，这不就是活动角吗？

说到活动角，数学老师都知道，我们在教学"角"时，不少老师常常用两根细木条把它们的一端钉在一起制作成"活动角"。通过木条的旋转演示，可以让学生认识到角的大小是指两条边叉开的大小。不过，四年级的学生认识角的时候，容易误认为角的边画得越长，角越大。也就是说，角的大小和两条边所画的长短无关，这对于学生来说，是认识中的易错点。

这次，当看到电视机的羊角天线时，启发了我对"活动角"教具的改进，即用两根直的可推拉的电视机的天线替换木条。小小的改进，不仅保持了原有的用处，而且增强了演示的效果。将"活动角"的两条边叉开的大小一定，天线拉出来，边则长；天线推进去，边则短。学生观察发现，虽然边的长度在变化，但角的大小始终没有变，从而直观地理解角的大小与其边所画出的长短没有关系。

　　教具的改进，让课堂教学焕然一新。我也品尝到了那种创造性的教学带来的美美的滋味。

　　农村小学，条件简陋，而这恰恰给了我"施展想法、创意教学"的机会。这还真有点"塞翁失马，焉知非福"的韵味。

　　第九册《数学》教材中有这样一题：

　　有一台播种机，作业宽度1.8米。用拖拉机牵引，按每小时6千米计算，每小时可以播种多少平方千米？

　　学生对题中的"作业宽度"不理解，他们觉得，"作业"就是指平时做的语文作业、数学作业，怎么作业还有宽度？他们纷纷举手要求我讲解。对于这个与生产实际有紧密联系的问题，第一次教学时，我采取了"冷处理"，让学生课后观察拖拉机耕作场景。那时，农村里的孩子看不到播种机播种的场景，能看到的是拖拉机参与耕作的场景。之后学生再解这道题，老师做些讲解。事情毫无波澜地就这样过去了。后来，学生在第十册《数学》教材中碰到了下面一题：

　　一个国营农场有一台大型耕耘机，作业宽度是18米。由大型拖拉机牵引，时速10千米。算一算，每小时可以松土多少平方千米？

　　在"作业宽度"这个问题上，学生又"卡壳"了，我只得重复第一次教学"作业宽度"的过程。如此费时费力，引起我课后的思索：能不能在课堂上给学生演示一下"作业宽度"呢？久思不得其解。一个偶然的机会，我在擦黑板时，突生联想：黑板揩擦黑板不就像播种机吗？于是再次教"作业宽度"时，我给学生做了这样一个"别出心裁"的演示。

　　我先在黑板上迅速用粉笔涂上一大片，学生目瞪口呆，老师干吗？然后我手拿黑板揩："这好比是播种机。"学生由惊呆变成了惊讶，一个个哈哈大笑起来。我继续往下说："黑板上涂的这一大片就是待播种的地。"随即将黑板揩按在黑板上："开始播种！"黑板揩慢慢地前进，黑板上渐渐地出现了长方形空白。我指着空白，并用彩色粉笔描画出空白长方形的短边："黑板揩的长相当于空白部分的宽度，也就是播种机的'作业宽度'。"我在学生的笑声中完成了演示，结束了讲解，学生在笑声中理解了"作业宽度"。我再布置学生课后观察拖拉机耕作，以加深认识。

第二学期，学生碰到"作业宽度"问题时，异口同声："这好比是播种机……"问题迎刃而解，再也不需要我"帮忙"了。

再后来，我在家中看到"卷纸"，突发奇想：整卷的"卷纸"，好似压路机的滚筒。压路机在前进，滚筒留下的痕迹就犹如卷纸逐步展开所留下的长方形的纸。

不登大雅之堂的"卷纸"，有此妙用，倒也是"化腐朽为神奇"。可以预见，如此演示，效果也一定好极了！

如今，看看我的这些教学改进，心中依然持有一份"得意"。我以为，我在追求创意教学的过程中发现自己、寻找自己。因为，这些是我的"设计"，这些教学经历，留下的是我个人的印记。

不过，我对课堂教学的探索并没有停留于类似这样的"小打小闹"。随后，就课堂的导入、展开、总结三阶段，就计算教学、应用题教学，就练习课、复习课、活动课的设计，就习题设计与应用，我分别展开实践性的探讨与思考，我在摸索怎么做，还可以怎么做，我在积淀我的想法。

我追求有创意的成功的课堂教学，追求个性的深透的教育思考。在那些年的年终总结中，我都会写这两句话。

二、十年磨一剑

日子，不紧不慢地，一天又一天地过去，本来都是平淡无奇的。但有些日子对某个人来说，却不同寻常，那是因为日子的主人主动赋予了这些日子以特殊的意义，这些日子也就闪亮了起来。在一个人的成长经历中，每个人自定义的纪念日都是有故事的。当我们再回首时，也就多了一份滋味，体会到自己才能品味到的幸福。我们要做的是，在日子中改变自己，创造自己。

(一)"十年"与"一节课"

在农村小学工作四年，我很偶然地获得了参加进镇考试的机会，继而被调入海安县实验小学。其后的六年，我将一个班从一年级带到六年级。现在能忆起来的印象最深的是，每个星期日，我都是先看教材，再独立写教案，尽管那时已有各种教案集等参考资料，但我从不抄袭，就这样准备好一周的数学课。六年独立备课的锤炼，让我养成了独立思考的意识与习惯，因而后来我的比赛课、公开课、家常课，都是自己琢磨，自己设计。慢慢地，在设计的过程中，我设计了课堂，设计了教学，也设计着自己。

坦率地说，那十年，那宁静的环境，没有给我外界虚名浮利的诱惑，而让我能专心致志地做好自己的事。我常用海尔集团首席执行官张瑞敏先生的一句话激励自己：把每一件简单的事做好就是不简单，把每一件平凡的事做好就是不平凡。

2001年春，我参加了小学数学课堂教学竞赛，一路坎坷，历尽艰辛，终于通过了初赛、复赛，准备参加全国的课堂教学观摩比赛。

难忘的是，在省复赛过后，专家们对我的课进行了深入剖析，提出了很多修改建议，我认真地记录了下来。回到学校，根据笔记我对教学设计进行了大刀阔斧的修改，可再次试教时，我却怎么也找不回上课的感觉，听课的老师也面露抱憾之色，觉得这节课变成了"四不像"，原有的一些特色也无踪无影，销声匿迹。一节课在痛苦中结束。我们在反思时认识到要从课中找回"自我"，专家的建议应该参考但又只能作为参考。后来，我们恢复了原先课中的多处设计，最终获得了全国比赛一等奖。

2001年，山东淄博参加全国赛课

课堂，必然带着教师个人的印记。换句话说，没有个性的课不可能是好课。参加比赛，带给我的是什么？我在上完这节比赛课后写下了一段文字：在磨课的过程中，作为执教老师，必须理性地面对每次修改，审慎地整合他人的建议，积极地吸纳不同的观点，形成自己的"教学预案"，切忌囫囵吞枣、生吞活剥、"穿他人的衣裳"。

在不少老师的眼中，这次赛课机会，让我"一飞冲天"，成就了我。而我，更清晰地明白，对我这个做教师有许多先天不足的人，能够"一赛到底"，还是缘于前十年在课堂中的摸爬滚打。台前四十分钟，需要幕后 n 个四十分钟的历练。比赛课中"穿自己的衣裳"，来源于家常课的日积月累。曾读过一份材料，说相声演员郭德纲出名之前，经过了近十年的默默无闻、清贫暗淡，回首那段日子，郭德纲很坦然地说："这是必须的，幸好有这十年，让我潜心钻研相声。如果十年前就给我这么一个出名的机会，说实话，以我当时的能力，不见得能接得住，不但出不了名，还会坏了自己的名声。坏名声传出去，我用同样的十年，不见得能翻得了身。"对于"出名"，这里不做议论，但郭德纲所说的"幸好这十年，让我潜心钻研"给我们的启示是：面壁十年，厚积薄发，机遇垂青有准备的头脑。

宁静，孕育了闪亮；闪亮，源自于宁静。这次赛课，给我前十年的课堂教学画上一个美丽的句号。

（二）赛课之后

全国赛课之后，身边似乎变得喧嚣起来，好似"十年讲台无人问，一课成名天下知"。迷惘中，内心有些焦灼：今后我的路该怎么走？路在何方？

2001 年，参加全国赛课后登泰山观日出留影

我想起了在全国赛课结束回程的路上，我和学校里的两位同事途经山东泰安，夜里，三人结伴而行登泰山。上山时，我们一路小跑，感觉超过了身边所有都忙着爬山的人。非常幸运的是，爬到泰山顶，稍作等待，我们就看到了美丽的泰山日出，那真是上帝抖落的一片金光。但仅仅几秒的工夫，绚烂复归平静，天空铺满阳光。下山时，我和同伴都是一步一步、小心翼翼地往下走，谁也不敢以上山的速度下山。突然间我冒出这样的想法：我，还是我！后面的路，还得如此这般，一步一步、小心翼翼、踏踏实实地走稳、走好！全国一等奖，犹如泰山日出，那只是给我曾经上过的一节数学课套上美丽的光环。今后，我还得在课堂中继续下真功夫、硬功夫。我不可能让自己的每一节课都达到全国一等奖的水准，但我要用赛课的标准来要求自己。我告诫自己：把家常课当成公开课上，把公开课当成家常课上。

从 2002 年 2 月 27 日一个新学期开始，我坚持每天在上完课之后写课堂教学手记，用文字的形式记录课堂，把易逝的课堂锁定为长存的文字，让瞬间变成永恒，继而品味、咀嚼自己的课堂教学，对自己的实践进行反思和重建，以实现持续的"静悄悄的革命"。每次，或几十字或几百字或几千字，无论繁忙与悠闲、疲惫与轻松。这是我给自己布置的作业，这是我给自己选择的专业成长路径，时至今日，我从不让自己停歇一步。因为我知道，不写需要找一个借口，有一天不写，那就会有第二天、第三天……那时什么决心之类就都抛到九霄云外去了。因为"法布尔精神"的坚持，我在 2007 年，有了个人第一本专著《此岸与彼岸——我的数学教学手记》（如图 1-3）。

图 1-3

每天的文字记录，也就相当于教学日记，但我更钟情"教学手记"这样的表达。教学手记，体现了"我手写我心"的特质。每次文字形成的过程，也是与自己对话、跟自己诉说、和自己谈心的过程。渐渐地，我养成了过内心生活的习惯。祛除内心燥气，心无旁骛，保持一份自由、从容、宁静、专注。对教育对象由浅入深的把握，表面如同平静的水面波澜不惊，而内心一直在默默思考，不时有灵光闪现。保持宁静的心境，审视教学，收获洞见；保持宁静的心境，解读学生，解放教学；保持宁静的心境，反省自我，发展自我。我知道，今天的成功是因为昨天的积累，明天的成功则依赖于今天的努力。其实，真正的成功是一个过程，是将勤奋和努力融入每天的生活中，融入每天的工作中。

耐不住寂寞的人，是不能真正俯下身子来干事的。或许，最初的宁静是一种无奈；如今，宁静已成了我的选择。汪曾祺说："静，是一种气质，也是一种修养。"诸葛亮云："非淡泊无以明志，非宁静无以致远。""习静"，是我今后要做的，在宁静中做成自己想做的事。

夏天，是那般奔放绚烂，电闪雷鸣，花草争艳，最终，还是走向恬静的秋天，从容安详，成熟美满。

（三）有故事的生活

记录每天的课堂，更留下了我与学生美好的故事。

教学计算连续退位减法 2000－538 时，考虑到学生刚刚学习了计算 403－127，已初步掌握连续退位减法的计算方法，我就放手让学生试算，再请一位学生板演，并讲解他是怎么算的。一切顺顺当当、风平浪静。接着让学生分析今天学习的2000－538有什么特点？学生吉鸿飞第一个发言："连续退位减法。"学生张纯发表了她的意见："被减数的个位、十位、百位上都是 0。"学生王建宇接着说："这道题像你昨天说的，有三个'穷光蛋'。"（注：前一节课学习计算 403－127 时，学生形象地将被减数个位上的数比喻为"一般人家"，把十位上的数 0 比喻为"穷光蛋"，把百位上的数比喻为"大富豪"。）学生刘小雪的发言更风趣："这道题是一个'大富豪'遇到三个'穷光蛋'。"在学生发现题目特点之后，我继续让学生发言："你认为计算时要注意什么？"学生孙媛的发言一语中的："十位上是 9－3，百位上是 9－5。"在此基础上我简略地进行了小结。至此，这道例题的教学应该说是画上了一个圆满的句号。但紧接着，学生刘慧娴的发言如瑟瑟琴声弹乱了我们的平静，她举起她的作业本递给我："贾老师，这道题可不可以这样算？"我一看，刘慧娴是这样算的：

$$\begin{array}{r} 1999+1 \\ -\ 538 \\ \hline 1461+1=1462 \end{array}$$

也许刚才全班学生试算时，刘慧娴就是这样算的，只是我在巡视时没有发现。"不拘一格"的算式显示了她非凡的想象力与创造力。我立即调整原先安排的教学计划，请刘慧娴同学向全班介绍她的算法与想法。全班同学一致认可她这种把退位减法转换成不退位减法的可行性与独创性。按照惯例，这种算法被命名为"刘慧娴算法"。

在学生阅读教材时，我让学生记下他们各自理解、掌握或创造的算法。

下课之后，学生孙文交给我一张纸，纸上写着：

$2000-537=1462$

$$\begin{array}{r} 2000 \\ -\ 538 \\ \hline 1462 \end{array} \qquad \begin{array}{r} 1999 \\ -\ 537 \\ \hline 1462 \end{array}$$

分析孙文的算法，似乎是从"刘慧娴算法"中得到的启发，要将退位减法转换为不退位减法，计算 $2000-538$ 转换为计算 $1999-537$。但他的算法中横式与竖式有矛盾。怎样处理孙文的算法呢？思考之后，我决定还是让孙文继续思考。

下午放学前，我送给孙文一张纸，让他写写怎样算 $2000-538$，我期待着孙文用"孙文算法"正确地算出来。孙文，一个非常调皮的男孩，上一学期，他的数学期末考试成绩是全班最少的。我不免有些担忧：如果孙文不能用他的算法算出来，怎么办？再次观察孙文的算法，我想：如果孙文遇阻，我则把他所写的内容板书到黑板上，请全班同学共同研究，发现"孙文算法"。第二天早上，孙文不负我望，交给我写有他的算法的作业纸。作业纸上非常简洁地写着：

$2000-538=1462$

$$\begin{array}{r} 1999 \\ -\ 537 \\ \hline 1462 \end{array}$$

数学课上，当孙文羞怯地向全班同学介绍完他的算法后，我的耳朵里一下子灌满了热烈的掌声，我看到孙文的脸颊上涌动着暗红的云霞……

我又鼓励刘慧娴、孙文把他们的算法整理成文，投寄给《小学生数学报》。两个月后，《还可以这样算》《也可以这样算》两篇文章同时在《小学生数学报》的一个版面上发表出来。望着刘慧娴、孙文激动的样子，看着全班同学兴奋的眼神，我完全有理由相信：在这些学生中，将有更多的闪耀个性、充满创造的"算法"产生，将有更

多的"思维成果"与更多的人交流、共享。

在整理形成上述文字时，我扪心自问：这段教学经历的曲折、丰富、耐人寻味，那是因为我在潜意识中有写故事的想法，因而多了一份"心计"，多了一份"经营"。

记叙故事，是我们改变了教育活动之后的一种"记录"冲动。写故事，写我们教育生活中的故事，那是我们已经有了行动。如果不行动，如果不改变自己的教育习惯和教育行为，叙说将是比较困难的事情，甚至是无话可说可写的。写故事，这是否有点像记录自己的教育"历史"、撰写自己的教育"传记"？因为要写故事，我们与学生的交往将不再简单，不再草率，不再匆匆，不再敷衍。我们的教育行为将更多地由"随便"走向"有意"，而故事，更多的是对教育行为改变之后所发生事件的叙述。写故事，对我们的教育行为是否有一种"约束力""改造力"？

记叙故事，是我们改变了教育活动之后的一种"反思"冲动。记叙故事，我们进入了自我建构的状态。在写的时候，在读的时候，现实的我们与理想的我们在持续对话乃至交锋，我们倾听着自己内心深处的声音，站在自己的角度追问、挖掘自我，我们总是在以某种教育理念的眼光审视、反思自己的教育行为。我们个人化的教育观念是否会经由这种反思而发生转化？

曾读有关"叙事研究"的文章，文中有这样一些文字：

——在人类和社会经验中，总是充满了故事。人类不仅赖故事而生，而且是故事的组织者。

——写得好的故事接近经验，因为它们是人类经验的表述，同时它们也接近理论，因为它们给出的叙事对参与者和读者有教育意义。

——教师"了解世界和了解自我最重要的途径之一就是通过叙事"。叙事把教师日常的教育教学经验组织成有价值结构的事件，串缀成有现实意义的链条，从而将看似平凡、普通、单调、重复的活动赋予独特的体验和韵味。

——叙事研究的基本追求是：教师"叙述"并"改进"自己的日常教育生活。换言之，叙事研究的基本理想是：以叙事的方式反思并改变教师的日常生活。

我不知道，我们"写故事"是不是叙事研究？但我们不置可否：写故事，让我们的教育生活多了激情，多了智慧，多了艺术，多了创造。故事，彰显了教育的美，更创造了教育的美。正如一位学者意味深长地说："故事，实际上，使我们成为我们想做的人。"

再说的是我的一次批改作业的故事。

我批改作业的惯例是：先抽出班级中四五位成绩优秀的学生的作业，核对一下解题过程与答案。通常核对之后，作业的正确答案也就有了，这就免去了我逐题解答的麻烦。其实，教师"下水"解题很有必要。只是，对于我而言，参与教材编写，对教材中的例题与习题都逐题研究过，而且，面对多次教过的内容，练习题已快烂熟于心，因而常常也就"抄袭"学生的答案了。我连续改了四五位学生的正确作业，整个作业的答案也就基本记住了。接下来批改其余学生的作业时，速度也就快多了。批改作业，是每位数学老师每天必须要做的"作业"。我的想法是，批改作业，要尽可能少用一些时间，再把节省出的时间用于备课，以准备充分的课堂获取高质的课堂教学效果，进而让学生的作业表现出较高的质量。如此形成良性循环，让我每天从一般老师眼中的"烦恼"作业堆中

解放了出来，并在课堂与作业中寻找到轻松、快乐与成就感。

那一次的家庭作业中有这样一题：小明用长 0.9 米、宽 0.7 米的长方形纸剪两条直角边分别是 0.2 米、0.3 米的直角三角形小旗，他最多能剪多少面？

我先批改班上一位很优秀的学生——金江歆的作业，金江歆是这样做的：

$0.9 \div 0.3 = 3$

$0.7 \div 0.2 = 3 \cdots\cdots 0.1$

$3 \times 3 \times 2 = 18$（面）

我毫不犹豫给她的解答打上"√"。改过几本作业之后，卢山的作业映入眼帘（如图 1-4）。卢山——一位比较调皮、成绩在班上处于中上水平的学生。改他做的这一题作业时，我发现他与金江歆等同学的答案不同，没作深思，随手用"○"圈出答案，写上："列式"。（注：他的作业上当时只有图和答句）

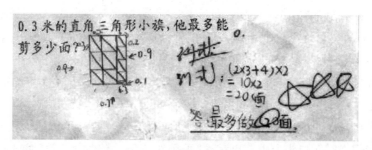

图 1-4

要补充说明的是，我批改作业的符号，对的打"√"，错的不打"×"，而是画"○"。个人想法是，画"×"，视觉刺激太大，改画"○"，感觉温柔一些，而且容易圈出错误所在。其实，这仅是个人的批改习惯而已。

作业继续批改着，当改到毛嘉辉的作业时，我发现毛嘉辉的答案也是"20"（如图 1-5），先是在题号处画了一个"○"，但转念一想：这道题，毛嘉辉怎么会做出"20"这个答案的呢？毛嘉辉，在班上是一位成绩相当优秀的学生。难道这个答案的出现也有道理吗？细细查看毛嘉辉画的示意图以及所列的算式：答案 20 完全正确！由于这道题目条件中数据的特殊，在剪小旗时，可以横竖交错着，尽可能用"足"原来长方形的纸，因而答案是 20 而不是 18。我给毛嘉辉的解答打上"√"，并给予"三颗星"的奖励。接着，我重新回头对已经批改过的作业做了更正。

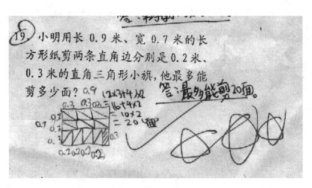

图 1-5

在更正卢山作业批改时，我先是把先前所写的"列式"二字划去，接着，我又补上"列式"二字。我知道：传统认识中，数学问题都是需要列式计算解答，也就是说，答案是"算"出来的，没有算式，可能就会扣上"缺少解题过程"的帽子，可能会引起答案来历不明的怀疑。尽管我们知道，有些问题，无法列式解答，如一些运用枚举方法解决的问题，解答的过程没有算式。但是，在考试的试卷上，如果没有算式，会被扣分吗？为了不"冤枉地丢分"，我不得不违心地让学生补写算式。面对学生的精彩，有时，我真的很无奈！后来，卢山补写算式后，我给他的作业添上了"三颗星"。

我反省自己内心的想法：我并没有平等地对待每一位学生！尽管教育学告诉我们，而且我们平时在口头上也一再宣称"平等对待每一位学生"，事实上，每位学生在我们内心的"位置"是不同的。批改作业，我先抽出的那几位就是我心中的好学生。卢山，在我的心中就是一位成绩中上等的学生，批改他的作业，我可以不去多加思考；毛嘉辉，我在心中就是一位优秀的学生，批改他的作业，我不敢不思考。不同的学生，我在心中给予了不同的定位；不同的学生，我对其态度与方式是不同的。

我想：我错了，我有两点错。第一，这道题，我和大多数学生一样，一开始做错了。这样的错误，我可以很快改正。第二，我内心的想法有不对之处。我没有平等地对待每一位学生。这一点，我不知道能否改变。不过，我会提醒自己，警示自己。

北京大学陈向明教授认为：通常，每个人都有两套理论，一套是自己信奉的，另一套是自己在行动中真正使用的，即"行动理论"。由于教师的职业特点，教师的行为往往与其所信奉的理论不一致。由于"行动理论"是在教师成长中、在具体做的过程中形成的，教师本人可能不知道，也可能说不出来，是隐蔽的、缄默的知识。

教师自己以及外部研究人员可以通过对教师行动的观察和记录，对其进行分析，使其显性化。只有显性化之后，教师的行动理论才会成为分析的对象，教师的反思才有可能。

由此，我想：我们是否只有在自己出错之后才反思自己"错"在哪里，才会对自己的教育言行，尤其是司空见惯、习以为常的教育惯习多一份批判与建设的意识呢？

后来在作业批改的过程中，我又发现，学生陆原羚也是这样做的（如图1-6）。

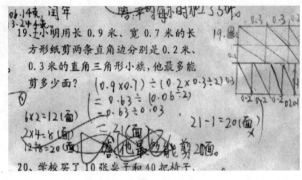

图 1-6

陆原羚，在班上也是一位成绩中上等的学生。我在为陆原羚高兴的同时，心中又生成了一丝忧虑：如果班上没有一位学生做出"20"的答案，那我会发现这道题的正确解答应当是20吗？

回味批改作业的过程，我也在不断地反思着自己。也许，不思考，我还混混沌沌。但在思考中，我愈发感觉自己不断在出错。思考，带给我痛苦！思考，又让我更清醒地认识着自己的一言一行、所作所为。这样的思考，是一种自觉，也是一种担当。套用一句经典的台词："快乐总是短暂的，换来的便是那无尽的痛苦。"快乐是因为我不断认识着自己；痛是因为我无情地解剖着自己；而这样的痛，又是一种解脱、超越，与快乐并行。我还继续思考下去吗？

批改作业的故事，留给我的是"痛并快乐着"的心灵滋养与享受，让我更深刻地体悟范梅南的论述：教育学，使我们心向着孩子。

教育学，被故事化，被我情境化地理解。我多了反思的意识，行动也多了一份力量，慢慢地，因为反思而不断改变着教育生活。

活生生的教育生活，培植了活泼泼的教育思想；活泼泼的教育思想，引领着活生生的教育实践。

(四)做个"思想者"

英国现代哲学家维特根斯坦说，思想，是有意义的命题。你真正的生命是你的思想。也许，只有思想者才能真正体悟到，思想，让生活与众不同；思想，让生命傲然挺立。

说起"思想"，我们往往感觉很神秘、遥远。其实，那是我们人为地给"思想"披上了外衣。

我的头脑中浮现出两幅画。

一幅是爱因斯坦的照片(如图1-7)。初看爱因斯坦，那蓬松甚至有些凌乱的头发，给人的第一感觉是邋遢。不过，看一个人，要看他的眼睛，读他的眼神。凝视爱因斯坦，你最大的感受是，那眼神透出的纯粹与深邃。

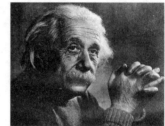

图 1-7

我以为，那传达的是思想的纯度与深度。纯粹，展现了他内心思考的宁静；深邃，那是宁静思考的丰富。

另一幅是罗丹的《思想者》雕塑图(如图1-8)——一个强有力的巨人，那体态，弯腰屈膝，右手托腮，嘴咬着自己的手，默默凝视。由此看来，思想的过程是痛苦的，思想的结果是美丽的。思想，是痛快的，痛苦和快乐在一起。思想者，是痛苦的过程与美丽的结果的化身。

法国哲学家帕斯卡的那句话我们耳熟能详：人是一根思想的芦苇。思想，既是人的使命，也是人的义务。因为会思想，人所以美丽而伟大；因为会思想，人同样不可避免地经常会感到痛苦和自身的渺小。而这，是与人的成长和人类的文明相伴而生的痛苦，是一种美丽而伟大的痛苦。

教师，应当作个"思想者"。学者马维娜说，在"教书匠"与"教育家"之间，有一个不可或缺的中介，这就

图 1-8

是"思想者"。尽管我们可能做不了教育家，但我们追求做教育家的脚步不会停歇，因为我们都不会愿意让自己停留在教书匠的台阶上。"教书匠"与"思想者"的区别是什么？"教书匠"只是在教着，"思想者"则在教着的同时还在思着、想着，于是行动就有了方向感与质感；"教书匠"的眼里，更多的是画地为牢的知识，而"思想者"的心中更多地充满了把知识转化成素质的追求与智慧；"教书匠"关注的是教学任务的完成，"思想者"关注的是教学任务如何以更富有内涵、更优化的方式、更高质量地完成；"教书匠"看中升学率的提高，"思想者"更多的是将升学率融入健康、持续的发展中。

说起"思想"，我们往往把它作为一个名词，表示一种结果。而我觉得，"思想"更是一个动词，即强调要去"思"又要去"想"，有了思与想的过程，才可能将"思想"凝聚成结果。也就是说，我们首先要把"思想"作为动词，继而才能使"思想"成为名词。

作为一名教师，我们关注学生在学习过程中是否动脑思考，我们更应该关注自己思考了吗？"己所不欲，勿施于人"，我们不仅要思考，还要认识我们思考了什么。即我们不仅要关注自己思考的过程，还要关注自己思考的内容，将自己思考的内容作为思考的对象。

接触一个新的班级，开学第一课，我会和孩子们开诚相见，直截了当地向学生宣讲我的"执政纲领"，交流我的数学教学的若干规则与主张。

1. 学习数学，是需要思考的。学习数学，经历数学思考的酸甜苦辣，享受动脑思考的快乐。

2. 相信自己，用适合自己的学习方式学好数学。

3. 上课举手，是思考的标志。举手，也就向老师和同学传递了信息：我思考了，我有想法了，我有疑问了，我有话要说。举手，不一定就有发言的机会；但举手发言的机会，比不举手发言的机会要多得多！

4. 说不好不要紧，说不对不要紧，重要的是我们要说。在每周的数学课上，我至少要有一次说的机会。言说时，用适当的音量，让教室内的每一个人都能清晰地听清楚我的声音。

5. 倾听别人说话，也就是尊重别人。不尊重别人的人，也得不到别人的尊重。倾听别人说话，要抓住说话内容的要点，要思考他是怎样想的。

6. 学习，是会出错的。聪明人会认识自己的错误，聪明人会改正自己的错误，聪明人不重复犯同样的错误，最聪明的人是不重复犯别人的错误。

7. 课堂，是出错的地方。课堂上，我会诚实地告诉老师和同学：我出错了。

8. 完成作业，是学习生活的组成部分；完成作业，是学生的义务与责任。作业，应按时、及时完成。课堂作业本，在数学课下课时立即交。家庭作业本，在校当天做完当天交。拿到作业本，第一时间完成订正。

9. 数学作业书写要做到：数字规范、数位对齐，用尺画线。像写日记一样在草稿专用本上打草稿，养成一丝不苟、精益求精的学习态度。

10. 课堂上，作业中，我的精彩表现，会被贲老师记录下来，写进贲老师的数学教学手记。这是非常荣耀的事！

11. 学习是自己的事。在家长、老师的帮助下，坚持每天自主钻研适量的"一看感觉不太会"的数学题，挑战自我。

这些，都是我的思考。

我知道，这里所罗列的，表达的是我个人的一些理解，还不准确与全面，我会在实践中进一步思考，继续充实，不断完善与成熟。

我理解，这关涉的是我的数学教学文化建设这一话题。

教学文化，是在长期的教学活动中形成的，是师生自觉遵守与共同奉行的。教学文化，不是指教学活动本身，而是指影响、决定师生教与学活动过程中的隐性观念、思维方式，以及通过教学活动与师生互动，逐步形成的价值、观念与行为。华东师范大学钟启泉教授指出，课堂教学总是存在着某种文化，不管我们是否意识到，学生都在进行着某种"文化适应"，其本质就是隐性观念、思维方式对学生的影响。因此，重要的问题就在于，教师应当创造一种怎样的"教学文化"。

规则与制度是文化的组成元素。我与学生的交流、沟通，其意图就是让规则促进文化的发展。审视常见的学习活动过程中所制定的规则，往往没有考虑学生的感

受，而是从教师的角度与利益考虑规则的制定，因而偏于限制，以"不"字句占多，耳熟能详的有"不许随便说话""不许做小动作""不许开小差"……我们并不是反对规则，但我们必须树立这样一个观念：制定规则不是为了抓住学生的错误，对他们进行惩罚；相反，就规则在学生和其他人身上所发生的作用来考虑，规则应当为学生检查自己的行为提供指导或参考。规则，对学生来说，是建立在"限制"基础上的保护，是促进学生由"他律"走向"自律"的底线要求。

如果从教学文化的角度审视我与学生交流的内容，我试图提炼出我的思想深处的几个关键词：思考、自信、主动、尊重、诚信、认真、自主。这也许就传达了我对数学教学的理解，我对学生数学学习的期待。

构建教学文化，不是从理解概念开始，或者说在概念的追问中进行闭门造车式的研究。我们对构建教学文化要有不懈的追求，更重要的是，我们要有实实在在的行动以及在行动过程中的思考。

三、六年努力记

做一个怎样的老师，对于我来说，随着时间的推移，就是不断给自己新目标新要求。最初，出于"生存"与"安全"的需要，做一个合格的老师；之后，自我"升级"，做一个优秀的老师；慢慢地，寻找自己，做一个"看见自己"的老师，已成为一种追求。谈及学生发展，我们都说，让每一位学生在原有基础上得到尽可能大的发展。其实，对于教师来说，何尝不是如此呢？我们都鼓励学生努力，作为教师，我们努力了吗？我们在努力吗？

(一)新手上路

教师教得疲惫，学生学得被动，这样的现状，我无法做到熟视无睹。随着课改的深入，课改，必须改课，我也逐渐从认识转向行动的探索。

2010年，我被评为江苏省小学数学特级教师。这年9月，我新接了三年级（6）班的数学教学工作。面对新班级、新学生，我的课堂是日复一日重复昨天的故事，还是做一番新的探索？特级教师的称号，这给我过去的教学生涯画上了一个句号，而对今后的教学之路添注的则是一个冒号。我期待改变学生学习的状态，改变课堂的面貌。

让改变发生！没有人给我要求，但我给自己一个约定：以往在课堂中那些熟悉的教学套路，都先搁置不用，我得摈弃我原先积存的关于课堂教学的惯用做法，像一位新手教师一样，面对课堂，面对学生，面对学生的数学学习。

改变学与教的方式，课，该怎么上？坦率地讲，我说不清楚，只是朦胧中有一些感觉罢了。实践的迷茫，源于思想上的混沌，目标上的空白。改变学与教方式的课堂探索之旅，课堂将发生怎样的变化？学生发生怎样的变化？教师发生怎样的变化？这些，我有"问"，却没有"答"。

没有现成的答案，但却阻挡不了我对此的思考与想象。

斯霞老师在1979年拍摄了教学电影《我们爱老师》。课堂中有这样一个片断。

师：我们是祖国的花朵。（指黑板上的"zǔ"）把这个拼音读一下。

生：zǔ、zǔ。

师：注意，是平舌音，不是翘舌音。再读一遍。

生：z—ǔ—zǔ。

师：对。看"祖"字是怎么写的？（在黑板上写"祖"字，并将"礻"字旁的一点用红粉笔标出）说说"祖"字是什么结构？

生："祖"字是左右结构，左边是个电视机的"视"字的半边，右边是个而且的"且"字，合起来就是祖国的"祖"。

师：讲得不错。"礻"字旁我们已经学过了，电视机的"视"就是"礻"字旁。但大家要注意，"礻"字旁这儿是一点（用红粉笔标明一点），大家不要写错了。哪个小朋友到黑板上来写个"祖"字？（很多学生举手）好，那么多小朋友要来写。现在请赵娟来写。写大一点，使大家看得清。大家要用心地看她写。

学生集中注意力看赵娟写"祖"字。赵娟写好"祖"字后，面向全班同学征求意见。

赵娟：请小朋友提意见。（学生纷纷举手）请王燕提。

王燕：赵娟的"祖"字写对了，可惜右边而且的"且"字写得有点儿歪。

赵娟看了看自己写的"祖"字，的确有点歪，就天真地伸了伸舌头。

赵娟：还有哪个小朋友要提意见？

生：你的"祖"字写对了，可是右边而且的"且"字底下一横写得太长了。

师：小朋友的意见都提得很好，"祖"字写对了，可是还写得不够好，以后我们多练习练习就会写得更好。你们可知道"祖国"是什么意思吗？什么叫"祖国"？

生：祖国就是南京。

（好多学生都笑了，知道祖国不是南京）

师：不要笑。祖国就是南京吗？不对！南京是我们祖国的一个城市，像北京、上海一样。大家再想想，什么叫"祖国"？

生："祖国"就是一个国家的意思。

师：噢！祖国就是一个国家的意思。对吗？

生：不对！（答声中也有说对的）

师：美国是一个国家，日本也是一个国家，我们能说美国、日本是我们的祖国吗？

生：不能！

师：那么什么叫"祖国"呢？谁能再说一说？

生："祖国"就是我们自己的国家。

师：施伟民讲得对，祖国就是我们自己的国家。我们的爸爸、妈妈、爷爷、奶奶，祖祖辈辈生长的这个国家叫祖国。那么，我们的祖国叫什么名字呢？

生：我们的祖国叫中华人民共和国。

师：对了，我们的祖国叫中华人民共和国。我们大家都热爱我们的——（故意停顿一下，让学生接下去）

生：（齐）祖国。

看了这样的教学片断，再看电影结尾，有这样一段当时的省教育局（相当于现在的省教育厅）对斯老师课堂教学的评价："始终将学生作为学习的主人，注意学生自学能力的培养，帮助学生运用已有的知识去获得新的知识，充分调动和发挥学生学习的积极性，做到学生学得主动，教师教得生动。"30多年过去了，我依然感觉到这段课堂教学的震撼力。这，不就是我们想象中的课堂吗？

把现状与理想相比较，发现差距，也就是在寻找行动的目标。

我的想象：课堂中，学生积极主动，善于倾听，勤于思考，敢于质疑，争先恐后地举手，自信大方地表达，或补充，或修正，或肯定，或质疑，充满主见又不失童趣与深刻性的争辩，一个个"小精灵"都是知识、思想、方法的生产者，是学习的主人。课堂中，生机勃勃，兴味盎然，老师和学生都能感受到成长的气息。

蒙田说："强劲的想象产生事实。"王开岭认为，想象，是精神干预，创造一个"新事实"。

面对课堂，我们要有想象。即你理解中的课堂，学生是怎样的。不必追求理性的概括，可以是具象的描述。

环视身边的教师，不知道从什么时候起，忘记了对课堂、对学生的想象。当想象渐行渐远时，我们要追问：是谁，让我们丧失了想象力？

不是他人，是我们自己！

我们日复一日、年复一年、兢兢业业、孜孜不倦的在课堂中劳作，却往往是劳力而不劳心，我们在疲惫甚至有一丝的倦怠中陷入了麻木与盲目。

对课堂的想象，也就是对课堂确立追寻的目标；对课堂的想象，也就是给课堂选择行进的方向。这，其实是一位教师对自己课堂所做的"顶层设计"。

作为教师，对课堂的想象，既要像诗人，又要像科学家。

想象，往往是"虚"的。不过，"虚"，折射出的是一种理想主义和未来主义的超前目光。而"实"，通常代表的是一种实用主义和现实主义的需求。"虚"，未必能转化为"实"，但"实"，却往往诞生于最初的"虚"。

从"虚"到"实"，需要教师付出有思考的行动。思考力，是透过表面，看清真相的能力，是通过条件，推导出结果的能力。因为思考，行动将接近想象；因为思考，行动也丰富着想象。

对课堂的想象，是让自己仰望星空；而与思考相伴的行动，是脚踩大地。课堂的变革，既是"头"文化，也是"脚"文化。

对课堂的想象，就是为了想象的课堂。

课堂，需要想象力与思考力。想象力，思考力，都是生产力！

无疑，对课堂的想象，是我们探寻我们去哪儿；而与思考相伴的行动，是探寻如何去那儿。

进入一个未知领域，刚开始，我们一定是摸着石头过河。这"石头"是什么？就是凭借自己的想象、直觉、经验，去把握每一步。

新手上路，有前行的需求，有行动的目标，尽管前行的路径与方式有着太多的未知，但这一场不寻常的探索之旅，我已启程，风雨无阻。

我，似乎又回到了 20 年前。

(二)寻找"另一种可能"

"道不远人"。明晰了课堂教学改革的目标是让学生做学习的主人，让学生积极主动地学习。而现实中的学生，莫说是学习的主人，往往连学习的"仆人"都不是，他们，常常成了学习的奴隶。他们学得被动、机械、疲惫，毫无生机与活力。

改变学生被动的学习状态，我从改变学生上课发言的状态与方式入手。

课堂教学过程中，教师提出问题，学生经过思考后举手，教师指定其中一位学生发言。这样的场景，我们太熟悉了。长期如此，学生在课堂中的发言总是在等待着。

能否让学生主动发言呢？

我尝试和学生沟通：上课想发言，想和全班展示交流自己的想法，那在上课之前，可以到贲老师这儿来申请、预约。

有些学生尝试来申请。在课堂上，我就邀请这些学生发言，并且告诉全班学生，老师为什么邀请他发言，因为他在课前向老师申请发言了。

于是，学生向老师申请、预约发言的就多了起来。

我又开始问预约的学生，来预约上课发言，是不是对于今天将要学习的内容有一些自己的想法？是不是课前做的那个"研究学习"材料写得有意思？

我，又让学生把更多的注意力、精力投射到课前的自主学习中。

其实，当学生在自主完成"研究学习"的材料中有自己的想法时，他们也特别愿意和别人分享他们的想法。并且，当学生对问题有想法并做了准备之后，他们在课堂上与他人交流，就既有了底气又有了质量。

渐渐地，申请发言的学生更多了。我又提醒学生，有时仅是个人申请，还不一定能争取到上课发言机会，如果是你所在的4人组集体"抱团"申请，那在课堂上作为小组与全班交流的可能性就大多了。

这样，学生不仅考虑个人的学习表现，还把自己置身于小组中，这又促进了更多的学生在学习过程中的自主投入。

如何在众多积极要求发言的学生中选择发言对象呢？抽签发言，在我们班成为一种方式。

我们学生做了两套签放置于讲台上。一套是学号签，一套是小组签，课堂上，

抽到哪个小组，抽到哪个学号，就由该小组或该学号的学生与全班交流。课堂中，谁和全班交流，用抽签的方式决定。这，是基于学生和全班交流的积极性都很高，而避免教师在选择答问对象时具有一定的主观倾向性。

用抽签的方式选择与全班交流的学生，这里会引起教师的一个顾虑与担忧：如果抽到的那个学生"比较弱"，说得"不行"，怎么办？

有这样的想法，是自然的。

而我，很坦然。我以为，无论与全班交流的学生说得如何，这都是真实状态的呈现。即便"问题重重"，但这都是学习、成长过程中绕不掉的弯。作为教师，对课堂的一切可能性保持开放的心态，那才是课堂魅力的源泉。课堂教学，需要预设，但不可能完全预设。课堂教学，并没有已经绘制完毕的"地图"，只有师生彼此行动的目标与走向。教学过程是师生之间相互对话、启发，并相互发现的过程。如果一个学生发言中有疏漏、有错误，这恰恰给其他学生提供了补充、纠正的机会。相反，如果一个学生说得很完美，那其他学生可能就失去了参与的积极性。正如与高敏同时代的女子跳水运动员，与邓亚萍同时代的女子乒乓球运动员，都是一种悲剧。

抽签，可以尽量避免教师的主观决断；抽签，让每位学生对与全班交流都怀有期待；抽签，让每位学生更积极地参与、更投入地思考。

要指出的是，谁发言，谁和全班交流，也不是一味地由抽签决定。指定，呈现的是能带给其他学生启发的，为全班学生学习所需要的想法，或是正确的、比较"优美"的示范，或是有代表性的、典型的，有集体研究价值的"错误"等。指定，让一些在某种时候需要特别关照的学生获得关照的"直通车"。

仅仅让学生"想说"，这只是初步的。如何让学生"会说"？我对学生在课堂上如何与全班交流做了一个大致的规划。第一步，展示研究学习材料，对照材料能把自己的想法读给全班听，继而，由"读"到"说"，准确、清晰地解说自己的想法；第二步，展示研究学习材料，能把自己的想法讲给全班听；第三步，展示研究学习材料，能脱稿讲解，继而，能结合板书，或边板书边讲解；第四步，展示研究学习材料，能根据老师或同学的要求调整自己原先的计划，把自己的想法讲给全班听，并逐步做到简明扼要。

教师，不仅关注学生在课堂上交流了什么，还关注他们是怎样与全班交流的。从读到说，从说到讲，从说出来，到讲清楚、讲准确、讲简明，随着学生学习能力水平的提升，我不断对他们提出新的要求。其一，促进学生个体交流水平的提升；其二，在交流的过程中，促进每一位学生深度参与。

在课堂上，学生有些想法来不及与全班交流，怎么办？我和学生商定了新的规则：在课堂中，如果有一些想法未能表达出来，下课时，再对我说。于是在下课时，我不会立即离开教室。我在讲台前，我们班的学生会自动自觉在讲台旁排成一队，然后一个接一个把自己在课堂上没有来得及与全班交流的想法说给我听。我认真地倾听每一位学生的想法，如果时间上还来不及，我便让他们再用书面方式把想法写下来给我。

对于学生和我交流的想法，其中有的对全班学生的学习有帮助有启发的，我就请学生第二天课堂上再与全班交流。

这种"课内不足课外补"的方式，不仅保护了学生思考、交流的积极性，而且让教学更具有针对性，也更加鲜活、生动与灵动。学生带给我的强烈感受是，学习进程与学习结果，既在预见中，又在预见外。

对于优秀的学生，在课堂中一直举手发言，教师该如何面对？

我想起了我的一段教学经历。当时我带的是六年级的一个班。一天放学后，我的手机收到学生焦芙蓉发给我的短信。先收到的一条短信内容是：贾老师，为什么在上课的时候不请我？？明明郑嫣然没举手，你却请她，而不请我。你深深地伤害了我幼小的心灵⊗⊗⊗⊗(注："你深深地伤害了我幼小的心灵"这句话，在我们班是有"典故"的，这是当时我们班一位男生的口头禅)。过了一会儿，又收到焦芙蓉发给我的第二条短信：为什么你一而再再而三这样?! 机会是争取来的，为什么我争取了，你也不给我机会?! ⊗⊗⊗我回复短信给她，并邀约第二天与她交流。

第二天，我与焦芙蓉的沟通如约进行。焦芙蓉毫不留情地指出：我在课堂中对于她的举手属于熟视无睹型，那些不举手的同学反而常常有发言的机会。听她说完，我再向她解释我为何在课上常常不请她发言。因为她很优秀，所以老师把更多的发言机会转移给了学习困难一些的学生。我这样告诉她：你的优秀，在于你的"不说"，因为你不说，是给了其他同学更多的思考、交流的机会。

焦芙蓉所说的的确是事实。在课堂中，我对学习比较困难的学生"特别关爱"，让这部分学生获得了比优秀学生更多的发言机会，而优秀学生往往被"冷落"，其所得到的发言机会自然要少一些。优秀学生的发言，往往由于其所思所想与其余学生尤其是学习困难学生之间的差距过大而难以被他们所理解，所以，教师也就把优秀学生举手发言的要求搁置一边。差异是一种教学资源，但过大的差异，也许会难以作为教学资源加以利用。对于焦芙蓉，我常常难以让她把想法一一呈现出来，因为我知道，她讲完之后，班上大多数学生都"云里雾里"，只有她自己清清楚楚。于是，我只能一次又一次粗暴地无视她发言的要求，剥夺她言说的机会。尽管我的想法有一定的合理性，我也向焦芙蓉做了解释，但焦芙蓉却未全部认可、接纳我的"规则"。在交流结束时，焦芙蓉依然嘟囔着"不公平"。

对于这样的学生，如何保护他们发言的积极性?

中学语文特级教师王栋生讲的一则故事给了我启发。他曾经教过的两位学生，很优秀，又很调皮。一次，这两位学生打赌，预设接下来一次数学考试的分数。一位学生说，准备考85分；另一位学生说，准备考65分。他们打赌的内容是，谁实际考的分数和自己预设的分数接近，谁赢，输的一方请赢的一方吃一顿中饭。数学考试成绩揭晓，预设考85分的学生考了84分，预设考65分的学生考了65分。考65分的学生赢了。他们两个，谁更优秀? 他们都很优秀。以往，学生考100分，我们都觉得很优秀。那比考100分更优秀的是什么呢? 想想王老师的故事，我发现，比考100分更优秀的，是想考多少分，就考多少分。当自己能预设考多少分，并调控自己恰好考得这样的分数，即不仅知道考卷上的题目做对得几分，还能控制自己把题目做错会被扣几分，无疑，这比考 100 分更优秀。

由此，我在教学中和那些上课一直举手积极要求发言的优秀学生沟通："你的优秀不仅表现在你在课堂上一直举手，举手的次数多，更表现在你知道什么时候该举手，什么时候可以不举手；什么样的问题，你可以不举手，什么样的问题，你必须举手'亮剑'。"这样，那些优秀的学生在课堂中开始变得从容起来，他们在课堂上不仅学会了谦让，培养了团队学习的意识，更让他们专注地参与学习过程，倾听同学发言，及时补充或修正他人的想法。

再说课堂教学的结构。一节课由准备、新课、练习、总结、作业这些环节构成，这是我们比较熟悉的课堂教学思路，几乎也形成了套路。

伴随着课堂的改革，我在思考：这样的套路，是否也是我们自己束缚自己课堂的一个框？其实课堂结构并没有"潜规则"，而是我们自己不知道从什么时候起给自己画了一个圈。

课堂中有哪些环节，如何安排这些环节，这并没有一个固定不变的模子。关键是看学生是否在学习，教师的教是否支持了学生的学习，促进了学生的发展。

最初，我对课堂结构如何变革与调整，很茫然，但伴随着自己的思考，伴随着学生自己独立思考以及课堂中的交流等学习表现，我发现，其实课堂教学很简单，教师要做的是组织学生展开互动学习，让学生把想法展示出来，让学生在倾听他人想法的过程中把自己的想法主动与之对照，建构自己新的认识。

慢慢地，我认识到：课，不是从上课铃响开始的；教，不是教师独立完成的。我们要实现的是捷克教育家夸美纽斯的教学理想："要找出一种教育方法，使教师因此可以少教，但是学生多学；使学校因此可以少些喧嚣、厌恶和无益的劳苦，独具闲暇、快乐及坚实的进步。"

慢慢地，我认识到：课堂改革实验，以增加师生负担为代价，实验不会持续下去；课堂改革实验，以牺牲学生学业质量为代价，实验不会持续下去；课堂改革实验，对学生有所选择，实验不会持续下去。

鲁迅说："世上本没有路，走的人多了，便变成了路。"而我在寻找课堂教学的"另一种可能"的过程中，更感悟到：世上有很多路，我走过了，也就多了一条路。

其实，我们每位教师都应该用自己的实践与思考寻找自己课堂教学的"另一种可能"。

（三）我为学生写了一本书

日月如梭。在我带的 6 班即将进入六年级的时候，我一边构思、酝酿六年级的数学教学，一边在回顾前三年的课堂教学探索，梳理行动的脉络。一节课又一节课的回顾过程中，一个念头闪过：我应该把这些课先整理出来。而随着六年级的日子一天一天过去，我的想法在展望中又多了一份怀旧感：他们即将毕业，我们一起携手走过四年，如何纪念他们与我共同走过、共同经历的这段时光？四年，学生与我一起上过若干课，他们的学习带给了我太多的发现、欣喜与美妙，这些，我都应当与他们共享。

2014 年元旦过后，我去江苏教育出版社，和游建华副总编辑谈我想就四年的课堂实验出一本书。7 年前，游建华副总编辑曾帮我策划、出版了《此岸与彼岸》一书，社会反响很好。当游总听完我的想法，他当即肯定了这本书出版的价值：对课堂教学改革的方向，对教师专业的成长，都是有益的。自此，写作、出版一本书，按下了"启动"键。

我的第二本书的写作，基于我的一段教学经历，源自我的一个念头。

我翻找出四年来的课堂录像、录音以及每一天上课的教学手记，对照课堂录像与录音，重新审视教学手记，开始了书稿整理。

　　因为申领书号需要一段时间，书名必须尽快确定。我一边整理，一边琢磨书名。我告诉我所带的 6 班学生，我要把和他们这几年一起上的数学课整理一下，出一本书，并将赠送给他们作为毕业礼物。有学生脱口而出《此岸与彼岸Ⅱ》。全班学生哈哈大笑。在笑声中，我突然想到：我一直苦思冥想着书名，不妨征求一下全班学生的想法。于是，我随后发布了征集书名的通知。几天时间，我收到了若干书名。这里，分享几位学生的想法。

　　尹力：《"贲特"30 篇》《这 1200 分钟》《让传说成为传奇》《彼岸之后》；

　　李悦文：《敢问路在何方》《打头的骆驼》；

　　王若骐：《原来数学可以这样学》；

　　柯欣怡：《四年的寻找》《渐行渐远》；

　　丁天行：《三十个传奇》；

　　吕佳蕙：《永恒的 6 班》；

　　王骄阳：《足迹》《一路花香》《课堂有多美》《成长和守望》；

　　唐竹心：《牧鸭手记》……

　　尽管最终学生的书名没有采用，但学生参与的热情，让我和他们又多了共同期盼的快乐。

整理书稿的过程，我一遍又一遍听录音，看录像，我一次又一次回到课堂现场。自然，"现场"成为我的选择。当然，我写下的不仅仅是课堂中的行动，还有行动背后的想法。最初，想到"幕后"一词，但感觉用"幕后"一词有让课堂在舞台表演的味道，于是，换用了"背后"。《现场与背后》，这是一个很务实的书名，让人感觉甚至有些像新闻类的书籍。"现场"，主要体现课堂教学实录的现场感；"背后"，主要表达隐藏在课堂背后的教师是有思考的。

　　曾有老师在杂志中看过我的课堂实录，他们质疑我的课堂实录是假的，是杜撰出来的，因为我的实录中，学生的表现难以置信。最初，我还想做些辩解。但后来发现，所有的辩解都是多余的，因为质疑者没有进入我的课堂，没有听过我的课，没有在我的课堂中亲身感受到我的学生的表现。如果说，他们判断我的课是假的，那恰恰说明我的课堂中，学生的表现已经超越了他的想象。2014年上半年，南京市的一个数学骨干教师研修班连续听了我一周的数学课，在互动交流的时候，其中一位老师说了一句在场所有老师都认同的话："天天看贲老师的课，天天看贲老师的学生上课，我看到贲老师把真课上成像假的一样。"《现场与背后》中呈现的课堂，尽最大可能忠实于事实。书中附赠的光盘内，有我的3节课的视频。如果有兴趣，可以将视频中的课堂与书中的课堂实录进行对照，以检视书中文字的真实。我以为，真实，是课堂的生命，也是这本书的品格。离开了真实，对教育问题的探讨就失去了意义与价值。

　　周国平说："真实是最难的，为了它，一个人也许不得不舍弃许多好东西。但真实又是最容易的，在世界上，唯有它，一个人只要愿意，总能得到和保持。"真实，说难真难，说容易，真容易。面对公开课一片表演、作秀的声音浪潮，我们需要保持清醒，保持对"真实"的要求。

　　由于篇幅限制，书中只呈现了4年中的30节数学课。有公开课，有家常课；有连续两天的，有隔周或隔月的；有新授课，有练习课与复习课。每节课中，学生"实名制"署名呈现，我想表达的是，学生是鲜活的生命体，充满个性的、活生生的人，而非抽象的、冷冰冰的、甚至于呈现时就是以"生"来统称的符号。这既是对学生的尊重，也以此说明具体的教学过程是一次性的，难以复制，但透视具体课例所理析出的思考与提炼的做法，又是可以借鉴与推广到其他课堂教学中的。

　　我发现，每位学生在知识增长、能力提升、情感丰盈的过程中，都有着彼此各不相同、但自身却"前后一致"的学习表现。尹力，在很长的一段时间内，在全班交流的过程中都"跑题"；丁天行，常常在黑板上板演自己的想法但不做言语解释；李广威，常常把几位同学的发言联系起来，或把新课的内容与已学的内容联系起来进行比较；沈辰谕，喜欢去思考"为什么"……每一位学生都是与他人不同的"唯一"。这让我想起了那句话：每个人生下来都是原创，长着长着就成了赝品。这需要我们深思。

我发现，教师不再只是信息的提供者与知识的传递者，他还是学生能力和兴趣发展的引导者，是学生学习的组织者、促进者、支持者、观察者，是学生学习过程中的伙伴。正如萧伯纳所说："我不是你的教师，只是一个旅伴而已。你向我问路，我指向我们俩的前方。"教师放下了"全知全能"的包袱，卸去了"至尊"的架子，撕去了"完人"的面具，还原本真，还原自然，还原那个犯过错误、在犯错误、会犯错误的普通人形象。从错误中学习，教师本人也是学习者；在交往中成长，教师也是成长者。成长不是一次性完成的，成长是一生的追求。

我发现，学生长大了，教师的容貌不可能逆生长，但那颗心，却越来越年轻了。每一节课，都有故事；每一节课，都是历史；每一节课，都在成长。

每天，在完成正常工作之余，看录像，听录音，整理思考，在电脑键盘上敲字，既是体力活也是脑力活，与文字为伴，看似枯燥，但因为这一行动过程充满了"发现"，我累并快乐着。整理的过程，持续了约两个月，我重温了曾经的美好，发现了师生成长的美妙。当我为最后的成书欣喜的时候，我更为成书的过程而感到充实。结果是美好的，过程更是美妙的。风景，在路上。其实，我们日常的课堂教学，何尝不是如此呢？

接下来的日子，出乎我的意料。

3月14日，我把书稿交给江苏教育出版社的朱凌燕主任。当时，书稿中的最后一节课，还没有来得及整理教学思考。朱凌燕主任审读的同时，将书稿送到排版公司排版。

4月11日至13日，我外出到浙江杭州、山东滕州、湖南长沙等地参加教学研讨活动时，随身携带的是进入三校阶段的书稿。在高铁上、在飞机上，我手捧的也是书稿。

4月18日，充满墨香味的成书到了我的手上（如图1-9）。

记录下的日子，是零星的。在这一阶段的每一个日子里，朱凌燕主任和她的编辑团队超负荷工作，才提前两个月将新书面世。书的封面，映入眼帘的是莫比乌斯带，埃舍尔的作品"相对性"，透出浓浓的数学味道。再看封面，我们能感受其中的意蕴：看似不可能中，创造了可能。这，和书的内容，和书的"出炉"过程，都是契合的。

当学生拿到这本书时，他们从前往后翻，在寻找自己的名字。有的学生开始数，他的名字在书中出现了多少次。有的学生对我说，贲老师，你可以在 Word 文档中用"替换"的操作，输入姓名，于是，姓名出现了多少次，很快就可以查找出来了。哈哈，学生的想法，我没想到。6 班的学生兴奋地告诉我，这是我给他们最好的毕业礼物。

图 1-9

这本书，为学生而写。为书中的学生而写，为未来的学生而写。

写之前的学生，激励当下的学生。送走了一个班的学生，2014 年 9 月，我又新接了四年级一个班。开学第一天，我就将《现场与背后》带到了教室，放入教室图书柜。我告诉全班学生：这是贲老师的一本书。学生很好奇，所有学生都很急切想一睹为快。我接着告诉他们，这本书中写的都是贲老师以前学生的课堂。你，将走进贲老师的后一本书中。于是，全班学生和我都有了美丽的期待。

于是，他们比我还关心他们的表现。每天上完数学课，他们会把数学课上展示的材料一分不差地送到我手中。对数学课中探讨的问题他们还有想法，会在讲台一侧排队，然后一个接一个讲给我听。他们的作业中有自己的独特想法，他们会在课前主动找我，告诉我想法，申请、预约课堂上与全班交流。书，是催化剂，让学生的每个日子变得闪亮起来。因为学生的催促与期盼，紧接着到 2015 年，我出版了第三本书《此岸与彼岸Ⅱ》（如图1-10）。

图 1-10

前教育部长周济在河北农业大学考察时曾说：把论文写在大地上。我觉得，教师的写作，是和学生紧紧联系在一起的。写书，是一件好玩的事。好玩，因为其不难，也就是把自己所做、所说、所思记录下来。好玩，因为其有意义，记录了自己，记录了学生。用文字记录，给日渐贫瘠的心灵以丰富、温暖的慰藉，给平淡无奇的日子以清新明丽的感动。

日子，本来都是平淡无奇的。但当我们主动赋予这些日子以特殊意义时，这些日子也就闪亮起来了。当我们再回首时，也就多了一份滋味，体会到自己才能体会到的幸福。我们要做的，改变自己，创造自己。

(四)每一步，为超越

徐小凤演唱的《每一步》，下面是其歌词的片段：曾踏过艰辛的每一步，仍然前去，仍然闯……努力为要走好我每步，行尽了许多的崎岖路，还前去，才能知境界更高，名利似有还无，要想捉，捉不到，岁月在我身边笑着逃，道路段段美好总是血与汗营造，感激心中主宰每段道路为我铺，但愿日后更好，我愿永远没停步，我要闯出新绩，要用实力做旗号，明日再要走几多路，谁人能计，谁能知天有几高，凭自信努力做，要得到的终得到，以后就算追忆也自豪……

当我把一个班从三年级带至六年级毕业又接手四年级一个班时，我思考：实验如何深入下去？接下去的一步，怎么走？

我在想：当学生将来完成了"制度性学习"的时候，他们是否能开始"自主性学习"？自主性学习，是否自然生成？是否等到制度性学习的结束？我们希望学生在制度性学习的过程中融入自主性学习，如何能让学生自主性学习？学生能做什么？我们可以不做什么？

又一次组织四年级学生认识"角"。不过，我曾经用电视机电线制作的可伸缩的活动角教具找不到了。我是自己重新制作一个，还是怎么办？

我突然冒出一个想法，让学生自己制作。星期五，我给学生布置任务。我问学生："做过活动角吗？"全班学生异口同声："做过。"有学生抢嘴："用两根木条。""用纸条也行。"

我说："对！二年级认识角的时候，我们就做过。不过，这一次，请每位同学制作的活动角，是'升级版'的。"

我故意卖了个关子。

学生满脸惊讶："什么升级版的啊？"

我告诉他们，制作成的活动角，和原来一样的是，两条"边"可以旋转，不一样的是，两条"边"的长短还可以变化。

双休日过后，学生带来的作品，远远超越我的想象。如下面的4件作品（如图1-11），其中3件，是粗吸管里"套"细吸管，粗纸卷里"套"细纸卷，粗纸套里"套"细纸条。还有一件作品，其"边"可以通过折叠的方式变化长短。

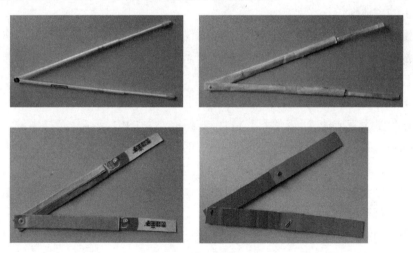

图 1-11

更有意思的是，课堂上，我请学生逐个展示他们的作品，然后我问学生："知道为何让你们做这样的活动角吗？"

"知道，就是让我们明白，角的大小和边的长短没有关系。"

"我知道道理，角的边是射线，射线是无限长的，可能画得长一些，可能画得短一些。所以，角的大小和边的长短没有关系。"

教学意图，对学生来说，已经不是秘密。学习中的难点与"误"点，学生"谈笑间，灰飞烟灭"。

数学教学过程中，不要以为，教师讲了，学生就明白了。当学生自己悟出来时，他们才真正懂了。学生在制作过程中自己琢磨出数学中的"道理"，数学也就"好玩"了。

教具，一般是教师在课堂中演示用的，为"教"服务的。而学具，是学生在学习过程中实践操作使用的，为"学"服务的。使用教具，教师是操作者，学生是被动的观察者，也许还会沦为"旁观者"。而学具的使用，学生是操作者，人人动手，可以提高学生的学习兴趣，动手又动脑，参与更深入，经历更深刻，体验更丰富。升级版的活动角，让"教具"华丽转身，变成了"学具"。制作学具，就是实践性的作业，制作的过程，让学生获得了对角更深刻的认识。之后使用与展示、交流与分析的过程中，学生手、眼、口、耳等多种感官协同活动，积极展开观察和思维活动，更能体现学生的主体地位。

学生制作升级版的活动角，"升级"的不仅是学生制作学具替换教师制作教具这一做法，还有随之带给教师在教学思想、理念上的变化。从教师想怎样用教具、怎样教，转向想学生怎么用学具、怎么学，即从"教"的筹划转向对"学"的考虑。

教学的过程，更多的是让学生学、让学生思、让学生悟。

以往，学生完成的"研究学习"材料，其研究学习的内容都是教材中的，也都是由教师统一布置的。能否让学生"自选"呢？四年级的寒假，我布置给学生一项弹性的选做作业：每人自主选择数学内容，自主进行研究学习，并记录下来。开学时，我收到学生张笑航的一本"书"（如图1-12），他一共研究了12讲内容，并且自己装订成册，还编写了目录。

张笑航的"书"，引起了我的思考：为什么要让学生同步前进呢？学生自主学习的内容，有选择权吗？

于是，我班上的"研究学习"的内容，从此是"规定"与"自选"相结合。每位学生都有了一本自己的"自主小研究"专用本。

图 1-12

　　学生徜徉在自主的数学思考中。当他们兴奋地告诉我，"贲老师，我研究了……""贲老师，我发现……"我和他们同样的快乐！

　　我知道，我和学生的努力，都是为了超越自己。

我的教学主张：
构建学为中心数学课堂

一、漫漫求"学"路

走进课堂，面对学生，我们需要像婴儿一样，不断地去发现。我，上自己的课，思自己的"想"，说自己的话，走自己的路。鲁迅说："世上本没有路，走的人多了，便变成了路。"我以为，世上有很多路，我走过了，也就多了一条路。构建学为中心数学课堂，寻找自己的教学之路，追随自己的好奇心，"不忘本来，吸收外来，面向将来"，以继承、批判、创新来丰富自己，守正创新，建筑未来。我们的未来和过去关联，但教育的未来并不简单存在于过去的延长线上，未来是对现实的突破，未来要靠我们去设计。未来，不是我们要去的地方，而是我们共同创造的地方。

（一）更多的是"为教师的设计"

谈到我在课堂中的探索历程，无疑，2001年的"平面图形的面积总复习"是具有标志意义的一节课。

为了探索复习课改革的路子，中国教育学会小学数学教学专业委员会于2000年底决定，2001年举办全国第五届小学数学优化课堂教学观摩课评比活动。这次活动抽签确定上课的课题，并安排了12节复习课。江苏和北京抽签抽到的上课内容是12节复习课之一——六年级平面图形面积或者立体图形体积的总复习。得此通知后，江苏省在全省范围内举行了课堂教学比赛选拔活动。从学校到县、市、省，经过一轮又一轮的初赛、复赛，层层选拔，最终我获得了参加全国赛课的机会。在山东淄博，我执教的"平面图形的面积总复习"，获得了一等奖第三名（复习课类第一名）。

全国一等奖，是给这节课一个美丽的说法。"磨课"的过程，就是对于课堂教学想法不断推敲、对于课堂教学设计不断调整的过程。"磨课"的过程，也是"磨人"的过程。在对一节课反复打磨的过程中，积淀了关于课堂教学经历的记忆。我，在这里打开尘封在自己心中多年、关于这节课设计过程中的一些真实想法。

1. 导入环节，"买油漆"改成"卖土地"

与陌生人的交往，我们都很重视"第一次"的亮相。因为我们都谙熟"第一印象效应"。人与人第一次交往中给人留下的印象，在对方的头脑中形成并占据着主导地位，这种效应即为第一印象效应。第一印象效应是指最初接触到的信息所形成的印象对我们以后的行为活动和评价的影响，实际上指的就是"第一印象"的影响。第一印象效应是一个妇孺皆知的道理，为官者总是很注意烧好上任之初的"三把火"，平民百姓也深知"下马威"的妙用，每个人都力图给别人留下美好的"第一印象"。

作为参加比赛的一节课，如何在一开课就做到先声夺人，给所有的听课者留下上乘的"第一印象"呢？导入环节的重要性不言而喻。"万事贵乎始"，一节数学课，如何导入，往往是教师苦思冥想一节课的开始。

"平面图形的面积总复习"这节课如何导入呢？当时，我的想法是，设计与生活实际相关的面积计算的实际问题，以此导入教学。

我曾由电视中播放的"立邦漆"广告得到启示。课堂教学伊始，播放"立邦漆"广告视频(图 2-1 为"立邦漆"广告视频截图)。

教师提出问题：用立邦漆刷墙壁，如果告诉你每平方米用漆 1 千克，预算买多少千克漆，想一想：还需要知道什么条件？学生回答后教师引出本课课题：计算面积时，我们要运用一些基本的平面图形面积计算方法，这就是本节课复习的内容。不过，这样的设计我已经在一定的场合公开展示过，这下，我只得苦苦寻找"人无我有"的导入新方案，其意图就是要带给听课老师耳目一新的视觉冲击。

持续的思考，终于在一天晚上躺在床上时突然想到"拍卖土地"(准确地说，是拍卖国有土地使用权)的事。于是，从报纸上搜寻相关的广告，课堂教学比赛从县到省到全国，所展示的报纸跟随着上课比赛地点的变化依次从《海安日报》更换成《南通日报》《丹阳日报》《新华日报》《淄博日报》。

下面是当时赛课时的导入环节的教学实录。

出示《淄博日报》，上有国有土地使用权拍卖出让公告。

师：这是一份《淄博日报》，我们看这个公告。拍卖，你看到过吗？

生：看过。

师：这个公告是要拍卖一块——土地使用权。如果我们参与竞买，那么需要了解这块土地的哪些情况呢？

生：面积。

生：地理位置。

图 2-1

生：价格。

生：形状。

师：大家说得都有道理。土地的形状可能是各种各样的，但无论这块地是什么形状，计算面积时，我们都要运用一些基本的平面图形面积的知识。上一节课我们已经复习了面积的含义，这一节课我们进一步来复习"平面图形的面积"。

板书课题：平面图形的面积（复习）

学生齐读课题。

师：读了课题，你想到了什么？

生：想到了我们学过的平面图形和它们的面积公式。

生：我想到了这些公式是怎么推导出来的。

生：我想这些公式的应用很多。

师：说得真好！接下来我们就按照大家的想法一起复习。

良好的开始是成功的一半。的确，全新亮相的导入，让听课老师的眼前一亮。有老师如是评价：设计新颖，气势磅礴。

2. 梳理环节，彰显复习课特点

复习课中，一般梳理环节与练习环节是不可或缺的。关于梳理环节，我的思考是：如何体现并彰显复习课的特点，帮助学生将平时所学的零散知识系统化？

我的课堂教学设计，分为三步，先是集中呈现面积计算公式，然后逐个梳理推导过程，在此基础上讨论图形面积计算之间的联系，整理完善认知结构。

师：我们学过哪些平面图形？

学生回答时屏幕显示图形。

师：这6种平面图形的面积计算公式你们还记得吗？怎样用字母表示？

学生回答后屏幕显示6个面积计算公式。

师：这6个平面图形的面积计算公式分别是怎样推导出来的呢？请大家在小组中，每人选1~2个图形说一说推导过程。在口述时可以借助课前提供的信封中的学具。教师巡视了解情况。

全班交流。

师：在小学阶段，我们首先学习的是长方形的面积计算公式。这是为什么呢？这个问题仍然请大家小组讨论，再推选一位代表发言。

教师巡视，参与学生讨论。

师：现在请大家汇报讨论的情况。

生：我们组的意见是，长方形的面积计算公式是基础，正方形、平行四边形、圆的面积公式都是在长方形的基础上推导出来的，三角形、梯形的面积公式又是在平行四边形的面积公式的基础上推导出来的。

生：我们认为这6种平面图形联系紧密，先学习了长方形的面积计算，才能推导出其他图形的面积计算公式。

师：说得真好！这6种平面图形之间是有联系的。你能画一张图，表示出图形与图形的联系吗？

教师巡视后展示部分学生画的图（如图 2-2），并让学生说说是怎么想的。

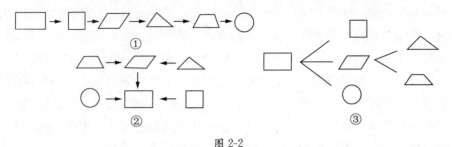

图 2-2

师：你能说说为什么这么画吗？

……

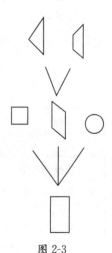

画图 2-2③的学生：从左往右看，根据长方形的面积公式可以推导出其他图形的面积公式；从右往左看，我们在探讨一种新的图形面积计算时，都是把它转化成已经学过的图形。

师：你说得太精彩了！转化，是一种很重要的方法。

教师转动学生画的图 2-2③得到如下的图（如图 2-3）。

师：我们换个角度再来看，这像——

生：树。

师：这多像一棵知识的"树"啊！图形与图形之间的联系紧密，长方形的面积计算公式是"树根"，是基础。

在这个教学环节中，最初，我设计了一组填空题：

(1)正方形可以看作是长和宽相等的（　　）形。

(2)平行四边形可以通过剪、移、拼转化成（　　）形。

(3)三角形和梯形可以转化成（　　）形。

图 2-3

(4)圆可以分割、转化成（　　）形。

这组题目出示后，让学生逐一思考、填空。我的设计意图是，沟通平面图形面积计算之间的关系，让学生体验到我们学过的平面图形是转化成长方形，以长方形面积公式为基础推导面积计算方法的。反思这样的设计，我自己感觉到教师"牵"得太多，放手不够。于是，我又思量着教学设计的调整。小学阶段，学习平面图形面积计算方法的顺序是：长方形、正方形、平行四边形、三角形、梯形、圆。这样的顺序是有"说法"的。由此,我设计了如下的问题:"在小学阶段,我们首先学习的是长方形的面积计算,这是为什么呢?"这样的问题,可能是以往教师研读教材时思考的问题,我将之移植到课堂中,以这一思维含金量颇高的问题组织讨论,催动学生自主地把各个平面图形的面积计算与长方形联系起来,然后让学生在讨论的基础上用画图的方式外化他们的想法,并在交流之后,将学生绘制的其中一种平面图形面积计算关系图旋转180度,以此转出形象的"知识树"。这一设计让课堂又产生一个至今仍被一些教师津津乐道的亮点。特级教师华应龙如是评述:把学生画的关系图出乎意料地一"转",图还是那个图,可转出一棵"树"来,乃神来之笔,体现了复习课的融会贯通,温故知新。形象的知识树一定会让学生经久不忘。

3. 练习环节,每一题都殚精竭虑

练习环节,先是一组计算平面图形的面积并填表的练习,然后是两道选择题,之后是一组与生活实际有着紧密联系的实际应用问题。设计时,我寻思的是:如何有新意?每一道题目,我都殚精竭虑,力求与众不同。

(1)出示"填表"。

图形名称	已知条件		面积
长 方 形	长 6 厘米	宽 4 厘米	
平行四边形	底 3 分米	高 1.2 分米	
三 角 形	底 3/4 厘米	高 4 厘米	
梯 形	上底 3.5 厘米 下底 6.5 厘米	高 2.4 厘米	
正 方 形	边长 0.5 米		

学生计算,指名汇报计算结果,电脑显示答案,全班核对。

出示续表。

圆		

教师引导学生编题:已知圆的半径或直径或周长,求圆的面积。根据学生的回答,教师在电脑中随机输入已知条件及答案,电脑判断对错。

(2)逐条出示选择题，学生以手指数作答。

题1：一个平行四边形和一个三角形等底等高。已知平行四边形的面积是25平方厘米，三角形的面积是(　　)平方厘米。

①12.5　　　　　②25　　　　　③50

题2：求图(如图2-4)的面积，列式正确的是(　　)。

①$3.14 \times 8^2 \div 2$

②$3.14 \times (8 \div 2)^2 \div 2$

③$3.14 \times 8 \div 2 + 8$

|←—— 8厘米 ——→|

图2-4

在学生作答完第2道选择题之后，教师追问：第2题为什么不选答案③呢？

生：答案③求的是这个图的周长。

师：周长、面积含义不同，算法不同。

(3)出示书房图。

师：现在我们看到的是青青的书房。请大家观察书房，说一说：在实际生活中，面积计算有哪些应用呢？

生：墙壁刷油漆，贴墙纸，与面积计算有关。

生：地面铺地板，要算面积。

生：做窗帘，用多少布，与面积有关系。

生：窗户上玻璃有多大，是指面积。

生：墙上的那幅装饰画，是一个圆。它的大小是指面积。

师：数学，与我们的生活密切相关。让我们一起来探讨刚才大家提出的一些问题。

(4)出示题目：墙面装饰画的底板是一块三夹板。

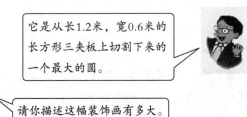

它是从长1.2米，宽0.6米的长方形三夹板上切割下来的一个最大的圆。

请你描述这幅装饰画有多大。

师：装饰画有多大呢？怎么描述？

生：这幅装饰画的直径是 0.6 米。

师：你怎么想的？

生：在长方形中切割一个最大的圆，圆的直径等于长方形的宽。

师：对！这是一个直径为 0.6 米的圆，还可以怎样描述呢？

生：这是个半径为 0.3 米的圆。

生：这是个面积为 0.2826 平方米的圆。

师：怎么算的？

生：半径是 0.3，面积是 $3.14 \times 0.3^2 = 0.2826$（平方米）。

师：说得真好！我们可以描述这个圆的直径、半径、面积，用数学语言交流，多简洁啊！

（5）出示题目：房间长 4 米、宽 3.2 米、高 3 米。地面铺的是边长 0.4 米的方砖，算一算，装修时至少用了多少块方砖？（只列式，不计算）

指名读题。

师：想一想，怎样列式？

生：$(4 \times 3.2) \div (0.4 \times 0.4)$。

师：解这道题，发现了什么？

生："高 3 米"是多余条件。

师：我们要善于分析、选择信息。

（6）出示题目：拍卖如图 2-5 形状的一块土地，底价是每平方米 200 元。如果有一位开发商准备用 50 万元买这块地，你认为够不够？

师：谁说一说，买这块地准备了 50 万元，够不够？怎么算的？

生：够！这块地的面积是 $(60+100) \times 30 \div 2 = 2400$（平方米），需要 $2400 \times 200 = 480000$（元）。

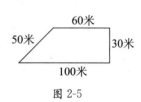

图 2-5

师：肯定吗？不改啦？

大部分学生同意。教师沉默不语。过了一会儿，有一学生举手：可能不够。因为是拍卖，价格可以往上抬，50 万元也就不够了。

又有一学生起立：如果这块地没有人竞买，那48万元就够了。

师：太精彩了！请问，你们叫什么名字？

学生说出姓名后，教师激励学生：让我们记住他们，他们启发了我们：思考问题要联系实际。我们同学的意见是50万元买这块地，可能够，也可能不够，是吗？

(7)视听故事：阿凡提赶羊(如图2-6)。

巴依老爷买回来一大群羊。

巴依老爷：阿凡提，快把新买的羊赶到羊圈里去！

阿凡提：好的，老爷！

阿凡提：老爷，围墙外的这个长方形羊圈太小了！

巴依老爷：什么，太小了？你不把羊全部赶进去，你的工钱就别拿了！要不，你自己花钱买些材料，把羊圈围大些。

阿凡提把长10米、宽6米的长方形羊圈改围成了正方形。

阿凡提纳闷：咦！怎么还嫌小？同样的材料，围成的是正方形，羊圈的面积不是大了吗？

师：阿凡提该怎么办呢？

生：把羊圈改围成圆形。

师：为什么？

生：因为周长相等的长方形、正方形、圆，圆的面积最大。

师：原来长方形羊圈长10米、宽6米，你能算出它的面积吗？

教师板画长方形，标注长、宽、面积。

图2-6

师：改围成正方形的羊圈，要求正方形羊圈的面积，先算什么？怎么算？

生：先算正方形的边长。$(10+6)×2÷4=8$(米)。

师：正方形的面积是多少？

生：64平方米。

教师板画正方形，标注边长、面积。

师：如果改围成圆形的羊圈，请大家估计一下，圆的半径取整数，大约是多少？

生：5米。

师：圆的面积大约是多少？

生：78.5平方米。

教师板画圆，标注其面积。黑板上形成如下板书（如图2-7）。

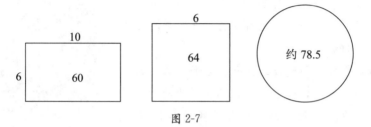

图 2-7

师：通过计算，我们发现：圆形的羊圈面积大。最后阿凡提是怎么办的呢？

再听故事（如图2-8）：

阿凡提：哈哈！我没花一分钱去买材料！

聪明的阿凡提，运用数学知识，终于把羊全部赶进了羊圈。

师：如果羊圈改围成了圆形，还嫌小，又怎么办呢？

生：买材料。

生：杀掉一些羊。

生：靠着墙围羊圈。

图 2-8

师：好想法！究竟怎么围面积更大呢？还有没有其他办法？请大家课后研究。

由上面的设计可以看出，每一道题目都不是将教材中的题目原原本本照搬到课堂上呈现给学生。即便是用填表的方式计算平面图形的面积，我也把圆的面积计算的算题改编成了开放题，即让学生编条件再进行计算。而且，充分发挥多媒体的互动功能，将学生所编的条件以及算出的答案随机输入电脑，并由电脑来判断学生的计算是否正确。而这在当年，是电脑专业人员用编程的方式制作出来的。

又如"装饰画"问题，用对话的方式呈现，这在当时的教材中尚未见到。我的设计，是受到当时还仅在全国少数地区实验使用的新世纪版小学数学教材的启发。

"卖土地"问题，其与导入环节的设计相呼应。这个问题的结果是开放的，需要学生联系实际作答。我清晰地记得，当时赛课现场，那个男孩儿站起来发言说"因为是拍卖，价格可以往上抬，50 万元也就不够了"，整个淄博市体育馆 3000 多名听课老师给予热烈的掌声。我明白，这掌声，是给那个小男孩的，也是给我这节课的。这样的掌声，是我期待的；这样的掌声，也是我预设中的。这样的掌声，是给我这节课加分的。

再说"阿凡提赶羊"问题。这是"逼"出来的设计。在省初赛之后，我和另一位老师接到通知，要在无锡师范附属小学再进行复赛，以确定谁参加全国赛课。此时，这节课的已有设计都已全部公开。如何再出新招？练习部分是否有更新、更好的问题？反复斟酌、构思、揣摩、修改，后来将教材中一道题目"一个长方形和一个圆的周长相等。已知长方形的长是 9 厘米，宽是 6.7 厘米，它们的面积各是多少？"加工改造成"三毛放鸭"故事题。为何用"三毛"作为故事主角？为何以"放鸭"作为事件？主要考虑到上课的地点是在江南水乡无锡。在通过省复赛之后，考虑到是在山东赛课，我又将"三毛"替换成了更智慧的"阿凡提"，将"放鸭"替换成了"赶羊"，而故事情节并未做调整。这里再对数据的调整做个说明。原来教材中题目的数据是 9 和 6.7，这样在计算长方形、正方形的面积的时候，学生都得用笔算的方式才能完成计算，为了体现"降低笔算的繁、难程度，加强口算，重视估算"，我将长方形的长、宽分别调成 10 和 6，这样计算长方形、正方形的面积都可以口算，计算圆的半径时，可以估算，继而，计算圆的面积，可以口算。"阿凡提赶羊"故事题，视听结合、声画并茂的"包装"使原本枯燥、乏味的题目变得鲜活、生动。北京师范大学周玉仁教授在评课时充分进行了肯定："使学生引人入胜地觉察到'在周长一定的情况下，圆的面积最大'，既综合运用了长方形、正方形和圆形的周长与面积的知识，解决了实际问题，又渗透了极值的数学思想，体现了数学知识的价值。"著名特级教师郑俊选认为："这样的练习为学生提供了广阔的思维空间，既渗透了生活中处处有数学，认识到数学知识应用的广泛性，也有利于培养和发展学生的空间观念，认识到平面图形间既有联系又有区别，应用转化的数学思想，可以使问题得到解决。"

这里还要说一道题目的设计。尽管这道题目当时在课堂上没有呈现出来，但设计这道题是有想法的。题目是：书房长 4 米，宽 3.2 米，南内墙刷立邦漆，窗户的

2012 年，与周玉仁教授合影

面积是 2.8 平方米。算一算，青青的爸爸要买多少千克立邦漆？（每平方米大约用立邦漆 0.4 千克）这道题，根据题目中的已知条件，暂时无法解答。因为根据书房的长与宽，算出的是书房的地面面积，不是南内墙面积。那为什么要设计这样一道暂时无法解答的数学题呢？我们很多老师可能还记得这样的一个问题，即一条即将起航的船上装有 86 只羊，34 只牛，请问这条船的船长有多少岁？有学者在中国不同年龄段的学生中做过测试，发现有不少学生根据牛的只数、羊的只数，算出了船长的岁数，只有少数学生觉得这道题目"不好做"。为何如此？学者做了进一步的分析，其中一条重要的原因是，我们学生在长期的学习过程中，从教材中接触到的，从老师那儿接触到的数学题，都是能够解答的，而且都是有唯一、正确解答的。这样的数学问题观，直接影响了学生对待数学问题的思考与解答。"刷墙"问题，即针对"船长多少岁"这一问题背景而设计。

回顾 2001 年的课，也不能说我对学生的学习一点不加关注。在课堂教学中，我注重让学生思考、探究，建构知识网络。特级教师张兴华给我评课时如是说："贲老师俨然是一名技术高超的'助产士'，引导帮助学生从自己的头脑中生产出了知识。"

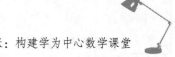

不过，当时的我，是"当局者迷"。而这，在今天看来，有着更大的启发意义。

坦率地说，回顾反思当时的设计经历，我关注得更多的是知识点和按部就班地上课，是参与听课的老师、包括评委老师的反应。我觉得这节课似乎可以定义为"为教师的设计"，既为听课的教师而设计，也为执教的教师而设计。

(二)被学生"逼"出来的关注

"认识时、分"是一节在小学里老师们经常上的、经常看到的研讨课。2002年，我设计、执教二年级的"认识时、分"，并作为公开课展示。

1. 师生一起"画钟面"

上课伊始，师生问好。教师提问：现在是几时几分？学生根据自己的生活经验猜测作答。

师：如果想知道这会儿的准确时间，你的方法是什么？

生：看钟表。

师：在生活中，最常见的钟面的形状是什么？

生：圆形。

师：(指着黑板上课前画好的圆)如果我们要画出一个钟面，钟面上该有什么呢？

生：钟面上有数：1，2，…，12。

生：钟面上有时针、分针、秒针。

(教师板书：数：1～12；针：时针、分针、秒针。)

师：如果把12个数写到钟面上，你认为先写哪个数呢？接下去呢？

学生的意见基本一致：先写12，在钟面的正上方；再在12的正下面写6；接下来写3，写在钟面右边的中间；写9，写在钟面的左边，和3相对。

根据回答，师生在钟面上写下12，6，3，9。

师：这时钟面一圈被分成了几份？

生：4份。

师：对！而且这4份是——

生：同样大的。

师：我们可以说钟面一圈被平均分成了4份。我们再把钟面上其他几个数写完，好吗？(师生在钟面上写好12个数。)

师：钟面上这一圈被平均分成了多少份？你是怎么知道的？

生：12份，我是看钟面上有1至12这12个数。

（教师指黑板上钟面上的各格，学生数。）

师：通常我们把钟面上所分的这12份叫作12大格。（板书：12大格。）

师：钟面一圈分成大格，那还分了——

生：小格。

师：对！那钟面上又是怎样分小格的呢？我们先来研究12至1这1大格之间分了多少小格呢？

几位学生都发言说5小格。

师：我们来看看钟面。

屏幕出示（如图2-9）：

教师和学生一起数1大格之间分成了5小格。

师：你能在1大格之间画出小格吗？

学生试画，教师巡视。指名说一说：在12和1之间你画了几条短线？两位学生都说画了5条短线。

教师根据学生的发言在黑板上钟面的12至1之间画5条短线，并让学生数一数：这样分成了多少小格？学生数后有学生发言：应该画3条短线。教师在钟面上1至2之间画3条短线。

图2-9

学生数小格之后又有学生发言：应画4条短线。教师在钟面上2至3之间画4条短线。数一数，学生认识到应画4条短线。师生在钟面上画短线，并改正12至1和1至2之间所画短线的条数。

师：这样钟面一圈被分成了多少小格？你是怎么知道的？

生：60小格，我是想，1个大格有5小格，12大格就有60小格。

师：你是算出来的，不简单！怎么计算，我们还没有学呢。

生：我是先算10大格里有50小格，再加2大格里的10小格，共60小格。

生：我是5个5个地加的。

师：好！这样，我们 5 个 5 个数一数。

学生在教师的指导下从钟面上的"1"数起，5 个 5 个地数到 60；再在自己画的钟面上数一数。

师：钟面上一圈被分成了多少小格？

学生回答后教师板书：60 小格。

这一环节，许多听课老师称赞叫好。他们觉得，老师和学生共同画钟面，全体学生都积极参与了。学生在"画钟面"的实践活动中，充分调动原有的经验逐步认识钟面，学得兴致盎然，学得轻松有效。听课老师随后问了我一个问题：你怎么想到设计老师和学生一起画钟面这一活动的？

我坦率地和他们交流了我在备课时，想起的我小时候曾做过的一件事：用笔在手腕处画手表。我是一个农村的孩子，出生于 20 世纪 70 年代，在 20 世纪 70 年代末 80 年代初，我们大多数孩子家的经济情况都不太好，手表是家庭"三大件"之一，作为孩子，往往把拥有一块手表当作自己的一个美好心愿，用当下的说法，这也是我们儿时的"中国梦"。虽然没有戴真的手表让自己过瘾的可能，但有可能的是，我们经常用笔在自己的手腕上乃至于手臂上画上一块又一块手表。画手表，外化了心中难以实现的愿望，虽是"画饼充饥"，但儿时的我们乐此不疲地如此"梦想成真"。而从数学教学的角度审视，画的过程，也就梳理了学生在此数学课之前的日常生活中积累的一些关于钟面、时间的认识。画，是"做中学"，让学生在喜闻乐见的活动中学习。

2. 两次"意想不到"

师：钟面上有数、有格，这些都是不动的东西，接下来我们研究——

在学生说完"时针、分针、秒针"后，有一位学生脱口而出"还有"，教师和其余学生都很惊讶。那位学生接着解释：他家的闹钟上还有一根针，指着几，闹铃就在几时闹。大家恍然大悟。学生并给那根针取名：闹针。教师补充板书：闹针。

生：老师，一般看钟面只要看时针、分针，不要看秒针。闹针是调整闹铃响的时间的，也不要看。

生：我觉得有的时候也要看秒针，要知道多少秒的时候就要看秒针。

师：说得有道理！闹针，你不调它，它就不动。时针、分针、秒针我们是怎么区分的呢？

生：针的长短不一样。时针短，分针长，秒针更长。

生：还可以看快慢，秒针跑得最快，分针第二，时针最慢。

生：还有一种区分方法，秒针最细，分针比秒针粗、比时针细，时针最粗。

生：我们可以从针的长短、粗细、跑得快慢来区分。我觉得三根针就像三位运动员，跑得最快的是秒针，个儿最高，身材最苗条；跑得最慢的是时针，个儿最矮，身材最胖。

师：说得真好！区分时针、分针、秒针有多种方法。

生：钟面上，秒针在最外面一层，时针在最里面一层，分针夹在中间。

教师一愣，随后问全班学生：哦，是这样吗？有没有谁戴的手表上有三根针？

几位学生抬起手腕给教师看，恰恰都是电子表。教师如实地告诉全班同学：刚才说秒针在最外面一层，时针在最里面一层，分针夹在中间，老师此时不知道这发言对不对。因为老师从没有从这样的角度观察过钟面。我想，今天下课后，我们班的同学和我都会到商场或超市的钟表柜台看一看，确认这位同学的发言对不对。

全班学生向发言学生投去赞许的目光。

教师出示两根长短不等、颜色不同的小棒：今天这节课我们先研究时针、分针，以后的数学课上再研究秒针，好吗？如果我用这两根小棒作时针、分针，哪一根作时针？哪一根作分针？学生回答后，教师让学生说一说自己的两根小棒，哪一根作时针，哪一根作分针。

上面的教学片断中，出现了两次教师的"意想不到"。当大家都觉得钟面上有三根针的时候，一位学生发言说，还有一根针。这犹如给风平浪静的水面投下了一颗石子，不过，随后的解释，让大家觉得这"闹针"，还不"闹心"。之后，"秒针在最外面一层，时针在最里面一层，分针夹在中间"的发言，让教师无能为力当堂说出个"一二三"了。"坦白从宽"，课堂上的教师因为诚实而未"挂黑板"。而内心，总有那种被学生"将一军"的感觉。课后，教师真去商场看了，那学生的发言，完全正确。以至于十多年了，教师一看到钟与表，第一反应就是看看秒针是否在最外层，时针在最里层，分针夹在中间。迄今，尚未发现"反例"。

这让我们想起来一个故事——苹果里有五角星。一个孩子将苹果横过来从中间切开，发现苹果中间有五角星。而我们，切苹果的次数一定比孩子多，但我们都是将苹果竖着沿中间切开，于是，我们从没有看到过苹果中间的五角星。

我们习惯了从一个角度去看事物，甚至以为我们看到的就是事物的全部，自以为掌握了事物的真相，以至于把和我们相异的看法，都视作"错的"。

　　孩子观察世界的视角，有时和我们是不一样的。我们，需要认识、尊重、理解、接纳、欣赏孩子的视角。学生从指针在钟面上里外的位置关系来区分时针、分针、秒针，他们独特的视角拓展着我们老师的"视野"，在他们的眼中有许多我们闻所未闻的精彩。

　　又想到一个问题。课堂上，当教师遭遇"不知道"时，作为教师应如何应对？例如，教师接手一个新班，开学时点名，由于之前不熟悉学生的姓名，点名过程中，教师发现一位学生的姓名中的某字不认识，怎么办？教师不慌不忙，跳过该学生的姓名不点，待全班一轮点名完毕，教师问全班，是否都点到名了。这时，那位未点到名的学生起立，告诉老师自己未点到。教师故作惊讶，问这位学生叫什么名字。该学生报出自己姓名后，教师装模作样在花名册上找了找，然后抱歉地说，刚才点漏了。这一招，很多教师都熟悉，或许还都用过。不知道大家是否想过，这一招，已用了多少年？我曾在季羡林先生写的文章《那提心吊胆的一年》中读到他的教学经历。

　　我的老师们也并不是全不关心他们的老学生。我第一次上课以前，他们告诉我，先要把学生的名字都看上一遍，学生名字里常常出现一些十分生僻的字，有的话就

查一查《康熙字典》。如果第一堂就念不出学生的名字，在学生心中这个教员就毫无威信，不容易当下去，影响到饭碗。如果临时发现了不认识的字，就不要点这个名。点完后只需问上一声："还有没点到名的吗?"那一个学生一定会举手起来。然后再问一声："你叫什么名字呀?"他自己一报名，你也就认识了那一个字。如此等等，威信就可以保得十足。

这虽是小小的一招，我却是由衷感激。我教的三个班果然有几个学生的名字连《辞源》上都查不到。如果没有这一招，我的威信恐怕一开始就破了产，连一年教员也当不成了。

季羡林年轻的时候在一所中学里当老师，当时，学校里的老教师就教了季羡林这一招。掐指算算，这一招，百年有余。这一招，学生知晓吗?如果那位学生在一轮点名之后，质疑老师：老师，你点名把我点漏了，是不是我姓名中的那个字，你不认识?如果这样，教师如何回应?

我曾遭遇过这样一件真实的事。那天是星期四，上完数学课，课间，学生郑嫣然交给我一张纸，纸上有这么一个字：囧。我不认识。而那个星期四、星期五，我忙于上课、听课、评课，没有来得及向郑嫣然请教该字。说来也巧，我在星期五的南京《金陵晚报》上看到了这个字。我依然不认识。双休日，我翻查《新华字典》《现代汉语词典》，未查到此字。我爱人告诉我，在《读者》杂志中看到这个字。翻找《读者》杂志，我找到了这个字及相关的文章。于是，我有了大致了解。星期一，我与郑嫣然交流该字。还没待我解释，郑嫣然侃侃而谈：这个字，网络中很红火，像个苦脸，读"jiǒng"。这个字，表示很不高兴，令人不满意的地方。郑嫣然又笑了笑：贲老师，估计当时你不认识这个字吧。我"呵呵"笑了笑。接着郑嫣然如是安慰我：我知道，贲老师是不会赶时髦的人。没关系的，时髦很难赶，不如不赶。学生的话，挺温暖我心的。就这样，我被学生"囧"过一次。不过当时的我，以及现在我回味这段经历，我心中一直很坦然。面对"不知道"，我们实事求是，不要"装知道"。

互联网时代，面对开放的资源，教师和学生，常常站在同样的起跑线上。学生知道的，我们还常常不知道。这，丝毫不奇怪。关注学生，相信学生，学生不会总在教师的预设之中。

3. 让学生研究、体验

屏幕出示(如图2-10，屏幕中钟面上的时针、分针一直在转动)：

师：接下来，我们研究时针、分针是怎样走的。大家可以观察屏幕上时针、分针的转动，也可以用两根小棒在画的钟面上摆摆转转。小组里先互相说一说屏幕上的问题如何回答，等会儿全班交流。

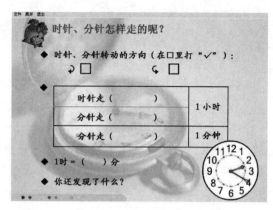

图 2-10

学生分小组操作研究后汇报。

师：请大家用手势表示时针、分针转动的方向。

学生做手势，教师在屏幕中"↻"之后打"√"。

生：时针走1大格是1小时，分针走1圈是1分钟。

结合学生的回答，屏幕上的钟面作如下的演示(如图2-11)：

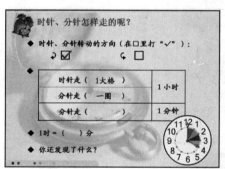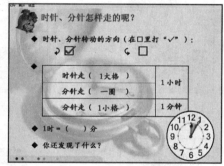

图 2-11

生：时针走1大格，也就是5小格，是1小时。分针走一圈，也就是12大格，60小格。

师：你的补充发言，理解了刚才我们认识的大格、小格之间的关系，给了我们启发。1分钟，分针走1小格，时针呢？

生：不走。

教室内沉默一会儿之后，有学生说：走，只是走很少的一点。

师：大家想一想，如果时针不走，那过了1小时，时针就一下子跳1大格，是这样吗?

学生"呵呵"笑了起来,纷纷摇头说:不是。

师:1小时等于多少分?

生:1小时等于60分。爸爸妈妈早就告诉我了。

师:我们联系刚才研究的钟面上时针、分针的转动思考发现,分针走1小格是1分钟,分针走60小格是60分钟,也就是一圈,1小时。关于钟面上,还有很多奥秘,等待我们去发现。大家课后可以进一步观察、思考、交流。1小时有多长呢?让我们一起体会。

出示:一节课是( )分钟,课间休息( )分钟,再加上( )分钟是1小时。

学生填写后教师再问:1分钟有多长呢?1分钟能干什么呢?

学生回答后教师出示6则活动图(如图2-12):

1分钟脉搏大约
跳( )次

1分钟大约拍
( )下

1分钟大约跳
( )下

1分钟大约做
( )道口算题

1分钟大约写
( )字

1分钟大约读
( )字

图 2-12

学生各自选择参加其中一项活动。教师计时,学生活动,然后汇报。

生：我拍球 1 分钟拍了 110 下。

生：我 1 分钟跳绳跳了 129 下。

生：我刚才是写字的，1 分钟我认认真真写了 5 个字。

生：我 1 分钟口算了 10 道口算题。

生：我在 1 分钟内把 248 个字的故事读完了。

师：请大家在小组内交流一下，1 分钟你做了些什么。

学生小组交流。

师：交流好了吗？有点累了，是吗？听一首歌，怎么样？只听一分钟。

播放歌曲《真心英雄》。（歌词是：在我心中，曾经有一个梦，要用歌声让你忘了所有的痛。灿烂星空谁是真的英雄，平凡的人们给我最多感动。再没有恨，也没有了痛，但愿人间处处都有爱的影踪。用我们的歌换你真心笑容，祝福你的人生从此与众不同。把握生命里的每一分钟，全力以赴我们心中的梦。不经历风雨，怎么见彩虹，没有人能随随便便成功……）

师：这首歌听完了吗？看来 1 分钟很短，一首歌都听不完整。但 1 分钟又能做不少事，拍球拍了 100 多下，跳绳跳了 100 多下，读书读了 200 多字。1 分钟也许不经意就从我们身边溜走了。你知道吗？

出示：在第十四届世界杯足球赛中，德国队决赛时就是在最后 1 分钟踢进一球，赢得了冠军。

师：1 分钟，太重要了！大家注意到刚才歌词中的一句话了吗？

出示：把握生命里的每一分钟。

学生情不自禁齐声地读了一遍，其中几位学生还唱了起来。

研究时针、分针是怎样走的，教师引导学生用两根长短、颜色不同的小棒在自己画的钟面上摆摆转转，进行自我探究和模拟性操作活动。在操作活动后安排学生填空，分层次研究时针、分针转动的方向和转速。最初，我的设计是学生凭借自己以往对钟面上时针、分针转动的观察积淀进行讨论和交流。在这节课试上时，我发现，学生要说清楚时针、分针的转速，困难很大。后来，我增加了时针、分针转动的课件演示，帮助学生仔细感知时针和分针的转动。这样学生在表达时不再"空谈"，眼里看着"东西"，这更符合二年级小学生的学习特点。

如何体验 1 分钟的长短，我设计了计数脉搏跳动，游戏活动的跳绳、拍球，学习活动的读、写、算等不同的方式，力图使学生全方位体验1分钟的长短，把极为抽象、难以言传的1分钟时间概念，固着在日常熟悉的诸种活动之中。最后的"听歌"，既是为了放松，调节教学氛围，又是为了进一步共同体验1分钟的长短，统一对1分钟时间长短的衡量标尺，更是为了突出"把握生命里的每1分钟"，画龙点睛地进行珍惜时间的思想教育。

一直在琢磨的问题：跳绳、拍球，读、写、算，这些都是学生在课堂中自主选择的活动，但测脉搏的活动却是学生选择得最少的。为何如此？我的想法是，一是二年级的小学生还不能完全掌握测脉搏的方法，他们不会测；二是这样的活动与其他活动相比，显得"太远了"，不为学生熟悉。我又思考：为什么不同时期、不同版本的小学数学教材中，"认识时、分"这一课时的教学都设计了"测脉搏"这样的活动？

这节课，学生让我尴尬过，学生让我困惑过，学生让我成功过。这节课的成功之处，让我多了几分感悟。

这成功，恰恰是对孩子生活的关注，对童年的关注。而尴尬，也恰恰是由于对学生的"视界"关注不够。进而，我感受到，教学过程中，学生的"反应"直接影响着教学活动的进程，并促使教师根据学生的反馈信息进一步调整教学活动的目标、内容、进行方式和进程。

学生，影响了我的教学。学生，走进了我的视野。

(三)因为学生，一课三改

2004年金秋时节，江苏省小学数学教学专业委员会在苏州举办青年教师教学展示活动。这次活动，我选择了"7的乘法口诀"作为教学内容。

1. 三改导入设计

课堂如何导入？我一直在琢磨。当寻觅的目光聚焦于一个星期有7天时，心中有些"得意"：这和孩子的生活息息相关，是多么贴近生活的教学素材啊！由这样的现实问题导入，"符合"新课程理念。于是在教学时，我的设计是呈现问题：一个星期是多少天？两个星期呢？三个星期呢？并通过填表呈现1～7个星期的天数，继而提问：1个7是多少？2个7呢？"21"是怎么得到的？几个7相加得28？……以此为新课的学习做好准备。

试教如上展开，效果却并不如愿。孩子们时而游离、时而冷漠乃至于木讷的眼

2004 年执教"7 的乘法口诀"

神告诉我，创设这一现实情境，未能激起学生的一丝兴趣。这给我的激情与期待迎面泼了一盆冷水。课一结束，很是纳闷地我迫不及待地追问学生，为什么在课堂伊始显得没精打采？他们沉默不语。为了打破窘境，我和他们聊起了与课堂无关的话题，在不经意间问他们喜欢看什么电视节目，他们七嘴八舌说到"蓝猫""哪吒""汤姆和杰瑞(猫和老鼠)"等动画片中的角色。我若有所悟！回家后又问当时上二年级的女儿，与 7 有关的动画片或童话故事有哪些，女儿脱口而出：七个小矮人。课堂引入，我有了新思路。这真是：当一扇门关上时，孩子的话为我打开了一扇窗。

为什么导入设计"符合"文本要求，却不受儿童欢迎？道理，我们早就明白：我们成人认可，儿童未必认同。课堂导入，教师不能一厢情愿、自以为是，要考虑儿童的心理需要，用儿童而不是成人的眼光来观察他们的内心世界和外部环境，用他们易于亲近的，易于接受的途径、方法来设计教学。算几个星期各有多少天，这是现实问题，但这种现实更多地指向成人的现实，对儿童来说却不一定有意义。

再次试教，我的设计改为先和孩子简略地聊聊"看过哪些童话故事"，然后用多媒体出示白雪公主、7 个小矮人的图片，让学生数一数小矮人是不是 7 个，接着让学生计算 7 的连加……学生的眼神亮了，小脸红了，片刻之后，他们的神情又回到常态。

我又一次追问自己：如何调整设计，让孩子的注意力集中到数学问题上来？我有了第三次"行动"，有了如下让学生"心动"的教学片断：

屏幕动画先后出示白雪公主、七个小矮人(如图2-13)。

图 2-13

师：请看屏幕——森林里，有一位漂亮的公主，是谁呢？她有几位好朋友，又是谁呢？

学生脱口而出：七个小矮人。

师：数一数，七个小矮人都来了吗？

随着学生数数，屏幕出示1～7。再在气球中出现7，14，21三个数(如图2-14)。

师：七个小矮人他们每人手里拿一只气球。观察气球上的数，你发现了什么？

生：后一个数比前一个数多7。

生：第一个数是7；第二个数是7加7，两个7相加是14；第三个数是21，3个7相加是21。

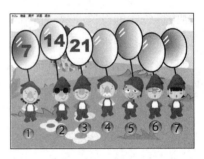

图 2-14

师：接着往下写，是哪些数呢？

学生回答28，35，42，49，屏幕中出示各数(如图2-15)，教师追问是怎样想的。

师：我们一起把这组数读一读。

学生读7，14，21，28，35，42，49。

师：这些数都与几有关系呢？

生：7。

图 2-15

师：对！这组数都与7有关系！（板书"7"。）

师：从这一组数中，我们能看出：1个7是多少？2个7呢？"21"是几个7？几个7相加得28？……

学生回答后，教师组织学生看着屏幕中的数说一说：1个7是7，2个7是14……

师：今天这节课如果我们学习乘法口诀，将学习什么？

随着学生的回答，完成课题板书"7的乘法口诀"。

其实，"白雪公主和七个小矮人"对这节课知识的学习并没有太多的作用，至多是蕴含了7，但对于小学低年级的学生来说，这块"敲门砖"以喜闻乐见的童话故事为背景，以美丽画面的视觉冲击，成功地起到了组织教学的作用，学生"一见而惊，不忍弃去"。7的连加的准备题改编成找规律，再填空：7，14，21，（　），（　），（　），（　）；富有挑战性的数学问题贯穿于学生熟悉的白雪公主和七个小矮人的故事中。学生快乐地观察、推理、记忆，情绪化地经历着探求几个7连加是多少的过程，为后继的自编口诀做准备。

无疑，因为学生，我三改课堂的引入设计。改动的，又何止是"导入"呢？

2. 编口诀、记口诀、用口诀，因"生"设计

导入新课、揭示课题之后，教师组织学生编口诀，交流、辨析所编的口诀是否正确，交流7的乘法口诀中的规律，交流如何记忆7的乘法口诀。

师：大家能编7的乘法口诀吗？相信大家！我们每位小朋友先想一想，再在小组里说一说，然后每个小组请一位同学把大家编的乘法口诀写下来。能编几句就编几句。如果有困难，可以看一看屏幕上的这一列数，再编口诀。

学生小组活动。

师：现在请各小组先汇报你们编写了几句乘法口诀。

各小组的汇报都是编写了七句。视频展示其中一个小组所编的口诀。其余学生辨析：所编的口诀是否正确？并检查本小组编写的口诀是否正确。根据学生的汇报，教师在黑板上出示口诀卡片。

师：小朋友真不简单，自己编出了"7的乘法口诀"，大家欣赏自己的劳动成果，再自豪地读一读7的乘法口诀，发现一些规律了吗？

生：每句口诀的前一个字依次是"一、二、三、四、五、六、七"。

生：每句口诀的第二个字都是"七"。

生：得数依次多了7。

师：对，这是从上往下看！如果从下往上看，得数依次怎样？

生：少7。

师：怎么样？如果我们现在就记住这七句口诀，大家愿意试一试吗？我们大家自由读读记记。

学生读、记7的乘法口诀。

师：我们一起来背一背，有没有信心？

学生背口诀。

师：在背的时候，感觉"7的乘法口诀"哪几句容易记？哪几句难记一些？

生："一七得七"好记。

生："七七四十九"也好记。

师：对！"一七得七""七七四十九"，首尾两句容易记。

生：我觉得"三七二十一"也容易记，因为"二十一"特别好说。

师：是的。"不管三七二十一"这一句在生活中说得比较多。我们小朋友对《西游记》一定不陌生。

屏幕出示《西游记》图片和相关文字（如图2-16）：

师：这段文字中有两句乘法口诀，你发现了吗？

根据学生的回答，上段文字中的"七七四十九""三七二十一"闪烁后由黑色变为红色。

图 2-16

师：看来，难记的乘法口诀有三句："四七二十八、五七三十五、六七四十二"。你用什么方法记呢？

生：三七二十一，再加七，就是四七二十八了。

生：二七十四，两个十四是二十八，四七二十八。

生：七七四十九，减去一个七，就是六七，就是四十二。

生：四七二十八，加七，五七三十五。

生：五六三十，加个五，五七三十五。

师：哦！用我们以前学的乘法口诀，来帮助记今天新学的乘法口诀。真棒！大家刚才交流的记口诀的方法很多，我们多读读、多动脑筋，一定能记熟口诀。大家看着气球上的数，一起说口诀。

教师随机指屏幕上气球中的数，学生根据得数说口诀。接着，教师与学生、学生与学生对口令。学生填写课本例题中的口诀。

师：学习了7的乘法口诀有什么用呢？根据口诀能算出哪些乘法算式的积？我们做一个游戏——送算式"回家"。

教师将1×7，2×7，…，7×7，7×1，7×2，…，7×6共13张算式卡片分发给各小组，学生把它们贴到相应的乘法口诀后面。

黑板上形成板书：

一七得七	1×7	7×1
二七十四	2×7	7×2
三七二十一	3×7	7×3
四七二十八	4×7	7×4
五七三十五	5×7	7×5
六七四十二	6×7	7×6
七七四十九	7×7	

教师组织学生检查：是否有算式送错了家？有学生抢着说：还有一张卡片没贴。

师：是吗？

生：全了！全了！七七四十九，只能算一道乘法算式。

生：其他几句口诀，都能算两道乘法算式。

师：我们小朋友自己产生问题，大家帮助解决问题，真能干！接下来，我们再一起参加一则挑战自我的游戏——转转盘(如图2-17)。算对了，转盘才能转动。我们用抢答的方式。算式出示后，大家算好了就站起来，站起来就说，直接说得数。好吗？

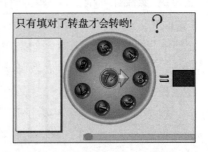

图2-17

学生情绪激昂。转盘出示 7×3，7×4，7×6，…学生抢答。

抢答完毕，教师引导学生比较刚刚抢答的部分题目：请大家观察、比较刚才算过的题目，我们发现 4 个 7 比 3 个 7 多——

生：7。

师：5 个 7 比 6 个 7——

生：少 7。

曾有老师问我，班上不少学生都能背 7 的乘法口诀了，这节课，怎么上？我以为，部分学生能背 7 的乘法口诀，这是课堂教学的现实基础。但课堂教学不能仅仅到此为止；部分学生能背 7 的乘法口诀，这又是课堂教学的重要资源，课堂教学正在此基础上展开。从上面的教学片断中可以看到，教师放手让学生自主探究和编制 7 的乘法口诀。"先想、后说、再写下来""能编几句就编几句"，教师让学生在独立思考的基础上再合作交流，保证学习活动是个体劳动与群体支持的有机结合。口诀的试编与汇报，照顾了学生的差异，提出了弹性要求，充满了对全体学生的宽容、激励和指导。如果说，编制每一句乘法口诀，是对口诀内部算理结构进行的探究，那么，在编制口诀之后引导学生交流 7 的乘法口诀的特点，则是对口诀间的外部联系进行的整体思考。学生在朦胧地感知七句口诀的基础上，探究口诀间的有机联系与特点，认识便由朦胧走向深刻，由具体感知上升到抽象概括。如此来看，学生在课堂上编口诀并展开交流，对他们来说，是有新的收益的。

怎样记忆 7 的乘法口诀呢？由"三七二十一"和"七七四十九"两句口诀，联想到孙悟空故事的话题，从而加深印象。有老师称赞这一设计尤显精彩。我想说明的是，我原先的教学，并没有这一设计。这里的精彩，是学生创造出来的。在试教"7 的乘法口诀"交流如何记忆口诀时，有一位学生说到了"孙悟空、炼丹炉、七七四十九"，我当时在心里就连声叫好！于是，后来的教学中，我就添加了这一设计，并将"三七二十一"融入其中。当然，如果在后来的课堂中，学生在此环节再说出"孙悟空、炼丹炉、七七四十九"，然后教师课件出示这段文字，那是非常美妙的。不过，如果学生未提及，教师出示这段文字，也未尝不可。

根据口诀能算出哪些乘法算式的积？以往的教学，常见的就是"师问生答"，即教师提问，学生回答，然后教师在乘法口诀后面对应地板书算式。能否改一改这样的教学形式呢？学生是否知道 7 的乘法口诀所对应计算的算式呢？能否设计学生能自主完成的，又用上二年级学生喜欢的形式呢？于是，"送算式回家"这样的游戏就设计出来了。同样的，用口诀算，安排了抢答的方式，设计多媒体活动算式转盘，也是基于小学生争强好胜的心理特点，激励学生的计算反应，同时使课堂内的气氛与节奏都显示出了紧张、高涨、提升的变化。

3. 做足"7"的文章

师：7，是个神奇的数。我国古代就与7结下了难解之缘。

屏幕出示唐诗《枫桥夜泊》，并配乐朗诵（如图2-18）。

图 2-18

师：大家看到的这是唐代张继写的一首诗，与咱们苏州有关，我们三年级即将学习。你能用哪一句口诀算出这首诗共多少字？

生：四七二十八。

师：对！每句七个字，这样的诗，又称七言诗。

屏幕出示由五副七巧板拼成的"刻舟求剑"寓言故事图（如图2-19）。

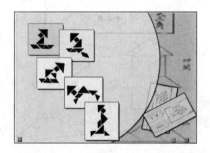

图 2-19

师：小朋友继续看，这是用——七巧板拼成的故事图，这5副七巧板一共有多少块？

生：五七三十五。

屏幕出示（如图2-20）。

师生边读边完成填空。

师（指名一女生）：你多大啦？知道你到什么期吗？

生：我8岁，儿童期。

师：你妈妈呢？

生：36岁，中年期。

师：知道外婆多大吗？

图 2-20

在该女生说出 58 岁时，其余学生判断出她的外婆到了更年期。

师：从古至今，人们生活在数的世界中。在实际生活中，在我们周围，还有哪些现象与 7 有关？能用 7 的乘法口诀解决哪些问题？

结合学生的回答，屏幕相机采用对话、图文等形式出示下列诸如计算一周喝水多少杯、7 音琴键的数量及几只七星瓢虫背上黑点的个数等有趣的生活问题（如图 2-21）。

图 2-21

学生逐一列式计算解决以上问题。

师：还记得七个小矮人吗？

屏幕出示七个小矮人画面（与课始准备题的画面相同，如图 2-22），并以游动字幕形式出示儿歌，同期配音：1 个矮人 1 张床，7 个矮人 7 张床；1 个矮人 2 只碗，7 个矮人 14 只碗……

学生情不自禁地跟着读起来。

师：你能接着编这首儿歌吗？大家课后有兴趣的话，再继续编，好吗？这节课就到这儿，下课！

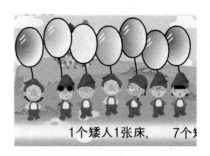

图 2-22

在口诀的应用环节，教师对教材中的习题进行了改造与加工，或"包装"，或"开发"……围绕"7"做足了文章。网开八面的生活素材，高附加值的问题设计，使学生在应用 7 的乘法口诀解释和解决问题的过程中，知识得以巩固，视野被拓宽，真切感受到生活中处处隐含乘法口诀，数学就在身边。重现七个小矮人的画面，并据此让学生听儿歌编儿歌，既进一步巩固了 7 的乘法口诀，又与课开始的情境相呼应，师生沉浸在欢快的学习氛围中。课结束，意犹存。

要说明的是，在应用环节，我设计的问题远不止上面呈现的这几个问题。预设的还有如下几个问题（如图 2-23）。

图 2-23

在上面的教学片断中，这些问题并没有呈现。其实，我也知道，一节课不可能把这些问题都呈现出来。那我为什么又要设计这么多的题目呢？

有过上教研课、公开课的老师都有这样的经历与体会。下课铃响了，自己预设的教学内容还没有完成，如果其中还有自己精心准备的精彩未呈现，那是很让自己遗憾的。拖课？不行。就此下课，心里不甘。

怎么办？我在实践中琢磨出这样的方案。课堂进行到后半段的时候，看看时间，如果此刻距离下课还有 10 分钟，那么采用教学预案 1，几道题目的组合，大致是 10 分钟；如果此刻距离下课还有 7 分钟，那么采用教学预案 2，几道题目的组合，大致是 7 分钟；如果此刻距离下课还有 3 分钟，那么采用教学预案 3，几道题目的组合，大致是 3 分钟……总之，最精彩的想法一定要在这不同的预案中体现出来。这样，下课铃响了，最精彩的也呈现了，课，就少了些遗憾。

这样的想法，显然是从教师的角度做出的教学处理，但现在换个角度想想，是否也意味着根据学生的学习情况对课堂做出的灵活处理呢？

还要补充说明的是，上述 3 个问题中，"一天上 7 节课，5 天共上几节课？"这一问题，从未用过。因为我后来发现，没有哪一所小学，一天是上 7 节课的。这样的题目，脱离了小学生的生活，因而舍弃不用。

纵观全课教学的调整与改进，都是缘于这样的认识：教师的教学活动设计应当以学生年龄特征、心理发展特点、学习状态与水平为基础。如果说，以往这句话还停留于纯粹"引用"的层面，那现在，这句话已经真正内化成自己的想法了。

教学设计，因学生而调整、改变。我看学生，不再是浮光掠影、蜻蜓点水。

（四）走向"为学生的设计"

促成自己的教学走向"为学生的设计"，其认识与行动的改变，还与听课有关。

1. 2008 年的一节数学课

2008 年 6 月，我在南京市的一所小学听了一节数学课。教学内容是一年级的用竖式计算两位数减两位数退位减法，执教者是一位工作了近 5 年的年轻女教师。

上课开始，出示 12 道口算题，学生"开火车"报得数。同时，指名一位学生在黑板上板演：用竖式计算 58－26。

评析板演后用图文结合的方式出示题目：懒羊羊说，我有 50 张邮票；美羊羊说，我有 26 张邮票。

师：谁能提一个用减法算的问题？

学生回答，教师板书：懒羊羊比美羊羊多多少张邮票？

生：两羊相差多少张邮票？

生：美羊羊比懒羊羊少多少张邮票？

师：很好！这道题怎样列式？

教师指名学生口答。学生说出算式 50－26 之后又说得数是 36，有学生插话：错，34；又有学生插话：错，等于 24。

教师没有理会学生说出的得数，只板书了算式，接着提问：这道题(指 50－26)与前面学过的这道题(指 58－26)有什么不同？

生(指着 58－26)：这道题是两位数减两位数；(指着 50－26)这道题是整十数减两位数。

生：50 减 26，0 减 6，退位。

师：今天我们学习两位数减两位数退位减法。

板书课题之后，教师组织学生用摆小棒、拨计数器的方法计算 50－26。

学生先是展示怎么摆小棒，教师再用课件演示。接着，学生展示在计数器上如何操作。有学生说：还有方法。教师指出：等一等。然后，教师课件演示在计数器上拨珠子计算 50－26。

在课件演示的过程中，学生口述演示计算的过程：50 个位上的 0 不够减 6，向十位借 1，10 减 6 等于 4；5 变成 4，4 减 2 等于 2。有一位学生插话：用竖式算。

教师重复学生的语言：用竖式算。学生口述竖式计算过程，教师板书，并强调书写时注意数位对齐。

生：还有一种算法。

师：还有一种？等一会儿，先把这种方法弄清楚了！

教师组织学生同桌间互相说一说竖式计算过程。然后提问：如果先从十位减，再从个位减，方便不方便？

生：我们要重算。

师：刚才有同学说有不同的方法，是怎样算的呢？

生：0减6不够减，向十位借1，10减6等于4，4减2等于2。

师：听了他的发言，你想说什么？

生：和前面说的不都一样吗？

生：我是这样算的，58减26等于32，50减26的得数比58减26的得数少8。

师：被减数少了8，得数也少了8，聪明！

生：我是先算50减20等于30，再算30减6等于24。

师：这种方法也很好！

接着，教师出示教材中"试一试"算题：用竖式计算43−27。学生试做，教师视频展示一位学生的计算过程。评析时指名学生说计算过程，教师提问：十位上一个十，到个位上是几个一？学生面露不解之色，未能回答，教师指出：十位上一个十，到个位上是10个一。教师再提问：用竖式笔算减法应注意什么？学生回答，教师板书：相同数位对齐；从个位减起；个位不够减，从十位退1在个位上加10再减。

巩固练习，教师将教材中的"想想做做"3组题以"过关"的游戏形式呈现给学生练习。最后，播放《喜羊羊与灰太狼》的主题歌。

2. 1995年的教学设计

在回味2008年的这节数学课时，我突然生成一个想法：13年前，我教一年级时，如何教两位数减两位数退位减法的呢？我找到了13年前（1995年）的教案本，下面是当时的教学过程设计。（当时使用的是义务教育苏教版小学数学教材。）

第一个环节：复习引入。

指名学生板演：用竖式计算43−21。

出示一组口算题，其余学生与笔算板演的学生同时进行口算练习。

评讲板演，提问：笔算减法是怎样算的？（出示：个位和个位对齐，十位和十位对齐；从个位减起。）

教师指出：今天这节课，我们继续学习两位数减两位数。板书课题。

第二个环节：教学例题。

教师把口算题的最后一题 43－7 改成 43－27，指出：这就是我们要学习的例题。

教师板书 43－27 的竖式，指出：从个位减起，3 减 7 不够减，怎么办？

教师操作演示：从 4 捆带 3 根小棒中，拿走 27 根。演示过程中提问：7 根，怎么拿？取出 1 捆后，还有几个十？

引导学生回顾操作过程，教师板演竖式计算。边板演边讲解：个位上 3 减 7 不够减，从十位上退 1，点一个小圆点表示。把退的 1 个十和个位上 3 合起来是 13，13 减 7 等于 6。十位上小圆点表示退掉 1 个十，十位上只剩下 3。十位上 3 减 2 等于 1。

引导学生把例题 43－27 和复习题 43－21 进行比较：这两道竖式都是怎样写的？都从哪一位减起？计算时有什么不同？3 减 7 不够减，怎么办？

教师指出：这叫退位减。

第三个环节：教学"试一试"。

教师出示算题 50－43，学生试算。评讲交流：个位不够减，你是怎样算的？

第四个环节：总结算法。

教师提问：笔算两位数减两位数，竖式怎样写？从哪一位减起？个位不够减，怎么办？

在复习所出示的"两条"的基础上再出示：个位不够减，从十位退1，在个位上加10再减。

第五个环节：巩固练习。

完成教材中的"算算填填"和练习中的相关题目。

3. 比较与思考

有联系，也就有比较。两节课虽是相隔13年，但课堂结构大同小异。两节课的不同之处也显而易见。

(1)算题呈现与情境创设。

13年前的数学课，出示算题的方式大都是开门见山，直截了当。在上述课堂中，可以看出，教师也做了一些处理，即把口算题中的一道题，改换数据成为例题。2008年的数学课，是将计算问题与解决实际问题结合在一起，并用"懒羊羊、美羊羊"进行了包装。为何如此？课后，执教老师与我交流时谈道：课程标准中倡导计算与解决实际问题结合，计算课本身也枯燥，于是设计了"懒羊羊、美羊羊"这个情境，学生喜欢。

我的思考：今天是"羊"，明天是什么？这是否是给计算这只"狼"披上"羊皮"？"懒羊羊""美羊羊"是一年级学生喜欢的动画形象，但这样的情境创设对计算的学习究竟有什么作用呢？

数学教学中的情境创设，关键是要引发学生数学层面的思考。通过对教学内容"问题化"组织，可以引发学生认知冲突，"生"数学之情，"入"数学之境。教师作为教学过程的设计者，要把握的是，问题的难度应控制在学生的最近发展区内。如果问题难度过大，学生跳一跳难以摘到果子，认知的不平衡可能会导致学生学习心理的不安全感。不过，我们在课堂中常常遭遇的现实是，教师呈现的问题往往对学生的挑战性不够，在课堂上表现为学生回答问题几乎如同"对口令"一般。"两位数减两位数退位减"这节课中与计算所结合的实际问题，是求相差数的问题，学生在这节课之前已多次接触，只是在这里的数据是两位数，即便改换问题中的角色，但学生列算式几乎不需要思维上的努力，因而很难引发数学思考。

情境创设，不是简单地更换一下问题中的"角色"，让学生喜欢而已。"改换数据成为例题"是否是联系学生已有数学知识，创设了认知冲突的情境呢？创设情境，我们不是机械地按文本要求行事，而应当依据学生数学学习的现实，激发学生的数学思考，还要考虑在这个过程中学生是否保持了心理的安全感。

（2）算法探究与动手操作。

13年前的数学课，学习算法的方法是教师讲，学生听，教师演示，学生看。2008年的数学课，学生先操作演示、讲解，教师再"重复"确认，学生先口述计算过程，教师再板书进行"规范"指导。

我的思考：让学生直接看操作演示，或让学生动手操作探究，都是基于一年级学生的思维发展还处于具体直观阶段而采用的设计。那让学生直接看操作演示与让学生动手操作探究有什么不同呢？

从教师实施教学的角度看，学生看教师演示，课堂的进程由教师控制在手中，学生邯郸学步跟在教师的后面，这样的课堂，不会出"乱子"，比较"平稳"。但教师先于学生操作之前的演示，往往容易把学生原本丰富多彩的探究过程"拉成了一条线"，压缩了原有的空间和时间，教师关注的是知识点和按部就班地上课。而放手让学生操作，学生在主动探究的过程中，可以展现真实的思维活动过程，学生的表现具有差别性和多样性，可能在教师的预设之中，也可能在教师的预设之外，这样的教学，给教师带来较大的挑战，又给教师提供了实际了解学生的契机。当然，教师演示时机也可以在学生操作并展示交流之后，在展现学生共同性的过程中引导学生进一步展开思考。

再从教学效果来看，学生直接看操作演示，在学习过程中往往容易处于被动的观察者身份。而让学生动手操作，吸引他们主动参与学习过程，视觉与触觉、运动觉的协调，有助于形成更为突出清晰的表象，不仅发展了形象思维，而且推动了抽象思维的展开。

不过，从学生的发展水平来看，学生原有的经验、经历、水平决定了课堂中采取的手段。学生是否有能力通过操作探究算法，这也是我们需要考虑的。如果学生面对操作一筹莫展，那教师通过演示启发学生打开思维，不可或缺。

我又思考：两位数减两位数退位减法的计算，算法是由学生通过操作探究出来的吗？

教材编写的呈现形式是先用小棒摆一摆，用计数器拨一拨，再用竖式计算。其编写意图是在教学时借助学具的直观操作，理解退位减法中相同数位上的数相减以及相减过程中"退一当十"的算理，探索用竖式计算 50－26 的方法。一言概之，借助直观，理解算理，探索算法。

而实际教学时，学生的学习起点，已经高于教材的逻辑起点。即未学两位数减两位数退位减，已有部分学生会算了，这样的想法，在后来所进行的课堂教学前测中得到了验证。那么，动手操作还需要吗？

我的想法是，动手操作依然有其价值与意义。我们可在教学时将探索性操作调整为理解性操作、验证性操作：先让学生交流各自的算法，再组织学生进行直观操作，借助直观，理解算理算法，同时，验证先前学生交流的算法是否正确。学生在交流各自的算法之后，急切想知道算得对不对，这时组织操作，检验算法，是应学生之所需，而非教师所强求。这摆小棒、拨算珠的过程，也是对计算的重点与难点加深理解的过程。

不过，在本课的学习过程中，我认为，摆小棒或拨计数器的操作也不是解决了算法探究的所有问题——操作时，可以从个位"减"，也可以从十位"减"。例如，从 50 根小棒中拿走 26 根，有两种拿法。拿法 1：先拿走两捆；再打开一捆，拿走 6 根——这是从十位"减"起。拿法 2：先打开一捆，拿走 6 根；再拿走两捆——这是从个位"减"起。同样的，用计数器操作也有类似的两种拨珠方法。这样，与操作所对应的用竖式计算，可以从十位减起，也可以从个位减起。

竖式计算加、减法，"从个位算起"，体现了数学学习过程中对计算程序优化的意识。如何让学生理解"从个位算起"这一计算程序的规则呢？这，看来仅靠摆小棒、拨计数器珠子的操作是解决不了问题的。而这，也不应当由教师简单地一告了之。

（3）课前预设与课堂生成。

回顾 13 年前的课堂，教师演示、讲解，覆盖了学生的想法，学生亦步亦趋回答教师的提问，很难产生自己的想法，只要跟着教师走就行了。2008 年的数学课，我们清晰地感受到，学生有不同的想法，且多次有表达的愿望。但课堂中，教师几次让学生"等一等"，"很自我"的处理，让学生难以言说。例如，学生列出算式之后，有学生说出了不同的得数，教师未加理会，而是继续按照课前预设"走教案"。

我的思考：13 年前的数学课，预设排斥与挤占了生成。2008 年的数学课，我们让预设给了生成的空间，却又未能处理好预设与生成两者的关系。我们都知道，课前预设是对教学的整体勾画，要与课堂生成有机统一。我们认识到这些，但在实践操作过程中，却为什么常常出现行动与认识的背离呢？

我们不妨从师生互动的角度分析预设与生成。师生互动，是教师与学生之间发生的各种形式、性质和程度的相关作用和影响。预设，在相当大的程度上表现为教师是互动的发起者。而生成，则表现出学生是互动的发起者。在课堂中，教师主动发起的师生互动远远多于学生主动发起的师生互动。而学生发起的互动，反映了学生对学习过程中主动参与的意识与能力。学生是否能发起互动，不是依赖于教师施舍，而应当在教师发起互动的过程中还学生发起互动的本来面目与积极性。面对学生发起的互动，教师需要"与学生在一起"，要对学生的学习与发展保持敏感性。一是对学生数学学习状态保持敏感性，二是对学生学习过程是否需要教师的帮助、指导与促进保持敏感性，即对学生发起的互动予以积极的反应。教师需要整合教师发起的互动与学生发起的互动，发挥各自优势，形成互补效应。南怀瑾曾说，如果知道"变"，跟着"变"，那还差一点，没有智慧了。认识"变"，同时领导"变"，这才是智慧之学。课堂中，我们期盼的是教师主动地出击，引领学生"变"，而不是被动地等待，应付学生的"变"。从而，课堂保持适度的张力，保持动态的平衡。

课堂生成，是更多地将学生作为教学资源。对预设与生成的处理，反映了教师眼中是否真正看到学生，心中是否实际装有学生。妥善处理好预设与生成，有利于学生在学习过程中更充分地发挥主体作用，同时调动教与学两个方面的积极性和创造性，有助于形成更为民主、亲密、互相尊重的课堂教学文化。

以上从课堂实施的三个方面对 2008 年的数学课与 13 年前的数学课进行了比较。2008 年的数学课，情境创设时教师考虑"学生喜欢"，算法探究时先放手让学生操作，课堂教学过程中学生生成了不同的想法，尽管教师的教学处理还有待商榷，但和 13 年前的数学课相比，还是呈现出从"为教师的设计"走向"为学生设计"的发展态势。

4. 2009 年的一节数学课

在对课堂对比分析的过程中，自然产生一些"如果我再来上这节课，如何设计、处理"的想法，点点滴滴的思考，集腋成裘地凝聚成了我就"两位数减两位数退位减"这一内容进行课堂实践的念头。不过，2008 年，由于一年级学生都已经学完了该内容，于是，课堂实践延续至一年后的 2009 年。

(1)前测。

学生学习两位数减两位数退位减的现实起点在哪里？"一部分学生会算"是我们

做出的主观估测。每一位学生的实际情形到底如何呢？课前，我做了一下前测。为了避免前测的题目与上课时的例题相同而影响学生新课的学习，我从教材的练习题中选择了两题作为前测题目。

教师将题目 60－47 与 44－18 写在黑板上，鼓励学生动脑筋用自己的办法计算出来并写在纸上。全班 43 人参与前测，从计算结果来看，39 人正确算出得数；有 4 人出现错误，出错的题目都是 60－47，其中一人是抄错题目数据，另外三人中有两人算得 27，一人算得 23。就算法来看，用笔算（竖式计算）的有 25 人；用口算的有 13 人，其中有一位学生用了两种口算方法；有 5 人既用了口算的方法，又用了笔算的方法。

再看学生具体的计算过程，仅就用竖式计算而言，在正确计算的写法中，有不标注退位点的，有正确标注退位点位置的，有将退位点的位置标注在我们预料之外的位置上的。

学生王正庭，计算第 1 题时未标注退位的 1，第 2 题，把退位的 1 写在了减数十位数字的右下角（如图 2-24）。像王正庭第 2 题这样写竖式的有 5 位学生，显然，他们这样的写法迁移了两位数加两位数进位加的竖式写法。再从王正庭叙述的计算过程来看，他完全理解了计算过程，只是写法和我们的常规写法不同而已。学生蒋博雯，则把退位的 1 写在了被减数十位数字和个位数字的中间，这也和我们的常规写法不同。学生夏宇辰，计算时则是"从十位减起"的（如图 2-25）。

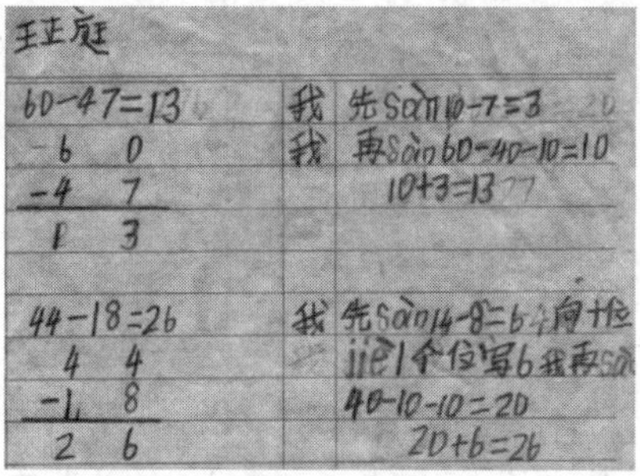

图 2-24

注："sàn"应为"suàn"。

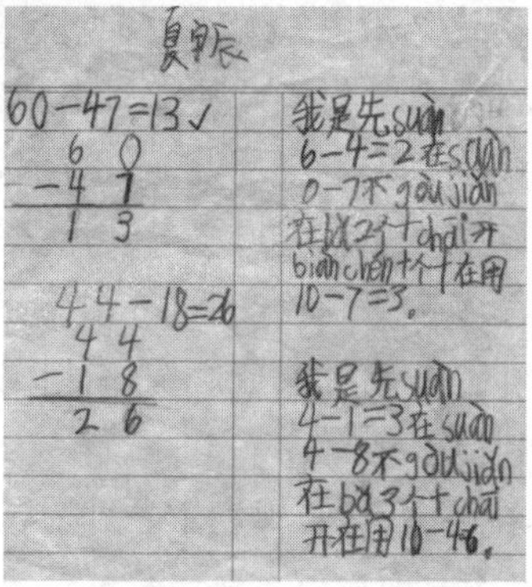

图 2-25

注：上面表述中的"十个十"应为"一个十"；"在"应为"再"。

　　面对学生丰富多样且充满个性色彩的想法，我思考：全班学生应得到什么发展？这节课，我们应为学生的发展做些什么？

　　学生会用竖式计算，但大部分学生还停留于形式化的模仿阶段，他们仅仅是按部就班完成了竖式计算的程序。写竖式时，为什么相同数位对齐？竖式计算，为什么从个位算起？他们算出结果，但为什么这样算？相当一部分学生含含糊糊说不清。还有，这节课学习用竖式计算，那"口算"是否涉及？在思考中，这节课的教学目标逐步明晰。从教学内容的角度看，学生不仅要会用竖式计算两位数减两位数退位减，还要理解为什么这样算，即做到"知其然"，又要"知其所以然"。从教学对象的角度看，不同学生学习本课的起点是不同的，他们之间的差异客观存在。差异，换一个角度看，也就是多样。在教学中，我们不仅仅是觉察到这种多样性，还应当利用这种多样性来丰富整个班级的学习经验和经历。我采用"兵教兵"的教学策略，把学生的"已有""已知"开发为教学资源，引导学生将自己原有的认识外化出来与全班交流。教师在关键处追问，无疑处设问，促使学生的思考走向深入，认识得到提升，在这一过程中，让学生体会思考的快乐、交流的快乐。同时，对全班学生的学习"保底但不封顶"。例如，口算与笔算两种算法如何处理，我的想法是，面对一个需要计算的问题，是口算还是笔算，算法的选择权应在学生手中。但数学学习的阶段性，又让教师不能"不作为"。课中，学生用自己的算法尝试计算，然后先组织交流口算方法，但不对全班学生掌握口算方法提出统一要求。通过交流让全班学生对口算方法有初步的了解，这也为以后进一步学习口算作铺垫。数学学习内容前后之间并不是泾渭分明，截然分开。每一课的学习内容都是承前启后，是已学内容的发展，又孕伏着后续学习的内容。也就是说，这节课，不反对学生口算，不对学生的口算视而不见，也不强求全班学生都会口算。在这之后，教师指出：笔算方法，是本课重点探讨的内容。教学过程中，让能"走五步"的学生不是机械地和全班其他同学一齐"走三步"。学生，能走多远，我们就应该让他们走多远。

　　（2）课堂。

　　上课开始，采用"视算笔答"的方式完成 8 道 20 以内的退位减法口算。"视算笔答"，即学生看教师出示的口算题，直接把得数写在作业本上，然后可以采用"开火车"的方式报得数，全班学生核对。这样的练习方式，可以让全班每一位学生都得到练习机会。

出示主题图：小星说，我有 50 张邮票；小梅说，我有 26 张邮票。

师：你能提出什么问题？

学生提出问题"小星和小梅一共有多少张？"教师提问：会列式吗？学生说出算式"50＋26"之后，教师再问：还能提出不同的问题吗？

4 位学生分别提出问题"小星比小梅多多少张？""小梅比小星少多少张？""小星和小梅相差多少张？""小梅再增加多少张邮票就和小星同样多？"教师提问：这几个问题有什么联系？

生：都是用减法算。

生：都是列式 50－26。

师：50－26，你会算吗？

学生信心十足，异口同声：会！教师组织学生独立思考完成计算，再组织交流各自的算法。

视频展示一位学生如下所示的算法。该学生讲解：我把 50 分成 20 和 30，用 30 减 26 得 14，20 加 14 等于 34。

$$50-26=34$$

```
      50-26=34
     /  \     |
   20    30   |
     _____|
          14
```

生：30－26，我们还没有学过，我知道，30 减 26 等于 4，20 加 4 等于 24。

生：我是这样算的，先算 50 减 20 等于 30，再算 30 减 6 等于 24。

生：先算 10 减 6 等于 4，再算 4 减 2 等于 2，(50 减 26)等于 24。

又一位学生举起自己的作业本，教师视频展示该生的算法(是用竖式算的)。

师：不少小朋友会口算 50 减 26，以后还会进一步学习。今天这节课，我们学习用竖式计算。像他这样，用竖式算，你会吗？

学生纷纷表示"会！"一位学生口述，教师板书：

```
   50
 - 26
```

师：在写竖式时，提醒其他小朋友，注意什么？

生：相同数位对齐。

师：想一想，为什么相同数位对齐呢？

生：加法时竖式要对齐，减法也要对齐。

师：我有个建议，咱们摆小棒来帮助理解。不过，今天大家在头脑中摆小棒，然后说出来怎么摆。可以吗？

生：先摆5捆，减去6，就拆开一捆，10减6等于4；再从4捆里去掉2捆，一共还有2捆4根，也就是24。

学生口述时，教师在黑板上画摆小棒示意图。

生：也可以（用计数器）拨珠。先拨50，十位上拨5个珠子，去掉26，十位上去掉一个珠子，个位上拨10个珠子，在个位上去掉6个珠子，十位上再去掉2个珠子，还有24。

根据学生的回答，教师在黑板上画计数器拨珠示意图。

师：联系刚才摆小棒、拨珠子的过程，我们再来看竖式，先算什么？

生：先算10减6。

师：为什么？

生：0减6不够减，需要从十位上借1，然后10减6等于4，4减2等于2。

师：这里的4和2都在十位上，4减2表示的是什么？

生：4减2表示的是4个十减2个十。

教师再组织学生同桌间互相说一说怎样计算50−26。然后，教师出示：43−27，学生用竖式尝试计算。教师巡视，视频展示一位学生的竖式计算：

$$
\begin{array}{r}
4\ 3 \\
-\ 2_1\ 7 \\
\hline
1\ 6
\end{array}
$$

师：他算出的结果是16，对吗？对于他的竖式书写，你有什么想法吗？

生：他在算个位向十位借1的时候，没有点退位的点。

生：他写了，写在下面。不过这样写，容易和加法中进位的1混淆。

师：我们再看书上是怎样写的。

学生阅读教科书。

师：通过刚才的交流，我们进一步认识了怎样用竖式计算两位数减两位数退位减。请小朋友回顾一下，计算两位数减两位数退位减，你想提醒小朋友注意什么？

生：从个位减起。

生：退位点不能忘记点在上面。

生：个位不够减，向十位借1，点退位的点。

师：刚才交流时说，从个位减起，为什么从个位减起呢？

一位学生跑到讲台前，在黑板上边板演"试一试"算题的计算过程边讲解：先算十位，4减2等于2，个位上3减7不够减，向十位借1，十位上的2再改成1，这样麻烦。

师：用竖式计算，从个位减起，比较方便。谢谢你的讲解，全班小朋友更清晰了。

这又是我没有料到的，学生对从个位减起的认识与陈述如此清晰。然后，组织学生完成教材中的4道用竖式计算的题目。由于下课时间已到，原先预设的一道编题练习（从2，4，6，7，9中选4个数字，组成两位数减两位数退位减的题目，并计算）删去不做。

5. 透视2009年的数学课

毋庸置疑，从1995年、2008年、2009年这三节相同课题的数学课，分明能感受到课堂在静悄悄地革命。纵观2009年的数学课，就先前所作比较的关于"算题呈现与情境创设""算法探究与动手操作""课前预设与课堂生成"三个方面，我真真实实地让思考与实践进行了互动。

关于创设情境。计算与解决实际问题结合在一起，在算题呈现时可以对实际问题做两种方式的加工。一是对问题中的素材进行更换。例如，2008年的数学课中"懒羊羊、美羊羊"的出场，而我在设计执教的2009年的数学课中，采用的还是教材中的情境素材。我的想法是，在没有找寻到更好的"替代"时，"返回"教材。二是对问题的结构进行改造。以往大都是呈现结构完整的问题，而在2009年的数学课中，改为呈现结构不良问题（提供条件，让学生补充问题）；以往解决相差关系的问题，对问句的不同表述基本是"单个"思考，而在2009年的数学课中，则将不同说法的问句"打包"呈现。即在相关信息出示之后，教师放手让学生提出不同的问题，从情境进入数学思考，再引导认识不同说法问题的内在联系，在思维步向深入的过程中学生呈现算式。在这一过程中，学生感悟算式是这一情境的模型，计算是解决实际问题的需要。

关于动手操作。我的教学意图是让学生在摆小棒操作的过程中，进一步体会计数单位相同直接相加减，认识个位不够减，从十位退1的算法。实际教学时，我改学生用实物操作为让学生"在头脑中摆小棒"。不过，没有料到，有学生在说完摆小棒的操作之后又说出在计数器上如何操作。为何不让学生用实物操作而让学生"在头脑中摆小棒"呢？美国教育学家布鲁纳将儿童的理解能力发展分为三个阶段：第一，动作阶段，儿童操作实物，了解一些数学概念。第二，表象阶段，儿童可以借助实物表象进行独立思考。第三，符号阶段，儿童能认识符号的抽象观念。对照布鲁纳的学说，我的想法是，当学生已有比较丰富的摆小棒、拨计数器的实践操作经验并形成了较为清晰可调度的表象积累之后，我们是否还要让学生再来实物操作？从课堂中学生的口述来看，他们已经可以跳过动作操作阶段，能够进行表象操作。

关于课堂生成。我努力让学生把他们的想法呈现出来，并让学生在交流过程中捕捉对方的想法展开进一步的思考、交流。例如，展示学生算法时，我没有料到第一位学生呈现的算法出现错误，随即让其他学生交流纠正；又如，学生口述了如何操作小棒之后又说如何在计数器上操作；再如，学生对计算时从十位算起与从个位算起的辨析；以及课末原先预设的编题练习的删减。这些，都是我面对课堂生成做出的处理。我追问自己：我引领学生主动发起互动了吗？如果说上述还是被动应对的话，那么，课堂中我提供开放性的学习内容、开放性的教育资源、开放性的教学方式，让学生积极探索、思考、交流，给学生的生成提供了可能。面对有教学价值的新情况，我再放手让学生展开进一步的思考，则使生成进一步得以丰富。

2009年的这节数学课，我为何这样教学？支持行动背后的理念是什么？我得把缄默状态的教学理念敞亮，使之成为反思的对象。也正如贝德纳等人指出的，"只有在开发者对设计所依据的理论有反思性认识时，有效的教学设计才成为可能。"

（1）让学生在各自原有的基础上得到尽可能大的发展。

以往我们对学生发展的要求往往是片面强调一致和统一，追求趋同与整齐划一，漠视学生的差异、独特与个性。在教学过程中也就不难发现"党同伐异""填平补齐""千人一面"的现象。

从2009年的这节数学课的教学目标拟定以及在教学展开过程中，可以看出，我努力使教学促进学生在各自原有的基础上得到尽可能大的发展。学生都在"向前走"，但不是"齐步走"，而是各自以自己的"节奏"与"速度"在原有的起点上向前走——在一个班级中，一部分学生往往会走得快一些，一部分学生则会走得慢一些。教师所要做的，是保证全体学生"下保底"——所有学生都达到课程标准所规定的发展目标；"上不封顶"——学生可以并且应该获得各自最大限度的发展，实现"个体的自由充分发展"。

(2)尊重学生的"已知""已有"。

我们知道，学生不是一张"白纸"，每次，他们走进数学课堂，也就带来了他们的认识与想法。但我们需要进一步关注的问题是：学生不是一张白纸，为什么在课堂上常常表现为一张白纸？我们常常认识到学生的"已知""已有"，然而在行动中，却将学生的"已知""已有"撇至一旁，甚至视作"麻烦制造者"。

尊重学生的"已知""已有"，既让我们对学生有了新的理解，又让我们对教学过程有了新的思路。在探索学习两位数减两位数退位减的过程中，我通过前测，了解学生的学习起点，让学生在独立思考的基础上探索算法再进行交流，将探索性操作调整为理解性操作、验证性操作，将实物操作改作表象操作，这些，都是基于对学生已有发展水平的考虑而做出的教学尝试。尊重学生，不是停留于言语层面、认识层面，而是在实践中直面学生的数学现实，由"强制学生适合教学"转为"创造适合学生的教学"。

(3)学生是教学过程中的重要资源。

习惯地认为，学生是教学对象，教师、教材、教学设备，是教学资源。因而我们对丰富生动的学生资源，常常视而不见。

学生的全部既有知识、经验和学习的内在积极性都应当成为教师的教学所用，应当成为动力之源、能量之库。在两位数减两位数退位减教学前测中，我们发现，学生在"从个位减起""借1的处理（从书写形式上表现为退位点的书写）"这两个方面有着不同的想法，而这，也就成为课堂中的"话题"，教师应用"兵教兵"教学策略，让学生把各自的想法呈现，继而在交流中各自获得新的理解。学生，是一种"活"的资源。以学生为资源，在教学过程中让学生自己解决自己的问题，自己"生产"自己。

学生得到怎样的发展？学生在怎样的基础上得到发展？学生如何得到发展？围绕这几个问题的思考，我发掘内隐的教学理念的变化，建构着"尊重学生，欣赏学生，依靠学生，发展学生"的教学理念，努力使自己的教学从"为教师的设计"走向"为学生的设计"。

(五)教学，学为中心

通过对自己教学实践与经历的回顾与审视，我逐步认识到，教学，当以学为中心。

再说一节数学课。

在一所城市的一所很著名的学校，一个很好的班，学生们坐得整整齐齐。因为这一天，英美教育专家将来这个班听课，陪同前来的还有我国教育部门的领导。待大家坐定，上课老师走进教室。"现在开始上课。"教师语言精练，教态从容，板书时大家能听到粉笔在黑板上行走的声音。板书非常漂亮，极有条理。教师提问，学生回答踊跃，而且答得相当有水平。教师间或又在黑板上写出若干字。黑板上的字渐渐丰满起来，那字大小不一。有些字，教师大笔一挥画上一个圈，或一个框，或一个大三角，看起来错落有致，鳞次栉比，像一个框架图。整节课，教师没有擦一下黑板，也不必学生上去擦黑板。板书上没有多余的字，写上去的就是重点，就是学生该抄到笔记本上去的。教师继续提问，学生解答仍然踊跃，而且不乏精彩。整个教学过程非常流畅。最后教师说："今天要讲的已经讲完了，同学们回去做一做课本上的习题，巩固一下。"下课铃响了。

这节课，在我们的视野中，是一节好课，行云流水，精致优美。但听课的英美教育专家却说：不理解。学生都答得很好，看起来学生们都会了，为什么还要上这堂课？他们认为，当教师讲得非常完整、完美、无懈可击时，就把学生探索的过程取代了，而取代了探索的过程，就无异于取消了学习能力的获得。外国同行说，他们想看中国学生在课堂上是怎么学的，但他们只见教师不见学生，因而认为这不是一堂真正的课，而像是一堂表演课——学生在看教师表演。

英美教育专家的话未必要全盘接受，但也不应当完全拒绝。他们对教学、对课堂的认识启发了我们，也不得不让我们重新反省我们是如何评课的，并进而审视我们的课堂观、学生观、学习观。

以往，我们评课时，关注什么？我对若干评课文章做过"文献研究"，我发现，我们评课时，特别关注：教学设计是否新颖独到？教学实施是否顺畅？教学方法是否灵活？教学手段是否多样？教学效果是否良好？教师素质是否优秀？

分析我们所关注的评课点，不难发现，我们，看见"教师"却难见"学生"，重视"教"却轻视"学"。

教学，以谁为中心？当我们提出这个问题时，很多教师做出的回答都是以"学生""学习"为中心。然而，走进课堂，反观实践，不难发现，口头作答与行动表达却不一致，不少教师在设计教学时考虑得较多的还是"怎么教"的问题。比如，我们熟悉的"复习准备、讲授新课、巩固练习、布置作业"这样的课堂教学流程，从头到尾突出的是教师"教"的设计。再如，在预设学生的学与教师的教发生冲突时，教师主要依据教师的教进行教学设计的调整。教师苦心经营，"师本位"地以自己的思路推进课堂运行，一般也就是拽着、牵着、赶着学生走。过度的"教"的设计，逼仄了学生学的时间与空间，窒息了学生的思维和智慧，压抑了学生自主学习的兴趣与热情。

学生是学习的主人。教学不是教师的表演，教的质量，最终要通过学的质量来反映。我们的教学设计，不是让学生来适应教师的。相反，教师是帮助学生学习的。教师所有的教学准备和教学设计都应以学生能够更好地学习为目的。"教"，是为了"学"。课堂教学，当以"学"为中心。

在中国古代教育中，"教"与"学"就没有严格区别，其意一致。"教学"二字连用为一词，最早见于《尚书·说命》："敩（xiào）学半。"孔颖达疏："上学为教（xiào）；下学者，学习也。言教人乃是益己学之半也。"也就是说，教学即学习，是两种不同途径的学习——自学和通过教人而学。

教学的根本意义在于促进学生的学，教学过程由教和学组成。在现有的教学体系中，教含有某种促进学的目的，而学的具体行为中也含有教的贡献。当教还没有出现的时候，儿童的学就可能在其生活中普遍、大量存在了。

学为中心，从字面理解，并没有什么困难。不过，重要的是理解教学情境中"学为中心"的内涵。

学为中心的课堂教学，指教师从学生的学习出发，以学生已有的知识和观念作为新教学的起点，给学生更多的学习和建构的机会，根据学生的学习过程设计相应的促进学生学习的教的活动。

学为中心，是还学生的学习权，是一种指导教学实践的教育理念与价值取向。"学为中心"的课堂教学，着力于让每位学生在学习中发挥他们的主体性，挖掘每位学生最大的潜力，让每位学生在求真、民主、合作、愉悦的良好学习氛围中获得预期的意义建构、能力提升以及身心的健全发展。以学为中心，即在教学中不仅要关注学生学了什么，更要关注学生是怎么学的，还要关注学生在学习过程中的态度如何，从而促进学生获得全面的、生动的、积极的、和谐的发展。

学为中心的课堂教学，更多地展现学生学的行为，而非教师教的表现。"学为中心"的课堂教学，强调了学生学习的主动性，尊重学生的需求，但不代表满足学生的所有需求；让学生主动、活泼的学习，也不等于完全放手让学生按照自己的意愿学习。

学为中心的课堂教学，并不否定、排斥"教"。当"教"与"学"发生冲突时，我们需依据学生的学习需求修正教学过程，保证所有的教学活动都是促进学生学习的活动。"学为中心"的教学过程，应是依据学习过程来进行设计的，实现学习过程和教学过程的有机统一，保证教学过程按照学生的学习特征开展，从而促进学习。学习是学生的事情。为此，每位学生都要在学习中建构属于自己的学习意义。而教师的指导、引导、组织等工作会直接影响学生学习的主动性、投入性、学习效率和学习结果。为有机整合学生的需求、兼顾学生的差异、激发和维持学生学习的主动性、挖掘学生的潜能，同时又要完成预期的学习任务，教师在计划和实施"学为中心"的教学中会面临更大的挑战，教师要时时刻刻反思自己的教学是否能够激发学生的兴趣，学生能否根据预期主动参与到学习中，这样的活动能否激发和挖掘学生的最大潜力，学生通过这样的活动是否能够达到预期的目标等。由此来看，教师应关注的不仅仅是学生的学习，更应关注学生是否作为一个"真实、完整的人"学习什么，如何学习，学得怎样。

"学为中心"的课堂教学，其基础与前提是对学生和学习的充分认知。只有了解学生，教师才能确保教学真正顺应学生的天性，符合学生的认知水平，才能知道学生的哪些需求是应当兼顾的，哪些差异是应当尊重的，哪些能力是有待挖掘的，从而才能设计和实施激发学生兴趣、调动学生主动性、挖掘学生潜力的教学。教师还要了解关于学习本质和规律的知识，如什么是学习，学习有哪些类型，影响学习效果的重要因素有哪些，这些因素是如何影响学习的，从而将教学建立在全面、科学的学习观的基础上。

二、让学生更有准备地学

(一)学习≠课堂学习

谈到学习，耳边似乎就响起了积淀在我们记忆中的乡村小学悠远的钟声、城镇小学"叮叮"的铃声。上课铃响，师生起立，互致问候，课堂学习开始；下课铃响，师生起立，互道再见，课堂学习结束。对这样的场景，我们再熟悉不过了。不过，学生的学习并不是从上课铃响开始，也不是到下课铃响结束。课堂，只是集体学习、集中学习的一段时光。学习，不等于课堂学习。铃声，不是学习的起止信号。学生的学习，是不受上课与下课铃响拘囿的，他们生产知识、思想、方法，是不受课堂40分钟限制的。

1999年，一位名叫苏伽特·米特拉的电脑科学和教育学博士实施了一项实验。他在印度贫困地区街面上黄砖砌成的隔离墙上开了一个洞，放了一台连接了高速互联网的电脑。实验发现，对于一群从来没有接触过电脑的13岁的孩子，似乎不需要去教电脑，他们就会自己学会。而学会使用电脑，似乎和以下个体差异没有关系：教育背景、英语和其他语言的能力、社会经济水平、种族和区域、性别、遗传背景、智力。通过实验，苏伽特·米特拉发现，根本不用教，农村的孩子能够完成电脑操作以下的基本功能：所有的操作功能、画图、下载和存放文件、玩游戏、运行教育和其他的程序、播放音乐视频和图像、浏览互联网、建立邮件账号、收发邮件、处理简单的故障（如喇叭不响）、下载和播放流媒体、下载游戏等。

以上这些实验结果其实并不奇怪，我们自己学习这些电脑知识以及自己的孩子的学习过程，基本上也告诉我们这些规律。苏伽特·米特拉的不同之处在于，这些使用电脑的孩子甚至英语也不会。

这些实验已经被苏伽特·米特拉重复，很多教育学家也在重复，结果是可信的。有学者认为，苏伽特·米特拉的实验对教育学公理也是一种挑战。

在传统的教育理念中，学生学习是需要教师引导的。而苏伽特·米特拉证明，教师是多余的，只要有足够的支架和场景，学生会自组织完成效率一点儿也不低的学习行为。

在传统的教育理念中，学校扮演着重要的作用，要有教室和学习环境，而苏伽特·米特拉恰恰是在最贫穷的街边完成没有教室和学校的学习行为的。

传统的教育都认为师生的沟通对于学习非常重要，然而苏伽特·米特拉的实验证明，即使语言不通，只要有足够的技术工具，学生就有能力完成学习任务。

传统的教育认为人的学习需要将实践上升到理论，只有上升至理论，所学习的内容才能具有深度和影响持久。而苏伽特·米特拉的实验表明，至少在10岁左右的孩子中，经过探讨和学习过程的实践，虽然完全没有理论上升的步骤，但学生的学习和记忆更加持久，理解的深度一点儿也不差。

苏伽特·米特拉的教育学实验还在继续，越来越受到关注，用他自己的话说，自己的实验原理一直秉承着一个一贯的主张："If the world belongs to our children then why don't we just give it to them."（如果世界是属于孩子们的，那么为什么不还给他们呢？）

由苏伽特·米特拉的实验，我得到的启示是，学生的学习，随时，随处。学生的学习，不是从上课铃响开始的；学生的学习，也不仅仅是在教室中完成的。学生可以在任何时间、任何地点学习到任何知识。他们，天生是学习者。

"生活是本无字书。"儿童，从生活中，习得很多，不仅仅有数学，但一定包含数学。

又想起了2006年中央电视台春节联欢晚会上牛群、刘小梅、闫学晶等主演的小品《打工幼儿园》的片断。

街道主任(手指幼儿园园长)：你教数学教得好，那我给你出道难题！听着！买白菜，一斤白菜三毛六分钱，买三斤半白菜多少钱？（注："斤"是生活中常用的表示物体有多重的单位，1千克＝2斤。"毛"是人民币单位"角"的地方方言说法，1毛钱，也就是1角钱。）

幼儿园教师：哎呀妈呀！你这题出得也太简单了，一斤白菜三毛六，三斤半白菜，你给人家三毛六，人家肯定不卖！

街道主任：那还用你说！

幼儿园小朋友甲：叔叔，我会算！

街道主任：啊！你会算？那你说说！

幼儿园小朋友甲：一斤白菜卖三毛六分钱，三斤半白菜卖一块两毛六分钱！

街道主任：吆！太对了，那要是五斤白菜呢？

幼儿园小朋友甲：一块八毛钱，六斤白菜卖两块一毛六分钱，七斤白菜卖……（被主任打住）

街道主任：行了！行了！行了！算得太对了，太准了，你是跟谁学的呀？

幼儿园小朋友甲：我妈妈是卖白菜的！

也许，我们看这段小品就是一笑而过。如果我们从一个数学教师的角度来看这段小品，那可能另有感触。还在幼儿园学习的小朋友为什么能相当熟练地算出几斤白菜多少钱？原因很简单，因为他妈妈是卖白菜的。在那样的环境中，他耳濡目染，也就习得了数学。有学者指出，这叫"街头数学"。那街头数学和学校里学习的学科数学之间有联系吗？如果有联系，那又有怎样的联系呢？在日常的数学教学中，我们关注了这样的联系了吗？

儿童的学习，在不知不觉中。用一个不等式表示想法：学生学习≠学生课堂学习。

(二)课堂学习，让学生有备而来

丹麦心理学家托马斯·尼森(Thomas Nissen)研究认为有三种类型的学习，分别是：累积学习、同化学习、顺应学习。与我们所熟悉的皮亚杰的研究所不同的是，他从同化学习中分离出一种特殊的学习类型，即累积学习。

累积学习发生在这样的环境中：学习者并未拥有任何已发展的心智图式，可供

贲友林与学生(2004)

来自环境的印象加以关联，即学习者要建立一个新图式中的第一个元素。人类身上的累积过程，从它们真正的本质上来说，对于生命的最早阶段具有特别重要的意义，这时，大量的心智图式得以建立，不过在以后又总会发生一些情况，在这些情况下必须要学习一些东西，它们是无法联系到过去任何已有知识的。

累积学习作为一个开端，对于人类准备发展更多东西是最为重要的。

累积学习，是一种"准备"。通俗点说，昨天的学习，是今天学习的准备；今天的学习，是明天学习的准备。学习，是一个持续的过程；准备，是一种动态的、持续的状态。

俗话说得好，"不打无准备之仗，方能立于不败之地。"意思是说，要想取得成功，必须做好充分的准备，如果准备不充分，做起事情来十有八九是要吃亏的。"凡事预则立，不预则废"，这也是人们实践经验的总结，有着深刻的哲理。

从学习的心理感受来看，学生对所熟悉的学习内容更具有亲近感。回想我们的学习经历与经验，如果我们对于即将学习的内容完全陌生，又缺能与之建立联系的知识与经验基础，那在以后的学习过程中，我们会将新的学习内容如同"天书"一样拒之门外，失去学习的兴趣与欲望。而如果所学内容让我们感觉到有所熟悉、有所知晓，学习的要求又在我们的最近发展区之内，那我们接下来的学习就会充满信心和动力。对小学生来说，同样有这样的学习心理感受。如何让学生对即将学习的内容不陌生，那就要组织学生对之有所"准备"了。因为准备，也就降低了学生刚刚学习新知识时产生的难度，减少了学生解决问题起始阶段所遇到的困难。

我们常常说，要创设让学生感到心理安全而自由的学习氛围。心理安全的氛围是指建立一种没有威胁、批评，而不同意见、想法都能受到重视、尊重、赞扬与鼓励的氛围。心理自由的氛围是指创设一种不受传统束缚，敢想、敢说、敢做，不屈从于权威的气氛。学生要有足够的心理安全感，才有勇气与信心应对学习的挑战。比如，学生们一无所知、不明真相地走进课堂，并愿意承认和公开自己的无知，以期许获取新的认识与见解，这对于学生来说，是需要承担风险的。而随着年龄增长，学生迫于各种压力而越来越难以启齿自己的无知。课堂学习过程中，学生的心理安全感从何而来？从教师的角度来说，需要教师尊重学生，包容学生的言行；理解学生，珍视学生的观点；欣赏学生，维护学生的自尊心。从学生的角度来说，需要共同建设一个温暖的、彼此熟悉的、相互接纳的学习场所，需要每位学生主动参与，团结协作，投入地"准备"，后续的学习才能大都在自己的"计划"与"意料"之中。

这样的"准备"，其实也就是以往在教学中所说的"前有孕伏"的进一步发展。前有孕伏，是指结合可以联系的知识点，将学习一个重要知识所必需的基础进行前期铺垫，降低在新知识学习时第一时间产生的难度。在研读教材的过程中，我们能发现教材编写者对此有着精心的设计。

比如，苏教版教材在四年级下册安排学习"商不变的规律"，而在四年级上册"除数是两位数的除法"单元中，有这样的练习题：

先填表，再在小组里说说你的发现。

被除数	20	40	80	160	320
除数	5	10	20	40	80
商					

这里，学生通过计算、填表，再通过观察、比较和交流，初步感受其中隐含的"商不变的规律"。

再如，苏教版教材五年级下册"公倍数和公因数"单元中有这样的练习题：

你能说出下面每个分数中分子和分母的最大公因数吗？

$$\frac{6}{18} \qquad \frac{15}{45} \qquad \frac{13}{65} \qquad \frac{9}{36} \qquad \frac{10}{70}$$

这样的安排，既巩固了刚刚学习的求两个数的最大公因数的方法，又为后面"约分"的学习提供了方法上的铺垫，促进学生感受知识之间内在的联系。

台湾作家林清玄在一篇文章中写道：垦地播种，总是"花未发而草先萌，禾未绿而草先青"。为何？原来是草籽早在耕种前就已经存在。

在学生学习新知的过程中，我们关注过他们原来头脑中的"草籽"吗？

原有的"草籽"，能否改造成为禾苗呢？

我们能否让新知先以"草籽"的身份植入呢？

记忆特别深刻的是几位学生的神情。那一次，我走进教室，几位学生蜂拥而上："今天要学的数学，我知道了……""我还知道……"学生似乎在"攀比"着各自的"已知"，他们的"炫耀"刺激了我，也启发了我：数学，不都是在课堂40分钟学的，他们日常积累的很多关于数学的朴素的认识，构成了他们学习数学的特定视界，影响着他们的数学学习。

其实，这样的认识也不仅仅是教师的个人感受。20世纪80年代中期，数学教育心理学研究者就数学学习形成了更为广阔的理论观点，这些观点认为，儿童的知识主要是在校内外的各种情境中形成的。

与学校内组织数学学习活动不同的是，学生在日常生活中习得的"数学"往往是"随意"的、非系统的、不准确的，甚至有错误隐藏在其中。我们不排斥、不回避学生对数学这样的接触、了解与积累，而且由此得到启发，我们可以进一步组织学生有序地展开对数学的感受与研究。课堂做什么？课前做什么？课后做什么？在追问与思考的过程中，我们对学生学习的认识也跳出了40分钟的框框。

再想一想，每位学生的手头都有数学教科书，数学课，将要学习什么，对他们来说，并不是秘密。

作为教师，需要整体、系统考虑学生的学习过程，而不是像"黄泥萝卜擦一段吃一段"那样缺乏长远的眼光与意识。在教育教学中贯彻科学发展观，就是要从长计议学生的学习，为学生的发展长远负责。我们要把学生课堂学习的40分钟放置于学生学习的全程中考虑。

下面的课堂教学故事，并非幽默。

一位教师教学"方程"。揭示课题之后提问：方程，是今天新学习的，你想知道什么？

有学生这样回答：

——我什么都不知道。

——我什么都想知道。

——我想知道我不知道的。

这样的回答，让上课教师哭笑不得。的确，当学生接触某一全新的内容领域时，他有可能什么都不知道，对他来说，这一切都是完全陌生的。这时你让他言说想知道什么，当他真的什么都不知道时，他能说什么呢？

要么，是套话——是什么？为什么？怎么做？为什么这样做？有什么用？……如是"问题"的交流，价值是什么？

如果学生课前对将学的新内容有所接触，有所研究之后，他会有想法，有疑问。这时，在组织学生与大家交流时，他会感觉到：我知道了一些，和大家分享。在分享过程中，学生又感受到：我又知道了一些，我知道得更多……他们感觉到，学习，就是不断有收益、长进的过程。

贲友林和学生春游

学生的课堂学习，不是从"全新"开始，不是一下子从学科规范的层面（用术语和符号严格地抽象表达）开始。在课堂学习之前，我们尝试先让学生以研究的方式对即将学习的内容进行感受与预学，即让学生带着准备进入课堂学习。课堂学习，让学生有备而来。

(三)"大感受"：让学生更有感觉地学

如何让学生"准备"呢？有针对单元学习内容的准备，我们通常称之为"单元内容大感受"。

单元内容大感受，即针对某一个单元或某一部分的内容，设计一系列的活动，在非学科规范的层面，让学生感受新知识的丰富背景和知识间的丰富联系，尝试运用经验和直觉猜测进行描述和交流。

与以往新课对新知的学习往往表现为"专"而"深"相对照的是，单元内容大感受，对于待学内容的学习，表现得"广"与"浅"。通俗点说，是让学生对待学内容增添些"感觉"。

1. 从感受的内容来看，有整体总览式与专题研讨式

教学中，教师没有宏观的视野，很难有微观上的深入。在组织教学内容时，有时可以让学生先见到森林，而后深入认识一棵棵树木。整体感知先于部分掌握，这是儿童的一条认知规律。当人们在接触一个不熟悉的知识领域时，从已知一般的整体中分出细节，要比从已知细节中概括出整体属性容易些。比如，语文学科阅读教学从儿童知觉的整体性出发，强调从整体入手，初步了解阅读材料的总体轮廓，理出一个头绪来再深入细节，逐段逐节，琢磨词语，揣摩句段，最后从字词句段中走出来，回到整体上，深入理解精神实质。著名教育心理学家奥苏贝尔在教学组织程序上提出渐进分化的原则，要求教学从一门学科的最一般的概念教起，然后再逐渐分化，增加细节和特殊点。

在学生数学学习的过程中，我们设计了单元内容的总览式感受。比如，四年级学习"亿以内数的认识和加减法"单元学习之前，我们组织学生完成如图 2-26 所示的材料，在这个过程中完成感受学习。

在这份材料中，学生先是写下各自对"亿"的了解。"亿"是学生在日常生活中能够接触到的计数单位，当然，不同的学生对"亿"的认知是不同的，通过写的方式，激活学生头脑中有关"亿"的积淀。接着，教师就全单元各小节的知识让学生用具体的例子写下各自的认识与了解。这样，学生对全单元的学习内容有了大致的感知，教师也能从学生的材料中把握他们的学习起点。

对于有的学习内容，我们可以组织学生对单元内重点、难点、关键之处进行专题研讨式的感受。比如，关于"质数和合数"的学习，我们知道，学生在日常生活中很难有关于质数的认识与积累，那在这个单元学习之前，我组织学生对"质数与合数"进行如下专题研讨式的感受。

出示如下文字材料：

用几个整数相乘去表示一个整数——有些数是可以用 1 以外的其他整数的乘积去表示的。例如，$42=6 \times 7$，$42=2 \times 3 \times 7$。我们也可以说，42 分解为 $2 \times 3 \times 7$。现在还能把 42 分解为除 1 以外的更多的整数的积吗？

例如，把 52 分解成除了 1 以外的几个整数的积，小婷分解为 $52=4 \times 13$，小雨分解为 $52=2 \times 2 \times 13$。问：还能再分解下去吗？

我们发现，上面的 2，3，7，13 除了 1 和自己之外，不能分解为其他整数的积。

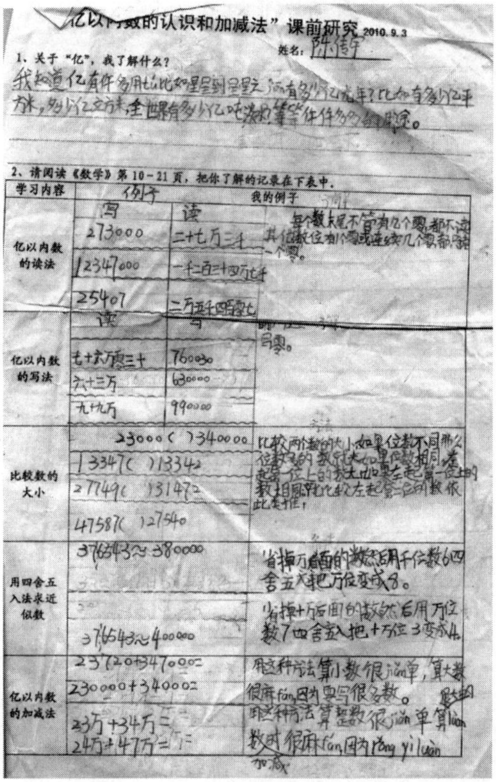

图 2-26

教师组织学生阅读上述文字材料之后，要求学生每人找两个数，能分解成除 1 以外的几个数相乘的，分解成几个数相乘，并写下来；不能分解成几个数相乘的，不分解，把这个数写下来。

学生每人找两个数并将它们分解之后，同桌之间相互交流。之后，教师邀请学生与全班交流。

下面是第三位学生唐竹心与全班交流 56，78 如何分解后的课堂片断。

唐竹心：我找到的能分解的数有 56，78。56 能分解成 4 个 2 和 1 个 7 相乘。

唐竹心刚说完"56 的分解"，顾博涵主动跑到黑板前边板书讲边解：我觉得唐竹心没有讲清楚。把 56 分解，我是这样想的。56 可以分解成 7×8，8 可以分解成 2×4，4 可以分解成 2×2，所以 56 可以分解成 $7 \times 2 \times 2 \times 2$。

顾博涵同步板书如下：

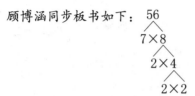

顾博涵继续边板书边讲解：再看 78。78 可以分解成 2×39，39 可以分解成 3×13，3 和 13 都不能分解，所以 78＝2×3×13。（全班学生鼓掌。）

顾博涵板书如下：

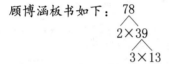

师：顾博涵的办法，大家都看明白了吗？我在顾博涵的分解图中圈一个数，请褚文蔚到前面来，你也在分解后写成的乘法式子中圈一个数。

教师在分解 56 的树形图中依次圈 7，2，2，2，褚文蔚在 56 的分解式 7×2×2×2 中依次圈 7，2，2，2。

师：你看懂了什么？

张惟天：圈出的数都不能再分解了。

刘珩歆：圈的都是质数。

师：刘珩歆的发言中说到了一个词——

生：（齐）质数。

师：什么叫质数，大家可以课后进一步去研究。

接下来，教师组织学生用顾博涵介绍的方法，将 50，48 分解成几个数相乘。

学生试做，教师邀请学生板书、汇报。

之后，教师出示"百数表"中的 1～10，学生逐一汇报哪些数能"分解"，根据学生的汇报，教师将 1～10 中能分解成除 1 和本身之外的其他数相乘的数，用"×"画去。即划去 4，6，8，9，10。

再出示"百数表"中的 11～20，学生同桌间合作，先找出能分解的数，并写出这些数如何分解。之后，学生汇报，教师将能分解的数画"×"。

出示"百数表"中的 21～30，学生独立找出能分解的数，并将能分解的整数进行分解。学生将 21～30 中能分解的数画"×"。

出示"百数表"中的 31～40：再看 31～40，各个数，能分解还是不能分解，你能直接判断吗？

　　学生逐个汇报，并将 31～40 中能分解的数画"×"。

　　下课铃声响了。教师布置家庭作业：学生独立完成如下"研究学习"材料。

"倍数和因数"研究学习(1)

1	2	3	4	5	6	7	8	9	10
11	12	13	14	15	16	17	18	19	20
21	22	23	24	25	26	27	28	29	30
31	32	33	34	35	36	37	38	39	40
41	42	43	44	45	46	47	48	49	50
51	52	53	54	55	56	57	58	59	60
61	62	63	64	65	66	67	68	69	70
71	72	73	74	75	76	77	78	79	80
81	82	83	84	85	86	87	88	89	90
91	92	93	94	95	96	97	98	99	100

1. 百数表中，哪些数能分解的（分解成除 1 和本身之外的其他数相乘），将这些数划去。

2. 我的发现：

　　在上述活动过程中，学生一直应用已经学过的知识参与判断一个数是质数还是合数。不过，这之前，他们并不知道他们找的是质数或是合数，即便在刘珩歆一语点破之后，如果班上还有部分同学对质数不明白，也是合情合理的。这节课，并不是让他们知道什么叫质数，什么叫合数，即理解质数与合数的意义，而是通过对数的分解，让他们感受到有的数能够分解成除 1 以外的其他数相乘（有除 1 以外的其他的因数），有的数只能写成 1 和本身相乘的形式（只有 1 和它本身两个因数）。这样，在后继的新课学习"质数与合数"时，学生会觉得质数与合数并不陌生，当他们想起这节课的活动时，他们会恍然大悟，曾经探讨的那些能分解的数，就是合数，只能

分解成1和它本身相乘的数就是质数。数学教学中，我们非常注重学生"理解"新学知识。何为"理解"？当学生把新知识和已有知识经验之间建立起本质性的、非任意的联系，也就走向了理解。质数、合数的感受活动，就是为学生积累在新课学习之前的知识与经验。

2. 从感受的方式来看，有解决问题式与动手操作式

对于有的学习内容，我们可以在单元学习之前，通过一些新课中的问题，让学生借助已有的知识经验，展开充分的思考与交流，也就相机感受后续要学习的内容与方法。

比如，"除数是两位数的除法"这个单元学习之前，我设计了3个课时的感受学习。这样的感受学习，以点带面，引导、组织学生凭借自己的已有、已知，用自己的方法思考、尝试解决问题，其中也就孕育了后面新课即将学习的方法等内容。即新课学习的方法，自然产生在学生原有想法的基础上。

第一课时：研究"$400 \div 25$"如何计算，交流计算方法，初步感受除数是两位数的除法的不同算法。

学生独立解决问题：要设计一个面积为400平方米的游泳池，如果长为25米，那么宽为多少米？

小组交流：怎样算 $400 \div 25$ 的？有哪些不同的算法？

小组交流结束后，教师点评小组活动情况，倡导学生要有自己的想法，并积极参与交流。

课后，学生完成如下"研究学习"材料。

"除数是两位数的除法"研究学习(1)

计算 $400 \div 25$，今天数学课上交流的算法有：

我还有不同的算法：

我的发现：

我的疑问：

第二课时：在交流 $400÷25$ 计算方法的过程中，感受竖式算法的普适性。

下面简要呈现这节感受课的教学片断。

教师组织学生回顾昨天课堂中交流的 $400÷25$ 有哪些算法。

生：$500÷25＝20$，$500－400＝100$，$100÷25＝4$，$20－4＝16$。

生：可以用竖式算。

教师指名，邀请佘永康板书竖式，但佘永康表示"不会"。

乔思霖板演：

$$
\begin{array}{r}
16 \\
25\overline{)400} \\
25 \\
\hline
150 \\
150 \\
\hline
0
\end{array}
$$

乔思霖边板演边讲解。在讲解计算过程中 150 里有几个 25 时，乔思霖是这样讲的：先拆，$100÷25＝4$，$50÷25＝2$，再将 $4＋2＝6$，所以商 6。

以往在"除数是两位数的除法"教学过程中，遇到"150 里有几个 25"这样试商的问题时，我们一般是用口算的方法试商，即我们往往熟记了 25 与 2～9 各数相乘的积，从而很快口算出 150 里有 6 个 25。倘若不能口算，我们一般也就用"四舍法"和"五入法"试商。试商的方法，我们似乎已经被格式化了。而乔思霖的想法，恰恰提醒了我，试商，学生是有自己的办法的，也许不同于我们的预设，但学生原生态的、自然的、鲜活的方法，是有价值的。倘若我们一味否定，那是否意味着破坏了学生思考方法的生态环境？教学，基于学生，也就是要基于学生已有的想法再展开新的学习。

生：$25×25＝625$，$625－400＝225$，$225÷25＝9$，$25－9＝16$。

生：$400÷25＝400÷5÷5＝16$。

生：$100÷25＝4$，$4×4＝16$。

教师组织学生补充发言：还有不同的算法吗？

在学生补充想法之前，教师指出：在听、看不同算法的时候，我们要思考，要在众多算法中挑选出最具普遍性的方法。我们要学习对各种算法进行评析：这种算法好，好在哪儿？这种算法不太好，又是为什么？

张淳：（边板演边讲解）我还有三种算法。算法 6：$25×2＝50$，$400÷50＝8$，

$8 \times 2 = 16$；算法 7：$(400 \times 4) \div (25 \times 4) = 1600 \div 100 = 16$；算法 8：$200 \div 25 \times 2 = 16$。

　　教师引导：观察这些不同的算法，你有什么发现？你发现它们之间有联系吗？

　　姚竹君：算法 8 和算法 6 相似。

　　刘珩歆：算法 8 和算法 5 相似。

　　教师引导学生分析算法 8 和算法 5 的相似点。进一步分析：算法 8 中为什么要乘 2，而算法 5 中为什么要乘 4？

　　再组织比较算法 6 和算法 8。形成板书：

$$400 \div 25 \qquad\qquad 400 \div 25$$
$$\downarrow \qquad\qquad\qquad\quad \downarrow$$
$$400 \div 50 \qquad\qquad 200 \div 25$$

　　观察算式，初步发现：被除数不变，除数扩大，商缩小。除数不变，被除数缩小，商也缩小。

　　教师鼓励学生继续评析 8 种算法。

　　李悦文：算法 7，被除数和除数同时乘 4，商不变。因为除数是 100，这样好算。

　　尹力：被除数和除数同时乘一个相同的数，商是不变的。

　　教师引导学生比较两位学生的发言，追问：算法 7 中，为什么乘 "4" 而非其他数呢？

　　刘一璇：25 乘 4，等于 100，这样就像李悦文说的，好算，算起来方便。

　　韩冰仪：我觉得算法 2 好。因为用竖式计算对于所有除法都可以这样算，而其他算法，有可能就不能算了。

　　教师指出：如果再举例子说明，那更好。例如，第 4 种算法，有局限性，能举例吗？

　　陈传宇：$400 \div 23$。

　　吕佳蕙：除数不能分成两个数相乘的，就不能用这种算法。

　　教师指导：在第一位同学发言之后，我们接下来的发言，可以再举一个例子。例如，$400 \div 23$，也可以像吕佳蕙这样，那是更高水平的发言，这样的发言把例子的特点概括出来了。

　　第三课时：在交流除数是两位数的除法估算方法的过程中，初步感受把除数看作整十数的试商方法。

出示第一组题：

> 估算下面各题的结果。
>
> 60÷30　　　93÷31　　　550÷11　　　460÷23
>
> 360÷60　　84÷42　　　360÷20　　　128÷32
>
> 560÷80
>
> 我的发现：

教师组织学生找出关键词"估算"后，先独立思考，再同桌间交流。之后，学生选择其中的一道题目，与全班交流：各是怎样估算的。

出示第二组题：

> 估算下面各题的商可能是几。
>
> 66÷33　　　58÷29　　　65÷13　　　85÷17
>
> 92÷23　　　171÷19　　　132÷22　　　413÷59
>
> 576÷72　　466÷89　　359÷51　　401÷57

学生独立完成，再小组讨论，选择部分题目与全班交流。

这节课，通过估算方法的交流，感受估算方法，在感受过程中，我觉得更有价值的是学生悟得试商方法，即把非整十数看作整十数。

说到试商方法，我们马上想到用"四舍法"或"五入法"，这是具体的方法。我们要意识到，首先是试商的"方向"，即把非整十数看作整十数。而这，是估算时自然产生的方法。估算，是学生学习"试商"的基础。

对于有的学习内容，我们可以在单元学习之前，通过组织学生动手操作，在实践过程中交流、感受新学知识。

例如，在三年级学生认识"周长"之前，教师组织学生进行了下列测量活动：①量数学课本封面4条边的长；②量一张桌子桌面周边的长；③量一量自己的腰围；④量一个罐头或茶叶盒底面圆一周的长。通过动手测量以及对测量过程与方法的交流，学生对周长以及计算长方形、正方形周长的方法有所感，有所知。

再如，在"长方体、正方体"单元学习之前，我组织学生完成如下的操作感受活动。

活动 1：收集各种形状的包装盒，从其中挑出长方体与正方体的盒子。

辨析：挑出的盒子，为什么说它们的形状是长方体（正方体）？另一些盒子，为什么不是长方体（正方体）？

交流：关于长方体、正方体，知道什么？

探讨：怎样画出长方体、正方体？

活动 2：操作用土豆（或梨、苹果）切棱长是 1 厘米的小正方体。

操作并展示交流：用小正方体拼长方体。拼长方体用了多少个小正方体？拼大一点的正方体，用多少个小正方体？

活动 3：拆解长方体、正方体盒子。

分析：如何用硬纸制作长方体、正方体盒子。

操作：用硬纸制作长方体、正方体盒子各一个。

在活动 1 中，学生辨认、交流盒子的形状是否是长方体、正方体，初步感受长方体和正方体的特征。在活动 2 中，学生切小正方体，感受 1 立方厘米的大小。在用小正方体拼长方体的过程中，感受长方体和正方体的体积，感受长方体、正方体体积的计算方法。在活动 3 中，学生进一步感受长方体、正方体的特征，积累如何计算长方体、正方体表面积的经验。

下面是活动 2 的课堂教学片断。

学生课前用土豆（或梨、苹果）切棱长是 1 厘米的小正方体，每个 4 人小组合计不少于 30 个。

课堂伊始，学生 4 人小组活动：用小正方体拼成长方体。能拼成不同的长方体吗？怎样拼的？各用了多少个小正方体？有什么发现？

曹企元小组汇报。视频展示：先用 8 个小正方体拼了一个棱长 2 厘米的正方体，然后拼长方体（如图 2-27）。

学生拼的过程中，教师板书：

2　2　2　　8
3　2　2　　12
4　2　2　　16

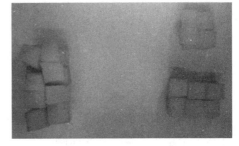

图 2-27

黄橙蔚：我们小组发现，摆长用的小正方体个数，乘摆宽用的小正方体个数，再乘摆高用的小正方体个数，就等于拼大长方体需要的小正方体个数。（全班掌声。）

柯欣怡：拼大正方体也是一样的。

李悦文：也就是黑板上写的，前面的3个数相乘，等于最后的一个数。（全班掌声。）

教师视频演示：用8个小正方体拼成长，再用3个小正方体接拼成宽，然后再用两个小正方体叠拼成高，即长8、宽4、高3（如图2-28）。

图2-28

师：请大家想象这个长方形完整拼完后的形状。再想一想，如果要拼完整，需要多少个小正方体？

学生回答，教师板书：

8　4　3　　96

这样的过程，既让学生感悟体积，又让学生感悟长方体体积的计算方法，也是对学生空间想象能力的训练。

教师出示陈传宇的五阶魔方（如图2-29），介绍：陈传宇带来了一个魔方。这个魔方中每个小正方体的棱长约是1厘米。（不少学生发出惊叹声）

教师提出问题：这个正方体的棱长是多少？如果把它切成棱长1厘米的小正方体，可以切成多少个？

学生回答，教师板书：

5　5　5　　125

教师提出问题：如果用这样的魔方拼成1立方分米的正方体，需要几个这样的魔方？

学生独立思考后，同桌讨论，全班交流。

吕一辰：这个魔方棱长5厘米，拼成的正方体，棱长1分米，长要2个，宽要2个，高要2个，一共要$2 \times 2 \times 2 = 8$（个）。

图2-29

徐馨蓓：也就是像曹企元小组第一次拼正方体那样拼。

教师在之前的板书"2　2　2　8"这组数据下面用红粉笔画上下划线。（全班掌声。）

教师留下问题给学生下课后思考：那拼成的 1 立方分米的大正方体，又有多少个棱长 1 厘米的小正方体呢？

下课后，陈传宇来告诉我：用魔方拼成 1 立方分米的正方体，需要 8 个。还可以这样算，1000 除以 125，等于 8。

陈传宇这样的想法，说明他已经感受到了 1 立方分米＝1000 立方厘米。

要补充说明的是，这个五阶魔方的展示与教学应用，并不是我预设的教学内容。这一天上课，当我课前走进教室的时候，陈传宇找我，向我推介了他的魔方。他很得意地告诉我，他的这个五阶魔方中的每个小正方体的棱长是 1 厘米。我用尺量了量，的确是！这是非常好的学具。我当即借陈传宇的魔方，课上"用了一把"。

3. 从感受的时机来看，有集中感受与相机分散感受

如前所述的感受方式，是单元学习之前的集中感受。

在"除数是两位数除法"第二课时的感受活动中，有这样的教学片断：

组织比较算法 8 和算法 6。形成板书：

$$400 \div 25 \qquad\qquad 400 \div 25$$
$$\downarrow \qquad\qquad\qquad \downarrow$$
$$400 \div 50 \qquad\qquad 200 \div 25$$

观察算式，初步发现：被除数不变，除数扩大，商缩小。除数不变，被除数缩小，商也缩小。

这里，其实是对除法中被除数、除数、商的变化规律的感受。感受，并不专一指向即将要学习的除数是两位数的除法。大感受，要有整体的大的数学教学视野。借用一句通俗的话来说，"路边的野花也要采。"不过，何时采，采什么，怎样采，都是值得研究的。

再举一例。

在四年级学习"除数是两位数的除法"的过程中，有一天的数学家庭作业中我布置了这样一道"聪明题"（注：聪明题，是学生的命名，也就是"思考题"，学生叫它"聪明题"，意思是，这样的题目，越做越聪明。）

学校总务处张老师去商店采购学生用练习本，练习本定价每本 4 元 8 角。张老师带去买 1200 本的钱，由于买的多，可以优惠，每本便宜了 3 角钱。张老师一共买回多少本练习本？

在批改作业时，我发现，这道题的解答，花样百出。于是，第二天的数学课，我首先邀请了几位学生展示了他们的解答过程。

丁希莹展示（如图 2-30）：

其他学生看明白了，丁希莹是把"4 元 8 角"转换成"48 角"，然后用整数乘法完成计算的。

桑瑞阳的解答（如图 2-31），很有意思：

图 2-30

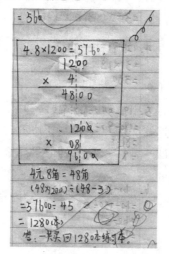

图 2-31

从桑瑞阳的解答中，能看出他尝试计算的过程，后来发现错了，又改用整数乘法思路进行计算了。

赵君睿展示（如图 2-32）：

赵君睿展示的过程中，介绍了他是用小数乘、除法算出来的。至于怎样算的，他说不清楚。像赵君睿这样计算的，还有：肖书昊、袁

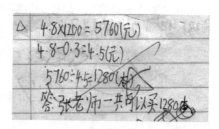

图 2-32

心悦、曹弘毅、朱展辰、王睿琦。不过，他们是怎样算的，从他们呈现的解答中，看不出来。他们也解释不清楚是怎样算的，用他们的话说，我就是这样算出来的。

吴珂锐展示（如图 2-33）：

吴珂锐展示的时候，我让他暂时不解释，而是让全班学生看吴珂锐的解答过程，交流，看懂了什么？有学生说，我看懂了，吴珂锐在算 1200×4.8 时，先算 1200×48，再除以 10；再算 $5760 \div 4.5$ 时，先算 $5760 \div 45$，再乘 10。有学生说，吴珂锐算小数乘法，是先变成整数乘法；在算小数除法时，先变成整数除法。

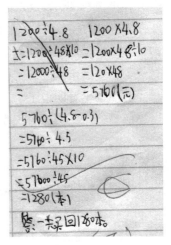

图 2-33

从学生对吴珂锐解答的分析、交流过程中，大家感受了计算小数乘法、除法时转化成整数乘法、除法的策略。这里，也就为将来探索学习小数乘、除法的计算播下了"方法"的种子。

这样的感受，相继安排在教学过程中。

教师在教学过程中，要有数学教学的整体观。

不知道大家有没有关注这样的现象：语文老师听数学老师的课，往往觉得语言简洁，课时目标明晰，一节课干什么，学生学习了什么，达成怎样的目标，清清楚楚。而数学老师听语文老师的课，反而时常会觉得云里雾里，一节课，具体说，达成什么目标，似乎糊里糊涂。不过，一个阶段之后，语文老师的目标落实会体现出来。

我以为，数学老师在坚持将课时目标落实到位的时候，也要学习语文老师具有阶段性的、全局性的目标观。

4."课始 5 分钟"，别样的"感受"

在三年级，我组织学生在寒假里完成这样的作业：观察生活中的数学现象，收集生活中的数学问题，制作成 PPT，准备和全班交流。

学生在假期完成了这样的作业，我则安排在后一个学期每天数学课开始的 5 分钟，让一位学生在全班展示、讲解各自的 PPT。例如，姚欣荣制作了这样的 PPT（如图 2-34）。

在三年级，这样的 PPT 是学生和家长一起制作，到了四年级，学生则自己独立

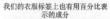

图 2-34

摸索如何制作。到了五六年级，许多学生制作 PPT 的水平甚至超越了教师。

在这里，学生介绍了打折、百分数等以往学生在高年级才学习的数学知识，那在三年级能否涉及呢？

以往我们在教学中，可能会"这样的问题，我们将来会学习"一句话就打发了。而现在，我觉得不需要回避学生对这个问题的展示交流。从短期的数学学习这个角度来看，也许没有直接作用。但如果着眼长远目标来审视，我们就会发现其价值与意义所在。在这样的活动过程中，学生对数学课程，获得了更鲜活、更丰富的认识。在这个过程中，学生之前不知道的，现在听说了；学生之前大致了解的，现在知道得更详尽了。无论是获得"感受"的人数还是程度，都是有所长进的。

当然，这样的课前 5 分钟安排，我在后来又调整成了课末 5 分钟。主要的考虑是，课始的时间，要使学生比较快地进入新课的研究学习交流阶段。而在课末，学生学习有些疲惫的时候，安排 PPT 的展示交流，既调节一下学生的学习情绪，又获得对数学更丰富的感受。

曾有教师提出问题：在单元学习之前，增加了单元内容大感受，这是否增加了单元学习的总课时？

我的实践，单元前增加了几课时的感受学习，接着后面的新课学习过程，原先的课时数也就相应地调整了。我们需要在核心知识的学习上，慢一些，多花些时间，而举一反三的过程中，还有一部分学生能够自主学习的，也就"一带而过"。总的课时数，是差不多的。

(四)"小研究"：让学生更充分地想

让学生"准备"，一般把针对某一课时或某一知识点学习的准备，称之为"课时内容小研究"。学生更习惯简称为"小研究"。

"课时内容小研究"，即课前给学生一份"研究学习"材料，让学生独立、自主完成，让学生独立、自主地对将学的内容"研究"一下。"研究"，是关键词。"研究"，是一种学习态度，表现为主动、积极、投入。"研究"，是一种学习方式，面对新的话题，进入学习任务中，展开充分的思考，寻找各种学习资源，发觉自己的想法，继而带着想法、困惑与疑问走进课堂。研究，是一种学习能力，主动获取自身尚未知晓的能力，即求己所未知的能力。"小"，是指小学生能做的、可以完成的"研究"，其并不像科学家开展的"研究"那样强调研究的学术性、规范性，甚至可以说，小学生参与的研究，是一种平民化、草根化、大众化的研究，重要的是，他们通过自己的思考，真正产生自己的想法。在成人的视野中，这样的"研究"可以说是"微不足道"的，但对于小学生来说，"道足不微"，小学生"道足"，他们慢慢就"不微"了。可以说，现在的"小研究"，铺垫、孕育了将来的"大研究"。

"让野生动物野！"这是美国一国家公园给游客的告示。

让野生动物去野！不要喂它。喂它，就是宠它。野生动物不是宠物，不该遭人喂食。

小松鼠、小花栗鼠，美丽的蓝悭鸟、大黑熊、灰狼……都那么可爱，游客一念之仁，便不免去施食。

然而这施食却成了伤害。

"一旦喂食，你就把野生动物变成乞丐了。"

原来，不仅是"嗟来之食"不可吃，就连"礼貌性地施食"也不可以接受，一旦接受惯了，就立刻变成乞丐。

"从跟踪器显示，经过喂食的黑熊，在山林里走了 160 公里，都不曾主动去觅食，因为它觉得反正食物自己就会送上门来。"

这是张晓风的一篇文章的片断。分享这段文字，是因为其和"学习"有关。

不知道从什么时候起，在"学习"的路途上，学生的小手被不放心牵着、握着、拽着，以团队的步伐，规整的队伍"向前、向前"……教师不厌其烦的"哺育"，让学生习惯了"等待"与"喂养"。不知不觉中，学生忘记了、丧失了自主学习的意识与能力。

小研究，还原学生自主学习的意识与能力。小研究，让学生的学习重新"野"起来。

我们时常需要温习一下张晓风的自问：我曾被什么所豢养吗？有没有哪一种施食方式将我变成乞丐了？

1. 根据学习内容，设计"研究学习"材料

"研究学习"材料是"小研究"的载体。"研究学习"材料，要根据学习内容的特点进行设计。

有关概念内容的"研究学习"材料的设计，一般要组织学生探讨"是什么"与"为什么"这两个方面的问题。

例如，关于"直线、射线、线段"的研究学习，需要学生在比较中认识直线、射线、线段的特征，并通过操作，研究过一点、两点分别能画几条直线的问题，研究从一点出发画两条射线组成角的问题。

"直线、线段、射线"研究学习

1. 各画一条直线、线段、射线。比一比，直线、线段、射线有什么相同点？有什么不同点？

	画图	相同点	不同点	
			端点个数	长度
直线				
线段				
射线				

2. 经过一点能画几条直线？经过两点呢？试着画一画。

　　画图：　　　　　　　　　　我的发现：

3. 从一个点出发的射线可以画多少条？从一点出发的两条射线组成了什么图形？试着画一画。

　　画图：　　　　　　　　　　我的发现：

4. 关于直线、线段、射线，我的疑问：

再如，关于三角形分类的学习，也就是锐角三角形、直角三角形和钝角三角形，等腰三角形和等边三角形的学习。课前，组织学生完整做一份"研究学习"材料，让学生对三角形的分类的学习，立足整体。要说明的是，这样的材料，并不是一课时

就能完成交流学习。

"三角形"研究学习

1. 如果将三角形按角进行分类，可以怎样分类？能用图表示吗？

2. 为什么说"三个角都是锐角的三角形是锐角三角形"？而直角三角形却说"有一个角是直角"，钝角三角形说"有一个角是钝角"？

3. 如果将三角形按边进行分类，可以怎样分类？能用图表示吗？

4. 关于三角形的分类

　我的发现：

　我的提醒：

　我的疑问：

有关规则内容的"研究学习"材料的设计，一般要组织学生探讨"怎么做"与"为什么这么做"这两个方面的问题。

例如，学习"小数乘法"，先学习"小数和整数相乘"，再学习"小数和小数相乘"。在学习"小数和整数相乘"时，教师设计了如下的"研究学习"材料。

"小数乘法"研究学习

1. 47.6×12，能估算出结果大约是多少吗？

   我是这样估算的：

2. 能用竖式计算 47.6×12 这道题目吗？请解释为什么这样算。如果不能解释，有哪些问题？

   我的解释(我的问题)：

   我的发现：

   我的提醒：

3. 编三道"整数和小数相乘"的计算题，并计算。

　　"整数与小数相乘"的研究学习，先让学生估算，再让学生尝试用竖式计算，然后解释这样算的道理，如果不能解释，则陈述有哪些问题。之后让学生编题计算，也是让学生准备课堂上的练习题。当然，有可能学生在这儿出现计算方面的错误，而这，又是课堂进一步交流学习的资源。

　　有关解决问题内容的"研究学习"材料的设计，一般要组织学生独立思考，再做分析并尝试解答。例如：

"解决问题的策略"研究学习

1. 王大叔用 18 根 1 米长的栅栏围成了一个长方形羊圈，有多少种不同的围法？

   我的分析与解答：

   我的发现：

   我的疑问：

2. 订阅如右的杂志，最少订阅 1 本，最多订阅
　　3 本。有多少种不同的订阅方法？
　　我的分析与解答：

　　我的发现：

　　我的疑问：

3. 解决上面两个问题，我的体会：

　　以往，学生是在教师的引导下进行思考、交流，课堂上学生的表现基本上是跟着教师走。在教师的安排下，学生经历解题、交流、"发现"策略、认识策略。

　　而现在，学生有着深度的思考，他们带着各种想法走进课堂，他们在交流的过程中相互碰撞，认识得更充分、深入，教师适时地引导。学生的思考，常常出乎教师的意料，而这，恰恰表现出他们的活跃与开放。

　　2. 练习课、复习课，也先"小研究"

　　"研究学习"材料，学生称之为"小研究"。"小研究"，既相当于一个动词，也相当于一个名词，集研究过程与研究结果于一体。

　　数学练习课、复习课是数学教学的课型之一。在新授课之前，学生要先进行"小研究"，在练习课、复习课之前，学生也先进行"小研究"。

　　数学练习课之前的"研究学习"设计，例如：

"多边形面积的计算"练习

1.（1）计算下面每个图形的面积。（单位：米）

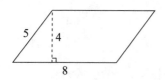 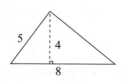

（2）选择上面的一道题目进行改编，并解答。

2. 推荐一道与多边形面积计算有关的、容易错的问题。
　　题目：

　　我的提醒：

3. 推荐一道与多边形面积计算有关的、有挑战性的问题。
　　题目：

　　我的解答：

数学复习课之前的"研究学习"设计，例如：

"认识小数"梳理复习

1. 在"认识小数"这个单元，我们学习了什么？能将学习的内容整理出来吗？

2. 在"认识小数"这个单元中，哪些题目容易出错呢？整理如下：
　　题目1：

　　我的解答：

　　我的提醒：

　　题目2：

　　我的解答：

　　我的提醒：

我们知道，无论是练习课，还是复习课，组织练习都占有非常重要的成分。而从上面的"小研究"可以看出，练习的题目，不都是由教师"主宰"，学生也参与了题目的提供，或梳理，或改编，或收集，或设计。

　　针对学生在学习过程中所出现的错误，我在练习课、复习课之前，都让学生对各自出现的错误进行整理。通常采用如下的表格让学生边整理边"研究"。

我的错误例子	我的提醒	我编的题目

　　在这张表格中，"我的错误例子"，由学生对各自在新学内容的练习中出现的错误进行选择并抄录题目；"我的提醒"，是对这道题目易错点的分析，填写对自己也是对他人解答这道题目注意事项的"提醒"；"我编的题目"，是模仿错误例子的题目再编一道类似的题目并解答。

　　练习课或复习课上，我组织学生先是小组交流，然后各组推荐典型的、有代表性的"错例"在全班交流。结合学生交流的题目，教师有目的地从学生所编的题目中选择具有全班练习价值的题目，组织全班学生练一练，并引导反思：选择这道题目练习的理由是什么？这道题目哪儿容易出错？解答时注意什么？

　　以学生的学习为中心，需要我们适当改变以往教师是"布题者"、学生是"解题者"的一贯做法，教师从学生的课前研究学习材料中积极吸纳想法，增强练习全程的互动性，让学生练习他们真正需要练习的问题。

　　由此来看，课前的研究学习，给了学生充分的自主学习的空间，展现了学生不同的学习起点，而后继的交流，每位学生正是从各自不同的起点出发向前迈进。

3."研究学习"材料的设计原则

　　"研究学习"材料的设计，要把握以下几点原则。

　　目的性原则。课前研究学习的作用，是带领学生进入学习任务中，让学生面对学习任务展开充分的思考，记录自己的想法与困惑，为课堂中进一步的交流学习做好准备，也向教师呈现真实的学习起点。

主体性原则。在"小研究"中，把学生的主体性落实在每个环节、每个问题中，从对学习内容的研习到学习问题的阐述，从对困惑、疑问的表达到收获、体会的梳理，学生都是以主人翁的姿态，充分发挥自己的主动性与创造性去思考、去表达，从而带着有准备的头脑进入后续的学习。

学科性原则。就"小研究"的内容而言，它打上了明显的学科"烙印"，有浓浓的学科"味道"。其中的问题，一定直指教学内容的核心，杜绝拖泥带水，而有"四两拨千斤"之功效。作为教师，要具有丰富的学科素养，能看到内容的学科本质及教学价值，能用高超的技巧有机地提纯和组合，并以适当的方式加以呈现。

梯度性原则。"小研究"中的问题，虽然具有研究"气质"，但并不是高不可攀、遥不可及的，而是基于学生学习的现实背景和成长可能性所设计的，具有一定的层次感，各层次之间呈现出由易到难、由浅入深的关系。通过不同梯度的问题，让每位学生在力所能及的框架内，"跳一跳、摘果子"。

过程性原则。"小研究"的完成，要关注学生思考的过程。前置于新课学习之前的"小研究"，不完全等同于以往我们所说的"预习"。就目的来看，预习，往往是让学生对将学的新内容有所了解，更多的是接受现成的结论；而"小研究"是以研究的方式展开对将学内容的探讨，更多的是展示自己的想法，敞亮自己的疑问。就完成的方式来看，预习更多地表现为接受教材中的内容；而"小研究"是以研究的方式思考问题、实践体验。就结果来看，"小研究"是组织学生以研究的方式面对将学的内容，而不是把教材中的知识乃至于结论简单地移植，或者说得更直接些，就是照搬到课前的研究纸上。不过，我们也不回避学生对教科书的阅读学习。学生通过阅读教科书获得的可能是静态的结论性知识，教师要组织学生展开动态的、过程性的、探索性的思考。

参与性原则。"研究学习"材料的编制，要从教师编制，走向师生共同编制、学生自主编制。在学生参与编制的过程中，逐渐悟得研究数学问题的思路，掌握研究数学问题的方法，形成自主学习的能力与习惯。而"小研究"的完成，更是由每位学生独立自主去完成的。

4. 完成"研究学习"材料，让学生更充分地想

在我的教学探索过程中，我组织学生课前完成"研究学习"材料。为何让学生课前研究学习，而不让学生在课堂上完成"小研究"？

从数学思考的需要出发，学生学习与理解数学有时需要较长的思考时间。正如著名数学家陈省身指出："数学是自己思考的产物。首先要能够思考起来，用自己的见解和别人的见解交换，会有很好的效果。但是，思考数学问题需要很长的时间，我不知道中小学数学课堂是否能够提供很多的思考时间。"课前的研究学习，弥补了课堂内学生独立思考时间的不足，之后的课堂学习，则给予了学生更充分的学生与学生、学生与教师的交流互动。

　　联系我所带的班级学生的实际，他们都比较熟悉课前"小研究"这样的方式，不过，如果将课前"研究学习"材料移至课堂中让学生完成，一般需要15~20分钟。试想，一节课40分钟，如果在完成"研究学习"材料这个方面用去了近一半的时间，剩下的交流、讨论学习的时间就非常仓促了。

　　而且，一节课的前20分钟时间段，是相对高效的学习期。研究表明，一节课中，大脑并非始终处于注意力高度集中的状态。在40分钟的课堂内，高效期占30分钟，低沉期占10分钟。巴洛格指出：在一堂课的头20分钟之内，应当让学生用不同的形式，如同伴讨论、课堂讨论，解释他们刚学的东西。由此从大脑运行的节律来看，一节课的前20分钟组织学生独立思考，完成"研究学习"材料，也不是一个非常合适的做法。

到江苏兴化上课

再从课前学习与课堂学习不同的特点来看，课堂，教师与一个班级的学生相聚在一起，相互交流、讨论，乃至于"头脑风暴"，能启发彼此发现之前"没想到的""不知道的"。如果这时较多的时间用于个人的独立思考，这是对众多学习伙伴作为学习资源的"浪费"。也就是说，课外时间，独立思考，得天独厚；课堂时间，交流互动，更为适宜。

当然，无论是课前，还是课堂，学生这种以研究的心态与方式对待学习内容，并贯串于学习的全程中，从而在学习的过程中不断地有活泼泼的发现。例如，在"认识轴对称图形"的课堂教学中，学生生成新的问题：平行四边形是不是轴对称图形呢？教师在当堂课上并没有给学生答案，而是组织学生课后就平行四边形以及其他图形是否是轴对称图形进行进一步的研究，同时记录研究的方法与过程。这样的研究，瞻前顾后，既对本课学习内容做了巩固，又成为后一节课探讨交流的内容。

三、让学生在深层互动中学

(一)让每位学生都"在主场"

教学过程是师生积极参与、交往互动、共同发展的过程。《数学课程标准》中的这句话，我们耳熟能详。什么是互动，从字面来看，不难理解，即互相作用，互相影响。不过，我们的认识不能仅仅停留于这种形式化的理解层面，应将视角聚焦于更微细的"课堂互动"，我们需要深度的思考与探讨。

"互动"，通常指的是互为主体的双方借助一定的媒介（通常是言语方式）而发生的相互影响、相互作用，它的内容包括信息、情感、态度等。因此，课堂互动，指的是在课堂教学情境中，教师与学生之间、学生与学生之间借助言语、身体或手势，教学材料而发生的相互影响、相互作用，其内容包括知识、情感、态度等。

当下的课堂学习过程中的互动，存在着一些误区与不足。例如，互动方向单一，方式简单，内容偏窄，形式化严重等。提升课堂互动的质量，让学生在深层互动中学，不仅有关课堂学与教的有效性，还关系着师生的课堂生活质量。

提升课堂互动的质量，让学生在深层互动中学，要做到学生"在场"，师生平等。

明白这一点很容易，但要做到却不容易。教师和学生在身份、社会地位以及承担的责任与义务等方面是不对等的，教师是权威，几乎不容置疑。教师是互动的发起者、领导者，学生是互动的被发起者和被领导者。在地位上，师生间是控制与被控制、支配与被支配的关系，即奥地利哲学家马丁·布伯（M. Bubre）所说的"我—它"关系。与"我"相对应的"它"，是同我相分离、相对立的客体，是"我"所经验、所控制、所利用的对象，是满足"我"之利益、需要、欲求的工具。其实，这样场景中的学生，已经离场而去。课堂互动，教师与学生，是"我—你"相遇，是在人格平等基础上，相互作为"完整的人"之间的一种生命、精神的对话，是彼此相互映照、包容、沟通、认可与提升。教师与学生，都是敞亮自我生命，积极迎接外在生命，把自我生命世界与外在生命世界融合在一起，在相互作用与影响的过程中共同发展的。

说一个现象。

公开课上，上课教师提出问题后，希望什么样的学生作答？

当一位优秀的学生回答问题时，上课教师一定长舒一口气。因为优秀学生所回答的答案通常也就是教师所期望的。

我发现，优秀学生发言，往往是课堂的一种"灾难"。有教师对我这样的想法很诧异，为何这么说呢？不知道教师们是否注意这样的现象，优秀学生起立发言时，其他学生都很"绝望"，因为优秀学生发言，往往正确且全面，其他学生在其发言之后，想补充，想纠正，都"没门"。他们只能做听众，只能做旁观者。

而课堂，是所有学生共同参与的课堂。课堂中，不应有旁观者。

下面是我教学"分数除以分数"的片断。

关于"分数除法"，教材的安排是先教学"分数除以整数"，然后教学"整数除以分数"，最后教学"分数除以分数"，再形成包摄性强的计算法则。毋庸置疑，当教学"分数除以分数"时，对分数除以分数如何计算，班级中有一部分学生已经会了。显然，对于学生的已有想法我们不能视而不见，听而不闻。如何面对学生的数学学习现实呢？

出示例题：量杯里有 $\frac{9}{10}$ 升果汁，茶杯的容量是 $\frac{3}{10}$ 升。这个量杯里的果汁能倒满几个茶杯？

学生读题后口答算式。他们在口答算式 $\frac{9}{10} \div \frac{3}{10}$ 时，接连说出了得数"3"。

教师板书：$\frac{9}{10} \div \frac{3}{10} = 3$（个）。然后引导学生观察算式，揭示课题：分数除以分数。追问：怎样算的？

姜周曦林举手回答：$\frac{9}{10} \div \frac{3}{10} = \frac{9}{10} \times \frac{10}{3} = 3$。

姜周曦林的想法，在全班有一定的代表性。正如前所说，全班有相当一部分学生都已经知道分数除以分数该怎样计算了。就学生如此想法，我们可以追问：她为什么这样算的呢？其他同学都是这样想的吗？是否还有不同的想法呢？我的想法是，不是学生知其一就止步不前，还可知其二、知其三……学生还有一些不同的想法，这也为课堂的进一步发展提供了更多的话题与资源。

果然，姜周曦林发言之后，还有几位学生依然举手。焦芙蓉说：我觉得还可以这样算：把被除数、除数同时乘10，也就变成了整数除法，也就容易算了。

教师板书：$\frac{9}{10} \div \frac{3}{10} = \left(\frac{9}{10} \times 10 \right) \div \left(\frac{3}{10} \times 10 \right) = 9 \div 3 = 3$。

陶泽平：我觉得还可以这样算：等于$\frac{10}{9}$乘$\frac{3}{10}$，等于3。

我当时就听出了陶泽平提供了一则"有价值的错例"，随即板书，并让其他同学辨析根据陶泽平口述的计算过程，计算结果不是3，而是$\frac{1}{3}$。

教师板书：$\frac{9}{10} \div \frac{3}{10} = \frac{10}{9} \times \frac{3}{10} = \frac{1}{3}$。

张昊聪：我觉得这道题这样算也很简便：分母10除以10，分子9除以3。

教师板书：$\frac{9}{10} \div \frac{3}{10} = \frac{9 \div 3}{10 \div 10} = 3$。

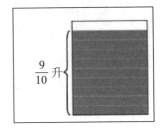

图 2-35

这时，不再有学生举手了。我组织全班学生观察黑板上的各种算法，首先确认计算结果是3，并让学生画图验证得数是3（如图2-35）。

接着围绕几个问题展开讨论：

①姜周曦林是怎样算的？（除法转化成乘法，除数转化成倒数）

②陶泽平的算法错在哪里？（把被除数变成了倒数）

③焦芙蓉的算法有什么价值吗？（把分数除法转化成整数除法）有局限性吗？（结合学生的回答，教师板书算式：$\frac{9}{7} \div \frac{4}{13}$，引导分析，有些麻烦，有局限性。）由焦芙蓉把分数除法转化成我们已经学过的整数除法，你有什么启发？（还可以转化成小数除法 $0.9 \div 0.3$，不过也有局限性，如 $\frac{9}{7} \div \frac{4}{13}$，$\frac{9}{7}$，$\frac{4}{13}$ 都不能化成有限小数。）

④你认为张昊聪的算法如何？（也有局限性，比较麻烦）

有了对黑板上呈现的 4 种算法的逐个讨论，我引导学生回顾反思：通过刚才对不同算法的分析，你觉得分数除法如何计算？

学生异口同声：采用姜周曦林的算法。

教师指出：姜周曦林计算分数除以分数，除以一个数等于乘一个数的倒数。那你能用哪些方法解释为什么这样算呢？这个问题留给大家课后思考。

综上所述，在辨析过程中，学生掌握了分数除以分数的"常规"算法，而且对这种算法通用性的认识更为深刻。在此基础上，教师提出让学生课后探究算理的问题。

坦率说，像这样的在部分学生已知的基础上学习数学的场景经常遭遇。那为何在大部分学生已经知道分数除以分数的计算方法的基础上还演绎出如此丰富的课堂呢？我想，那是由于教师给予了学生充分交流的机会，让学生有机会把他们的想法和盘托出。而学生不同的想法，是有其价值的，正是在不同想法交流的过程中，学生和教师的视野被拓展。在这样的课堂上，每位学生都在为课堂的展开贡献智慧。课堂，没有旁观者。

反之思考，有的数学课中有旁观者。这种现象不仅存在，而且还有着一定的普遍性。

学生为何会离场，为何会成为旁观者？

想起了传统的课堂印象，教师讲，学生听，学生容易处于旁观的位置。慢慢地，教师意识到课堂不是教师的"一言堂"，于是，让学生说，不过，又常常被优秀的学生霸占了话语权，优秀的学生往往成了教师的"代言人"。学生的不同想法能否进入课堂交流的氛围中，往往仅仅停留于交流时一说了事，走过场而已，这些不同的想法之间是否发生真正意义的思维碰撞，倒不在教师的关注之内。

从学习内容来看，太难的和太简单的内容，学生都容易失去兴趣，从而导致学生对之提不起兴趣。

从学生差异来看，差生往往由于"听不懂"而容易成为旁观者，而优生，往往又由于"太简单"、缺乏挑战性也成为旁观者。

从学习过程来看，教师的过度包办，使学生成为旁观者。学生本该是学习过程的主角，但往往沦落为教案剧上演的观众。而教师，也容易成为旁观者，因为学生的表现都在教师的预设之中，正如一个比方，教师犹如老谋深算的猎手，在讲台和教室中闲庭信步，耐心地等待着满教室的猎物全部落网就范。

如何让学生不成为旁观者？如何让学生在课堂学习中都"在场"？

还学生的学习空间，重新厘定认识：学生是学习的主人。教，是因为学生学。教学过程应因学而教，以学定教。

教师心中要有每一位学生，这不是停留于口头上，而是落实在学生的行动之中，直面每个学生的数学现实。让每一位学生的每一种想法都参与交流。即使学生的想法是错误的，但学生自己一开始往往也意识不到错误，所以他们也想但未必有这样的机会交流。对于课堂运行来说，无论对错，学生的想法都是"资源"。对教师来说，教师要把"独裁""专断"的时间让出来。教师，要把学生的想法全纳到教师的教学视野中，全纳到教学过程中。

教师要对教学内容进行再加工。教什么？要把复杂的变得简单，简单的变得深刻。熟悉的地方有风景。正如上述"分数除以分数"这节课，我们需要重新思考：对分数除以分数的计算方法，学生知道，但他们是否仅仅停留于知道这一层面呢？他们会运用，但他们这时的运用和上完课后的运用是否是一样的水平层次呢？这节课，对学生的影响是什么呢？也许有人数的变化，但对于某一个课前已经知道这一计算方法的学生来说，他在这节数学课中得到了怎样的发展呢？学生知道这样算，那为什么这样算？这样算的合理性在哪儿？学生有哪些不同的想法呢？分数除以分数，计算的方法，怎么会想到"颠倒相乘"的呢？由此观之，以问题引领思考，教学也就有了重新设计的可能与需要。

对于学习内容，难度的把握、目标的拟定，要让学生"跳一跳、摘果子"。对学生学习过程的组织，要坚持以学生为本，高度尊重学生，全面依靠学生进行教学，要把每位学生的学习放到课堂教学的中心位置，即"学为中心"，让每位学生在课堂学习的过程中都"在场"，而且都"在主场"，让每位学生都生产知识、思想、方法。

到江苏泰州上课(2008)

(二)改变"挤牙膏"式的互动方式

学生的数学学习与数学家研究数学问题不同的是，数学家研究的是对人类未知的科学领域的探索，而学生是对前人已有定论的数学知识的习得，是对自身未知领域的探索。学生的数学学习需要独立思考，但离不开独立思考之后的与同伴、与教师的交流互动。学生的学习，不是"一个人在战斗"。正如《学记》中所指出的"独学而无友，则孤陋而寡闻"，学生在学习中要互相切磋，彼此交流心得和经验，这样才能增长见识，提高学习效益。

与传统课堂教学不同的是，"学为中心"的课堂，改变以往常见的师生一问一答"挤牙膏"式、"打乒乓球"式的互动方式，学生与学生的互动交流占据了课堂中更多的份额，即课堂中不仅仅是学生与教师的互动，更多的是在教师的组织下学生与学生的互动。

学习"分数的大小比较"，课前，组织学生进行研究：用具体的例子说明怎样比较分数的大小。课堂中，先是小组交流，然后全班交流。教师提出要求：一个组在交流时，其他同学给他们介绍的比较分数大小的方法"取名字"。"取名字"，实际上就是引导学生抓比较分数大小方法的关键词，也就是在倾听的过程中要融入自己对他人所说内容的主动的理解。

教师邀请一个小组的学生与全班交流。组员 1 所举的例子是 $\frac{7}{8}$ 和 $\frac{3}{8}$，并介绍了三种比较方法：①分母相同比分子，分子大的分数大；②$\frac{7}{8}>\frac{1}{2}$，$\frac{3}{8}<\frac{1}{2}$，$\frac{7}{8}>\frac{3}{8}$；③因为 $\frac{7}{8}$ 接近 1，而 $\frac{3}{8}$ 不接近，所以 $\frac{7}{8}>\frac{3}{8}$。

班级中一位学生补充发言，先是画出线段图，并在图上表示出 $\frac{7}{8}$，$\frac{3}{8}$，继而指着图介绍：$1-\frac{7}{8}=\frac{1}{8}$；$1-\frac{3}{8}=\frac{5}{8}$；$\frac{1}{8}<\frac{5}{8}$；$\frac{7}{8}>\frac{3}{8}$。

组员 2 接着举例：$\frac{4}{6}$ 和 $\frac{4}{5}$，介绍了两种方法：①分子相同比分母，分母小的分数大；②画图比较（如图 2-36）。

教师追问：能否从分数单位的角度说明 $\frac{4}{6}$ 小于 $\frac{4}{5}$ 呢？

之后，组员 3 通过举例 $\frac{1}{4}$ 和 $\frac{3}{8}$ 介绍：把 $\frac{1}{4}$ 化成 $\frac{2}{8}$ 再比较。

图 2-36

同时还编了一道题目给全班练习：比较 $\frac{2}{3}$ 和 $\frac{5}{9}$ 的大小。

学生练习后命名：这是异分母化同分母法。

组员 4 举例 $\frac{2}{16}$ 和 $\frac{7}{8}$ 并介绍：分母用 16×8，两个分母一样，就不用算了。前一个分数的分子，2×8，后一个分数的分子 7×16，一看就知道，7×16 大。

在学生讲述的过程中，教师板书：

$$\frac{2}{16} \qquad\qquad \frac{7}{8}$$

$$\frac{2\times8}{16\times8} \qquad\qquad \frac{7\times16}{8\times16}$$

学生先是给这种方法命名：交叉相乘法。继而，不少学生纷纷就此例补充表达各自的想法。

生(孙洛涵)：这道题目，可以把 $\frac{7}{8}$ 的分子、分母都乘2，化成 $\frac{14}{16}$ 再比较，这样比较简单。

生：还可以把这两个分数和 $\frac{1}{2}$ 比较。$\frac{2}{16}<\frac{1}{2}$，$\frac{7}{8}>\frac{1}{2}$，$\frac{2}{16}<\frac{7}{8}$。

生：$\frac{1}{2}$ 相当于原来两个分数的中间数，我把这种比较方法取个名字叫找中间数法。

生：还可以与 1 比，$\frac{7}{8}$ 更接近 1，$\frac{7}{8}$ 大一些。

生：你这是与 1 比的，还可以与 $\frac{1}{8}$ 比，$\frac{2}{16}=\frac{1}{8}$，$\frac{7}{8}>\frac{1}{8}$，$\frac{2}{16}<\frac{7}{8}$。

生：这是找 $\frac{1}{8}$ 作为中间数。

先前组织交流的组员 4：谢谢大家介绍了各种方法，我觉得还是孙洛涵的方法，也就是异分母化同分母法，更能简单地比较出大小，不过，我说的交叉相乘的方法，也是一种方法。

全班学生对该小组学生的交流鼓掌致谢之后，教师组织学生回顾：刚才这个小组，交流了哪些比较分数大小的方法呢？

……

在学生对比较分数大小的方法回顾交流之后，教师再提出问题：我们交流了这么多的比较分数大小的方法。那是不是每一组分数比较大小的时候，都要用这些方法呢？

从上述教学片断中可以看出来，在课前独立研究之后，教师在课堂中组织两个层次的学习交流。两个层次的交流，对每一位学生来说，都是两轮的学习。

第一轮是组内交流学习。每位学生在小组内要将自己课前研究过程中的想法与困惑、发现与疑问和盘托出。之后，小组成员商讨，如果我们这个组等会儿在全班交流，如何整合小组内各人的想法，如何分工将小组的学习成果向全班介绍。

第二轮是全班交流学习。往往由一个小组在全班主讲，该小组的学生可以就课前"研究学习"材料中的各个问题，或某一个问题从不同角度阐述他们的想法，或将他们在各自探索研究过程中遭遇的困难、经历的弯路、所犯的错误以及认识发生的变化等都逐一呈现。我们常常觉得学生所交流的内容比较单调简单，其实，学生交流什么，是需要教师指导的。即他们不仅可以交流"对的"想法，也可以交流"错的"想法；不仅可以交流和别人相同的想法，也可以交流和别人不同的想法；既可以交流自己现在的想法，也可以交流自己之前的想法。如此来看，学生交流的内容，也就丰富多样了。其他小组的学生，先"听"后"讲"，也就是在听完该小组的介绍讲解之后，再陈述各自的想法。

　　学习过程中，学生的想法，无论对错，都是课堂学习"动车"运行的动力。课堂上更多地充盈着学生的"声音"。这里所说的学生的"声音"，不仅仅是指学生外在言语的声音，更是指学生内在的想法。

　　这样互动学习的过程，也是"兵教兵""兵强兵"的过程。美国学者、著名学习专家爱德加·戴尔发现并提出"学习金字塔"理论（如图2-37），用数字形式形象显示了采用不同的学习方法，学习者在两周以后还能记住内容（平均学习保持率）的多少。在塔尖，是第一种学习方式——"听讲"，也就是教师说、学生听，这种我们最熟悉最常用的方式，学习效果却是最低的，两周以后学习的内容只能留下5%。第二

图 2-37

种，通过"阅读"方式学到的内容，可以保留10%。第三种，用"声音、图片"的方式学习，可以达到20%。第四种是"示范"，采用这种学习方式，可以记住30%。第五种，"小组讨论"，可以记住50%的内容。第六种，"实际演练"或"做中学"，可以达到75%。最后一种在金字塔基座位置的学习方式，是"马上应用"或者"教别人"，可以记住90%的学习内容。也就是说，学习一些东西的最好的方法就是去教。

　　实践证明，学生能学，学生也能教。只是，我们不要用成人的标准去要求学生采用我们成人的方式去"教"。学生的语言可能稚嫩，方式也许简单，但学生用自己

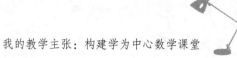
的水平阐述自己的理解，在交流的过程中他们在教，他们在学。学生"教"，促进了"学"。教，亦是更好的"学"。他们既当老师又当学生，全体、全身心地、充分地投入到学习中，不再单纯地接受知识，还要表达知识，学与教融为一体。

到江苏六合农村小学送教

(三)互动，从言语层面走向思维层面

下面是"真分数、假分数"一课的教学片断。

（陈传宇展示，如图 2-38。注：材料中的"等于"和"或整数"是后来补写的。）

姓名　陈传宇

1. 关于"真分数、假分数"，我知道：
真分数小于 1，假分数大于 1，假分数可以变成带分数或整数，
真分数或假分数只要分子能整除分母就可以化成整数(包括小数)
所有分母数中有一部分可以化成无限循环小数。

图 2-38

陈传宇：我们小组和大家交流。关于"真分数、假分数"，我知道，真分数小于 1，假分数大于 1，假分数可以变成带分数。真分数或假分数只要分子能整除分母，

就可以化成整数，包括小数，所有分数中有一部分可以化成无限循环小数。

李广威：陈传宇，我想问你，$\frac{10}{10}$，是真分数还是假分数？

陈一苇：$\frac{10}{10}$ 等于 1，是假分数。

陈传宇：我知道了，假分数大于 1，或者等于 1。（陈传宇在材料中补写"等于"。）

丁天行：我知道，像 $2\frac{1}{2}$ 是一个带分数（教师板书 $2\frac{1}{2}$），它是由 $\frac{5}{2}$ 化来的。

李广威：我觉得陈传宇说，假分数可以化成带分数不完整。像 $\frac{10}{10}$ 等于 1，就不是带分数。

（陈传宇在材料中补写"或整数"。）

师：陈传宇材料中说"真分数或假分数只要分子能整除分母，就可以化成整数，包括小数"，这里是有漏洞的。漏洞在哪儿呢？大家课后再思考。

（同组的尹力展示，如图 2-39。）

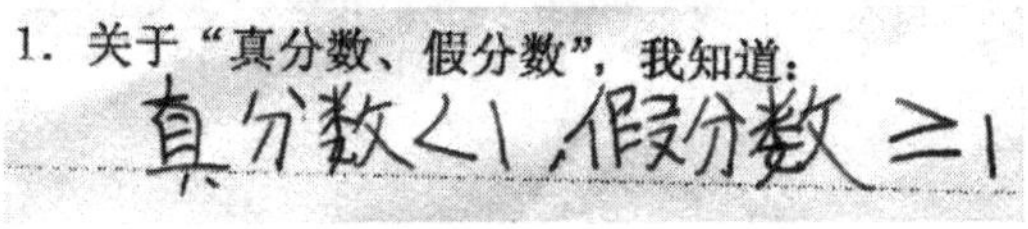

图 2-39

尹力：我来补充。真分数小于 1，假分数大于或等于 1。

师：尹力这样的表达，比用文字叙说，更简洁了。

（黄橙蔚展示，如图 2-40。）

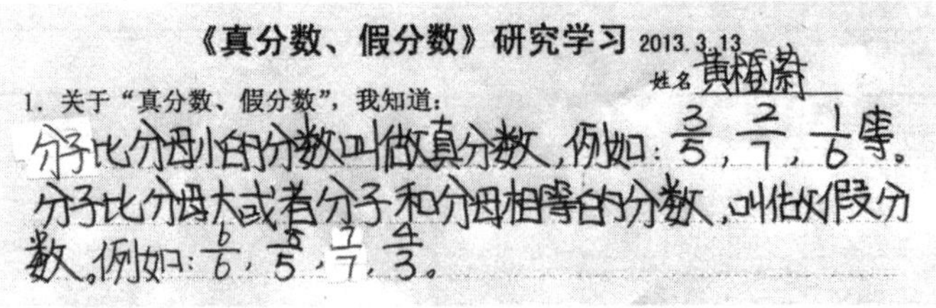

图 2-40

黄橙蔚：我知道，分子比分母小的分数叫真分数。例如，$\frac{3}{5}$，$\frac{2}{7}$，$\frac{1}{6}$ 等。分子比分母大或者分子和分母相等的分数，叫作假分数。例如，$\frac{6}{6}$，$\frac{8}{5}$，$\frac{7}{7}$，$\frac{4}{3}$。

师：黄橙蔚介绍了什么叫真分数、假分数，请大家再轻轻地读一读。

（学生读黄橙蔚的材料。）

（同组的刘一璇展示，如图 2-41。）

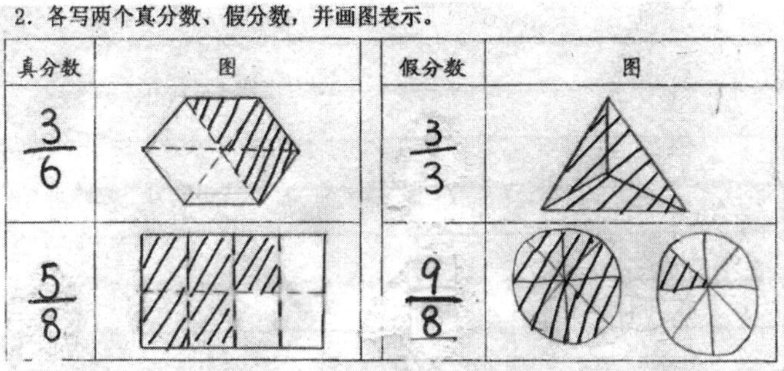

2. 各写两个真分数、假分数，并画图表示。

真分数	图	假分数	图
$\frac{3}{6}$		$\frac{3}{3}$	
$\frac{5}{8}$		$\frac{9}{8}$	

图 2-41

刘一璇：我写了两个真分数是 $\frac{3}{6}$ 和 $\frac{5}{8}$。$\frac{3}{6}$，是把六边形看作单位"1"，平均分成 6 份，取其中的 3 份。$\frac{5}{8}$，是把长方形看作单位"1"，平均分成 8 份，取其中的 5 份。我还写了两个假分数是 $\frac{3}{3}$ 和 $\frac{9}{8}$。$\frac{3}{3}$，是把三角形看作单位"1"，平均分成 3 份，取其中的 3 份。$\frac{9}{8}$，是把一个圆看作单位"1"，平均分成 8 份，这个圆中的 8 份，还有一个圆中的 1 份，一共 9 份。

李广威：我的问题是，第 4 幅图，为什么用 $\frac{9}{8}$ 表示而不用 $\frac{9}{16}$ 表示呢？

师：李广威这个问题问得非常好！谁能解答？

韩冰仪：刘一璇这里是把一个圆看作单位"1"，平均分成 8 份，这样的 9 份，就表示 $\frac{9}{8}$。如果是把两个圆看作单位"1"，也就是刚才李广威说的，平均分成 16 份，9

份表示$\frac{9}{16}$。

吕佳蕙：我们还可以这样想，把一个圆看作单位"1"，平均分成8份，其中的1份是$\frac{1}{8}$，也就是分数单位。那么，9份，就有9个$\frac{1}{8}$，也就是$\frac{9}{8}$。

师：两位同学的回答，非常精彩！我们一起回顾一下，刚才韩冰仪说，如果把一个圆看作单位"1"，这一点，刚才刘一璇在交流的时候就说了，平均分成8份，这样的9份是——$\frac{9}{8}$；吕佳蕙是从分数单位的角度来想的，一个圆看作单位"1"，平均分成8份，分数单位是——$\frac{1}{8}$，9个$\frac{1}{8}$是——$\frac{9}{8}$。而如果把两个圆看作单位"1"，那涂色部分就是——$\frac{9}{16}$了。再次用掌声感谢李广威的问题，感谢韩冰仪、吕佳蕙的解答。（全班掌声）关于用图表示真分数、假分数，还有补充吗？

（徐馨蓓展示，如图2-42。）

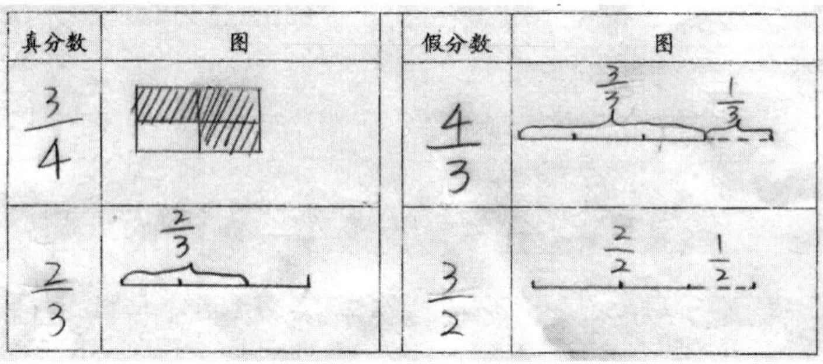

图2-42

徐馨蓓：我向大家介绍我写的两个假分数，$\frac{4}{3}$和$\frac{3}{2}$。我画的是线段图。

曹企元：我觉得我的图比徐馨蓓更清楚。

（曹企元展示，如图2-43。）

张惟天：曹企元的图，把单位"1"标出来了，更明了。

师：是的，我们再看看刘一璇的例子，你觉得好在哪儿？

蒋开颜：她的假分数一个是等于1的，一个是大于1的。

真分数
图
假分数
图
3/4
"1"
4/3=1 1/3
2/3
"1"
3/2=1 1/2

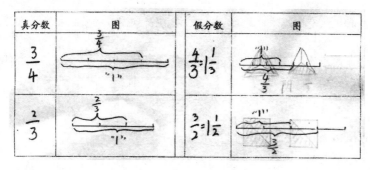

图 2-43

李欣怡：她的图，有六边形、长方形、三角形、圆，有变化。

师：画线段图，也是可以的。我再请邱宇豪展示一下他画的图。

（邱宇豪展示，如图 2-44。）

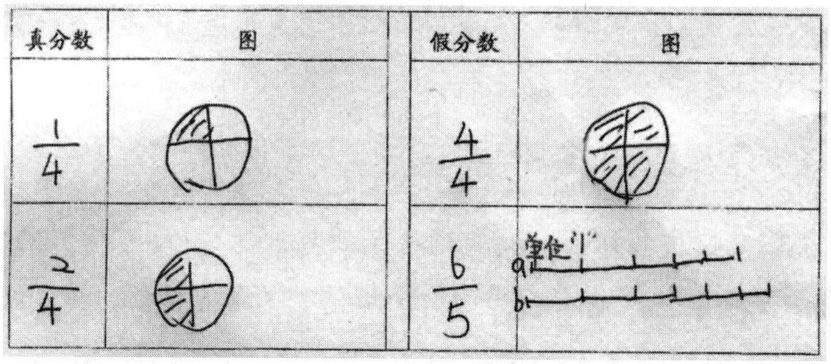

真分数
图
假分数
图
1/4
4/4
2/4
6/5
单位"1"
a
b

图 2-44

师：请邱宇豪暂不介绍，大家看看，我们交流邱宇豪的哪一幅图呢？邱宇豪的图，又有什么变化？

生：第四幅图，他是用两条线段来表示$\frac{6}{5}$的。

孙洛涵：邱宇豪的图，是把线段 a 看作单位“1”，平均分成 5 份，线段 b 是这样的 6 份，用分数表示是$\frac{6}{5}$。（邱宇豪在材料上补写：单位“1”）

陈芷怡：我觉得线段 b 是 a 的$\frac{6}{5}$。

师：把两位同学的想法结合起来，就很完整、准确了。（教师板书：b 是 a 的$\frac{6}{5}$）

李悦文：我突然有个想法，a 是 b 的多少，就是 a 是 b 的 $\frac{5}{6}$，把分子和分母倒过来。

师：非常棒的想法。(板书：a 是 b 的 $\frac{5}{6}$)请大家读一读，体会一下，有什么想法？

生：b 是 a 的 $\frac{6}{5}$，是把 a 看作单位"1"；a 是 b 的 $\frac{5}{6}$，单位"1"是 b。

尹力：b 比 a 大，所以 b 是 a 的 $\frac{6}{5}$，分子比分母大。

师：我们梳理一下。b 是 a 的 $\frac{6}{5}$，把谁平均分成 5 份？(生：a)，把谁看作单位"1"？(生：a)接着说！

生：把 a 平均分成 5 份，b 有这样的 6 份，b 是 a 的 $\frac{6}{5}$。

师：换一个角度看，a 是 b 的 $\frac{5}{6}$，把谁平均分成 6 份？(生：b)，把谁看作单位"1"？(生：b)

生：把 b 平均分成 6 份，a 有这样的 5 份，a 是 b 的 $\frac{5}{6}$。

师：掌声感谢李悦文的想法，让我们有了新的认识。(全班掌声。)
(同组的尹力展示，如图 2-45。尹力和全班核对第 3 题所标注的分数是否正确。)

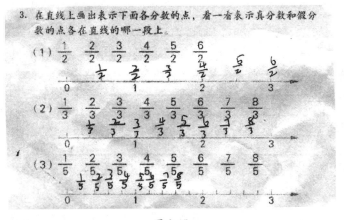

图 2-45

（同组的李悦文展示，如图 2-46。）

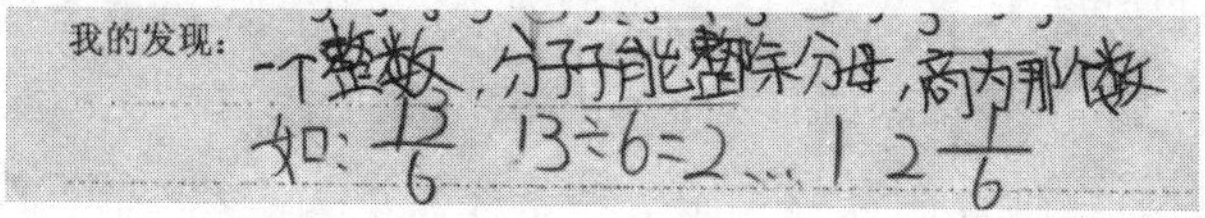

我的发现：一个整数，分子能整除分母，商为那个数

如：$\frac{12}{6}$　13÷6=2……1　$2\frac{1}{6}$

图 2-46

李悦文：我发现，一个整数，分子能整除分母的，商为那个数，如 $\frac{12}{6}$，12÷6=2；

不能整除的，如 $\frac{13}{6}$，13÷6=2……1，等于 $2\frac{1}{6}$。

师：李悦文交流的，是假分数可以化成带分数和整数的知识。前面陈传宇也说到这个知识，有一些漏洞，我们后面的学习会进一步探讨。其他同学还有一些"发现"与"疑问"，我们下节课接着交流。

（下课时，王若骐、陈传宇和我交流，我让他们写下来，如图 2-47。）

回顾一下学生的表现。

陈传宇和全班交流关于"真分数、假分数"，我知道之后，让李广威和陈一苇以一问一答的方式指出陈传宇想法中的一处疏漏，接着让丁天行和李广威再联合指出陈传宇想法中的另一处疏漏。在学生补充发言之后，教师指出学生未指出来的陈传宇想法中的第三处漏洞，由于这是学生后续才学习的内容，所以教师并不在这时指出具体的漏洞并打补丁，而是留下教学的空白。

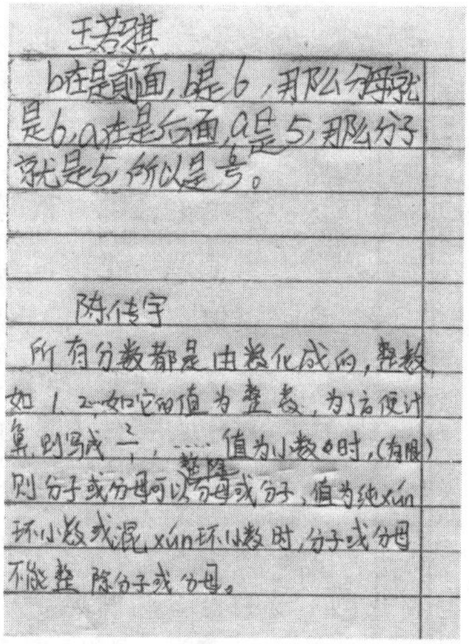

王若骐

b 如果是前面，是 6，那么分母就是 6。a 是后面，a 是 5，那么分子就是 5，所以是 $\frac{5}{6}$ 号。

陈传宇

所有分数都是由÷化成的，比如 $\frac{1}{2}$，如它的值为整数，为了方便，就化成二，……值为小数时，（有图）则分子或分母可以分母或分子，值为纯 xún 循小数或混 xún 循环小数时，分子或分母不能整除分子或分母。

图 2-47

刘一璇展示并介绍自己所举例的 4 个分数之后，李广威再次提问，李广威所提问题抓住了学生理解问题的难点，教师充分肯定，并将球抛给学生，以问引思，韩冰仪、吕佳蕙做出解答，教师在此基础上进行梳理。

徐馨蓓展示并介绍了两幅假分数的图，曹企元补充，其他学生在对徐馨蓓图与曹企元图的对比过程中，肯定了曹企元的图并做出分析。紧接着，教师再让学生分析刘一璇的例子，这样的分析，其实是教师指导学生学会举例。之后，安排邱宇豪展示，但却不让邱宇豪"说话"，从而引发其他同学"卷入"，而李悦文"突然有个想法"，又启发了其他学生获得新的认识。

下课后，王若骐、陈传宇又与我做了一番交流。

这样的互动，不仅仅是表面上言语层面的相互影响、相互作用，而是更深层次的学生想法上的相互影响、相互作用。这样的互动，并不局限于课内，学生的想法因为课内时间限制等原因未能展现，他们在下课的时候又来和我交流。课内互动，延伸至课外。

我们知道，教学过程是师生积极参与、交往互动、共同发展的过程。从互动主体的构成来看，有教师与学生的互动，有学生与学生的互动。教师与学生的互动，包含教师个体与学生个体的互动，教师个体与学生群体的互动；学生与学生的互动，包含学生个体与学生个体的互动，学生个体与学生群体的互动，学生群体与学生群体的互动。而学生群体，又可以分为学生小组和学生全体。林格伦将课堂互动分为单向互动、双向互动、简单的多向互动、复杂的多向互动。师生单项互动，教学效果最差；双向互动，即师生有来回的互动，效果尚好；简单的多向互动，即师生来回互动、生生互动，效果较好；复杂的多向互动，即教师作为集体中的参与者，鼓励所有成员有来回的互动，效果最好。

我以为，课堂内，不能简单地、形式化地采用所谓效果最好的"复杂的多项互动"，教师关注的应是每一位学生是否思维参与、是否深度参与。

(四)学习，是学生自我调节的过程

有学者通过对专家与新手学习过程、学习方式的对比研究发现，专家的一个特点是能够监控调整自己的理解过程，使他们不断学习适应性知识。即专家的学习具有自我调节的特征。自我调节，指学习者系统地引导自己的思维、情感和行为，使他们指向目标实现的一种过程。诸如"元认知""自我观察""自我判断""自我监控""自我评价"等，都是包含在自我调节中的认知行为。

作为学生，与以往比较多地关注"教师教什么"形成对比的是，现在要关注自己在学什么？怎么学的？学得如何？有哪些收获？有哪些困惑？有哪些疑问？也就是说，自我调节的学生有元认知意识，能够监控其理解和行为，评价其目标进展和自

身能力。自我调节的意义在于，当学生能自我调节时，意味着学生自主地完善着认知结构的建构；当学生能自我调节时，意味着学生积极地投身于学习，而不是被动地接受信息；当学生能自我调节时，意味着学生将学习真正作为自己的事，学生真正做学习的主人。

作为教师，以往在教学过程中某一个环节、阶段、任务之后，教师都要进行小结。而现在的学习过程中，教师要组织学生并逐渐让学生自觉开展回顾、梳理、反思的活动。例如，在解决问题的教学中，教师要引导学生针对所解决的问题本身、解决问题的过程、解决问题的结果进行反思：解决的是什么问题？是如何解决问题的？怎样收集信息处理信息的？为什么这样加工信息？分析时从哪里入手的？解决问题的思路为什么是这样？为什么这样算？我这样做吗，对吗？我为什么这样做？以后可以这样做吗？在计算教学中，教师让学生结合自身计算过程的成败经历谈谈想法。计算正确了，有什么经验，有什么好的做法；计算出现了错误，是什么原因，又有什么启示。我们知道，学生的错误不可能单独依靠正面的示范和反复的练习得以纠正，必须是一个"自我否定"的过程，而"自我否定"又以自我反省，特别是内在的"观念冲突"作为必要的前提。认识错误，追究错因，纠正错误，这都依靠学生的自我调节。

再如在学生完成学习任务的过程中，学生可以进行自我追问：我是否知道从布置的学习任务中学到了什么？需要做什么？关于这项学习任务，我已经知道了什么？对于这项学习任务，我能够将之分为更小的任务，使其容易完成吗？关于这项任务，我是独立完成还是需要与他人合作呢？关于这项任务，我大约需要多长时间？通过上述问题，学生更自觉地认识自己的学习进程，有效地调节、控制自己的学习。

和以往在活动结束前的回顾反思不同的是，我们加强了学生学习过程中的反思，即在小组交流、全班交流的过程中，教师注重让学生对自己的学习做即时性的监控、反省与调节。

小学生在数学学习活动中有这样一个特点，那就是喜欢勇往直前，不太愿意回头看路。因而在学生学习的过程中，教师要引导学生"回头看看走过的路"。学生走走停停，回头看看，这对他们形成自我调节的意识与能力是非常必要与重要的。

布鲁纳指出："我们教师的目的在于：我们应当尽可能使学生牢固地掌握学科内容。我们还应当尽可能使学生成为自主而自动的思想家。这样的学生当他们在正式学校教育结束之后，将会独立地向前迈进。"由此来看，当学生在学习过程中学会自我调节时，比"让学生积极主动地学习"更有意义的是，学生在学习过程中学会了学习。

到江苏沭阳讲座

（五）互动，是需要教的

课堂中的互动，不应当像打乒乓球似的在师生间你来我往。教师对学生在课堂中如何互动进行指导是不可或缺的。

首先从学会"听"开始，专注地听他人的发言，不仅是教师的讲解，更重要的是听每一位同学的发言。

接着，听后要做出回应，从能够复述他人的发言，到提炼出他人想法的要点与关键词，继而，对他人的想法，或质疑，或补充，或修正，或赏析。我们很儿童化地将学生紧接着同学之后的发言概括为"四有"，即我有补充，我有提问，我有提醒，我有表扬。

进一步地，要学会将不同学生的想法，联系起来思考，或比较，或综合，或延伸。

学生怎么说话，一开始都需要教师指导。下面是数学练习课上，我给学生指导的话语方式：

——由这个问题，我想到了另一个问题……

——我觉得你这个问题还可以改一改……

——我认为，你的问题是要提醒我们注意……

——你的这个问题，练习的是……知识，应用了……方法。

——你的问题，有个漏洞……

——我的问题，和你的问题有关系，请大家看看，是不是这样……

当然，最初学生在交流时有这样的话语方式，但渐渐地，学生就不受这些固定的话语模子限制了。指导话语方式，其价值不仅仅是让学生学会说话，更有意义的是，在这样的话语方式下，学生会形成互动的意识。

教师的指导，贯穿并渗透于日常课堂教学之中，非一日之功，不可能毕其功于一役。

总之，互动的方式是需要指导的，互动的意识，在指导的过程中逐步养成，而互动生成的内容，是教师预设不了的。

进一步思考，课堂互动，少一些预设，多一些生成。课堂上的互动，如果都在教师的预设中，那可能就犹如舞台表演一样，自编自导自演的教师已经预先知道了每一场剧的最终结局。这样的互动，是肤浅的，是虚假的，学生沦为一种"摆设"。

师生、生生通过多边的对话与交流，彼此的思想经过碰撞、冲突、交融、吸纳和提升，从而重新建构。而这些，都是教师需要预设但是不能完全预设的。

生命的成长，带来更多的是惊讶与惊喜。当课堂互动不都在教师意料之中时，在某种意义上，也就意味着教师真正走进了学生。而这时，教师对课堂保持着适度的紧张，这恰恰是一种创造的状态；教师对课堂充满了一定的好奇，这又正是课堂的魅力所在。

（六）教师之教，服务于学生的学

无论如何凸显学生学的地位，教学中的学都是在教师的干预和影响下进行的。学为中心的课堂，并不是只要"学"而忽略"教"，而是通过更高水平的教来组织、引导、促进学生的学。

与传统的课堂相比，"学为中心"的教学过程中，教师的"教"表现得更为"后退"与"即兴"。

先说"课前研究"。课前组织学生进行研究学习，这既是一种学习内容的安排，又有对学习方法的指导，即教师在"教"学生思考、研究的路径，也提供了学生课堂中交流的线索。学生按照有关提纲与问题对相关内容作探索性理解，"在前台呈现"相对照的是，教师的"教"退到了幕后。

再说学生在课堂中的交流互动学习，教师的点拨与引导不可或缺。"教师之为教，不在全盘授予，而在相机诱导。"这样的"相机"，在课堂中的表现方式即如前所述的"即兴"。这样的"即兴"，是在改变后的课堂中对教师最大的挑战。如在学生相互交流、质疑甚至相互论争的过程中，可能出现一些集体性的错误想法走向，教师要适时地纠正；可能陷入"山重水复疑无路"的困境，教师要机智地给予启发；可能课堂秩序一时变得混乱，教师要及时地维持纪律。又如在学生发言后，教师对其发言中精彩的部分提纲挈领地强调，对其言说中不明白之处跟进追问，或组织进一步的思考。这些，都是教师在学生交流过程中审时度势做出的介入性点拨与引导——或是对学生精彩想法的"放大"，或是对学生表达不清的明晰，或是对学习内容中重点、难点、关键的聚焦，或是对学生学习中疑点、误点的关注，或是凸显对"方法"的提炼、"思想"的感悟。

具体说，教师介入的策略表现为以下几点：

策略一：引起。每一节数学课，都有其教学重点和难点。它可能是对数学概念内涵的掌握；可能是对数量间关系的把握，可能是对基本方法的运用；也可能是对数学思想的感悟……围绕这些教学重点、难点，必然就产生了一些教学的核心问题。因此，在交流过程中，适时地引发对这类问题的讨论，是教师介入的一个重要方面。

策略二：维持。数学教学中的核心问题，必然是需要探索、思考和讨论的问题，是需要积极思维活动，具有一定思维价值的问题。所以，这样的问题，往往不是一问一答就能完全解决的，往往需要通过几个回合的跟进，让更多学生的思考更充分、更深入。这样的话，就需要教师对所讨论的问题采取维持的引导策略。

策略三：明确。"学生的声音"占据了课堂中更大的份额，是学为中心的课堂的重要表征。但在课堂上，学生常常出现言而不明的状况。一方面，这与学生的语言表达能力有关。另一方面，语言作为思想的外壳，学生的语义含糊，也说明了对问题的思考尚不清晰。这时，就需要教师及时伸出援手，帮助学生明晰。可以直击关键处明确其义，也可以采用明知故问式的追问方式。追问，一方面，起到了一个"聚光灯"的效果，让言者有了自明的机会。同时，也向其他同学发出了关注的信号。毕竟，同伴对相同问题的思考，其思维方式以及思考过程，有许多共鸣之处。追问的过程，也是帮助所有学生共同厘清的过程。当然，也有的时候，学生的表达就是"意到语不到"。教师也可采取亲自出手，帮其解释与修正，这样也能起到明确与示范的作用。

策略四：阻止。学为中心的课堂，是多维度、立体式、各种声音回响混合的地方。不可否认的是，当各种声音都有了表达的机会时，多元的角度、不同的关注，出现旁逸斜出甚至与"主旋律"不协调的"杂音"，都是很自然的事情。这时，就需要教师这个"指挥者"，采取恰当的方式，及时予以阻止。是否需要阻止？如何阻止？不同的价值判断和取向，会让教师做出不同的选择。一般来说，在阻止策略的具体操作中，我们可以有回避、搁置或直接点明等不同的选择。

学为中心的课堂，教师要还给学生充分交流言说的机会。要注意的是，学生能讲的，教师不抢着讲；学生讲清楚的，教师尽可能不重复讲。

在西方，有这样一句谚语：上帝造人的时候，给人造了两个耳朵一张嘴。这就是提醒人要多听少说。作家海明威说，人，用两年时间学会说话，要用60年时间学会不说话。我们也很熟悉我国的一句告诫：祸从口出。

教师，要管住自己的嘴，用好自己的耳。

我们常常教育学生，上课要听讲。其实，作为教师，率先垂范，要听讲。听讲，就是先听后讲。作为教师，要先听听学生怎么讲的，再想想自己讲什么、怎么讲。作为学生，要先听听同伴怎样讲的，再接着思考，自己讲什么。

南京市小学教师培训中心曾组织一个小学数学骨干教师研修班听我的课，当时，他们带了两只秒表，一只秒表计上课过程中我言说的时间，一只秒表计上课过程中学生思考、交流、讲解、活动、练习的时间。上课之前，我并不知道他们要做这样的计时统计与分析。听完课后互动交流时，他们告诉我，也告诉全场听课的老师，那节课，我的言说时间是9分钟多一些，学生交流、言说等时间大约是30分钟多一些。课堂的改变，不妨从减少教师的话语量开始。

斯霞老师曾建议："在课堂上，学生说的话比教师说得多。"的确，教师给予学生的信号越多，学生的思维水平也就越低。而教师要减少课堂中的话语，其实比增加课堂中的话语更难。美国第28任总统伍德罗·威尔逊，拥有霍普金斯大学政治学博士学位，曾任普林斯顿大学校长。威尔逊从青年时代起就擅长写作，而且富有辩才。曾经有朋友问他："准备一个 10 分钟的演讲，大概得花多长时间？"威尔逊想了想说："两个星期。"朋友又问："一个小时的演讲稿，要多长时间来准备？"威尔逊的回答是："不超过一个星期。"朋友最后问："如果是两个小时的讲演呢？"威尔逊自信地站起来说："不用准备了，我现在就可以开讲。"这听起来好像不可思议——演讲时间越短的，需要准备的时间越长。细细想想，也是。要想长话短说，必须精炼再精炼，自然也就需要更充分的准备了。

减少教师的话语量，增加学生的话语量，教师还给学生更多的学的机会与学的时间，激活学生学的自主性与积极性；意味着教师对学生学习过程的组织，坚持以学生为本，高度尊重学生，全面依靠学生进行教学，把每位学生的学习放到课堂教学的中心位置。

我们知道，在学生自主学习的过程中，教师的引导有必要且重要。现实课堂学习过程中存在的问题是，教师往往"太急"。面对学生学习中的错误，面对教学中的意外，教师要学会打"太极"。学习的过程，不应当像暴风骤雨般拳击比赛的过程，而应当像那舒缓的、连绵的打太极拳的过程。俗话说："心急吃不了热豆腐"，急不可待的引导，往往表现为教师自以为是地以自己的思路推进课堂运行。教师给予学生的信号越多，学生的思维水平也就越低。学生的学习，需要教师的引导，但教师的点拨与引导要适时适度。教师是助产士。华南师范大学郭思乐教授就此分析指出，助产士的做法有两种：一种是发挥产妇的主观能动性，使之依靠自身力量诞下婴儿；另一种是助产士自己费尽气力来助产，结果助产士和产妇都十分辛苦，还产得不顺利。无论助产士采用何种做法，都是在起主导作用，而第一种做法，显然更加高明。以学生为本，以学习为中心，教师的主导作用不仅存在，还应当发挥得更为高级，更为无形，更为超脱和得体。

学生的数学学习，基于各自的认知发展水平和已有的知识经验。学生的差异性和个体特殊性客观存在，他们出现各种想法，是正常的。课堂中各种想法得以呈现，恰是以学生为本、以学习为中心的体现。作为教师，要"造势"，让学生主动出击，充分表达各自的所思所想。这一过程中，教师讷于言而敏于行，顺其势而改其路，四两拨千斤。一言概之，教师的点拨与引导"随人则活，由己则滞"。"太极"一词，从字面上来解释，即"根本、终极"之意。它意味着把握事物的总纲和完全之体系，而非局促于某一点某一处。

面对学生的学习过程，教师要有"慢慢走、欣赏啊"的心态，相机穿插于学生自主学习过程中的引导，要把握方向性，要有整体观，做到服务学生的学，促进学生的学，而不是遮蔽学生的学，替代学生的学。

到桂林上课

四、让学生在研究性练习中学

（一）练习，不应成为"傻瓜式操作"

"傻瓜式操作"，这样的说法，听起来让人不舒服。不过，教师组织学生练习时却有着这样的表现。

怎么想到"傻瓜式操作"这一说法的呢？我是受照相机发展的历程而得到的启发。多年之前，人们用照相机拍照片时，需要手工调光圈、焦距等，其操作是专业人士才能完成的，一般人要想拍出一张好的照片，那几乎是天方夜谭，面对照相机，人们只能望而却步。后来，有了一键操作的"傻瓜"相机，只要按一个键，照相就搞定了，没多久，照相机便走进了寻常百姓家。现在，手机和相机结合在一起，拍照变成了随时进行的"傻瓜式操作"。不过回头想想，那些优秀的摄影作品是用手机、傻瓜式相机拍出来的吗？真正的摄影工作者、摄影艺术家，会用手机、傻瓜式相机拍照片吗？当下，单反相机又流行起来，因为人们已经不再满足于傻瓜式操作拍照片，而把摄影作为艺术来追求。

回到教育现场。

课堂作业，做什么题目，教师一般让学生打开《数学》教科书，完成练习第1、2、3题。下一次，接着完成第4、5、6题。

家庭作业，教师今天布置的是完成《数学练习册》第20页，明天布置完成第21页，后天布置完成第22页。

倘若教师不说，学生由昨天的作业内容也就能推测到今天的作业内容，根据今天的作业内容，又知道了明天的作业内容。

在一次省级骨干教师培训活动中，互动交流环节，有参加培训的教师问我，《数学》书中的每道题，是否都需要做？《数学练习册》，是否每一页都要做完？

当时，我反问："为什么都要做？"

提问的教师说："学校要检查的。"

我追问："你布置学生完成哪些练习题，是为了学校检查的吗？"

提问的教师不好意思地笑了。

我接着和他们交流我的想法。对于你所带的班级学生，这些练习题是他们都必须完成的吗？是否有些题目没有必要做，或者说，对于你班级的学生，有些题目已经没有练习的价值？是否还有一些题目，是你们班学生需要练习，但这些题目在《数学》教科书、《数学练习册》上并没有？

我们知道，现在的教辅、练习册品种繁多，但鱼龙混杂，质量参差不齐。即便是专家编写的练习册，我们也要有清醒的认识，专家有很高的理论研究水平，但不一定是课堂教学的实践者，尤其对不同地区不同学校不同班级的学生的学习状态无法一一掌握，无法实现因材施教。而上课教师自己设计、修改、搜集、甄别、筛选、加工，这一过程注入了教师的全面思考，展示的是教师的备课过程，对每一道题的考察目标和价值导向教师们都是了然于胸，这样的设计更切合学生需求，能够切实服务于学生的学习。

因此，做什么练习，是不能简单化地"傻瓜式操作"。

对教师而言，"傻瓜式操作"，表现为教师如上面所描述的那样组织学生完成练习。

对学生而言，"傻瓜式操作"意味着亦步亦趋，完全听从教师的安排，埋头做题，从不"抬头看路"，更不会"仰望星空"，去思考自己需要做什么样的练习了。

(二)练习过程的控制权，悄悄向学生转移

教师提供练习题，学生遵照安排进行练习，学生很无奈地机械地"被练习"，这样的场景，我们太熟悉了。一言概之，练习过程的控制权，牢牢把握在教师的手中。学生能否参与题目的设计与安排？学生练习的主动性、创造性是被保护、激发还是被拘囿、抑制？

1. 学生选题

教学"圆锥的体积"，在新课后的练习环节，学生先把教科书中的习题浏览一遍。然后交流我们做哪些题目。

有学生指出：书上"练一练"和练习四的第1题，不必做了，因为那是应用公式来算圆锥体积的，除非你算错了。

有学生指出：练习四的第2题、第3题(如图2-48)要做。因为第2题巩固了等底等高圆锥与圆柱体积之间的关系。第3题，题目不仅有体积问题，还有底面积问题，不能混淆。

学生的想法有理有据。我们全班的课堂作业就不再完成"练一练"与练习四第1题，而是完成他们选择要做的第2、3题。

学生独立完成后再核对、交流。

关于第2题，有学生是这样做的：先求出圆锥形容器里水的体积，然后除以圆柱形容器的底面积，这样算出圆柱形容器里水深多少厘米。

有学生是这样做的：圆锥、圆柱等底等高，圆锥的体积是圆柱的$\frac{1}{3}$，圆锥形容器里水深12厘米，倒入圆柱形容器，圆柱形容器水深是圆锥水深的$\frac{1}{3}$，这样，直接用12乘$\frac{1}{3}$，就算出了圆柱形容器里的水深多少厘米。

练习四

1. 计算下面各圆锥的体积。
   (1) 底面积是 15 平方厘米，高是 8 厘米。
   (2) 底面半径是 3 分米，高是 5 分米。
   (3) 底面直径是 0.4 米，高是 0.6 米。

2. 有两个玻璃容器(如下图)。在圆锥形容器里注满水，倒入空的圆柱形容器，圆柱形容器里水深多少厘米？

3. 一个近似于圆锥形的野营帐篷，底面半径是 3 米，高是 2.4 米。
   (1) 帐篷的占地面积是多少？
   (2) 帐篷里的空间有多大？

图 2-48

有学生指出：这道题目中圆柱的高 12 厘米，其实是多余条件。

有学生指出：如果把题目的问题改成，圆柱形容器中水面距容器口还有多少厘米？那圆柱的高 12 厘米就不是多余条件了。

关于第 3 题，有学生指出，可以将底面半径 3 米，改成"底面直径 6 米"或"底面周长 18.84 米"。

有学生指出：其实这样改编，就相当于以前学习圆的时候，把已知圆的半径求面积的问题，改编成已知圆的直径求面积或已知圆的周长求面积。

由此可见，学生做什么样的题目，他们自己选择。题目解答后，对于题目，他们再展开进一步的讨论。

再如，在《圆柱表面积和体积》练习课的前一天，我布置这样的练习：每位学生选择不少于两道与圆柱表面积、体积有关的题目，分析并解答。

下面呈现的是一位学生完成的练习(如图 2-49)。他选择了一道"易错题"和一道"拓展题"。

学生完成这样的练习，为了选两道题目，他们会浏览数学书、练习册以及各种教辅中的相关题目。他们知道，要选择那些容易出错的题目，那些看似很难、其实不难的题目，那些方法很多样的题目，那些解法特别巧妙的题目，那些题目还可以变化、可以再改编的题目，那些一看感觉不会、对自己有挑战的题目。这样的题目，我的学生习惯称之为"好题"。

欲进步需思退步，若着手先虑放手。教师放手，学生至少要准备两道题目。练习课的题源，从依靠教师一个人变为依靠全体学生，所有的学生都被发动起来创造性地展开学习。我们要相信：一个班级学生群体的力量远远超过教师一人的力量。在传统的教学中，教师统得过死、牵得过多，渐渐地，学生成了"圈养动物"，个性受到了压抑，失去了自己"觅食"的能力。

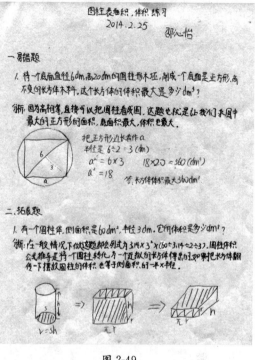

图 2-49

2. 学生改题

教学"找规律"，教师组织学生课前思考，完成如下问题（如图4-50）。

一共有18只兔参加跳高。

灰　白　白　灰　白　白

图 2-50

(1)照这样排列，18只兔中有几只灰兔，几只白兔？

(2)如果是20只兔呢？

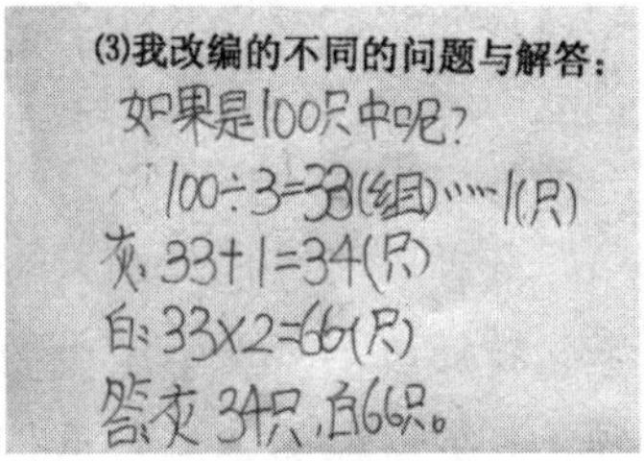

(3)我改编的不同的问题与解答。

课堂上，教师先组织学生交流第(1)(2)题，之后，再交流第(3)题。下面是这节课的课堂片断。

（夏春秋展示，如图2-51）。

夏春秋：我改编的题目是，如果是100只兔呢？我的解答是，先用100除以3，33组余1，余下的1只兔是灰兔，灰兔一共有33加1等于34只，白兔一共有33乘2等于66只。大家认为我的解答对吗？

生：（齐）对！

（同组的王骄阳展示，如图2-52。）

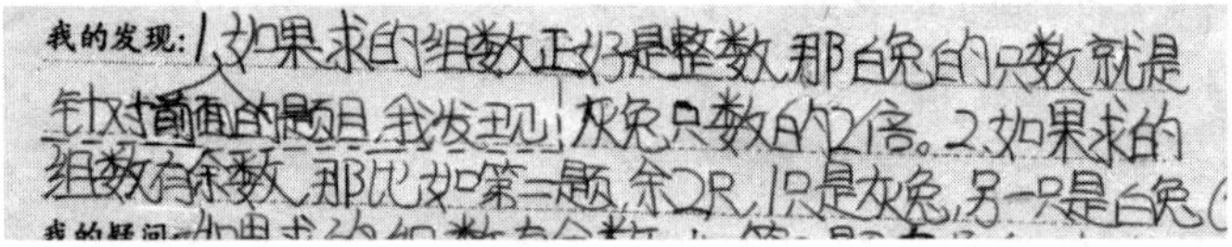

图 2-51

图 2-52

王骄阳：我的发现，针对前面的题目，如果求的组数正好是整数，那白兔的只数就是灰兔只数的2倍。

李悦文：我听明白了王骄阳的发现。因为每一组中白兔的只数都是灰兔的2倍，不管多少组，只要没有余数，白兔的只数都是灰兔的2倍。

（在王骄阳展示交流的材料中，教师发现其改编的题目有"意思"，接着请王骄阳交流她改编的题目。王骄阳继续展示交流，如图2-53。）

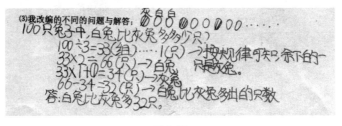

图 2-53

王骄阳：我改编的题目是，100 只兔子中，白兔比灰兔多多少只？100 只兔中，66 只白兔，34 只灰兔。这和刚才夏春秋的问题算的是一样的，然后用 66 减 34 得 32，白兔比灰兔多 32 只。

刘珩歆：王骄阳的问题比他们组夏春秋的问题多了一步。

韩冰仪：我觉得王骄阳的问题还有更简便的算法。33 组中，白兔比灰兔多了 33 只，余下的 1 只是灰兔，所以白兔比灰兔多了 33 减 1 等于 32 只。（全班掌声。）

师：还有不同的改编吗？

（吕佳蕙展示，如图 2-54。）

（3）我改编的不同的问题与解答：

从右往左数，23 只兔中几只白兔，几只灰兔？

图 2-54

吕佳蕙：我改编的问题是，如果从右往左数，23 只兔中有几只白兔？有几只灰兔？不过，这个问题我不会解答。

曹企元：这道题不可以做，因为不知道最右边是什么颜色的兔子。

张淳：这里的兔子只数不是只有 23 只。

丁天行：我认为可以做，不过要分三种情况一一列举。一种情况，如果最右边的一只是第二只白兔；第二种情况，最右边的是第一只白兔；第三种情况，最右边是灰兔。（全班掌声。）

师：感谢丁天行的思考！

（丁天行继续展示交流，如图 2-55。在丁天行介绍的过程中，全班同学不由自主发出"啊"声，惊叹于数据太大了。）

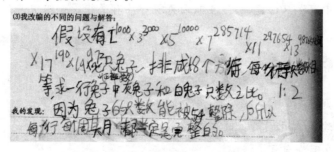

图 2-55

师：丁天行用这么大的数据，其实是告诉我们，数据在变化，但是解决这个问题中，不变的是什么？

生：规律。

生：方法。

师：丁天行说，灰兔只数和白兔只数的比是1∶2，换句话说，白兔的只数是灰兔的2倍，这和王骄阳的发现是一样的。接下来，我想邀请陈传宇和大家交流。

（陈传宇展示，如图2-56。）

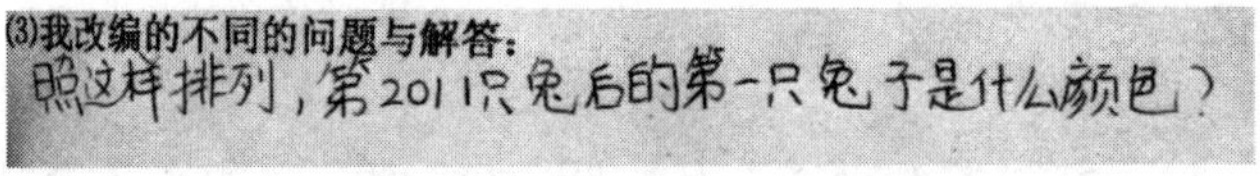

（3）我改编的不同的问题与解答：

照这样排列，第2011只兔后的第一只兔子是什么颜色？

图 2-56

陈传宇：我编的题目是，照这样排列，第2011只兔后的第一只兔子是什么颜色？谁会解答？

（柯欣怡在黑板上板演之后，陈传宇出示自己的解答，如图2-57。全班核对。）

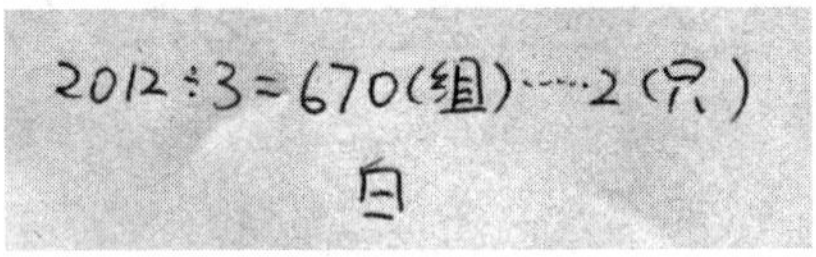

黄橙蔚：我觉得陈传宇改编的问题，把"第2012只兔"改成了间接告诉我们"第2011只后面的第一只兔子"。

$2012 ÷ 3 = 670(组)……2(只)$

白

图 2-57

师：黄橙蔚这样的分析非常棒！她看出了陈传宇问题的关键所在。（全班掌声。）现在，请邵沁怡小组接着交流。

（与邵沁怡同组的沈辰谕展示，如图2-58。）

沈辰谕：我先和大家交流我改编的题目。如果白兔有14只，灰兔有几只？我的想法是，一组中有2只白兔，那14只白兔就一共有7组。一组中一只灰兔，所以灰兔有7只。

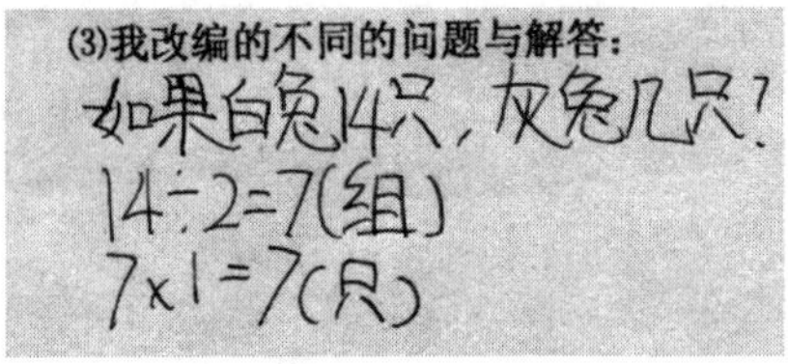

张惟天：还有可能是8只灰兔。如果最后一只兔是灰兔，那就有8只；如果最后一只兔是白兔，那灰兔就是7只。

李广威：沈辰谕的问题，改成灰兔最少有几只，那就是7只灰兔了。

（3）我改编的不同的问题与解答：

如果白兔14只，灰兔几只？
$14 ÷ 2 = 7(组)$
$7 × 1 = 7(只)$

图 2-58

邱宇豪：也可以改成：灰兔最多有几只，那答案就是 8 了。

从上面的教学片断可以看出，题目的改编，由学生自主完成。学生在充分独立思考的基础上，呈现了丰富多样的想法。学生不仅能改编，而且会改编，他们的想法远远超越了教师的想象。

3. 学生编题

在一节"解决问题"课堂教学之前，我组织学生独立、自主完成了如下"研究学习"材料。

"解决问题"研究学习

1. 下表中的 a，b，c 表示连续的 3 个自然数。任意写出三组这样的数，并求出各组数的和。

a	b	c	$a+b+c$

(1)观察上表，我发现：

(2)如果 3 个连续自然数的和是 99，中间的数是 x，列方程求 x 的值。其余两个数分别是几？

(3)如果 5 个连续奇数的和是 55，中间的数是 n，列方程求 n 的值。

(4)回顾上面解决问题的过程，我还发现：

2. 我编的题目与解答：

    我的提醒：

课堂上，在学生交流了第 1 题的想法之后，教师组织学生交流第 2 题。下面是这节课的教学片断。

（徐馨蓓展示，如图 2-59。）

徐馨蓓：我的题目是，7 个连续偶数之和是 77，中间数为 y，列方程求 y 值，还要求左边第一个数和右边第一个数。我这道题不像前面的第 2 小题是求中间数相邻的两个数，而是求 7 个数中的第一个数和最后一个数，也就是求出中间数后不是直接加 1 或者减 1，左边第一个数是 11－2×2，右边第一个数是11＋2×2。

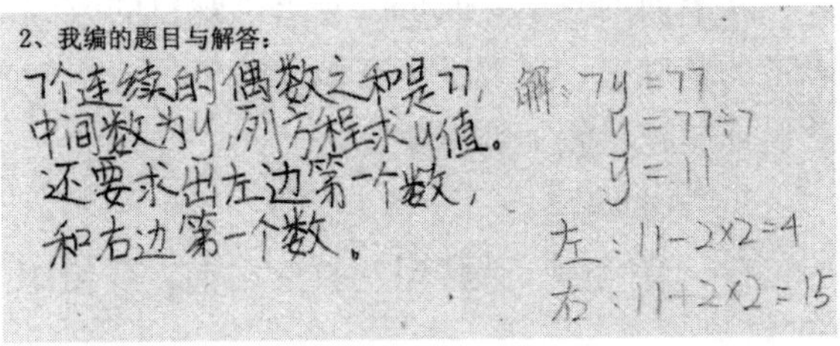
2、我编的题目与解答：
7个连续的偶数之和是77，中间数为y，列方程求y值。
还要求出左边第一个数，
和右边第一个数。
解：7y=77
y=77÷7
y=11
左：11-2×2=4
右：11+2×2=15

图 2-59

程钰涵：刚才徐馨蓓在写题目时有一个错误，11－2×2，不等于 4 而等于 7。

朱子轩：你题目中写 7 个连续的偶数，而这道题你求出来的都是奇数。

刘珩歆：我觉得不应该用 11－2×2，那个 2 应该是 7 加 1 的和除以 2。

徐馨蓓：谁听懂刘珩歆的意思了？

吕佳蕙：刘珩歆的意思是，现在是 7 个偶数，减去中间数后，左右两边数的个数是相等的，6 除以 2 等于 3，左边有 3 个数，应该减 2×3 而不是减 2×2。

师：刚才朱子轩说，题目中说的是 7 个偶数，怎么求出来的是奇数的呢？

李广威：我们都知道，偶数加偶数的和是偶数。徐馨蓓说，和是 77 这种情况根本不存在，如果徐馨蓓把这道题目改成是 7 的倍数中的偶数就可以做了。

师：谁听懂了李广威的发言？

黄橙蔚：我觉得李广威的意思是说，7 个连续偶数之和为 77，这是不可能的，它们的和是一个偶数，要把题目改成 7 的倍数中的偶数。

师：现在我们知道了，徐馨蓓的这个题目是有“问题”的。7 个连续偶数的和是一个——偶数。那是任意一个偶数吗？

生：不是。是 7 的倍数，又是偶数。

师：我把这道题目改成：7 个连续偶数之和是 140，可以吗？（生：可以）求中间数。左边第一个数和右边第一个数这种说法不准确，改成求最小的数和最大的数，会不会做？（生：会）

（学生练习，核对答案。）

师：刚才是我改题目的，大家还有没有不同的改法？

严子晶：我可以把题目中"7个连续偶数之和"改成"7个连续奇数之和"。

（教师听到一位学生低语"不对"。师：有同学说，不对。其余学生回答：对的。）

师：掌声有请褚文蔚展示一下。

（褚文蔚展示，如图2-60。）

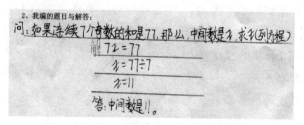

图 2-60

褚文蔚：我编的题目是，如果连续7个奇数的和是77，中间数是 x，求 x。可以列方程解。列方程用 $7x=77$，$x=77÷7$，$x=11$。

（全班指出：要补写"解"。）

师：请严子晶说说，7个连续奇数的和是77，可以吗？

严子晶：可以。偶数个奇数相加，它们的和是偶数；如果是奇数个奇数，和应该是奇数。

师：严子晶把刚才怎么想的说出来了。如果奇数是偶数个的话，和就应该是——偶数，如果是奇数个，和就是——奇数。继续看徐馨蓓的问题，还有其他改法吗？

程钰涵：我还可以把徐馨蓓的题目改成，7个连续偶数之和是42，我发现它们的和只要是7的倍数，还是偶数，都可以改。

韩冰仪：我听懂了程钰涵的意思。程钰涵是说，7个连续偶数之和，这个和，是一个乘7得到的偶数就行。比如，$7×2=14$ 也可以。（有学生插嘴：14，就是负数了）那就改成，7乘8等于56，是可以的。

师：（板书14，42）刚才程钰涵说了，7个连续偶数的和是42，如果这些偶数都是正数，那么和是42，行不行呢？这样，我们不考虑0，从2开始，写下7个连续偶数。

（徐馨蓓同时在黑板上板书，如图2-61。）

图 2-61

师：请大家看黑板，这 7 个数，写得对不对？要求它们的和，怎么求？一个一个加？（学生反对。）

徐馨蓓：可以直接用 8 乘 7 等于 56。

师：如果考虑都是正数，和是 42，行不行？（生：不行）14 呢？（生：更不行）再回头想想刚才李广威的发言，7 个连续偶数的和，是 7 的倍数，又是偶数，就这样来说，行不行？

生：不行，还要说大于或等于 56。

师：这让我想起了我们班一位同学编的题目，20 个连续奇数的和是 120。

李悦文：120 除以 20 等于 6，20 个数的中间数是 6，那就有负数了。

刘珩歆：我发现 6 是偶数了，而题目中说是连续奇数。

师：这个题目怎么修改，回去琢磨一下。接下来，掌声有请曹企元和大家交流。

（曹企元展示，如图 2-62。）

曹企元：我的题目是这样的，我们把非 0 的正整数往后排，每排 10 个，在图中像这样任意圈一个十字框，框出了 5 个数。如果这 5 个数的和为 1234567890，求这 5 个数。

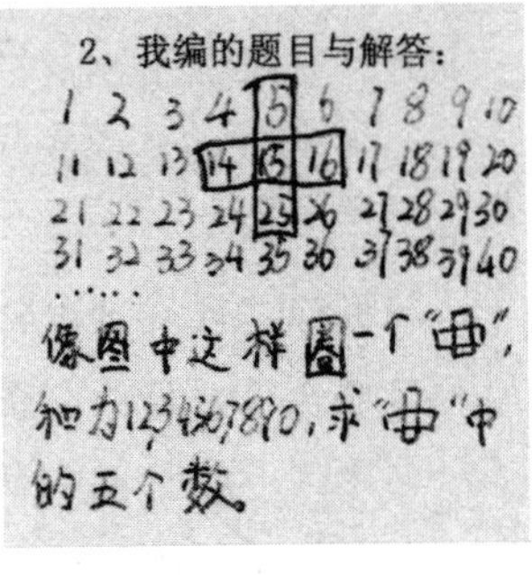

图 2-62

师：好，就展示一下题目。掌声感谢曹企元！今天这节课，我们一起探讨的是什么？

生：解决问题。

师：（在课始板书的"问题"中的"问"字下面用三角符号作为着重标记）其实，题目就是要来问的，问问就有了新的问题，问的时候就要去——想，怎么想呢？正过来想，倒过来想，由奇数想到偶数，由此及彼地想。今天的作业是，请大家记录。（教师将之前板书的课题"问题"扩充成：关于"曹企元问题"的研究）提示一下，回去研究，曹企元的问题有没有漏洞，和今天我们探讨的问题有没有联系，又有什么不同？思考之后把你的想法写下来。

在上述教学片断中，教师邀请徐馨蓓展示她所编的题目，在辨题、改题、解题的过程中，每位学生的思维如过山车般酣畅淋漓体验着"?""!""。""……"。

学生编题，自然会出现他们所编的题目可能有缺陷，可能有漏洞，甚至是错误的状况。以往，我们不希望这样的"败笔"出现。事实上，学生所编题目中出现这些状况，恰恰反映了学生真实的思维水平。他们暴露的问题，大部分正是教师需要关注的，需要组织学生研讨的，这些学生的"问题"，是真正的问题，是学生学习与发展的空间所在。

解决问题这节课，关注的不仅仅是问题的解决，还有问题本身，还有解决问题过程中的思维方法。由课中的问题衍生出的"关于曹企元问题的研究"，使学生的思考从课内延展到课外。

由上述学生选题、学生改题、学生编题的做法可以看出，练习过程的控制权，悄悄向学生转移。学生所练习的题目，不都是由教师提供的"成品"。学生做什么样的题目，怎样做题目，不是教师说了算。学生的能力水平决定了学生可以参与题目的选择、改编与练习。

其实，练什么题目，真不是由教师说了算，我们要弄清楚，练习是为了谁? 教师的决策，也是为了通过练习促进学生学习的。学生的能力水平决定了练什么，怎

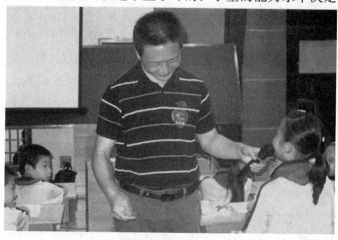

在湖南平江上课

么练。

比教师一言堂来决定学生练习，更重要的是让学生知道自己该练什么，该怎么练。墨尔本大学约翰·哈蒂教授提出"可见的学习"原则。"可见"，首先让学生的学对教师可见，确保教师能够明确辨析出对学生学习产生显著作用的因素。"可见"，还指使教学对学生可见，从而使学生学会成为自己的教师——这是终身学习或自我调节的核心属性，这也是热爱学习的核心属性。当学生成为自己的教师时，他们便表现出自我调节特征，而这一特征似乎也是学习者最渴求的自我监控、自我评价、自我测评、自我教学。

(三)练习，要"表现"，还要"实现"

练习，不能仅仅是"好看"，忌玩"花架子"。练习，不仅仅是"表现"，更重要的是在表现的过程中"实现"。表现是"过程"，实现是"结果"，有过程，亦要有结果。

小学数学学习中，概念性学习、技能性知识的学习、解决问题的学习是三种主要的形态。对于不同形态内容的练习，我们要注意不能简单地以"熟练"作为练习的追求。例如，关于技能性知识的练习，提高熟练程度是合理的、必须的。但对于解决问题的过程，让学生达到程序化甚至是自动化是有害的，其可能会导致一些定势效应，缩小甚至剥夺学生思考的空间，影响学生解决问题能力的发展。

不同形态内容的练习，需要充实的是思维的含量。也就是说，不要让练习成为一种简单的、机械的、重复性的操练，将练习单纯作为"程序性训练"，而应当让学生在练习时徜徉于数学思考中。学生不仅要"做"，更要"想"，教师要把握的是，思考的难度要控制在学生的最近发展区内，让学生跳一跳，能摘到果子。

例如，"长方形、正方形的周长"练习中，我设计了如下问题。教师操作，将一张长方形的纸从一个角的顶点起撕，在撕向和这个顶点相距最远的那个角的顶点的过程中，教师组织学生猜一猜：像这样撕，撕成不规则的两部分图形，它们的周长相等吗？

学生可能猜测"相等"，则教师撕成如图 2-63 所示的周长不相等的两部分；学生可能猜测"不等"，则教师撕成如图 2-64 所示的周长相等的两部分。图 2-63 与图2-64 中的两部分，凹凸啮合，大小不等，周长或相等或不相等。教师为何与学生"作对"？教师的意图就是制造"冲突"，让学生惊讶，继而由惊讶引发思考。这样的练习过程，不仅仅有学生的"表现"，更注重"实现"。学生的思维在一波刚平、一波又起的过程中保持活跃状态，从而深刻地理解周长的含义，充分认识到细致观察的重要性。

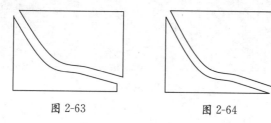

图 2-63　　　　　　　　　　图 2-64

"表现"与"实现"，还不是班级中一个学生或几个学生的独舞，学生的学习，需要的是所有学生参与的群舞。教师可以设计开放性的问题，让不同的学生都能投入思考，但又允许每位学生的想法与表达有所差别。

例如，在"长方形、正方形的面积"教学之后的练习中，我设计了这样一道题目：在一张边长 9 厘米的正方形纸上剪去一个长 3 厘米、宽 2 厘米的长方形，剩下部分的面积与周长分别是多少？

教师组织每位学生独立思考，然后小组交流各人的想法。

在正方形纸中如何剪长方形，有的学生想到如图 2-65 所示的一种剪法，有的学生想到两种剪法，有的学生想到三种剪法。有的学生发现在正方形的四个顶点处剪长方形，看起来不同，但与如图 2-65 所示的第一幅图其实一样，也就是剩下部分的周长与面积是一样的。如何求剩下部分的周长，有的学生是把各段相加，有的是把剩下部分转化成长方形来求周长。求剩下部分的面积，有的学生是分割成几部分再相加，有的学生是用大正方形面积减去小长方形面积。有的学生发现剩下部分的周长不同，面积相等。有的学生发现求周长时可以"平移"线段，求面积时不可以"平移"线段。当然，有的学生有错误想法隐藏其中，如有的学生认为图 2-65 所示的第二幅图与第三幅图的剪法是一样的。

不同的学生，不同的想法，或是想法数量上的差异，或是解决问题方法上的差异，或是想法水平的差异。但每一位学生都有想法，他们在小组中都交流了各自的想法，每一位学生都有参与交流的机会与舞台。进而，每个小组再推选代表在全班汇报交流，各组的发言相互补充、修正。交流、汇报的过程，是每一位学生获得新的认识、长进的过程。他们在深度参与的过程中，认识从朦胧走向清晰，从肤浅走

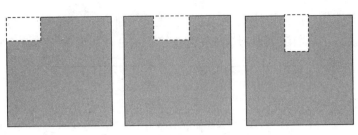

图 2-65

向深刻，从片面走向全面。

数学练习中开放题的设计，要遵循"低入、多思、高出"的原则。所谓"低入"，指题目思考的起点低，所有学生都能投入思考；所谓"多思"，指题目本身具有较大的思维空间，不同的学生会有多样的思考；所谓"高出"，是指不同的学生通过思考都有相对于自己而言的高产出，都有较大的进益与收获。

开放题，追求的不是学生的想法有多么丰富，而是关注每位学生是否投入了思考，是否在思考中有新的长进，并且在交流的过程中是否促进了不同想法的比较、沟通与融合。每位学生在这一过程中优化各自原有的想法。

也就是说，数学练习过程中不是仅仅追求想法的多样，而是追求想法的深入。这，是比"表现"更重要的"实现"。

在陕西农村教师"国培"活动中上课

(四)学生的作业，是"作品"，非"产品"

对于作业，我们再熟悉不过了。

我的学生却将他们完成的作业称之为"作品"。

"作品"与"作业"，一字之差，但带给学生和教师的感受是完全不同的。

作业，对于学生来说，那就是他们必须完成的一项工作，还得接受教师的检查、评判与批改。说是作品，那是有生命力的，代表着学生的"创作"水准，彰显着学生的学业成就，学生会倾全力而为之。

对于教师而言，学生的作业，如同流水线上生产出来的趋同的产品，每天批改作业，其负担是非常重的。每天堆在教师办公桌上的作业本，犹如压在教师头上的"大山"，使教师忙得喘不过气来。而当教师手捧学生的作品，手捧每位学生精心打造出来的手工品，那种感觉，那种欣赏带来的满心欢喜，怡然自得，此刻想来，都觉得怦然心动！

将"作业"改为"作品"，改变的不仅是认识，更有教与学的过程中的体验，让教师和学生都对作业怀有一种期待。

当然，学生为何将"作业"改称为"作品"，那是源于我布置的作业不同以往。

在三年级"认识分数"单元中，有"分数的大小比较"这一内容，我在学生学习"分数的大小比较"这节课之前，设计了这样的作业：怎样比较 $\frac{2}{3}$ 和 $\frac{1}{4}$ 的大小。即布置给学生一个问题，让学生写下自己的想法。

这作业，有点像语文学科的命题作文。只不过，教师在这儿是通过问题，让学生展开数学思考，然后在纸面上记录下自己的思考。无疑，学生面对自己思考后形成的文字，自己生产出来的成果，自然觉得这就是他们的作品了。

下面是学生陈传宇完成的作业(如图2-66)：

每位学生带着自己的想法走进课堂。课上，学生展开对各自想法的交流，在交流过程中学生丰富、完善、修正各自原先的想法。

这节课上完后，教师布置的作业，还是一个题目：怎样比较分数的大小。

学生回顾上课过程中各自交流的比较分数大小的方法，这次写下的是自己的新认识。以往的作业，最后的"成品"都在教师的预设中，呈现出来的是既具有唯一性

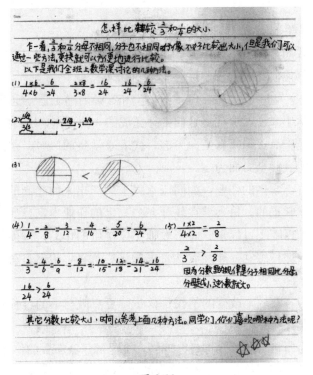

图 2-66

也具有统一性的"产品"。而现在，学生完成的作业具有更大的差异性，带有学生的个人烙印，是更多展现学生丰富多彩想法的"作品"，而学生，也在作业中看到了自己。

下面是学生黄橙蔚的作业（如图 2-67）：

黄橙蔚在作业中整理的比较分数大小的方法有：异分母化同分母比较法（三年级的学生，还不知道这样的方法叫"通分"）；和 1 比较法；中间数比较法；异分子化同分子比较法；交叉相乘比较法。这些方法，都是课堂上，学生交流过程中所出现的。

黄橙蔚所写的这个作业，已经发表在《小学生数学报》五年级版上。为了不引起歧义，在发表这篇文章时，隐去了黄橙蔚所在的年级与班级。

学校的同事曾听了我上的这节课，听完课后，他们感叹，说我三年级一节的数学课，上了他们五年级几乎是一个星期才能学完的内容。

我以为，这恰恰是由于我在课前让学生有充分的思考，课堂上有充裕的交流，继而学生在作业中梳理了各种方法，他们才表现得出乎教师的意料。

　　在这个单元的学习过程中，组织学生认识分数意义这个内容，以往我们是用一个课时完成，而我用了三个课时。我以为在核心知识处教师要舍得花时间，慢下来，让学生多想、多悟，继而，他们才能举一反三、触类旁通。前面的学习，慢下来；后面与之相关的内容的学习，就可能"快起来"，甚至"飞起来"。

　　有教师又问我，你班上的学生，三年级已经达到这样的学习水平了，那五年级的日子怎么过啊？

　　我明白教师们的意思，三年级的水平已经如此了，到五年级的时候，还有认识分数这个内容的进一步学习，那关于分数的大小比较，又如何组织他们进一步学习呢？

　　五年级教学"分数的大小比较"，恰好台湾有 20 多位校长到我校访问交流，他们听了我的这节随堂课。在这节课前，我让学生对分数的大小比较做一下研究学习。下面是几位学生所做的作业（如图 2-68）：

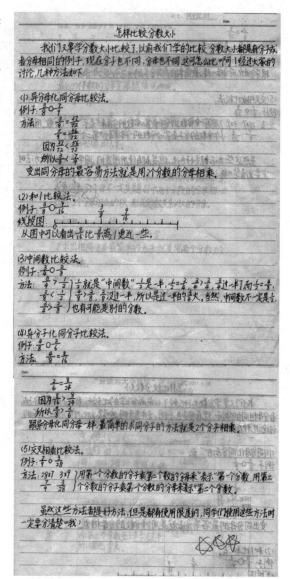

图 2-67

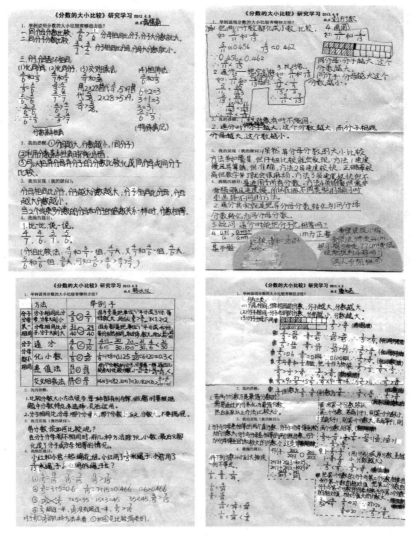

图 2-68

　　黄橙蔚将分数大小比较分成"分母相同、分子相同、分母分子都不同"三种情况进行研究。

　　刘珩歆用例子介绍了 4 种分数大小比较的方法，这没什么特别的地方。班上大多数学生都想到了这些。难得的是，她在其后分析了这 4 种分数大小比较方法的适用性。

三年级学习"分数的大小比较"，侧重于比较方法的多样化，初步了解各种不同的比较方法。

五年级学习"分数的大小比较"，能够比较系统地认识分数大小的比较方法，认识各种比较方法的适用性，能够主动地发现不同的比较方法之间的联系。

这是教学目标的不同。

对于分数的大小比较，不仅仅是掌握普适性的方法，更高水平的表现是结合具体的题目，选择合适的方法，即具体问题具体分析。限度思维是很重要的。正如"橘生淮南则为橘，橘生淮北则为枳"。

刘珩歆还将两道题目写在两张"苹果"贴纸上，贴纸的正面是题目，贴纸的背后是解答。两道题，第一题是基本题，第二题是提高题。

韩冰仪在研究时，用表格的形式对比较分数大小的情况进行分类：分子分母其一相同，分子分母都不相同。而我们一般在梳理分数大小的比较方法时是这样分类的：分母相同的分数，分子相同的分数，分母不同的分数。对照韩冰仪的想法，我们发现，我们的分类是有"问题"的，即分类标准不统一。

滕沁芫就异分母分数如何比较大小，她写下了 10 种方法。说"叹为观止"，一点也不为过。

通过这样的研究学习，我们从中可以看到学生带着新的思考走进课堂，学生带着更深度的思考走进课堂。课堂上学生就分数大小比较的方法做了交流。和三年级不同的是，他们不仅交流了各种比较分数大小的方法，还对分数大小比较方法的适用性做了进一步探讨，并且，对各种方法做了进一步的梳理。

五年级的这节课上完，我布置的作业是，在下面的研究指南中选择一项任务继续开展研究。

①关于分数的大小比较方法的进一步思考。

②关于"滕沁芫发现"的思考（如图 2-69）。

③关于"刘珩歆发现"的思考（如图

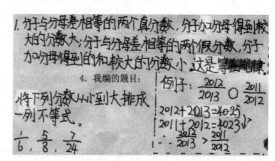

图 2-69

2-70）。

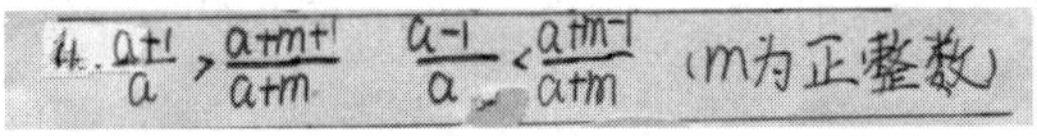

$$4. \frac{a+1}{a} > \frac{a+m+1}{a+m} \quad \frac{a-1}{a} < \frac{a+m-1}{a+m} \quad (m为正整数)$$

图 2-70

④关于"丁天行想法"的研究（如图 2-71）。

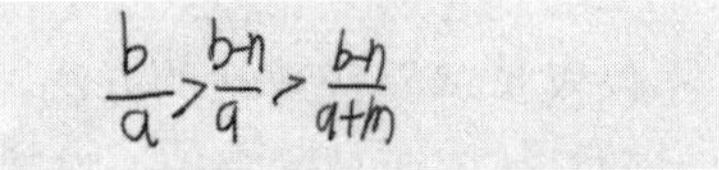

$$\frac{b}{a} > \frac{b-n}{a} > \frac{b-n}{a+m}$$

图 2-71

这样的作业，和三年级比较，多了探索、研究的味道，多了弹性要求。作业中需要研究的问题，是动态发展性的，对本班的学生具有针对性、挑战性、发展性。

这样的作业，和那些传统的我们熟悉的作业比较，多了思考性、开放性，不同的学生有着不同的表达，下保底，上不封顶，所有的学生都能参与；多了形式的新颖性，不拘一格，推陈出新，满足学生表达自己想法并和他人交流的需求。

从这里能看出，教师设计练习，布置作业，要有整体观，要有对学生发展水平的整体规划，对发展状态的清晰把握。以往的作业，更多地体现了对已学内容的巩固功能。而我以为，作业应当成为学生展现各自想法的平台，作业给学生学习提供了更大的空间。

把学生的"作业"看作"作品"，不是简单地一个字的替换。对于教师来说，作业是否还给学生表现的空间？还给学生实现的平台？对于学生而言，他们是否展现了自己的想法？是否有展现自己想法的意识？我的学生曾经在作业中标注"版权所有"字样，当学生意识到这是他们的思维成果时，他们会把"作业"作为"作品"来对待。

现实中，对于教学，我们潜意识中划定了很多禁区。而这些禁区，或许就是有着迷人风光的景区。都说，教师的教学，如设计练习、布置作业，要有创造性；那学生的学习，如完成怎样的作业、怎样完成作业，也同样应该闪烁创造的光芒。

感谢学生的"作品"，让我走出"产品"的成见。

在"春晖援教"教师培训公益活动中上课

五、从"学"的视角透析课堂

(一)教学目标：基于学，为了学

教学目标是教学实践的方向标，是课堂教学的出发点和归宿，是课堂教学的灵魂和关键要求。无论是在教学设计中，还是在教学过程、教学评价中，教学目标始终作为核心存在，始终引导教与学的展开。毋庸置疑，我们大部分教师都认识到了教学目标的重要性。不过，我们需要回到原点思考：拟定教学目标的依据是什么？我们需要与时俱进反思：当下拟定教学目标的考虑与之前是否有新的进展与变化？

学为中心的课堂，当"以学定教"。不过通常对"以学定教"的理解局限于教学过程中，教师要依据学生的学予以施教。我以为，拟定教学目标，同样要遵循"以学定教"的理念。对"以学定教"中的"学"，应当从两个方面理解。即"学"应当包含两个方面，一是学生的学情，二是教学的内容。教学目标，基于学，即基于教学的内容，基于学生的学情。拟定教学目标的目的，是为了促进学生在完成学习内容的过程中实现自身全面、和谐的发展。我们要注意的是，单纯地将"学"定义在学生的学情上是很难正确实施"以学定教"的。教学活动始终是师生围绕教学内容展开的，教师、学生、教学内容是教学活动的基本要素。教师既要对学生的学情深入了解，也需要对教学内容做出准确把握。

1. 基于学习内容拟定教学目标

教学目标的表述，看似简单的几句话，但教师往往较难把握目标表述所涉及的宽度和深度。所谓宽度，是指授课内容在有限的一节课时间里需要学习到哪些方面，即通过考虑内容的容量来把握横向的宽度问题。所谓深度，是指从与授课内容密切相关的内容中曾经学习了什么、今后将要学习什么，这节课学到怎样的层次与程度，即通过对整个内容体系的把握来确定一节课内容纵向上的深度。

按照教学内容的范围，教学目标可分为课程总目标、学段目标、学期教学目标、单元教学目标和课时教学目标不同层级。课程总目标和学段目标是由教育行政部门和课程编制者制定的，学期教学目标和单元教学目标通常由教材编写者设计，教师在此基础上做适度加工调整，而课时教学目标，则由任课教师制定。

我们可以将教学目标分为长期目标和短期目标。所谓长期目标，是学生在较长的一个阶段内所要达到的目标。短期目标，也就是较短的一段时间内所要达到的目标。长期目标与短期目标，是相对的。例如，相对于课程总目标、学段目标来说，单元目标是短期目标；相对于课时目标来说，单元目标又算是长期目标。

制定短期目标，要在长期目标的统领与关照下。长期目标一般比较概括，对绝大多数学生来说，总的长期目标是基本相同的，做到"保底不封顶"，保底，即学生要达到《数学课程标准》所规定的要求。短期目标，是实现长期目标的基础，要将长期目标具体化、系统化、细步化。

下面以"圆的面积"为例，说明如何以宏观视角、全局意识，基于学习内容拟定课堂教学目标。

首先，我们从宏观上了解它属于"图形与几何"第二学段的内容，学段目标中，与圆相关的"知识技能""数学思考""问题解决"几个方面的目标：第一，探索图形的形状、大小和位置关系，了解一些平面图形的基本特征；掌握测量、视图和画图的基本方法。第二，初步形成空间观念，感受几何直观的作用。第三，经历与他人合作交流解决问题的过程，尝试解释自己的思考过程。（限于篇幅，"问题解决"目标未全部摘抄，"情感态度"目标暂未摘抄）由此可以看出，学段目标比较笼统、上位。

单元教学目标对学段教学目标进行了具体化。"圆的面积"是"圆"这个单元中的学习内容。"圆"是在学生已经初步掌握长方形、正方形、平行四边形、三角形和梯形的基本特征及其周长、面积公式，并在已经直观认识圆的基础上进行学习的。从认识直线图形到认识圆这样的曲线图形，不仅能拓宽学生的知识面，丰富学生"图形与几何"的学习经验，而且能促进学生的空间观念得到进一步的发展。这部分内容，又是后继学习圆柱、圆锥等内容的重要基础。"圆"这个单元的学习内容分为三段：第一段，认识圆的基本特征以及圆的圆心、半径、直径，学会用圆规画圆；第二段，探索并掌握圆的周长公式，理解圆周率的含义，应用圆的周长公式解决一些简单的实际问题；第三段，探索并掌握圆的面积公式，应用圆的面积公式解决一些简单的实际问题。由此，"上呼"学段目标，"下应"单元学习内容，"圆"这个单元的教学目标是：第一，在观察、画图、测量和实验等活动中感受并发现圆的有关特征，知道什么是圆的圆心、半径和直径；能用圆规画指定大小的圆；会应用圆的知识解释一些日常生活现象或解决一些简单的实际问题。第二，经历操作、猜想、测量、计算、验证、讨论和归纳等数学活动的过程，理解圆周率的含义，熟记圆周率的近似值，掌握圆的周长和面积公式，能应用公式解决相关的实际问题。第三，在活动中进一步积累认识图形的学习经验，体会等积变形、转化等数学思想方法，增强空间观念，感受数学文化，发展数学思考。第四，进一步体会图形与生活的联系，感受平面图形的学习价值，提高数学学习的兴趣和学好数学的信心。

圆的面积教学通常安排两至三个课时，其中第一课时的教学内容是探索圆的面积计算公式，应用公式解决简单的实际问题。据此，从单元教学目标中细化出第一课时的教学目标：第一，经历探索圆的面积计算方法的过程，理解圆的面积含义，掌握圆的面积计算方法，能正确计算圆的面积，能应用公式解决相关的简单的实际问题。第二，体会"转化"思想方法，发展初步空间观念和操作能力，获得数学探究的经验和成功体验。

任何课时教学目标都不是孤立的，它的制定必须从整体上着眼，牢牢把握住学科教学课程总目标，以单元目标为依据，把课时教学目标置于前后连贯一致的内容体系中加以认识。要指出的是，短期目标并不是对长期目标的简单分解。学段目标、单元目标的达成，并不是每一课时目标的简单相加，而是每一课时目标的有机结合，以螺旋式上升的方式，经过长期积累，最终实现学科的长期目标。

我们知道，知识范畴的教学目标，可以具体到每一课时，而情感态度方面的发展目标，能否具体到哪一个课时完成到怎样的程度呢？前者可称之为显性目标，具有直接性、可观测的特点；后者则为隐性目标，看不见，摸不着，隐藏在知识体系之中。数学教学要促进学生情感态度的发展，情感态度的发展内容不是外在于数学，而是和学生所进行的数学知识与技能的学习具有内在的联系，是数学学习内容自身所固有的，浸润于数学教学过程之中，其也不可能一蹴而就，通过某一课时就能落实到位。即便未能细化，与其纠缠于如何表述并写在纸上，我们更需要的是切切实实地在教学过程中一以贯之落实。即，数学学科情感态度的发展内容应当有"数学味道"。而在教学目标中拟定"学会细心思考""养成认真听讲的习惯""发展合作精神""形成创新意识"等，我们要理析的是，这不仅仅是数学学科所要帮助学生达成的目标，而是各个学科拟定教学目标时都需要考虑的。而作为所有学科教学的常规任务，这些目标是否需要特地以教学目标的形式表达出来呢？

有一份资料，介绍英国律师至今要在大学中学习许多数学知识，并不是律师工作要多少数学知识，而是出于这样一种考虑：经过严格的数学训练，可以使人养成一种独立思考而又客观公正的办事风格和严谨的学术品格。数学教育，给人的影响，不是在数学考试中获取一个高分，或是凭借数学的高分进入一个比较好的高一级学校，重要的是数学思想的领会，数学精神的熏陶，因为绝大多数人都不会以数学为终生职业，但数学时刻在我们左右，伴随我们一生。苏联数学家辛钦说："数学教学一定会慢慢地培养青年人树立起一系列具有道德色彩的特征，这种特征中包括正直和诚实。"

2. 基于学生学情拟定教学目标

无疑，仅仅根据学习内容拟定教学目标，那是片面的。拟定教学目标，既要考虑教学内容的要求，还要考虑学生的学情。

有效的教学活动，是学生学与教师教的统一。对教学，我们有着多元的理解。把"教学"理解为"教是为了学"，这是对教的目标定位；把"教学"理解为"教学生学"，这既是教学内容、教学方法的要求，也是对教学目标的期待。教的目标，更多的来自课标、教材的预设；学的目标，更多的是考虑学生发生的变化。泰勒指出："鉴于教育的真正目标不在于要教师从事某些活动，而是要使学生行为方式发生有重大意义的变化，因此，重要的是要认识到：学校目标的任何陈述，都应该是陈述要学生发生的变化。"

教学目标，是"学的目标"与"教的目标"的有机整合，是对完成教学活动后学习者身心发生的变化或已经达到状态的详细具体的描述，是对学生"将到哪儿"的筹划。正如美国学者克拉克所认为的，教学目标是"目前达不到的事物，是努力争取的、向之前进的、将要产生的事物"。那学生现在在哪儿呢？把握学生的现有发展水平是确定课时教学目标的前提。

苏联心理学家维果茨基认为，儿童有两个发展水平：一是现有发展水平，由已经完成的发展程序的结果而形成，表现为儿童能够独立地解决智力任务；二是潜在发展水平，是那些尚处于形成状态，心理机能成熟正在进行的发展水平，是儿童有可能达到的较高发展水平，即在有指导的情况下，借成人的帮助，在集体活动中通过模仿和自己的努力，以解决问题。这两个水平之间的幅度称最近发展区。学生现在在哪儿，将到哪儿，这之间的距离与空间也就构成了学生的最近发展区。拟定目标，我们不能只照顾学得好、学得快的学生，也不能保护慢者，约束快者。每位学生的目标应处于各自的最近发展区内，对每位学生都富有挑战性，促进潜在发展水平向现实发展水平过渡。学生的发展很大程度上在于能否激发、启动那些正在成熟的心理机能。挑战性的目标，有利于调动学生学习的主动性和积极性。因为每位学生的最近发展区是不一样的，因此挑战性的目标必然是照顾差异的，反过来说，照顾差异的弹性目标只有对每个学生都构成挑战时才是有意义的。我们要思考的是：教学目标是面向全体学生的，是最低要求？还是最高限度？还是平均水平？

在拟定课时教学目标时，应通过课前调查、分析、观察等确定班级的课时教学目标，对起点比较高的班级目标可以适度提升。反之，教学目标就要做适度的下调。即使在同一班级，由于不同学生的学习水平、能力是有差异的，所以为所有的学生制定统一目标势必会造成一部分学生"吃不了"，而另一部分学生却"吃不饱"。因此教师在制定教学目标时应关注全体学生，充分考虑学生之间的差异客观存在，不能"一刀切""齐步走"，对于不同学生，应体现差异性的要求，使教学目标具有一定的弹性。差异性与弹性，表现在两个方面，一是对不同个体学生提出不同的要求；二是指在不同阶段达到不同的层次与水平。例如，"异分母分数加、减法"一课的教学，拟定如下教学目标：第一，探索并掌握异分母分数加、减法的计算方法，能正确计

南师附小数学特级教师团队闫勤周卫东余颖贲友林合影

算简单的异分母分数加、减法，并能用来解决一些简单的实际问题。第二，进一步体会数学知识之间的内在联系，感受转化思想在解决新的计算问题中的价值，发展数学思考。第三，进一步体会数学学习过程的探索性，获得成功的乐趣。上述对异分母分数加、减法第一课时教学目标的预设是比较全面的，既有知识技能方面的要求，又有数学思考、问题解决、情感态度方面的要求。这是对教学目标内容横向宽度的分析。如果对教学目标达成水平做纵向深度的梳理，教学目标还应当有一定的层次性。上述的教学目标应是"保底"的目标。如关于知识技能方面，第一课时，部分学生掌握计算方法，能正确计算；部分学生达到能比较熟练地计算。其后的第二课时，部分学生达到比较熟练计算的水平；部分学生在计算过程中能发现一些规律。再如学习"公倍数和最小公倍数"，第一课时，全班学生理解公倍数和最小公倍数的含义；部分学生会用一一列举的方法找到两个数的最小公倍数；部分学生则在一一列举的方法的基础上，发现用"大数翻倍"的方法能找出两个数的最小公倍数。总之，基于学情拟定的教学目标，应当在学生的最近发展区内，是有弹性与差异的。

　　教学目标的差异，不仅表现在认知发展水平方面，还表现在情感态度发展水平方面。在认知发展方面，我们允许差异，在某种意义上由于"保底不封顶"的落实还造成了学生之间差异的增大。在情感态度发展方面，我们则要注意尽可能缩小学生之间的差异，如让不同的学生，无论是数学学得好的，还是当前学得不够好、不太好的学生，都喜欢数学，都对数学学习充满自信。通俗点说，数学学习的成绩可能有差距，但对数学学科学习的喜爱却是尽可能小的有差异。

最后，还要指出的，与拟定教学目标同样重要的是，在教学之后对照拟定的目标评估目标的落实、达成情况，以此作为后续教学拟定教学目标的重要参数，从而保证教学目标的连贯性、一致性、递进性与系统性，真正做到"基于学，为了学"。

（二）教学任务，不是教师说了算

这是一节数学公开课。课尾，上课老师说："今天要讲的已经讲完了，同学们回去做一做课本上的习题，巩固一下。"当教师说完这句话时，下课铃响了。

听课教师啧啧称赞，有的拍手叫绝。

一节课，预设的内容全部完成教学，下课铃恰好在这时响起来。像这样的场景，是许多教师做梦都在想的。

回想许多教师上公开课、比赛课的经历，总觉得公开课、比赛课的下课铃响早了。因为下课铃响的时候，上课教师所预设的内容还没有全部完成，还有精彩的教学设计未能展现出来。可这时却不得不下课。上课教师当时的感觉，就像那则我们都熟悉的小品中的那句台词所说的，"人死了，钱没用完"。

在二年级"认识乘法"一节课的教学中，一位教师未能完成《教师教学用书》中所建议的课时教学内容。评课时，有教师直截了当地指出：这节课没有完成教学任务。这样的教学情形，不仅仅在"认识乘法"这一课时的教学内容中出现，也不仅仅是这一位教师在他的数学课堂教学中出现。也就是说，这是现今数学课堂教学中较为普遍的现象。

想想我们的家常课，我们又有多少次做到，预设的内容刚好完成的时候，下课铃响呢？我们常常遭遇的是，下课铃响，我们还没有完成预设的内容，于是，我们常常拖一会儿下课。

然而，我们的学生，最反对或者说反感的就是教师拖堂。有教师曾做过一项问卷调查，题目是："你在学校里，最怕的是什么？"教师的预想是，学生最怕挨教师的批评。可调查结果却出乎意料，大部分学生回答是，最怕教师拖堂！

那一次数学课，因为一道题目的交流，我又拖堂了。刚下课，学生姚瑶跑到我身边："贲老师，我从《扬子晚报》上剪了一份资料，给您。"随即，递给我如下一份剪报（如图 2-72）。

图 2-72

剪报内容，是对南京市教育局出台中小学教师礼仪规范的报道。在报纸上，已经被姚瑶用红笔圈画出一部分内容。姚瑶指着其中"不拖堂"几个字，振振有词地说："贲老师，报纸上说，不拖堂。"

我明白姚瑶的意思。旁边几位男生插话："《金陵晚报》《南京晨报》也有这条消息。"

我点点头，学生说的是对的。我知道，学生用这样的方式提醒我，下课时间，是他们的休息时间，希望我不要拖堂。

然而，不少教师也是一肚子委屈，拖堂，不就是因为课没上完，我这不都是为了你们好吗，学生还不领情！

这节课，上完了吗？也就是，这节课预设的教与学的内容，在 40 分钟内完成了吗？我们判断一节课上完了的依据与标准是什么？一节课，教学任务的多少，教学容量的多少，由谁来决定？

毫无疑问，大家都觉得，由教师决定。因为，教案是教师撰写的。不过，再想一想，也不是教师决定的。以数学教学为例，每课时的教学内容安排，在与教科书配套的《教师教学用书》里都写得很清楚。第一课时，教学例 1，完成"练一练"，完成练习第 1 至 5 题；第二课时，教学例 2，完成"练一练"，完成练习第 6 至 10 题。确定一节课的教学内容，我们往往是根据《教师教学用书》中的参考建议。再如传统教学的评课，有一条比较重要的标准就是这节课是否完成了教学任务，其确定教学任务的依据也是《教师教学用书》。教师在课堂教学进程中往往也是时刻担心教学任务能否在课堂中全部完成，以至于拖堂现象随处、随时可见。教师行为背后牵肠挂肚的是《教师教学用书》。不过，我们是否注意到，在《教师教学用书》里，上述这一条对教学任务说明的文字上面，写的是"教学建议"，不是"教学规定"。是谁，视"建议"为"规定"，不越雷池一步？

我们知道，过去的数学课堂，教师讲授知识点，讲完后学生练习，课堂上完成哪些内容，完全是由教师控制，由教师说了算，因而课前所预设的教学任务，在教师的操纵下，以或显或隐的"填鸭式"的方式，按部就班被执行完成。教师"心中有书"，却目中无人，学生亦步亦趋，机械被动，课堂毫无生机、活力与挑战。

当下，数学课堂倡导学习方式的多样化，鼓励学生动手操作、自主探究、合作学习，其所占用的时间比原先要多得多。而且，课堂上又即时生成一些新的情况，教师不再像过去那样匆匆处理乃至于不闻不问，从而又花费了一些时间。这样，不能完成课时教学任务的情形就多了起来。由此看来，课堂上不能完成教学任务，与改善学生的学习方式有关，与教师关注课堂上的生成情况有关。

学生的学习，主要是间接地吸收人类已有的文明成果。课程标准、教材选择并规定了学生间接学习的内容与进程，教师作为社会生活中教育教学活动的专业工作者，作为课程的建设者与实施者，应根据学生的特点以适当的方式予以实施。因此，教师将《教师教学用书》中的课时教学任务参考作为依据，这本身并没有错，遗憾的是，忽略了"参考"二字。事实上，一节课教学内容的确定，既要考虑教材的预设，又要考虑学生的学习状况。教学过程，不只是忠实地执行教学计划的过程，而是师生共同开发、丰富课程的过程。我们遵循计划，又应根据学生的学习情况及时调整原先的预设，学习进程或加快一点，或减慢一些。也许，原先的内容未能全部完成，但课中即时生成的内容带给学生的发展倒更有价值。

学习，是学生的事。在"学为中心"的课堂上，教师更关注学生的学习过程，关注学生的真实想法，关注学生的学习节奏。课时教学任务的确定，不再简单地由教师说了算，而是根据学生的学习状态、学习水平和学习实际情况，安排教学任务，并在实施的过程中相机灵活地做出调整。

课，上到哪儿结束，曾经的我，在公开课上是这样设计的：新授课的巩固练习，通常设计若干道题目，而这些题目，可以两题一个组合，也可以3题一个组合，或者 5 题一个组合。完成不同组合的练习，所需要的教学时间也是不同的，这样就形成了不同的教学预案。课上，在新授环节结束的时候，教师看一下课堂已用时间，然后根据剩余的时间灵活启用课前不同的教学预案。从而做到，下课铃响的时候，所预设的内容"上完"，给听课老师完整一节课的感觉。

反思这样的教学处理方式，考虑到了学生的学情，并依据学生学情对教学安排做了调整，但这样的教学处理，依然有"作秀"心理的支撑、"表演"痕迹的流露。

后来，我是这样处理的。一节课上到哪儿结束，随着课堂进程，下课铃响就结束。而原先预设但在这节课上没有完成的内容，下一节数学课，继续进行。

一切，顺其自然，回归本真。

课堂学习，放置于学生学习全程中考察，也就是一个学习的片段，这有点像电视台播放电视连续剧，每天播出其中一集，只是，电视连续剧每天剧情到哪儿结束，都是预设好的；而课堂学习内容的休止符，是随着学情动态调整的。

有教师有疑问，像这样上课，一学期一本书的教学任务能完成吗？其实，我们每天上课，又像居家过日子，完成教学任务如同日常消费支出，今天支出的钱多了些，明天也就注意节省一些；今天支出的钱少了些，明天也就可以多用一些。一段时间之后，总体上保持平衡。从而，我们不必为某一课时的教学任务未能完成而背上思想包袱。

教师根据学生的学情对教学进度、教学任务做一些调整，一定是基于一个阶段，而不是局限于一节课。我又想起了《数学课程标准》，其在规定教学内容时，并没有具体规定某一学期学生所学习的内容和达成目标，而是以一个学段为单位呈现学习内容和教学目标。从而为教师教学的创造性提供了广阔的空间，为体现并满足学生发展的差异性营造了良好的环境。这是否也给我们启发：关于教学任务的完成，我们的着眼点要抓"西瓜"，而不能只捡"芝麻"。

下课铃响，今天的课堂教学戛然而止，但明天的课堂学习，接着来。

这节课，上完了吗？教学任务，谁说了算？透视这样的疑问，我们发现，40 分钟，只是一个时间标识，不应成为教师机械、教条乃至于强制性要求学生完成固定学习内容与任务的樊笼。

（三）课堂意外：在意料之中

数学课上，我出示了这样一道题目：一个边长是 90 米的正方形菜地，扩大后边长增加了 3 米，这块菜地扩大后的周长是多少米？

学生独立思考后汇报，教师板书：

　　（90＋3）×4

　　＝93×4

　　＝372（米）

有学生指出：不对，算式应该是 90×4＋3。

第一位学生汇报的解答是对的，这在我的预料之中。随后一位学生指出前一位学生"不对"，并列出他认为是正确的实际上却是不正确的算式，这出乎我的意料。我没想到学生会这样出错。还没容我说话，又一位学生起立发言：算式不应有括号，应列式 90＋3×4。这又是我没想到的出错。这真是：正确的解答是可以预料的，不正确的解答常常在意料之外。当学生说出算式"90＋3×4"时，我意识到学生对"扩大后边长增加了 3 米"的理解是有困难的。

我让学生继续交流这道题目如何分析，程钰涵主动地跑到黑板前板演：

　　90×4＋3×4

　　＝360＋12

　　＝372（米）

我原以为程钰涵要分析前面的几种算法哪是对的，哪是错的。没料到，她写出了另一种算法。面对学生越来越多的、正确与错误混杂在一起的不同算法，我引导性地提问：这道题能否画图分析呢？

杨笃行自告奋勇，在黑板上画出了右面的图（如图 2-73）。

坦率地说，杨笃行所画的图不是我想象中的图。我觉得，杨笃行的图，对"边长增加 3 米"没有表达清楚。我对他画的图不满意，正想自己重新画图时，有学生举手，我把画图的"球"再踢给学生。

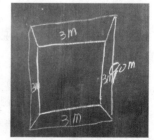

图 2-73

沈辰谕画图（如图 2-74）。

图 2-74

沈辰谕把正方形的 4 条边"分解"拆开来，这样画图，又是我意料之外的。柯欣怡指出：不要画 4 条边，只要画一条边就够了。她在黑板上画图（如图 2-75）。

这，还是我意料之外的。不过，在柯欣怡画出图之后，我清晰地听到了王若骐的"感叹"：我明白了，是每条边多了 3 米。我指出：沈辰谕、柯欣怡将图分解画了之后，让我们看清楚每条边增加了 3 米。我觉得还可以这样画图。我在黑板上画出了我心中所预想的图（如图 2-76）。接着和学生共同分析：扩大后，边长增加 3 米，扩大后的正方形的边长是多少？由此，学生认识到前面所说的几个算式表达的算法，哪是正确的，哪是错误的。并分析：错误的两个算式，错在哪儿。

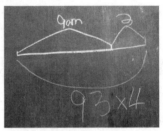

图 2-75

一道问题的课堂教学片断如上所述。下课之后，丁天行找我：贲老师，我觉得菜地边长增加了 3 米，图应该这样画。丁天行在黑板上画出了下面的图（如图 2-77）。

这又是我没想到的。我突然发现，杨笃行画的图，对丁天行的想法，更有说服力。

图 2-76

以上教学过程由一次又一次的"没想到"串联构成，真可谓"意外迭出"。

什么是教学意外？顾名思义，教学意外一般是指在教学过程中所出现的出乎教师意料的事件或场景。按照事件、场景与教师所预设的教学内容和学生学习过程是

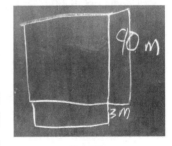

图 2-77

否相关，可以分为"外挂式教学意外"与"内置式教学意外"。所谓外挂式教学意外，是指出现的教学意外与正在进行的教学活动基本无关，带有偶发性的特征。例如，教学过程中教室突然停电了，一只鸟飞进了教室，教室外面突然下雪了，一位学生突然晕倒了等。这些事件、场景好似"外挂"于课堂一样，不是每节课都会发生的。

这里，主要谈"内置式教学意外"。和具体的教学活动相关，和偶发性的"外挂式教学意外"不同的是，它在教学过程中时常发生。其好似"内置"于课堂中，每节课中用"不可或缺"来形容也不为过。最为典型与常见的是，教师提出问题，学生做出的回答和教师预设的不一致。毋庸置疑，教师设计的课堂中的提问或任务，在内心是有答案预期的。可在课堂现场，我们会发现，学生所想的，非教师所想。

为什么会有这么多的教学意外？因为教师的预设不够充分、完全。不过，教师以一人的智慧，面对一群学生时，能全面、完全地预设吗？事实上，教师在教学中还常常"想当然"。如上述教学片断中，我原先的想法是大多数学生都能够正确解答这道题目，认同正确的算法。即使部分学生有错误想法，也在其他学生的正确解答呈现之后，他们各自完成想法的修正。然而，学生学习的进程却不会简单地按教师的意愿发展。由此思之，"意外"真的是不可避免、无法回避的。若在教学中没有意外，那倒是意外。从这个角度看上面的教学片断，教学意外的出现就具有了合理性。

静心细思，以上所说的教学意外，是从教师的角度对教学过程中发生的事件作出的判断。如果我们从学生的视角看这些意外，学生认为这些是"意外"吗？学生的数学学习，基于各自的认知发展水平和已有的知识经验。由于学生所处的文化环境、家庭背景和自身思维方式的不同，学生的数学学习活动应当是一个生动活泼的、主动的和富有个性的过程。由此可见，学生的差异性和个体特殊性客观存在，他们出现各种想法，是正常的。从学生学的角度看，一切都不意外。也就是说，这些教师眼中的"意外"，在学生的眼中并不是意外。教师可能会这样质疑学生：你怎么这样想的呢？学生则可能会反问：我本来就这么想的，你怎么没想到呢？

我们可能熟悉这样的场景：一道数学题，一位学生不会，教师给他讲一遍，他不会；教师讲了第二遍，学生仍然不会；教师继续讲了第三遍，学生依然不会；教师耐心地讲了第四遍，学生还是不会。尽管我们在道理上都明白，学生失败一百次，教师要努力一百零一次，但实践上，我们常常难以做到。一道题目，反复讲了四遍，一位学生还不会，我们可能会责怪这名学生：你怎么这么笨啊，一道题目讲了四遍都不会。如果那位学生反过来问教师：你怎么这么笨啊，一道题目讲四遍都没把我讲会？作为教师，又该如何回答呢？其实，这也就是观察问题、思考问题的角度不同而已。

课堂教学中，当我们发现学生生成与教师预设方案或偏离或冲突的"意外"时，也许正是由于教师还没有给学生更充分地表达自己所思所想的机会与舞台。意外，并不是教师制造出来的，而是还原了学生在学习过程中的真实想法。对教师来说的"意外"，对学生来说，其实就是他们本真的学习状态与场景。更多的"意外"出现，是缘于学生以他们的方式在成长。由此可见，教学过程中出现教师所认为的教学意外，在一定意义上具有必要性。

面对教学意外，我们还"意外"吗？教师，应当直面现实，着眼学生发展，充分尊重学生真实的认识过程，创设安全而自由的学习氛围，审慎对待与处理学生的想法。首先要认识到，每一位学生的想法，对每一位学生来说，都是"有道理"的。继而，教师要组织学生就各种想法进行对话交流，思维碰撞。孔子曰：君子欲讷于言，而敏于行。教师面对学生的"意外"表现时，讷于言，即说话要慢，不急着评价；敏于行，即行动要快，教师要坚持倾听，让学生充分表达他们的想法。在上面的教学过程中，学生愿意把自己的想法和他人交流，即使下课之后，丁天行还是向我呈现了他的想法。

以往，我们对"意外"很警惕甚至有些紧张时，我们潜意识中更多地表现为对学生、对课堂、对教学的控制。而学生的发展，应在教师的引领而不是控制下，基于他们的已知已有，以他们各自丰富多样的路径与姿态，获得他们尽可能大的发展。这一过程与目标，都应当是开放的。由此，教师需要解放学生，解放课堂，解放教学。

可怕的是，没有了这样的"意外"。因为，那样的教学可能异化成了学生揣摩教师想要什么，学生的所言所行变成了附和、迎合教师的所思所想。学生，千万不能变成教师的传话筒、跟屁虫。

面对教学意外，无论是"外挂式教学意外"，还是"内置式教学意外"，我们应多一份坦然。对"内置式教学意外"，更多一份期待。这就像如火如荼的世界杯足球赛，"看点"在哪儿？比赛，最吸引人的是什么？比赛过程与比赛结果的悬念和意外，让我们"心醉"而不是"心碎"。

期待教学意外，因为我们知道，意外，不是意外；意料之外，本为意料之中。

汪国真说："只要热爱生命，一切，都在意料之中。"

与孙丽谷老师合影

(四)教师"试教"，能否叫停?

观课时，常常发现上课教师在课堂进行得很顺畅时，从容、淡定、自如，但在课堂中出现意外情况时，窘迫不安，处理草率，甚至手足无措。上完课后，上课教师反复解释：今天课上的突发情况，试教没遇到。

"试教"，这是上过公开课的教师都非常熟悉的教学经历。试教，也就是在公开课正式上课之前，先将这节课设计的教学方案在另一个班级试上一下。

为什么要试教？试教的目的一般表现在三个方面：一是通过试教，对教学方案进行推敲，检验、修正教学设计是否合适，是否"出彩"；二是通过试教，提前经历公开课上可能出现的各种突发情况，通过尝试处理，积累上公开课的经验；三是通过试教，获得领导、专家与同行的指导。无疑，对即将呈现的公开课来说，试教可以提升公开课的顺畅度，增加公开课的观赏性。对上课教师来说，试教，有助于提升教师的教学技艺水平，有助于促进教师的专业发展。

清晰地记得，我参加全国赛课之前，那节公共课整整试教了 20 多遍。当然，这还不算多的，参加全国赛课的朋友告诉我，他们曾试教了 70 多遍。一节课，反反复复试教这么多遍，一方面可以说是殚精竭虑，精益求精；另一方面，要想在正式赛课的时候，再遇到之前没遇到的新情况的概率，已经降得越来越低了。赛课时所呈现的，更多的看似"生成"，其实都是教师的"预设"，是按照"脚本"演绎的教案剧。类似的情形，曾有一位教师在课前呈交给我他即将上课的课堂实录，在他上课现场，我把课堂实录与课堂实况进行对照，惊诧地发现，之前纸上写的与他此刻在课堂中说的，几乎一致。

公开课，被教师视作"面子"。试教，体现了教师对公开课的重视程度。试教，犹如舞台表演前的彩排，让公开课多了"表演"的味道。而这，已经偏离了课堂的本义。课堂，教师和学生相遇、相识、敞开、交流，共同分享彼此的想法；课堂，教师和学生共同学习、生活、成长。讲台不是舞台，舞台上的话剧戏曲，可以反复表演；课堂，无法重复。当一节课可以复制甚至"工业化生产"时，这样的课堂，一定是有"问题"的。每一次上课，都是教师与面前的学生共度的唯一、不可复制的"这一次"。尽管同年龄段的学生有着一些相同的特征，但他们，相同中有着鲜活的不同。每一节课的学生不同，课堂总在变化中，课堂充满丰富的可能性。

而课堂，多一些预设，多一些意料不到，对学生来说，是呈现了他们更本真的学习过程与学习表现；对教师来说，教，更贴近了学生的学。在这样的课堂上，教师保持了适度的紧张状态，而这是一种创造的状态，这正是课堂的活力与魅力所在。当一节课都在教师预设之中时，不仅看到教师是被束缚的，学生的发展也是受到拘囿的。

我在想：每一节家常课，试教吗？显然，是不可能的。那为何公开课就要试教而家常课却不试教呢？试教的背后，是教师依然固执于公开课上，学生配合着教师表演，学生的学服务于教师的教。也就是说，隐藏在教师内心的还是公开课是一场包装起来的表演盛宴的思维方式。

当教师"试教"时，再从学生的角度来看，学生有"试学"吗？作为"试"，就有正式与非正式之分。当教师与学生真实经历教与学的过程时，无须"试"，不必"试"。

试教，为了谁？有教师说，试教，提升教师，也是为了发展学生。那我要追问的是，教师教学能力的提升，"试教"是必不可少的方式与途径吗？试教，是否是以牺牲一部分学生为代价，为了另一部分学生？

试教，能否叫停？让课堂，无论是公开课还是家常课，都回归真实、自然、本来的状态。当你原先作为试教的第一次、第二次教学时，不妨调整自己的想法：这是我的第一次教学，这是我的第二次教学……每一次的教学，都是教师的第一次。每一次教学，都是教师自己与自己"同课异构"。有不少教师认为"同课异构"是不同的教师就相同的课题在同一个教学研讨活动中执教呈现，用课堂表达各自不同的设计与思考。而我认为，每一次的备课、上课，我们每一位教师更需要有自己与自己"同课异构"的自觉。即由与他人的"同课异构"转向与自己"同课异构"。"异构"的目的，对教师而言，通过对同一个课题教学方案的比较、完善与再思，构建一种对话场域，促使优化，走向深刻。对学生而言，针对学情，设计适合并促进学生发展的教学。成功的课堂教学，是个性化的，可以借鉴却是不可照搬的。

课堂，可以不完美，但一定要真实。课堂，可以有遗憾，但不要没追求。完美是一种包袱。一篮子鸡蛋，你战战兢兢地守护。它若一个也不碎，就意味着你的生活要为此碎好多次而作为补偿。有点瑕疵地活着，会让自己进退更自由。瑕疵、缺憾，让追求有了空间，有了动力，有了方向。课堂，和生活一样，是一门遗憾的艺术。生活，原本就没有完美的，但我们要勇于追求完美。课堂，我们追求什么？把公开课上成家常课，把家常课上成公开课。

1963年6月，江苏广播师范学院为斯霞老师录制教学实况。在录制过程中，工作人员深深体会到，和斯霞老师合作特别省劲：一不用协助备课，二不必试教，三没有返工，一次就录制成功。录制顺利，很重要的一点是得益于斯霞老师所带班级的学生的口头表达能力训练有素，语文水平高，理解力强，所以上课的效果特别好。而这些，正源自斯霞老师平时每一节课的日积月累。冰冻三尺非一日之寒，滴水石穿非一日之功。斯霞老师为我们树立了榜样。教学经验的积累，教学能力的提升，源自每节家常课的实践、反思与努力。比把公开课作为"面子工程"更重要的是把每一节家常课作为"根基工程"，比让别人欣赏你完美的"面子工程"更真实、更有价值的是你追求完美的过程。

一句话，当你把每一节课都作为试教时，你就不会再为公开课试教了。

*《此岸与彼岸》*出版后，拜访顾汝佐老师

(五)邀学生一起观课

我所工作的南京师范大学附属小学启动课堂教学改革实验之后，实验班的课堂面貌发生了很大的变化。课堂上，学生大胆发言，勇敢提问，积极主动，自信开朗。如何激励实验班学生，并放大其课堂表现的影响力呢？学校创造性地组织非实验班级的学生观摩实验班级的课堂教学。学生观课，感触颇多。下面，是六年级一班的学生杨喻涵在观摩了二年级实验班级的课堂学习之后所写的感想文字。

昨天，在老师的带领下去听了一堂二(6)班的课，真是令我大开眼界，从他们的表现中，我觉得以下几点值得学习。

第一点：做课堂的主人。

在听课过程中，我发现二(6)班的同学们都很积极，争着举手发言，有几位同学甚至走上讲台，做起了小老师，带领同学们学习、交流，而台下的同学非常有秩序，无论是交流还是听讲都有条不紊。台上的小老师从容不迫，声音响亮，真的做得有模有样，老师站在边上，时不时提醒一下，完全是一个自主的课堂，这样良好的学习氛围，真令我震撼！想到我们有时发言还会手足无措、脸红、结巴，看二年级同学大方地走上讲台，自信的笑容真是自愧不如。其实，那精彩的发言与自信的笑容背后还是充足的预习，如果没有充分的准备，哪里会有自信？可见课前预习是很重要的，要"不打无准备的仗"，没有准备自然不行，要做到带着问题上课，这样才能真正解决问题。

第二点：对别人的赞美与感谢。

这节课令我感触很深的还有掌声与"谢谢"，每当一位同学发言完，台下的同学都会自发地鼓掌，对发言的同学以鼓励；当一位同学补充或改正了另一位同学的发言，另一位同学就会谢谢他的补充。如此彬彬有礼，我们学习了六年也做不到，对于错误发言，有人还会嘲讽发言的人，这是不应该的，我们要学会赞美，学会感谢，发自内心的为同学喝彩。来吧，对别人多说声"谢谢"是多么好的感觉呀！

第三点：大胆提出质疑。

二(6)班的同学还有一个优点，就是大胆地提出质疑，有些问题我们不明白，但因为要面子而不敢提出，丧失了一个学习的机会，无论是同学的发言还是自己的疑惑，只要有问题就大胆地提出，这样才是会学习的人，才是学习的主人。

我们是六年级的学生，但有些不足还是要向他们学习。子曰："三人行，必有我师焉，择其善者而从之，其不善者而改之"，我们要选择他们的优点虚心学习，改掉坏毛病才能更上一层楼。

学生观课，由感而想，因为"感"生成了"想"。我们看了学生观课感想，也一定有很多感想。

邀学生一起观课，这改变了以往观课者只是教师的做法。看来，观课，不只是教师的"活"，也不是教师的"专利"。

学生观课，对被观课的学生，也就是对上课学生而言，是一种激励。因为，他们的课堂，提供给同学观摩，那是提供了榜样。相对于以往听课者是老师而言，他们感受到的是一种荣誉，一种担当，一种责任。心理学上有"霍桑效应"之说，即那些意识到自己正在被别人观察的个人具有改变自己行为的倾向。这也如同我们所感受到的，有他人听课时，上课班级的学生常常表现得比往常优秀。

学生观课，对自己而言，是一种教育。学校邀请学生观课，是将实验过程中有效、成功的做法对其他班进行辐射性推广，让实验成果不至束之高阁。上述六年级的学生观摩二年级的课堂，更多的是学习低年级学生课堂学习的方式，感受学习的积极与热情。如果是同年级学生之间的观摩，那观摩新课的过程也是学习新知的过程。也就是说，在观摩过程中，观课的学生可能和上课的学生一起学习知识，也可能是观课的学生向上课的学生学习上课的态度、上课的方法。就像我曾尝试让作业书写比较马虎的学生一起参与批阅作业，这样的活动，其效果比教师苦口婆心、语重心长的说教，强得多。因为学生身临其境经历、体验的教育效果是教师空洞的说教难以企及的。

学生观课，对参与观课的教师而言，也是一种促进。因为其提醒观课教师要从学生的视角来观课。学生也是能看懂课的"门道"的。就像上面杨喻涵学生的观课感想，我们觉得还是挺"内行"的。相对于学生的感想而言，让我们有些脸红的是，我们的评课往往倒显得假、大、空。我曾在学校内三年级的一个班借班上课，上完课，我问班上学生，课上得如何？学生说"挺好"的。我让他们再说得具体一些。学生七嘴八舌，有的说，你让我们到前面讲；有的说，你很认真地听我们讲。即便学生还不到10岁，但从他们稚嫩、质朴的发言中，我们能看出学生的学习需求，学生内在的想法。

我想起了曾经看到的南京晓庄学院附属小学四年级学生陈昕画的一幅画（如图2-78）：

图 2-78

学生用连环画的方式，记录了她上过的一节课题为"平行和相交"的数学课。图①，教师揭示课题；图②，教师引导学生认识两条直线的位置关系；图③，教师讲解两条直线互相平行的概念；图④，教师举出生活中互相平行的实例；图⑤，教师组织学生学习用三角尺和直尺画平行线；图⑥，学生完成课堂练习。

　　我们再将教材中这节课的编写内容呈现如下（如图 2-79）：

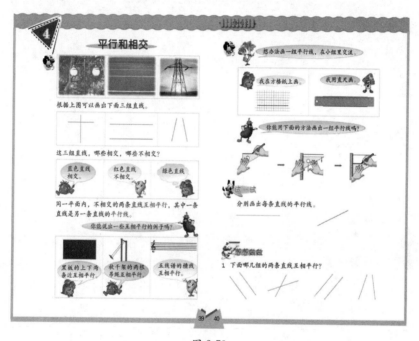

图 2-79

　　一比对，我们发现，学生用图画形式记录的数学课的教学思路和教材的编写思路保持一致。我们可以评析上课教师尊重教材，教学组织有序。若从学生的视角看课，是否发现，课堂教与学的过程，不仅在教师的预设之中，也在学生的预料中。数学课上会发生什么，当学生把数学书打开时，一切都明白了。这样的学习，缺乏一定的创新与挑战，这样的课堂，机械、沉闷，"没意思"。

　　学生视角，是我们研究教学不可缺失的重要方面。

　　当然，邀学生一起听课，对于其他学校、其他教师而言，并不是要简单地模仿或照搬这样的做法。邀学生一起观课，是一种充满正能量的教学举措。更深层的突破以及给我们的启示是，教学过程，以学生为资源，学生不仅是学习资源的消费者，也是学习资源的参与者、建设者。一切都可以成为教学资源，这与"学校内让每面墙壁都说话"异曲同工。

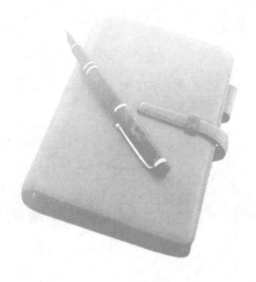

走进课堂：
把真课上成像"假"的一样

每一节课都有故事，每一节课都是历史，每一节课都在成长。从课堂实录中，能真切地感受到学生的自信、积极、主动、活跃。曾经听到老师质疑我的课堂实录是"假课"记录。我也试图去解释，但后来发现，所有的解释都是多余的，因为他们没有进入我的课堂现场。2014 年上半年，南京市骨干教师研修班的学员在连续听了我所带班级一周的课后，也有同样的感叹：贲老师把真课上成像"假"的一样了。这是因为我的学生在课堂中的表现，远远超越了许多教师对课堂的预期。而学生得到真切的发展，不正说明了课堂的成功吗？把真课上成像"假"的一样，也正是我的课堂追求。

一、改变学习方式，重新认识数学

——"年、月、日"教学与思考

教学内容：苏教版《数学》①三年级下册"年、月、日"。

教学目标：

1. 认识时间单位年、月、日，知道大月、小月，平年、闰年等方面的知识，记住每个月以及平年、闰年的天数。

2. 在认识年、月、日之间关系的过程中，体会年、月、日是对时间的刻画单位，感受年、月、日的由来。在初步了解年、月、日来历的过程中，感受数学与生活的联系。

教学过程：

课前，教师发给每位学生如下"研究学习"材料，学生独立、自主完成。

"年、月、日"研究学习

1. 关于"年、月、日"，我知道了什么？

2. 关于"年、月、日"，我的疑问：

3. 我收集的有关"年、月、日"的知识，数学故事：

---

　　①　江苏教育出版社出版的义务教育教科书《数学》，全书同。

(一)揭课

师：请看黑板！(板书：2015　1　16)有谁猜到，我写的是什么？

生：你写的是 2015 年 1 月 16 日。

师：猜得对不对？(生：对!)这是今天我们一起上课的——日期。(板书：年月　日)年、月、日，是我们这节课一起要认识的 3 个时间单位。说到时间单位，马上想到我们已经学过哪些时间单位？

生：小时。

生：分、秒。

师：时、分、秒，和年、月、日，都是——

生：(齐)时间单位。

(二)同桌交流学习

师：课前，大家已经做过"年、月、日"研究学习，看材料第 1 题。读一下题目。

生：关于"年、月、日"，我知道什么？

师：我发现，我们同学知道得有多有少。这样，同桌之间交流一下。

(学生同桌间交流。)

(三)全班交流学习

1. 交流"关于年、月、日，我知道"

(教师随机抽学号，学号为 42 号的学生与全班交流。42 号学生周子豫展示自己的"研究学习"材料，如图，教师指出：42 号和全班交流之后，如果有和他不一样的想法，马上举手，然后补充。周子豫展示，如图 3-1。)

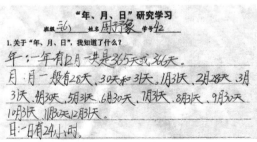

图 3-1

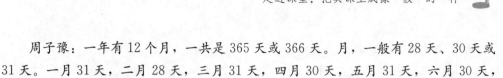

周子豫：一年有 12 个月，一共是 365 天或 366 天。月，一般有 28 天、30 天或 31 天。一月 31 天，二月 28 天，三月 31 天，四月 30 天，五月 31 天，六月 30 天，七月 31 天，八月 31 天，九月 30 天，十月 31 天，十一月 30 天，十二月 31 天。一日有 24 小时，还有谁给我补充？

生：一年就是地球围绕太阳转一圈，一日就是地球自转一圈。（周子豫插话："月呢？"）

师：刚才他的发言说到了"年"和"日"。"年"，是谁绕着谁转的？

生：地球绕着太阳转一圈。

师：他还说到了"日"。"日"，他是怎样说的？

生：地球自转一圈就是一日。

师：刚才周子豫在同学说完"年""日"之后，马上追问了一句。追问什么的呢？

生：月呢？

史沫：月，是月亮绕着地球转一圈。

施旭承：年，分为平年和闰年。平年是 365 天，闰年是 366 天。因为平年每次都少算 6 小时，这样过了 4 个平年之后，就有了 4 个 6 小时，也就是一天，哪一年多一天，哪一年就是闰年（注：施旭承当时说成了 guī 年），就是 366 天。

师：慢点。刚才他说到了年有两种，一种叫什么？（生：平年），另一种呢？（生：闰年）。这个和周子豫写的是有关系的。周子豫写到什么？

生：这和周子豫写的 365 天、366 天有关系。365 天的那一年，叫什么？（生：平年）；366 天呢？（生：闰年）

生：我来教大家怎样算今年是平年还是闰年。比如说，今年是 2015 年，每 4 年有一个闰年，2015 除以 4，不能整除，也就不是闰年。不过，闰年的最后一个数字必须是双数，不过，也有的双数（的年份）不是闰年。

师：知道得蛮多的。刚才她说到了，闰年和哪个数有关系？

生：（齐）4。

倪子涵：闰年，一般都在奥运会那一年。

张奕瑶：我要给你补充。平年的二月有 28 天，闰年的二月有 29 天。

师：有没有发现，周子豫的小研究上写的是什么？

生：二月 28 天。

师：刚才补充了什么？

生：二月，平年 28 天，闰年 29 天。

生：我知道，哪个月有多少天，可以把右手握成拳头。

师：好，这个问题，我等会儿请你讲。用拳头来记的。我记得 15 号是哪一位？你的材料中就写到一个知识，大家还没有说到。

（15 号学生蒋浚哲展示，如图 3-2。）

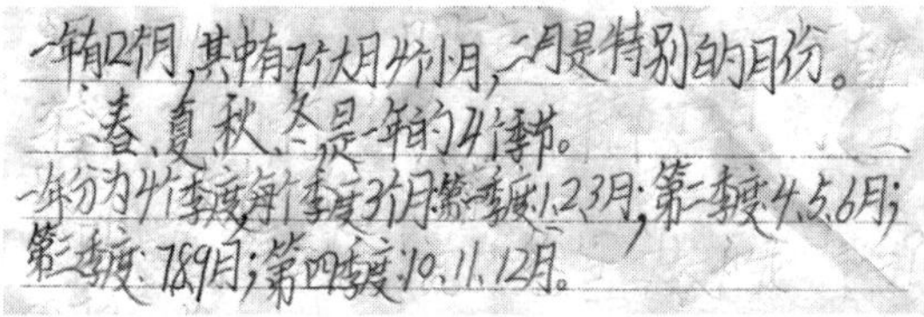
一年有12个月，其中有7个大月4个小月，二月是特别的月份。
春、夏、秋、冬是一年的4个季节。
一年分为4个季度，每个季度3个月，第一季度1.2.3月，第二季度4.5.6月；
第三季度7.8.9月；第四季度10.11.12月。

图 3-2

蒋浚哲：我要给周子豫补充。一年有 12 个月，有 7 个大月，4 个小月，二月是特别的月份。春夏秋冬是一年的 4 个季节。一年分为 4 个季度，每个季度 3 个月。第一季度一、二、三月，第二季度四、五、六月，第三季度七、八、九月，第四季度十、十一、十二月。(全班掌声)还有谁要给我补充？

师：稍等一下。刚才他说到 12 个月有大月有小月，之前说到了吗？(生：没有)然后说到二月(生：特别的月份)是特殊的月份。接下来介绍了什么？(生：季节，季度)季节，是指什么？

生：(齐)春夏秋冬。

师：季度，一年有几个？

生：(齐)4 个。

师：这 4 个季度怎么分的？

刘啸傲：开头 3 个月，之后四、五、六月 3 个月，就这样，每个季度都是 3 个月。

师：季度是这样分的。一、二、三月(生：第一季度)四、五、六月(生：第二季度)七、八、九月(生：第三季度)还有？(生：十、十一、十二月是第四季度)。也就是说，季度和季节是不一样的。

生：我要补充。年也有是名字的。年分为子鼠、丑牛、寅虎、卯兔、辰龙等。

师：他说的，大家听说过吗？（生：听说过。）那今年 2015 年有什么名字呢？（生：未羊。）今年的年份为什么有两个名字呢？（学生摇头）这样，大家下课后再查找有关资料。

2. 梳理年、月、日之间的关系

师：刚才交流了这么多内容，有些是我们今天要交流学习的，有些是我们后面再探讨的；有些是对的，有些说得还不准确。这节课，我们认识年、月、日这三个时间单位，还有它们之间的关系。什么意思呢？以年和月为例，一年多少个月？

生：（齐）12 个月。

师：（屏幕呈现 2015 年年历）这个，大家都知道。我们看这张年历。这一行有几个月？（4 个）有几行？（3 行）马上想到乘法口诀？（生：三四十二）一年有 12 个月。（教师在黑板上"年"与"月"之间板书：12。）一个月有多少日，也就是多少天呢？

（教师抽签，学生为 12 号的学生回答：有 28 天、29 天、30 天、31 天。教师在黑板上"月"与"日"之间板书：28、29、30、31。并指出：同意，掌声通过；不同意，或有补充，请举手。全班掌声。）

师：什么时候 31 天呢？

（学生回答"大月"，教师在板书的"31"前板书"大月"。学生接着回答"小月 30 天，平年二月 28 天，闰年二月 29 天"，教师在"30"前板书"小月"，在"28"前板书"平年二月"。板书"闰年二月"之前，问学生"闰"字怎么写，学生回答"门里有个王"，之后教师板书"闰年二月"，并请施旭承回答"闰"字怎么读。施旭承正确读出该字。）

师：现在我们知道了，大月——31 天，小月——30 天，平年二月 28 天，闰年二月 29 天。2015 年是平年还是闰年，怎么看？

生：看二月，是 28 天，2015 年是平年。

师：（指着年历）我们要把二月每一天都看吗？

生：我们只要看二月最后一天。（教师在年历表上二月最后一天的日期数"28"下面添加下划线。）

师：我们再在年历表上找大月、小月。如果你知道的，也请你再看一看，说不定这年历表还有错呢。在生活中，经常有年历表是错的。如果你掌握了年、月、日的知识，就能发现这些差错。我们先找大月。

（学生口述"一、三、五、七、八、十、十二"，教师依次将这些月份的最后一个日期数"31"圈画起来如图3-3。教师让学生再完整说出一年中的大月，然后指出：其余的都是小月。学生"嗯"之后，有学生指出：不对。二月是平月，不是小月。）

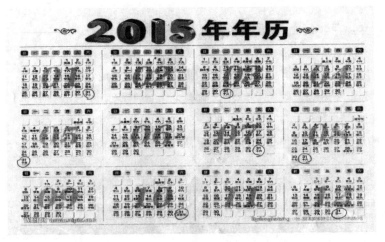

图 3-3

师：那我刚才说的那句话是错的，我刚才那句话怎么说的？

生：一年中，除了大月，就是小月。

师：这句话是——错的。那这句话应该怎么说呢？

生：一年中除了大月、平月，其余的都是小月。

（教师指出：一年中，除了大月，二月，其余的都是小月。并指出：记大月、小月是有方法的。教师邀请之前说"用手记"的女生到前面与全班演示交流。学生边指边说：一月大，二月平，三月大，四月小，五月大，六月小，七月大，八月大，九月小，十月大，十一月小，十二月大。该学生在拳骨节上数完"七月"后接着在"一月"的拳骨节上数"八月"。有学生指出：这样数不对。并演示，在拳骨节上数完"七月"之后，接着在"七月"的拳骨节上数"八月"。班上其他学生指出：都可以。）

师：他们相同的是，在凸出的、硬的地方，数的是——大月；在凹下去的、软的地方，数的是——小月，还有二月。两人不一样的在哪儿呢？

李月恒：陈冠宇是七月数完回到一月再数；蒋瑞文是七月数完，在七月上接着数八月的。因为七月、八月都是大月。

（教师肯定学生看得非常仔细。学生再次指出：两种数法都可以。教师组织全班学生同桌间互相在手上指一指、说一说。学生活动。教师邀请张奕瑶和全班交流。张奕瑶展示，如图 3-4。）

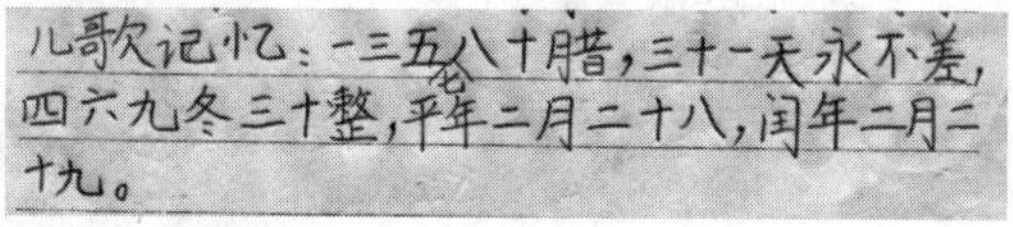

儿歌记忆：一三五八十腊，三十一天永不差，四六九冬三十整，平年二月二十八，闰年二月二十九。

图 3-4

张奕瑶：我是用儿歌来记的。一三五七八十腊，三十一天永不差。四六九冬三十整，平年二月二十八，闰年二月二十九。

生：你丢了一个七月。

（张奕瑶在儿歌中添加"七"。）

师：儿歌中的"腊"，指哪个月？

生：十二月。

师："冬"呢？

生：十一月。

（全班齐读儿歌，试背。教师指出：老师用两句话来记大小月的。出示：七前单月大，八后双月大。学生不由自主地读起来。）

师：七前单月大，包括七月在内，分别是——

生：（齐）一月、三月、五月、七月。

师：八后双月大，包括八月在内，分别是——

生：（齐）八月、十月、十二月。

师：几个大月？

生：（迟疑了一会儿）7个。

生：7个大月，4个小月。

师：还有一个——二月，特殊的二月。二月，既不是大月，也不是小月。刚才我们交流了"月"和"日"的关系。接下来交流——"年"和"日"。

（教师抽签，学号23号的学生回答：一年有365天或者366天。教师在黑板上"年"与"日"之间板书：365，366。）

生：平年365天，闰年是366天。（全班掌声）

（教师在"365"之前板书"平年"，在"366"之前板书"闰年"。至此，板书如图 3-5。）

师：我想起了施旭承的一个问题，平年和闰年相差一天，这一天，相差在哪个月份呢？

生：（齐）二月。

师：掌声送给施旭承。（全班鼓掌）。我猜，施旭承是知道这个问题答案的，他提出这个问题，是提醒我们，平年闰年相差一天，就是相差在二月这一天。平年闰年，是和二月有关系的。

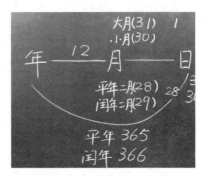

图 3-5

3. 交流"疑问"

师：我们再请纪云怿和大家交流"他的疑问"。

纪云怿：为什么二月只有 28 天或 29 天？

师：像这样的问题还有束文茜、刘啸傲、赵容嘉都写在"小研究"中。二月的天数为什么这样少呢？这里，我请孙希彤同学来讲一个故事。

（孙希彤展示，如图 3-6。孙希彤讲解故事。）

> 为什么每年大月有 **7** 个，而小月只有 **4** 个，这其中有一段有趣的历史小故事：我们现在使用的历法最初来自欧洲的古罗马。公元前 **46** 年，古罗马皇帝恺撒规定每年为 **12** 个 月，单月都为大月，双月都为小月；但照这样规定，一年就多出了一天，得找出一个月从中减去一天。因为当时古罗马被判死刑的犯人都在二月份处决，人们都希望 二月份越短越好，于是就从二月去掉一天。后来，奥古斯都做了罗马皇帝，他发现恺撒是七月出生的，七月是大月，而他自己是八月出生的，八月却是个小月。于是 他下令把八月改为大月，还将八月以后的双月都改成大月，单月是小月；八月改为大月后，全年多出来的一天又从二月减去，二月则剩下 **28** 天。每年有 **7** 个大月，**4** 个小月的这种安排就 一直沿用至今。因此，英语里的八月 **(August)** 就是奥古斯都的名字。

图 3-6

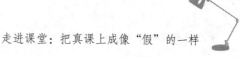

生：我要补充，为什么九月要改成小月，这样是为了避免3个大月连在一起。

师：两个同学讲完了这个故事。咱们一起来回顾一下这个故事。哪个国家？（生：古罗马），有两个皇帝，叫什么？（生：恺撒，奥古斯都）。第二个皇帝的名字，和有个月份的名字有关系？（生：八月）先说恺撒皇帝，最初是怎样规定大、小月的？

（学生回答"单数的月份都是大月"，教师让学生说出具体是哪些月，学生回答时，教师板书：1，3，5，7，9，11。学生口述哪些月是小月时，教师板书：2，4，6，8，10，12。教师组织学生数大、小月个数，然后算6个大月一共的天数、6个小月一共的天数以及全年天数，教师板书：$31 \times 6 = 186$，$30 \times 6 = 180$，$186 + 180 = 366$。教师追问：366天，比365天多了一天，怎么办？学生回答：从二月里减去一天。教师将之前板书的"2"从小月中擦去。接着组织学生回顾故事：后来的皇帝奥古斯都，发现恺撒皇帝的生日在7月，那是大月，他的生日在8月，那是小月。于是，把8月改为大月，这样就如同刚才说的，出现连续3个大月，接着把之后的九月改成小月，十月改成大月，十一月改成小月，十二月改成大月。教师将黑板上板书调整。教师组织学生数大、小月个数，然后算大月一共的天数、小月一共的天数以及全年天数，教师板书：$31 \times 7 = 217$，$30 \times 4 = 120$，$217 + 120 = 337$。学生发现，还有二月的天数没有算。接着算，$337 + 29 = 366$。教师指出：又多了一天。学生指出：从二月里再减去一天。教师再问：为什么要从二月里减去呢？学生回答：因为判死刑的犯人都在二月处决，二月不吉利，天数要尽可能少一点。教师指出：这样的历法，一直沿用到现在。二月为什么还有29天呢？这，之前施旭承解释过的，我们下一节课再探讨。）

生：我有一个问题，为什么要存在年、月、日？

师：由这个问题，我就想到，年、月、日从哪儿来的？年、月、日是谁发明的？

生：恺撒，奥古斯都。

师：（指板书）像现在这样的历法，和古罗马两个皇帝有关系。年、月、日是谁发明的？我也在想这个问题。

生：古罗马的第一个皇帝，他的生日已经在月里面了，所以他之前的人肯定发明过。

师：对啊，这之前人们已经发明了年、月、日了。（图3-7，屏幕出示黑夜图片）这是黑夜，看不到太阳；（屏幕出示白天图片）到了白天，就看到太阳（屏幕接着依次出示：黑夜图片，白天图片……）又看不到太阳，又看到太阳，又看不到太阳……你发现大自然有没有规律？（生：有）在古罗马两个皇帝之前，就已经有人发现太阳看不见、看见，这是有规律的，于是后来就把这看不见太阳、看见太阳作为一日。（屏幕上将一张黑夜图片和一张白天图片用框框出来，如图）"日"，和谁有关系？

　　生：太阳。

图 3-7

　　师：那"月"呢？

　　生：月亮。

　　师：（屏幕依次出示图 3-8）看不见，月亮，月牙，圆月，月牙，看不见月亮了……这一组，就是一个月。

图 3-8

　　师：年呢？我们来看大自然中的树（屏幕依次出示大树图，如图 3-9。学生伴随着各幅图的出示，口述：春、夏、秋、冬），原来这树没有树叶，后来长出了叶子，叶子茂盛了，叶子变黄了，叶子又没了，像这样，有没有规律？（学生齐答：有）刚才有同学还说到"春夏秋冬"，像这一组，就是——一年。年、月、日是谁发明的呢？

　　生：大自然。

图 3-9

师：大自然有这样的规律。古时候的人，观察、发现这样的规律，于是他们创造了——年、月、日。当然，人，了不起的是，发现了年、月、日之间的关系，后来发现这和地球、月亮的转动是有关系的。更了不起的是，人，发明了用数来表示它们之间的关系。

（四）留疑

师：今天一节课，咱们探讨了什么内容？

生：（齐）年、月、日。

师：今天我们上课的日期是——

生：2015 年 1 月 16 日。

师：留一个问题给大家回去后思考，然后和你们的数学老师交流，也可以和你爸爸妈妈交流。问题是，如果没有了年、月、日，这个世界将变成什么样子？好，这节课就到这儿。

教学思考：

"年、月、日"是我们非常熟悉的教学内容。将"年、月、日"这节课作为公开课展示，是我对自己十多年前自己所上的"年、月、日"的同课异构。当我上完这节课后，听课老师惊讶地说，"年、月、日"还可以这样上？他们问我，怎么想到这样上的？

（一）对"教什么"与"怎样教"的思考

从教学目标说起。"年、月、日"的教学目标一般拟定为：通过观察年历，认识时间单位年、月、日，知道大月、小月，平年、闰年等方面的知识，记住每个月以及平年、闰年的天数。

从教学目标的阐述中，可以看出"年、月、日"第一课时所学内容。无疑，这是"数学"。不过，这是静态的结论性的数学知识。

这里呈现不同时期的小学数学教科书中有关"年、月、日"的内容是如何编写的（如图 3-10）。

图 3-10 中，①是 1925 年商务印书馆出版的小学数学教科书；②是 1949 年人民教育出版社出版的小学数学教科书；③是 2015 年江苏教育出版社出版的小学数学教

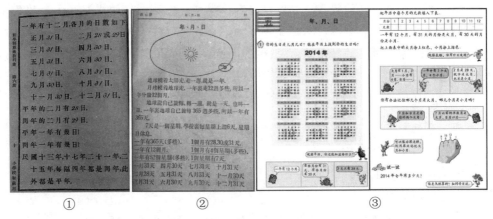

图 3-10

科书。不同时期的教科书，能看出"年、月、日"的教学内容大致相似，但新的教材还关注学生学习数学的过程与方法。从某种意义上说，数学本身就是主体建构的一种产物。现代的数学观已经从静态主义的观点转向动态主义的观点。数学不应简单地被等同于数学知识的汇集，不应被看作是无可怀疑的真理的集合，而主要的应被看作人类的一种创造性劳动。

以往我在教学"年、月、日"这一内容时，大致按照下面的思路展开教学：观察年历表，厘清每个月的天数；根据每个月的天数把月份进行分类，认识并记住大月和小月；关注二月份的天数的不同，认识平年和闰年；研究二月份天数的变化规律，探究平年和闰年的判定方法。这与教材的编写思路是一致的。

研读教材之后，视线再转向学生。

学生在课堂中的学习需要从年历表中归纳学习"年、月、日"的知识吗？"年、月、日"与学生的生活联系紧密，关于"年、月、日"，学生已知什么？

2014 年国庆节后，我对刚开学一个月的一、二年级各一个班的学生进行调查。调查的方式，是让学生独立、书面完成一份材料。其中第一个问题是：关于"年、月、日"，我知道了什么？

一年级(8)班，有 42 位学生。二年级(7)班，有 43 位学生。他们答题情况如下：

	一(8)班/人	二(7)班/人
知道"1年有365天"	10	27
知道"1年有12个月"	16	23
知道各个月的天数	6	22
知道"1天有24小时"	4	12
知道大月与小月	0	6
知道二月的天数	0	7
知道平年与闰年	0	1

要说明的是，一年级的学生刚入学，他们还不太会用文字表达自己的想法。这里仅是从他们的书面答题得到的数据。

如果是三年级的学生呢？

三年级的学生大部分都已经知晓"年、月、日"的知识，教师如果仍然按照原先的思路组织学生观察年历表，那学生也就表现为"知道，却装不知道"了。

进一步思考，"年、月、日"的教学，教学过程如果不再这样设计，那么这节课的数学味道是什么呢？即，如何体现这是一节数学课呢？换个说法，数学课上学习的"年、月、日"与科学课上的"年、月、日"有何不同呢？数学课，不应成为对"年、月、日"知识的简单识记。

我思考：这节课，教什么？学什么？怎样教？怎样学？学生能做什么？教师可以不做什么？教师该做什么？

(二)改变学习方式，重新认识数学

学生，不是一张"白纸"。既然学生已经知道"年、月、日"的一些知识，我再"助推"一下，在他们累积学习的基础上，组织学生在课前进一步展开对"年、月、日"的研究学习。教师设计了下面三个问题：①关于"年、月、日"，我知道了什么？②关于"年、月、日"，我的疑问；③我收集的有关"年、月、日"的知识，数学故事。

即便是静态的结论性知识，也未必一开始获得的就是正确无误的。课堂，从交流"年、月、日"各自的已知入手。课堂上的交流，是开放的，学生先是同桌间交流，然后是全班交流，所交流的内容，既涉及本课学习的，也有后续将要学习的，有正

确的，也有不正确的。我以为，对后续学习内容的交流，正是对后续学习内容的感受。学生的数学学习过程，并不像火车时刻表规定的火车出站、运行、到站的时间那样精确。

在学生广泛交流之后，教师组织学生梳理：年、月、日这 3 个时间单位的关系是什么？而这，也正是本节课知识领域的学习内容。

关于"年、月、日"，有哪些疑问呢？"年、月、日"一课的教学，如果让学生质疑，学生会提出什么问题呢？

从我几次执教"年、月、日"的教学经历中，可以发现，关于"年、月、日"，学生的问题大致有两类。一类是如"为什么二月的天数最少？""为什么七月、八月都是大月？"这样知晓结果，追问缘由的问题；一类是如"年、月、日是谁发明的？"这样打破砂锅问到底地对历史由来的索问。

如何回答这些问题？显然，这些问题的回答，都得从"历史"中寻找答案了。从这些问题中，我们不仅要看到数学知识，更要看到内隐在知识背后的数学思想、精神、观念……

对于"为什么二月的天数最少？""为什么七月、八月都是大月？"这样的问题，学生"百度"一下，古罗马恺撒与奥古斯都的故事不难找到。那这样的故事是否就是一"听"了之？

我的教学处理：在课堂中学生提出这两个问题之后，教师邀请学生讲解恺撒、奥古斯都的故事。

学生讲解之后，教师和全班学生共同回顾故事内容。最初，大、小月是如何规定的？师生完成列式解答：6 个大月多少天？$31 \times 6 = 186$（天），6 个小月多少天？$30 \times 6 = 180$（天），12 个月多少天？$186 + 180 = 366$（天）。把二月减去一天，这样，全年 365 天。奥古斯都修改历法之后，7 个大月多少天？$31 \times 7 = 217$（天），4 个小月多少天？$30 \times 4 = 120$（天），12 个月多少天？$217 + 120 + 29 = 366$（天）。所以，再从二月减去一天，全年 365 天。

算的过程，初步经历了历法的变化与调整过程，学生对儒略历的认识，对大月、小月的规定不再停留于简单地接受。

"年、月、日是谁发明的？"对于这样的问题，坦率地说，作为教师的我，最初也没有想过。我所知晓的，一年，就是地球绕太阳公转了一周的时间；一个月，就是月亮绕地球运转一周的时间；一日，就是地球自转一周的时间。也就是，年、月、日，与太阳、月亮、地球有关。究竟是谁发明年、月、日的呢？我豁然开朗，是古人源于对自然现象的观察。古时候生活在地球上的人，通过长期观察，发现太阳升起落下，日复一日的变化，月亮阴晴圆缺、月复一月的变化，气候四季交替、年复一年的变化，于是建立起时间的概念，并逐渐建立起年、月、日的概念。

如何和三年级的学生交流这些呢？我用课件先呈现黑夜、白天的图片，讲述：地球自转一圈，古时候生活在地球上的人，一般感觉是黑夜，看不到太阳，然后是白天，看到了太阳；接着，黑夜，看不到太阳，白天，看到了太阳……他们发现了大自然中的规律，于是把黑夜、白天作为一个周期，也就有了"日"。接着呈现月亮圆缺变化图片：地球上的人，看到月亮从缺到圆，由圆到缺，也就是看到月亮了，看不到月亮了，这也有规律，把看不到月亮、看到月亮作为一个周期，也就有了"月"。然后，呈现一棵树的树叶从无到有，从绿到黄，从有到无的变化图片：大自然中的树，先是长出嫩叶，然后树叶变得茂盛，接着变黄，又落了，没有叶子了。树叶从无到有，从有到无，也是有规律的，树叶从没有到有再到没有，这样一个漫长的周期，也就是"年"。当人发明了"年""月""日"之后，再进一步发现年、月、日之间的关系，那更是了不起了。

上述的教学处理，试图让学生体会时间是关于过程的度量。时间涉及过程，是事物发生与运动的产物，要建立与时间有关的概念，必须要有参照物。对于生活在地球上的人类，最好的参照物就是太阳、月亮和浩瀚的星空。为了准确地表达时间的概念，就必须清晰地描述地球与参照物之间、参照物与参照物之间的变化关系，而且，准确清晰表达的捷径就是借助数学的语言。这便是用数学的语言描述现实中的故事，这是一个完整的构建模型的构成。正如史宁中教授指出的："刻画时间是人类迄今为止构建的最为重要的数学模型，其效能几乎可以与火的使用、与文字的发明、与自然数的发明相媲美。"

年、月、日的产生，源于对自然现象中规律的刻画，对一个个从无到有、从有到无的周期性现象的刻画。由此想开去，如果没有年、月、日，这个世界将是一片混沌。继续思考，如何将每一天、每一个月、每一年区别，于是用到了数字。当然，这些教师所获得的认识，只是让小学生有些"感觉"就可以了。为了让学生进一步体会人类的文明成果，在课尾，教师留下问题：如果没有年、月、日，这世界将变成什么样？学生在想象中体会年、月、日这一来源于生活实践又作用于生活实际的发明。数学的发展，与人类的生产实践和社会需求密切相关，对自然和社会的探索，是数学研究最丰富的源泉。

　　历法的形成，是一个漫长的复杂的演变过程，其中的故事、逸事反倒使本来比较枯燥的年、月、日知识变得温情脉脉，或者说，变得好玩起来。教学过程中，将这些故事、逸事引入，年、月、日的教学就多了份历史的厚重感，学生对各月的天数也就多了份"理解"。

　　数学史融入数学教学中，是基于学生数学学习的需要，而不是数学教学中的装饰与点缀。数学史融入数学教学中，不仅使教学变得有"意思"，也让教学变得有"意

漫步美国大学校园

义"。数学史融入数学教学中，并不是仅仅停留于"知道"，而是感受数学形成的过程，体会人类认识世界、数学化刻画世界的过程，即在认识历史中理解数学。

　　数学，是人类的一种文化活动。数学，是一个多元化的综合产物。如果要用几句话给"数学是什么"作一个恰当的回答，绝非是一件易事，关键是看问题的角度。对"数学"的认识，我们应当开放性地从一元论走向多元论。D. A. 格劳斯指出：教师所持有的数学观念与在课堂教授中数学的讲述方法密切相关，传递给儿童们的关于数学及其性质的细微信息，就会对他们今后去认识数学以及数学在他们的生活阅历中的作用产生影响。郑毓信教授说，正是在学校这样一个环境中，大多数人开始形成了自己的"数学观念"，而且在大多数的情况下，这些观念会在他们以后的生涯中一直得到保持。现行数学教育的一个重要弊端就在于：学校通过数学学习所形成的数学观念并不能看成对于"真正的数学"的真实写照。这也就是说，就今天的现实而言，"学校的数学"并不是"真正的数学"。

　　塔纳克斯和阿克维总结了数学教育中如何运用数学史的方式：一是提供直接的历史信息，如数学家传记、历史事件、数学名题，以及数学历史的书籍和课程等；二是历史启发法，即对教学专题找出历史线索，重构人类发现数学的历程，使之适用于课堂教学；三是数学意识的形成，指通过数学和数学的社会文化背景发展深刻的数学意识。在"年、月、日"的教学中，将古罗马恺撒、奥古斯都的故事引入，是否可以看作第一种方式，即提供直接的历史信息。历史信息既可以由教师提供，也可以让学生自己去收集、查找，但这些内容不能仅仅停留于让学生一看了之以及一听了之，如过眼烟云。让学生回顾故事，列式计算其中的问题，这是否可以看作上述"历史启发法"的应用？而让学生感受年、月、日是对客观世界的刻画，这是否可以看作上述第三种方式的应用？

　　将数学史融入数学教学中，不应牵强附会。融入，基于其必要，融入，要不露痕迹。将数学史融入数学教学中，数学史会因为教学的需要而被剪辑，也即教学法的加工。作为数学教师，为教育而历史，不过，我们又发现，因为历史，教育而更有内涵。

二、让"生长"看得见

——"三角形的分类"教学与思考

教学内容：苏教版《数学》四年级下册"三角形的分类"。

教学目标：

1. 知道三角形按角可以分成锐角三角形、直角三角形、钝角三角形，在认识分类的过程中认识锐角三角形、直角三角形、钝角三角形。能正确判断一个三角形是什么三角形。

2. 经历把三角形分类的过程，进一步感受分类思想，进一步发展空间观念。

教学过程：

课前，教师发给每位学生如下"研究学习"材料，学生独立、自主完成。

"三角形"研究学习

1. 如果将三角形按角进行分类，可以怎样分类？能用图表示吗？

2. 为什么说"三个角都是锐角的三角形是锐角三角形"？而直角三角形却说"有一个角是直角"，钝角三角形说"有一个角是钝角"？

3. 如果将三角形按边进行分类，可以怎样分类？能用图表示吗？

4. 关于三角形的分类

　我的发现：

　我的提醒：

　我的疑问：

(一)揭示课题

师：请大家拿出课前完成的"研究学习"材料。再次读一读"研究学习"材料中的问题。你知道这份材料研究什么问题吗？

生：三角形的分类。

师：可以说得具体一些吗？

生：三角形按角分类，按边分类。

师：对！今天这节课，我们先一起交流探讨三角形按角分类。

(二)小组交流学习

师：研究学习材料中哪些问题是研究三角形按角分类的？

生：第1题和第2题。

师：请大家先在小组里对研究学习材料中的第1题和第2题进行交流，然后准备在全班交流。

（学生分小组交流，教师巡视了解情况。）

(三)一个小组与全班的交流学习

（教师抽签，刘嘉仪、向无邪、王子墨、曹德坤小组和全班交流。）

1. 交流第1个问题

刘嘉仪：（展示材料，如图3-11）我和大家交流三角形按角怎样分类。我分成了4种。直角三角形，有一个角是直角的三角形，如图①；锐角三角形，三个角都是锐角的三角形，如图②；钝角三角形，有一个角是钝角的三角形，如图③；等腰直角三角形，两条直角边相等，如图④。

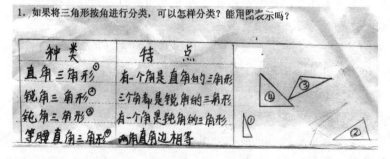

图 3-11

王宇轩：图④也是直角三角形，我觉得等腰直角三角形也是直角三角形。

刘嘉仪：但等腰直角三角形比直角三角形特殊啊。

师："特殊"，这个词说得好！等腰直角三角形比直角三角形特殊在哪儿呢？

赵君睿：特殊在有两条边相等。

师：等腰直角三角形是不是直角三角形？

生：（齐）是。

宋儒妍：等腰直角三角形是直角三角形，是特殊的直角三角形。我还想到了，等腰直角三角形是特殊的等腰三角形，特殊在有一个角是直角。（全班掌声）

师：等腰直角三角形和直角三角形，是不是并列的关系？

生：（齐）不是。

师：它们之间的关系，和我们之前学习的什么知识差不多？

（学生沉思了一会儿，有学生说出"垂直、相交"。教师在黑板上画出图3-12。）

图 3-12

师：垂直与相交，如果用这里的两个圈表示它们之间的关系，大圈表示什么？小圈呢？

周语乐：小圈是垂直，大圈是相交，垂直是相交的一种特殊情况。

黄新程：垂直是两条直线相交成直角，比相交特殊。

师：还是这两个圈，如何表示等腰三角形与等腰直角三角形的关系？

汤政：大圈表示等腰三角形，小圈表示等腰直角三角形。等腰直角三角形是一种特殊的等腰三角形。

师：直角三角形与等腰直角三角形呢？

丁希莹：大圈表示直角三角形，小圈表示等腰直角三角形。等腰直角三角形是一种特殊的直角三角形。

师：由此来看，等腰直角三角形与锐角三角形、钝角三角形、直角三角形之间，是不是并列关系？

（学生回答"不是"，学生曹德坤脱口而出：包含关系。）

师：三角形按角分，分成锐角三角形、直角三角形、钝角三角形，它们之间的关系如何画图呢？请大家看杨亭玉画的图。

（杨亭玉展示，如图 3-13。）

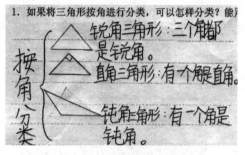

图 3-13

杨亭玉：我把三角形按角分类，分成了锐角三角形、直角三角形、钝角三角形。（全班掌声）

师：如果画圈，怎样画呢？

（杨烁跑到黑板上画出图 3-14。）

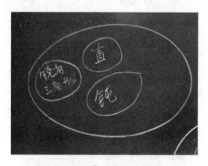

图 3-14

朱展辰：杨烁，我想问你，在大圈中，三个小圈的外面，那表示什么呢？

（杨烁未能回答，桑瑞阳到黑板上画出图 3-15。）

图 3-15

黄嘉文：桑瑞阳这样的图，让人感觉直角三角形、钝角三角形，是特殊的锐角三角形。

（王佑楠跑到黑板上画出图 3-16。全班掌声。）

图 3-16

（教师在黑板上画出图 3-17，指出：如果用一个圈表示三角形，通常把圈这样"一分为三"。）

图 3-17

2. 交流第 2 个问题

王子墨：（展示材料，如图 3-18）我和大家交流第 2 个问题。因为锐角三角形的

三个角都是锐角，而直角三角形只有一个角是直角，钝角三角形也是这样。

> 2. 为什么说"三个角都是锐角的三角形是锐角三角形"？而直角三角形却说"有
> 一个角是直角"，钝角三角形说"有一个角是钝角"？
>
> 答：因为锐角三角形 三个角都是 锐角、而直角三角形里 只有一个 角是直角，钝角三角形也是这样。

图 3-18

王睿琦：王子墨，你并没有回答上面的问题。

刘嘉仪：（展示材料，如图 3-19）因为 180°可以分成三个锐角，但不能分成三个钝角或直角。

> 2. 为什么说"三个角都是锐角的三角形是锐角三角形"？而直角三角形却说"有
> 一个角是直角"，钝角三角形说"有一个角是钝角"？
>
> 答：因为180°可以分成三个锐角，但不能分成三个钝角或直角。

图 3-19

曹德坤：我认为还要考虑三角形的内角和 180°不能分成两个钝角以及两个直角和一个锐角。

向无邪：（展示材料，如图 3-20）我是这样想的。因为三角形的三个角加起来等于 180°。如果锐角加锐角再加锐角等于 180°，这是可以的；如果锐角加锐角再加直角等于 180°，也是可以的；如果锐角加两个直角，那就大于 180°，这是错的；如果锐角加锐角加钝角等于 180°，也是可以的；如果锐角加两个钝角，那也大于 180°，这是错的。（全班掌声。）

> 2. 为什么说"三个角都是锐角的三角形是锐角三角形"？而直角三角形却说"有
> 一个角是直角"，钝角三角形说"有一个角是钝角"？
>
> 90°<180°　答：因为三角形三个角加起等于180°
> 在三角形中　锐角+锐角+锐角＝180° √
> 　　锐角+锐角+直角＝180° √　锐角+直角+直角≥180° ✗
> 　　锐角+锐角+钝角＝180° √　锐角+钝角+钝角≥180° ✗

图 3-20

宋儒妍：向无邪，你刚才发言中有两个地方说得不准确。一个是锐角加两个直角，大于180°，而锐角加两个直角，一定大于180°；还有一个是锐角加两个钝角，大于180°，应该是锐角加两个钝角，也一定大于180°。（全班掌声，向无邪向宋儒妍道谢。）

师：我觉得刚才在交流第2个问题时，向无邪一组的安排是精心考虑过的，值得其他组学习和借鉴。他们先展示有问题、有缺陷的小研究让大家辨析，再出示完成得比较好的小研究和大家交流。我们能看出他们这个小组的同学对一个问题的想法进行自我完善的过程。（全班掌声。）

王佑楠：（展示材料，如图3-21）我是这样想的。一个三角形，只能有一个钝角或一个直角。如果有两个直角，如角1、角2都是90°，那角3就是0°，这不成立；如果有两个钝角，如角1、角2都是91°，那角3就是负2°，更不成立。所以三角形中只能有一个直角或一个钝角。

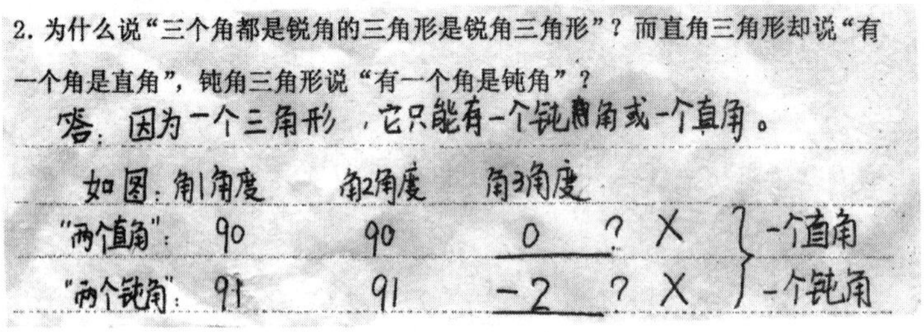
2. 为什么说"三个角都是锐角的三角形是锐角三角形"？而直角三角形却说"有一个角是直角"，钝角三角形说"有一个角是钝角"？

答：因为一个三角形，它只能有一个钝角或一个直角。

如图：	角1角度	角2角度	角3角度		
"两个直角"：	90	90	0	？X	一个直角
"两个钝角"：	91	91	−2	？X	一个钝角

图 3-21

师：我们来看王佑楠的想法，你觉得王佑楠的想法有什么特点？

王子晔：她是举例子想的。

黄怡宁：王佑楠是从反面想的，在三角形中，如果有两个直角，如果有两个钝角，会怎么样，结果发现不可能，所以三角形只能有一个直角或一个钝角。

凌逸峰：王佑楠画了一个表格，尽管没有把表格线画出来，但这样看，很清楚，有条理。

师：三位同学的分析，非常精彩！从王佑楠的想法中，我们看到了，思考问题时，可以举例子想，从反面想，用表格有条理地表达自己的想法。

邱苏阳：我发现，一个三角形起码有两个锐角，剩下的一个角是什么角，它就是什么三角形。

（全班学生一时愣住了，邱苏阳重复讲述一遍之后，全班报以热烈掌声。）

师：由邱苏阳的想法，我想到了一道题：一个三角形的最大的角是锐角，这样的三角形是什么三角形？

生：（齐）锐角三角形。

师：为什么这儿不说三个角是锐角，你就能做出判断呢？

张笑航：最大的角是锐角，那其他两个角也一定是锐角，也就是三个角都是锐角，所以是锐角三角形。

（四）课堂总结

师：总结一下今天这节课所探讨交流的问题。

黄新程：三角形按角分，可以分成锐角三角形、直角三角形、钝角三角形。就相当于把三角形看作一个圈，这3种三角形把圈一分为三。

赵君睿：3个角都是锐角的三角形，是锐角三角形；有1个角是直角的三角形，是直角三角形；有1个角是钝角的三角形，是钝角三角形。

王宇轩：三角形最多有3个锐角，但最少，也有2个锐角。

汤政：三角形中，最多只有一个直角或一个钝角。判断一个三角形是什么三角形，只要看这个三角形的最大的角是多少度就行了。

（五）课堂作业

完成苏教版小学数学四年级下册第83页"练一练"第2题，第86页练习十三第1、2题。

教学思考：

"三角形的分类"是苏教版四年级的教学内容。教材先引导学生根据角的特点对三角形进行分类，认识锐角三角形、直角三角形和钝角三角形，再根据边的特点，认识等腰三角形和等边三角形。我在教学这个内容时，将三角形按角分类与三角形按边分类集于一张"研究学习"材料中，这样便于让学生在对比中认识三角形可以按不同的标准进行分类。还要说明的是，这份材料，让学生研究了三角形按角分类与按边分类，是两节课的课堂学习使用的。也就是说，在三角形按角分类这一课时，只是使用了"研究学习"材料中的部分内容。

(一)让"生长"看得见

对于锐角三角形、直角三角形、钝角三角形，学生通过顾名思义的方式即可获得大致正确的认识。数学教学过程中，如何让学生在他们已有的感觉的基础上再向前走一步，获得新的认识与发现呢？我以"分类"为切入口，设计了这样的问题：如果将三角形按角、按边进行分类，可以怎样分类？能用图表示吗？这对学生来说，是更具有挑战性的问题。通过这样的问题，把学生带到学习任务中，让学生展开自己的思考，让他们带着想法走进课堂，展开"有准备的"课堂学习。学生在探讨三角形按角分类的过程中，进一步认识锐角三角形、直角三角形、钝角三角形；在探讨三角形按边分类的过程中，进一步认识等腰三角形、等边三角形。

在这样的教学过程中，表现出"先学后教"的特征。不过，关于"先学后教"，存在着简单化的认识，即认为"学"是学生的事，"教"是教师的活。先学后教，即让学生先学，然后教师再教。而这，是对"先学后教"的片面理解。对教师来说，先学后教，可以理解为教师先向学生学，然后教学生。对学生来说，先学后教，意味着学生先学习，然后在后续的或是小组或是全班的交流过程中"教"同伴。学生相聚在一起组成的课堂，如同"生命的林子"，他们在充满合作相互交融的状态下实现生长。我们不要认为，教，一定是"教正确的"，事实上，错误的，或是不完善的，都是学习的资源。例如，出错了，让同伴就此做出分析，也是学习的过程。从这节课中，可以看出，学生从模糊走向了清晰，从错误走向了正确，从肤浅走向了深刻。"生长"，看得见。

教师需要注意学生原有的不完整的理解、错误观念和对概念的自然解释对所学科目的影响。教师还需要依据这些概念来帮助每个学生达到更成熟的理解。对于错误，我们要认识到其"合理性"。如果没有认识到这种"合理性"，那纠错往往难以取得预料的效果。正如帕斯卡尔所指出的："当我们想要有效地纠正别人并指明他是犯了错误时，我们必须注意他是从哪个方面观察事物的，因为在那方面他通常是正确的；我们必须承认他那方面的真理，然而也要向他指出他在另一方面所犯的错误。"

"先学后教"，也不能简单地理解成时间的先后，而应当视作逻辑的先后。"先学"，对学生来说，其更多地强调学生的主体意识和积极主动的学习态度，期待学生以自主、研究的方式开展学习活动。对教师来说，提醒教师先向学生学，教师在课堂学习过程中要"管住自己的嘴，用好自己的耳"，注意听讲，这里的听讲，是指先听学生的交流，然后再讲，即先"听"后"讲"。"后教"，既包含学生在独立自主学习之后相互交流互动过程中的"兵教兵"，也包含教师弱化自身权威意识，转变角色，以组织者、引导者、合作者、促进者的身份积极参与到学生的学习中。

　　课前，教师了解了学生画图情况，全班没有学生用集合图的形式表示三角形按角分类。在交流"研究学习"材料第 1 个问题的过程中，教师抓住"等腰直角三角形"这一意外，从"等腰直角三角形和直角三角形、等腰直角三角形和等腰三角形"的关系入手，引入集合图表达数学思考。在学生充分互动、相互启发的过程中，学生发现了如何用集合图来表示三角形按角分类。而在用集合图表示分类的过程中，又促进学生进一步认识与理解锐角三角形、直角三角形、钝角三角形。对概念的理解，不仅仅在于理解概念的内涵，还有认识、理解概念之间的关系。

（二）发现，让教学更精彩

　　回味课堂，用"精彩"形容并不为过。精彩源自何处？这是我们需要思考的。这样的思考，有助于今后课堂再生这样的精彩。

　　反复琢磨，我以为，是"发现"，让教学更精彩！

　　教师发现学生"生长"的空间。教师准确了解学生的学情，设计适合学生发展并具有让学生"跳一跳、摘果子"特征的学习任务，引领学生学习。这节课的教学，基于学生对锐角三角形等有着正确的感觉，教师设计了对学生更有挑战性的"分类"问题让学生探讨。课前，教师了解全班学生用图表示三角形按角分类的想法，发现未有学生画出集合图，针对这一空白点，教师在课堂中把用集合图表示锐角三角形、直角三角形、钝角三角形的关系作为学生学习的"生长点"。

　　教师发现学生的"生长"方式。学生在课堂中的"生长"，是建立在个人独立思考基础上的同伴互动，结伴共学，每位学生都以开放的心态建立具有反思性、循环性、相互依赖性的互动学习方式。通过课前的"研究学习"，每位学生带着自己的想法走进课堂，但他们不是只考虑把自己的想法呈现出来——"说"了之，他们更注重倾听同伴的想法。他们既能做到积极地"讲"，更能做到了先"听"后"讲"。也就是，在听完同学的发言之后，再陈述各自的想法。在他人发言之后，或补充，或修正，或质疑，或肯定，在积极碰撞、互动的过程中完善、提升、建构各自的认识。学生学、思、悟融于一体，怦然心动、悠然心会。

教师发现学生"生长"的条件。学生的"生长"，需要的不是教师包办代替，而是教师的放手，还学生思考、交流的时空。教师放手，并不是撒手。在学生自主学习过程中，教师的点拨与引导不可或缺，如在交流研究学习材料第2个问题的过程中，对王佑楠想法的分析，不仅仅在于理解锐角三角形、直角三角形、钝角三角形，还在于学习怎样思考问题。

教师发现学生"生长"的特征。学生在数学学习过程中的"生长"，表现为学生对数学有所"发现"。这里的发现，并不是对人类未知的科学领域的"发现"，而是学生对前人已有定论的数学知识的习得，是对自身未知领域的"发现"。正如弗赖登塔尔所说，学习数学的唯一正确方法是实行再创造，也就是由学生本人把要学的东西自己去发现或创造出来，教师的任务是引导和帮助学生去进行这种再创造的工作，而不是把现成的知识灌输给学生。学生在数学学习中的发现，不仅仅有事实性的知识，更有对它的理解，知其然，知其所以然。学生的发现，不是"无厘头"，也不是"空穴来风"。"发现"是有所准备的，既包括心理准备，也包括认知准备。学生的发现，是有"过程"的，不是一蹴而就的。"过程"的价值，不仅仅是催生了"发现"，而且学生在这一过程中，观察、比较、归纳、概括等能力都得到了发展。

这节课中，学生的"生长"，我们看得见！"发现"，让教师欣赏到了学生"生长"的美妙。而当学生具有"发现"意识，享受"发现"过程，也就体会到"数学好玩"了。

附：在组织学生探讨交流"三角形按边分类"之后，我布置了这样的作业：谈三角形的分类。这里是桑瑞阳和贾云时两位学生完成的作业（图3-22）。

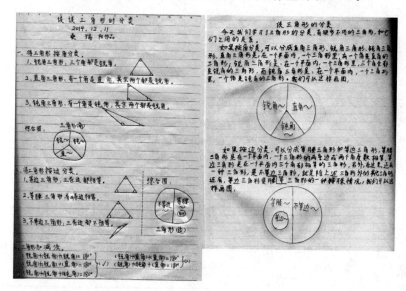

图 3-22

三、"生"为主体"学"为中心

——"小数的大小比较"教学与思考

教学内容： 苏教版五年级上册"小数的大小比较"。

教学目标：

1. 理解、掌握小数大小比较的方法，能正确进行小数的大小比较。

2. 感悟数学知识间的内在联系，发展数学思考，积累数学活动经验。

教学过程：

课前，教师发给每位学生如下"研究学习"材料，学生独立、自主完成。

"小数的大小比较"研究学习

◆怎样比较小数的大小？举例说明。

◆为什么 0.6>0.48?

◆关于小数的大小比较，我的提醒：

◆练习：

1. 在○里填上">""<"或"="。

   3.28○3.8   10.5○1.05   68.63○68.66   7.05○5.07   1.80○1.8

   3.84○3.844

2. 将下列各数按照从大到小的顺序排列。

   3.65   3.56   35.6   0.356   3.6   3.056

   _____

3. 运动会上，小力、小强、小海、小明参加了跳远比赛和100米赛跑。比赛成绩如下表，请你分别帮助他们排一下跳远比赛和100米跑的名次。

	跳远比赛成绩	100米跑成绩
小力	3.43 米	16.3 秒
小强	3.41 米	15.7 秒
小海	3.72 米	16.5 秒
小明	3.60 米	16.0 秒

◆关于"小数的大小比较"的题目，我推荐：

(一)小组交流学习

师：课前，我们每位同学已就小数的大小比较进行了研究学习，现在请大家先在小组里交流研究学习材料中前面的3个问题，等会儿我们再全班交流。

（学生小组交流。之后，一个小组的学生和全班交流。）

(二)全班交流学习

1. 交流"怎样比较小数的大小"

（滕沁芜展示，如图3-23。）

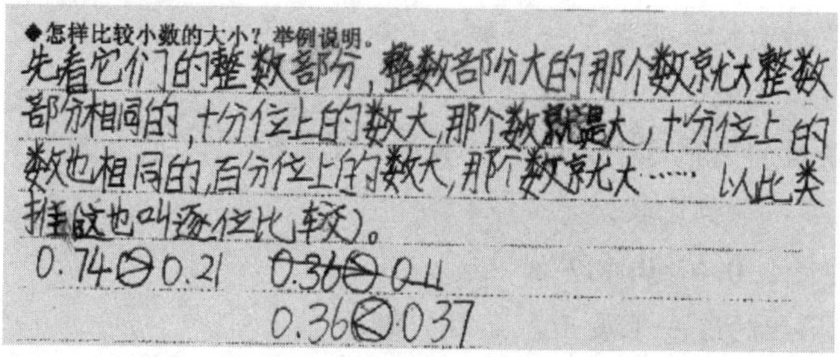

图 3-23

滕沁芜：今天由我们小组来给大家汇报，我来给大家说怎样比较小数的大小。我认为先看它们的整数部分，整数部分大的那个数就大；整数部分相同的，十分位上的数大，那个数就大；十分位上的数也相同，百分位上的数大，那个数就大……依此类推，这也叫逐位比较。大家看这个例子：0.74＞0.21，它们的整数部分都是相同的，十分位上7＞2，所以0.74＞0.21，第二个例子：0.36＞0.11，整数部分是相同的，十分位上的3大于1，所以0.36＞0.11。

柯欣怡：我给你提个小建议，我觉得你举的这两个例子，第一个十分位上是不同的，第二个例子可以把它设计成百分位上是不同的，谢谢！

师：谁听懂了柯欣怡的发言？

张淳：我听懂了柯欣怡的发言，她说滕沁芜的这两个例子是重复的，可以把0.36和0.11换成0.36和0.37，这样的话，它们十分位是相同的，百分位不一样，这两个例子就不重复了。

（张淳发言过程中，滕沁芜把研究材料中的第二个例子"0.36＞0.11"改成了

"0.36＜0.37"。全班学生鼓掌。)

师：回顾刚才柯欣怡和张淳的发言，第一个例子的小数在哪一位上能够比较出大小？

生：(齐)十分位。

师：第二个例子呢？

生：(齐)百分位。

师：滕沁芜前面的发言特别好，你觉得好在哪儿？

张惟天：我觉得滕沁芜的发言好在她把比较的方法起了个名字叫"逐位比较"。

师：滕沁芜对比较方法做了一个概括，取的名字叫什么？

生：(齐)逐位比较。

师：我们请滕沁芜把这个方法名板书在黑板上。

(滕沁芜板书：逐位比较。)

2. 交流"为什么 0.6＞0.48?"

(与滕沁芜同组的陈一苇展示，如图 3-24。)

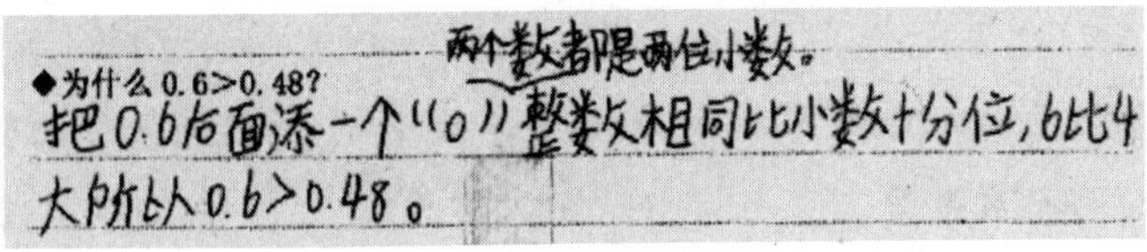

图 3-24

陈一苇：我来给大家讲为什么 0.6＞0.48。我的方法是把 0.6 后面添一个"0"，两个数都是两位小数，整数相同比小数的十分位，6 比 4 大，所以 0.6＞0.48。谁要给我补充？

(韩冰仪展示，如图 3-25。)

图 3-25

韩冰仪：我有两种方法，第一种是画图法，第二种是用四舍五入，把 0.48 看成

0.5 来比的。请大家先看我的第一种方法画图法（韩冰仪边指图边讲解），我们可以先画两条同样长的线段，然后把线段平均分成 10 份，其中的 6 份用小数表示也就是 0.6；第二条线段，也是同样把一条线段平均分成 10 份，0.48 比 5 份少一点，从这个图我们可以比较出 0.6 到这，0.48 到这（边说边指示），所以 0.6 比 0.48 要大。我的第二种方法是把 0.48 看成 0.5，6 和 5 比，6 大，0.6 比 0.5 大，所以 0.6 大于 0.48.

李广威：我觉得韩冰仪的第二种方法在一种情况下是不可以的，如 0.58 和 0.6，如果你用这个方法，是比较不起来的，因为把 0.58 四舍五入的话就变成了 0.6，0.6 和 0.6 是相等的，但实际上 0.58 是没有 0.6 大的。（全班学生鼓掌。）

张惟天：我觉得李广威说的情况有时候也是可以的，比如，说 0.58 要"五入"，看大一点才变成 0.6 的，所以是可以比较的。

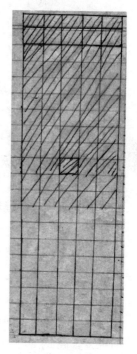

丁天行：我举一个例子，0.58 和 0.59 比较，如果"四舍五入"，都是 0.6，那就不能比出大小。（全班学生热烈鼓掌。）

师：韩冰仪刚才介绍第一种方法怎么样？（很好）她画的是线段图，有没有画的是不同的图，请展示一下！

（程钰涵展示，如图 3-26。）

程钰涵：我画的是方格图。涂红色线的，表示 0.6，涂蓝色线的，表示 0.48。（指着图中的红方框）我有个错误，我这个图中，0.48 应该是到这个位置，而我画多了。

师：哦，我们通常是画正方形。

生：通常画 10 乘 10 的正方形。

（教师出示图 3-27。）

图 3-26

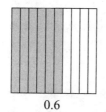
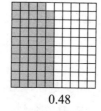

0.6　　　　0.48

图 3-27

师：0.48要涂多少个小正方形？

生：(齐)48个。

师：0.6，像这样涂直条的话，涂几个？

生：(齐)6个。

师：如果涂小正方形呢？

生：(齐)60个。

程钰涵：我一行画了5个格子，画了100个格子，因为0.48等于$\frac{48}{100}$，涂48格；0.6等于$\frac{6}{10}$，也等于$\frac{60}{100}$，涂60格。

师：哦，我明白了你怎么画100格的了。再看看韩冰仪的第二种方法，她把0.48怎么处理的？

生：求近似值。

师：怎么求一个小数的近似值，我们后面还要研究。0.48四舍五入是0.5，怎么想到是0.5，而不是0.8、0.6、0.2呢？

尹力：数学上有个方法叫"四舍五入"，8大于5就可以进一位，而4加上进的一就变成5，8就变成了0，这样0.48就变成了0.50，0.50后面的0可以不写，就变成了0.5。

沈辰谕：我觉得还有一种方法，把0.48看成48，48约等于50；0.6是一位小数，要乘100，看成整数是60，48小于60，0.48小于0.6。

李广威：我觉得沈辰谕的这种方法，尹力已经讲过了，尹力这样一讲，就让我们明白了小数部分的四舍五入和整数部分的四舍五入是没有区别的。

师：李广威的发言，有一句话说得特别好，他发现前面两位同学的发言有联系，发现求小数近似数的方法和求整数的近似数的方法有相同之处。不过，也有不一样的地方，48约等于50是省略十位后面的尾数，或者说省略最高位后面的尾数，或者说保留整十数；如果把0.48四舍五入到0.5，那是保留几位小数？

生：一位小数。

师：那把话说完整，也就是说，把0.48——保留一位小数约等于0.5(学生齐说一遍)还有不同的说法，今天暂不介绍，大家可以课后先去研究。我们再看韩冰仪的第二种方法，换个角度来看，我觉得这里是把这个0.5作为一个什么数呢？

生：中间数。

师：它比0.48——大，比0.6——小。找中间数来比较，这也是一种方法。请大家继续交流。

（同组的李悦文展示，如图3-28。）

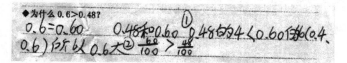

图 3-28

李悦文：下面我来给大家介绍"分数"的方法。0.6等于0.60，0.60用分数表示也就是$\frac{60}{100}$，0.48用分数表示是$\frac{48}{100}$，$\frac{48}{100}$小于$\frac{60}{100}$，所以0.6大于0.48。

徐馨蓓：你在说$\frac{60}{100}$的时候，我建议你在前面说一个为了方便比较，因为$\frac{60}{100}$还可以改写成$\frac{6}{10}$。

师：也就是说，0.6等于$\frac{6}{10}$，那为什么李悦文不说$\frac{6}{10}$而说$\frac{60}{100}$？

夏春秋：因为0.48是两位小数，两位小数转换应该是一百分之多少，所以我们要把0.6转换成两位小数，再转换成$\frac{60}{100}$。

李悦文：我把它转换成0.60，主要是为了让它们的分母一样，分母相同的时候，分子是比较容易比较的。（学生鼓掌。）

李广威：我发现你的方法和沈辰谕的方法都有一个共同点，你们把我们不熟悉的小数转换为我们熟悉的分数和整数来比较，这样我们就可以非常好的来比较了，就不用麻烦了。

师：再次感谢李广威的发言。李广威发现，李悦文方法和沈辰谕方法的共同之处，是把比较小数大小转化成我们学过的比较分数大小，比较整数大小，也就是把新的问题转化成我们学过的问题来解决。

尹力：请大家看我的方法，我用了拆分法。0.6 等于 60 个 $\frac{1}{100}$，0.48 等于 48 个 $\frac{1}{100}$，这样就是 60 个 $\frac{1}{100}$ 和 48 个 $\frac{1}{100}$，$\frac{1}{100}$ 都是一样的，前面 60 比 48 大，所以 0.6 大于 0.48。

（在尹力发言的过程中，教师协助板书：60 个 $\frac{1}{100}$ 　 48 个 $\frac{1}{100}$。）

师：谁听懂了尹力的方法？

程钰涵：我听懂了尹力的方法，他说的意思是 0.6 等于 $\frac{60}{100}$，它就变成了 60 个 $\frac{1}{100}$，0.48 等于 $\frac{48}{100}$，就等于 48 个 $\frac{1}{100}$，那 60 个 $\frac{1}{100}$ 和 48 个 $\frac{1}{100}$，它们有个共同的数是 $\frac{1}{100}$。

师：$\frac{1}{100}$，在这里叫什么呢？

生：计数单位。

程钰涵：$\frac{1}{100}$ 都是它们的计数单位，60 大于 48，所以 0.6 大于 0.48。（学生鼓掌。）

师：这样的方法也就是比较有多少个计数单位。请看题（教师板书 5○3），5 和 3 谁大？

生：（齐）5 大。

师：为什么 5 比 3 大？

杨笃行：因为他们的计数单位都是 1，一个是 5 个计数单位，一个是 3 个计数单位，所以 5 大于 3。

师：（板书 $\frac{5}{8}$○$\frac{3}{8}$）：$\frac{5}{8}$ 和 $\frac{3}{8}$，谁大？

生：（齐）$\frac{5}{8}$ 大。

师：为什么 $\frac{5}{8}$ 大于 $\frac{3}{8}$？

蒋开颜：因为 $\frac{5}{8}$ 有 5 个 $\frac{1}{8}$，$\frac{3}{8}$ 有 3 个 $\frac{1}{8}$，所以 $\frac{5}{8}$ 大于 $\frac{3}{8}$。

师：现在来看，0.6 有 60 个——0.01，0.48 有 48 个——0.01，60 个 0.01 比 48 个 0.01——大。观察这几组整数、小数、分数的大小比较，你有什么想法？

沈辰谕：在计数单位相同的情况下，哪个数的计数单位多，哪个数就大。

师：是的，这几组整数、小数、分数比较大小的时候，相同的是比较有多少个计数单位。请大家再思考，0.6 有 60 个 0.01，为什么不说有 6 个 0.1 呢？

黄橙蔚：因为 0.48 的计数单位是 0.01，为了方便比较，使它们的计数单位相同，所以想 0.6 有多少个 0.01。

3. 交流"关于小数的大小比较，我的提醒"

（同组的蒋开颜展示，如图 3-29。）

图 3-29

蒋开颜：我要和大家交流的是关于小数大小比较的提醒。我要提醒大家，小数不是位数越多，它就越大，而是逐位比较。

李欣怡：我要补充的是，小数大小与小数位数无关。

师：请大家判断，两位小数一定比一位小数大。

生：（齐）错。

尹力：在整数里，两位数一定大于一位数。例如，48 肯定大于 6，因为 48 的十位上有数。而小数，例如，0.48 和 0.6，一位小数 0.6 大。

4. 交流"练习"

师：感谢滕沁芜一组和大家的交流。（全班学生鼓掌）接下来，看材料中的练习第 1 题，请佘永康和大家交流。

（佘永康汇报答案，其余学生判断并和自己做的进行核对。其中前 5 小题都对了，第 6 小题，佘永康汇报的是：3.84＞3.844。）

生：错，应该是小于。

周瑞哲：我们先比较整数部分的个位，个位上都是3，个位是相同的；我们再看小数部分的十分位，十分位上都是8；再看小数部分的百分位，都是4；但是在千分位上，第二个小数有个4，第一个小数可以添上一个0，所以3.84小于3.844。

师：谢谢周瑞哲非常清晰的分析，这样的比较方法叫什么？

生：（齐）逐位比较。

师：（指着黑板上滕沁芜板书的"逐位比较"）请把掌声送给给这种方法命名的主人。（全班学生鼓掌）由于时间关系，今天这节课就到这儿，研究学习材料纸上还有的题目，明天数学课继续交流。

教学思考：

首先要说明的是，"小数的大小比较"这个内容，在苏教版教材中是安排在五年级学习。不过，我班依据学生的学情，对数学学习内容进行了整合与调整，我班学生是在四年级学习这一内容的。

"小数的大小比较"这个内容的学习，对我所带的四年级的学生来说，也几乎是没有挑战性的。即，本节课的内容即使不学习，不少学生也能、也会比较小数的大小。当然，这是我做出的一种猜测。真实情况如何呢？

我在四年级的另一个班做了一项测试。该班学生在三年级初步认识小数，尚未学习小数的意义、含有小数部分的数位顺序表、小数的性质。我让学生独立完成如前所示的课前"研究学习"材料中练习的第1题，并简要写出比较时是怎样想的。全班46位学生，有19位学生6题全对。各题正确人数统计如下表：

题目	3.28○3.8	10.5○1.05	68.63○68.66	7.05○5.07	1.80○1.8	3.84○3.844
做对人数	42	44	45	43	29	37

由上述统计可以看出，第5题，与小数的性质有关的题目出错人数稍多一些，其余各题出错人数都较少。不过，对学生这时的"能、会"要做一个理性的分析。

对数学内容的理解，有"工具性理解"与"关系性理解"两种模式。"工具性理解"是对数学对象的表层理解，"只管公式，不管理由""只知道做什么，不知道为什么这样做"；而"关系性理解"是对数学对象本质的把握，"不仅知道要做什么，而且知道理由"。不过，现实中有一种误解，认为"工具性理解"是应该避免的情形。英国数学教育家斯根普调查发现，"工具性理解"和"关系性理解"在中小学教师和学生中都非常普遍，各有各的用场。在脱离实际背景的情况下，很难评判"关系性理解"和"工具性理解"的优劣。不过，斯根普也强调，"工具性理解"只能取得短期的效果，而从长远发展的角度看，还是应该尽可能地获得"关系性理解"。

再来看作对的学生在比较小数大小的时候是怎样想的。以"3.28○3.8"为例，学生的典型想法：一位一位排，都是3的小数，先不看，2和8，8大于2，所以填小于号(马潇然)；两个数个位相同，然后比较小数点后第一位，8＞2，所以3.28＜3.8(刘畅)；最后"8"是下面一位的数，前面"2"没有"8"大，所以是小于号(王雅晗)。由此来看，学生在新课学习之前对小数大小比较的"能"与"会"，大致是"工具性理解"，而通过他们自主研究再交流学习，要达到"关系性理解"。因此这节课的教学目标定位于理解、掌握小数大小比较的方法，能正确进行小数的大小比较；感悟数学知识间的内在联系，发展数学思考，积累数学活动经验。也正是从学生的学习现实出发，研究学习材料中，先是让学生举例说明小数大小比较的方法，即明白其"法"；接着让学生以"0.6＞0.48"为例，探究其"理"；继而反思注意问题。

在"小数的大小比较"课前研究学习材料中，安排了练习题，不过，这里的题目不是教材中的"练一练"，而是教师重新设计的习题。其原因是，"小数的大小比较"的练习，其着重点是掌握比较的方法，在不同的问题中能正确应用，而原教材中的习题，对我们班的学生来说，缺乏一定的挑战性。

"学为中心"的数学课堂，要分析学生学什么，要筹划学生怎样学。这与以往教师聚焦于"教什么"以及"怎样教"不同，教师思考的出发点变了。

再说一点由这节课的教学获得的认识。

本节课的教学，交流练习到第1题结束时，下课铃响了。教师指出：由于时间关系，今天这节课就到这儿，研究学习材料纸上还有的题目，明天数学课继续交流。从课前研究学习材料的设计，到课堂结束时教师的言说，可以看出，这节课预设的教与学的内容，并没有在40分钟内完成。也就是说，教师没有完成预设的教学任务。

类似这样的现象，在"学为中心"的课堂上屡见不鲜。

我们知道，过去的数学课堂，教师讲授知识点，讲完后学生练习，课堂上完成哪些内容，完全是由教师控制着，由教师说了算，因而课前所预设的教学任务，在课堂中一般都按部就班被执行完成。

而在这样的课堂上，学生研究后交流互动，其所占用的时间比原先要多得多。而且，课堂上又即时生成一些新的情况，教师不再像过去那样匆匆处理乃至于不闻不问，从而又花费了一些时间。由此看来，课堂上不能完成教学任务，与改善学生的学习方式有关，与教师关注课堂上的生成情况有关。

继续思考，不难发现，生为主体，学为中心，课时教学任务的确定，不应由教师说了算，而应当根据学生的学习状态、学习水平和学习实际情况相机做出调整。下课铃响，课堂教学戛然而止，但学生的课堂学习明天还会继续。

课堂学习，放置于学生学习全程中考察，也就是一个学习的片段。这就有点像电视连续剧，每天播出其中一集，只是，电视连续剧每天剧情到哪儿结束，都是预设好的；而课堂学习内容的休止符，是随着学情动态调整着的。

四、数学教学：把门打开

——"轴对称图形"教学与思考

教学内容：苏教版《数学》四年级下册"轴对称图形"。

教学目标：

1. 进一步认识轴对称图形及其对称轴，能画出轴对称图形的对称轴，能在方格纸上补全一个简单的轴对称图形。

2. 经历判断轴对称图形与确定轴对称图形的活动过程，感受图形的变换，发展观察、比较、判断和推理等思维能力，进一步发展空间观念。

3. 积极参与观察、操作、思考等数学活动，感受轴对称的结构美。

教学准备：

学生课前剪下教材附页中的长方形、正方形、平行四边形图。

教学过程：

(一)导入新课

师：请看屏幕。我们一起来看一组图片。(出示图 3-30 中的"天坛图")当我看到这幅图的时候，我会做这样的手势(教师用手势示意一条竖直方向的线，即"天坛图"中对称轴的位置)。大家会这样做手势吗？

(教师依次出示图 3-30 中的其余各图，学生用手势示意各图中对称轴的位置。)

图 3-30

师：看完这一组图，大家是否发现这些图有相同的地方，然后想到一个词？

生：对称。

师：对！刚才我们看到的都是对称现象。对称现象，在生活中随处可见。大家也应该猜到了，这节课，我们将一起探讨什么问题？

生：轴对称图形。

师：(板书：轴对称图形)我们探讨对称现象中的轴对称图形问题。

(二)新课学习

师：我们从数学的角度来研究图形是否是轴对称图形。说到图形，想到我们认识过的哪些图形？

(学生回答"三角形、长方形、正方形、平行四边形、圆、五边形、六边形"等图形名称后，教师指出：我们先从简单的图形开始研究。

出示"研究学习"材料(如图 3-31)。教师请一位学生读第 1 题题目。)

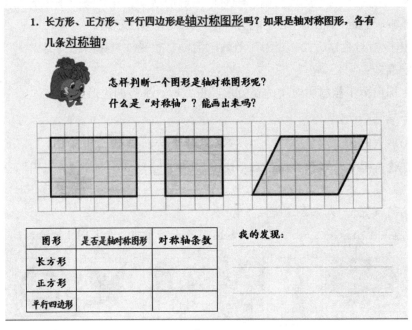

图 3-31

师：我们先研究哪几种图形？

生：长方形、正方形、平行四边形。

师：第一个问题，首先研究这些图形是不是轴对称图形。想一想，怎样判断一个图形是轴对称图形呢？

生：把图形平均分成两部分，两部分是完全一样的。

生：把图形对折，两边是一样的。

师：刚才第二位同学的发言，有一个词，你听出来了吗？

生：对折。

师：(板书：对折)判断一个图形是否是轴对称图形，我们要把图形做对折的操作，或在头脑中想象对折的操作。一个图形，对折以后就能判断它是轴对称图形吗？

生：要完全一样。

生：对折之后要重合。

师：对，要重合，而且是完全重合。(板书：完全重合)完全一样与完全重合，还是有所不同的。稍后，我们再来认识。对折后两边完全重合，我们才能做出判断，其是轴对称图形。我们再看第二个问题。如果是轴对称图形，我们还要研究它有几条对称轴？什么是"对称轴"？有感觉吗？

生：就是折的印子。

生：对称轴就是折的那条线。

师：大家的感觉是对的。折的印子，也就是折痕。(板书：折痕)对称轴，是一条直线，折痕所在的直线。(板书：直线)对称轴怎么画呢？我们看"研究学习"材料第2题。

(学生看图 3-32 材料。)

2. 把下面的图形补全，使它成为一个轴对称图形。

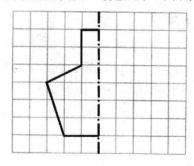

图 3-32

师：看到对称轴了吗？

生：看到了，虚线中间多了点。

师：(示范画点画线，边画边讲解)像这样的线，叫点画线。对称轴，通常画成点画线。接下来请大家独立完成"研究学习"材料第1题。大家可以看图，在头脑中想象怎么折，如果想象有困难，可以动手折一折课前剪的长方形、正方形、平行四边形的纸，然后做出判断，填写表格。同桌两人都完成后，再互相交流想法。

(学生活动，教师巡视，有学生完成得很快，教师提醒这些学生可以写写"研究学习"材料中的"我的发现"。学生展示所完成的"研究学习"材料并汇报。)

生：长方形是轴对称图形，有两条对称轴。正方形是轴对称图形，有4条对称轴。

师：我们再看看他画的对称轴，同意他说的吗？

(学生表示"同意"。教师追问：有问题吗？学生摇头。)

师：我的问题是，为什么正方形有4条对称轴，而长方形只有两条对称轴呢？

生：正方形可以斜着折。

(教师邀请学生用课前剪的正方形、长方形纸分别折给全班看。在把正方形沿着对角线折的时候，教师指导学生表达：这，是沿着它的对角线折。在学生沿着长方形的对角线折，并指出"这样折，不完全重合"的时候，教师指出：之前，有同学说，对折后两部分完全一样。现在来看，长方形沿对角线折，两部分是完全一样的，但却不完全重合。完全一样，却不一定完全重合；完全重合，一定完全一样。)

师：为什么长方形这样折，不能完全重合，却说长方形是轴对称图形呢？

生：因为长方形可以横着折，还可以竖着折。

师：像大家说的，长方形横着折或者竖着折，它是完全重合的；也就是说，只要有一次对折后能完全重合，我们就可以判断它是轴对称图形。当折一次并发现能完全重合之后，我们为什么还要换方向再折一折呢，那是研究什么问题呢？

生：(迟疑了一会儿)研究它有几条对称轴。

师：对！不同的折法，是研究有几条对称轴的问题。例如，正方形有几种不同的折法？

生：4种。

师：由此，发现什么？

生：正方形有 4 条对称轴。

师：要判断它是轴对称图形，只要有一次折了之后能完全重合，它就是轴对称图形。不同的折法，是探讨它有几条对称轴。数学学习过程中，我们动手操作，要明白它是研究什么问题的。（教师示意学生继续汇报。）

生：平行四边形不是轴对称图形，它有 0 条对称轴。

师：你把平行四边形折给大家看看。

（学生操作。沿着对角线折，发现不完全重合，又改换其他折法。）

师：他在不停地调整折的方式，想说明什么问题？

生：平行四边形不是轴对称图形。

师：对啊，要判断它不是轴对称图形，就是不管怎样折，它都不能完全重合。通过折一折，我们知道了，这个平行四边形不是轴对称图形。现在，请大家小结一下刚才我们研究的 3 种图形。

生：长方形是轴对称图形，有两条对称轴。（在学生小结这一点时，教师指导其他学生用手势同步示意对称轴所在位置，接下来，一位学生说，其余学生做手势）。正方形是轴对称图形，有 4 条对称轴。平行四边形不是轴对称图形。

生：只要对折后能完全重合的图形，就是轴对称图形。

师：刚才独立研究过程中，有的同学出现了一些差错，现在明白了，谁愿意和大家分享一下，之前错在哪儿？提醒大家注意什么？

生：我错在把长方形的对称轴写成 4 条了，提醒大家，长方形沿着对角线折是不能完全重合的。

生：我把平行四边形写成是轴对称图形了。注意，平行四边形不是轴对称图形。因为对折后，虽然完全一样，但不是完全重合。

师：谢谢两位同学的分享。我们一起看下面的问题。（先出示图 3-33 中的左图，再出示右图。）长方形 $ABCD$，如果这样对折，和 A 点重合的是哪个点？

生：D 点。

师：还有哪个点和哪个点重合？

生：B 点和 C 点。

师：（出示图 3-34）如果这样对折，和 AD 这条边重合的是哪条边？

生：BC。

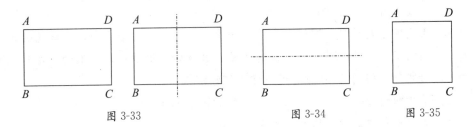

图 3-33　　　　　图 3-34　　　　　图 3-35

师：（出示图 3-35）我们再看正方形 *ABCD*，如果 *AD* 与 *BC* 重合，怎样对折？请大家用手势表示折痕。

（教师再提问，如果 *AB* 与 *DC* 重合，*AD* 与 *AB* 重合，*AD* 与 *CD* 重合，学生分别用手势表示折痕。）

师：（出示图 3-36）再看下面的问题。

（教师组织学生用手势表示"是"与"不是"。大部分学生判断图①②③是轴对称图形；图④不是轴对称图形。教师再在刚才的图中添加出示方格，如图 3-37。组织学生再次判断各图形是否是轴对称图形。学生依然判断图①是轴对称图形。教师不言语，课堂沉默了一会儿，有学生指出：图①三角形上面的边长 6 格，右边的边长 5 格，对折后不能完全重合。其余学生恍然大悟。教师指出：为什么之前判断它是轴对称图形，因为没有方格，仅靠眼睛观察，有时眼睛也会欺骗我们。而有了方格，各条边有多长，我们就心中有"数"了。）

（图②、图③，在学生判断其是轴对称图形之后，再用手势示意对称轴的位置。）

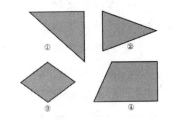

图 3-36

师：我们回头看这组图形，大家有什么新的想法，新的疑问？

生：为什么图①不是轴对称图形，图②是轴对称图形？

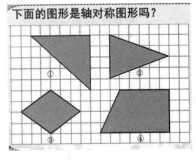

图 3-37

师：对呀，图①、图②都是三角形，为什么有的三角形是轴对称图形，有的三角形不是轴对称图形？那什么样的三角形是轴对称图形呢？观察图①、图②，生成这样的问题，非常棒！还有疑问吗？

生：为什么图③这个平行四边形是轴对称图形，之前那个平行四边形不是轴对称图形呢？

生：什么样的平行四边形是轴对称图形呢？

生：图④是个梯形，不是轴对称图形，有没有梯形是轴对称图形呢？

师：真好！大家此刻想到的这些问题，都是我们下课之后继续思考、研究的内容。再看"研究学习"材料第2题，请大家独立完成。

（学生完成第2题。教师展示一位学生的作品，组织全班学生核对，并提醒学生注意观察、体会，教师是怎样检查他画得对不对的。

教师组织学生在图上先数一数左半部分4个顶点距离对称轴的距离，然后数右半部分对应的4个点距离对称轴的距离，最后看各个点的连线。

教师出示图3-38，学生读题后组织学生回答。教师引导学生用规范与简洁的数学语言描述"完整的"图形。例如，图3-38中左图，是一个长8厘米、宽4厘米的长方形；右图，是一个边长4厘米的正方形。）

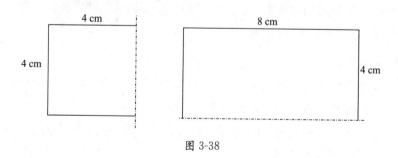

图 3-38

（三）课堂总结

师：回顾一下，这节课，我们一起探讨了什么问题？

生：轴对称图形。

师：关于长方形与正方形，我们知道了什么？

生：长方形是轴对称图形，有两条对称轴。正方形是轴对称图形，有 4 条对称轴。

师：我们还生成了一些疑问，还记得吗？

生：为什么有的三角形是轴对称图形，有的不是？怎样的三角形是轴对称图形？

生：为什么有的平行四边形是轴对称图形，有的不是？怎样的平行四边形是轴对称图形？

生：梯形是不是都不是轴对称图形？有没有梯形是轴对称图形？

师：对啊！我们在上课开始还说到，我们认识的图形还有圆、五边形、六边形等，它们是不是轴对称图形呢？如果是，又有几条对称轴呢？大家可以应用这节课学习的知识、方法继续展开研究。好，这节课就到这儿，下课！

教学思考：

对于我来说，把"轴对称图形"作为公开课来上，这是第二次了。第一次，是在 2006 年，当年这一内容，教材安排在六年级学习。这次上这节课，用的是四年级的学生。在修订后的课标苏教版小学数学教材中，学生分两次学习"轴对称图形"。三年级上册，学生初步认识轴对称现象，并初步认识了轴对称图形的对称轴。在四年级，学生进一步认识轴对称图形及其对称轴，能画出轴对称图形的对称轴，能在方格纸上补全一个简单的轴对称图形。从"学"的角度重构这节课，我在思考学生"学什么"与"怎样学"，继而思考"教师何为"。

(一)学什么?

在思考学生学什么时，我们不能仅仅通过阅读教材决策本课的学习内容。我们还需要从学生的视角分析，通过本课的学习，学生获得的进益与变化是什么？也就是说，学生上完这节课后，发生的"内在的变化"是什么？这，既是对教学目标的思考，也是对学习内容的再认识。

这节课的教学，在拟定教学目标时，我们往往关注学生正确判断长方形、正方形、平行四边形等图形是否是轴对称图形，以及其有几条对称轴。而这，仅仅停留于知识层面。方法层面呢？思想层面呢？如果学生能运用本节课学习的知识、方法对一个图形是否是轴对称图形做出判断，并进一步研究其有几条对称轴的问题，那学生学习这节课的效益，就不仅仅局限于一节课了。我们往往关注这一节课学生获得怎样的发展，我们还应当关注这节课之后，学生如何？

数学课堂，我们不是仅仅让学生获得一个封闭性的结论性的知识，而是开启学生疑问之门，开启学生的思维之门，开启学生的探究之门。因而这节课中，我精心设计了一组判断是否是轴对称图形的问题，在学生判断之后，让学生看图"生疑"。课堂总结，重温的不仅仅是结论性的知识，更有一系列的疑问。课堂，播下问题的种子，让学生带着问题、带着方法、带着兴趣走出课堂。学生学习，从课内自然、自主地走向课外。

（二）怎样学？

学生的学习，是从感觉开始的。课一开始，教师组织学生看图，用手势示意对折的折痕，"一切尽在不言中"。动作，让学生对"对称轴"多了感觉，多了感悟。之后认识"对称轴"，教师正是基于学生的这些感觉，敞亮其内隐的认识，明晰其外显的语言表达。

学生的学习，是基于独立思考基础上合作交流、共享共进的过程。对长方形、正方形、平行四边形是否是轴对称图形以及对称轴条数的学习，教师组织学生独立思考，再进行交流；画轴对称图形的"另一半"，也是放手让学生独立完成。学生的数学学习需要独立思考，但离不开独立思考之后的与同伴、与教师的交流互动。"独学而无友，则孤陋而寡闻"，学生在交流中促进认识与想法从模糊走向清晰，从片面走向全面，从错误走向正确。

学生的学习，是对其错误自我修正的一个过程。课中，教师组织学生交流"刚才独立研究过程中，有的同学出现了一些差错，现在明白了，谁愿意和大家分享一下，之前错在哪儿？提醒大家注意什么？"这对其他学生来说，是一种提醒，对自己来说，则是通过这样的交流，实现学生想法的内在"替换"。因为，学生的错误不可能单独依靠正面的示范和反复的练习得以纠正，必须是一个"自我否定"的过程，而"自我否定"又以自我反省，特别是内在的"观念冲突"作为必要的前提。认识错误，追究错因，纠正错误，这都依靠学生的自我调节。"说出来"，帮助建构新的认识。

（三）教师何为？

无论如何凸显学生学的地位，教学中的学都是在教师的干预和影响下进行的。

教师的教，不可或缺。在学生学习这节课的过程中，教师"教"的作用力是显而易见的。

教师之教，促学生思考更深入。例如，学生汇报长方形、正方形、平行四边形是否是轴对称图形以及对称轴的条数，教师通过长方形和正方形对称轴条数不同的比较，在动手折的过程中，具体形象而又准确清晰地认识"完全一样"与"完全重合"之异，紧接其后追问深究：长方形沿对角线折，不完全重合，为什么还说它是轴对称图形呢？平行四边形，就这样折了一次，不完全重合，就能说它是轴对称图形吗？通过认知冲突，引导学生感受并体会判断轴对称图形的思想方法，对判断一个图形是否是轴对称图形的认识更为深彻。

教师之教，促学生理解更深刻。例如，在方格纸上补全一个简单的轴对称图形，对于学生来说，没有难度，学生都能完成。作为教师，要认识到的是，这里的教学，不是仅仅完成正确的画图操作，而是通过操作活动，感知图形运动的特征。画运动后的图形的关键是根据运动前后图形中点的对应关系，正确确定运动后图形的顶点。由此，在这节课中，我设计了让学生想象、回答长方形对折后点与点的重合，边与边的重合；正方形，根据"重合"去想象如何对折。同样的，在学生独立"画出轴对称的另一半"并展示与核对后，教师组织学生数一数，让学生体会轴对称图形的本质特征。

教师之教，促学生发展更深厚。这节课中，练习题不多，但内容丰富。例如，对一组图形是否是轴对称图形的判断，先是无方格图，后有方格图，学生在一波三折的思考、交流过程中，一语双关地领会"心中有数"，感悟数学是用数对客观世界进行刻画的学科。再如，给出轴对称图形的一半，让学生想象另一半，进而用数学语言准确地描述整个图形。教师的用心设计，是让学生获得更深厚的发展。

教师何为？我以为，更应当明确"教"应当是服务学生的学，支持学生的学，引领学生的学。

纵观我与自己同课异构的"轴对称图形"这节课的教学，透出"数学课堂，把门打开"的教学理念。数学课堂，把门打开，意味着学生的发展是开放的、全面的、绿色可持续发展的；意味着学习的过程是向学生开放的，是符合学生认知特点与认识水平的，把学生作为教学过程中的重要资源；意味着课堂的结束，并不是学生学习的结束，而是学生学习的加油站。而教师，不仅关注学生学了什么，更关注学生是怎样学的，还关注学生在学习过程中的态度如何。正如布鲁纳所指出的："我们教师的目的在于：我们应当尽可能使学生牢固地掌握学科内容。我们还应当尽可能使学生成为自主而自动的思想家。这样的学生当他们在正式学校教育结束之后，将会独立地向前迈进。"

五、在画圆中认识圆

——"圆的认识"教学与思考

教学内容： 苏教版《数学》五年级下册"圆的认识"。

教学目标：

1. 感受并发现圆的特征，知道什么是圆的圆心、半径和直径；能借助工具画圆，能用圆规画指定大小的圆；能应用圆的知识解释和应用。

2. 在活动中进一步积累认识图形的学习经验，增强空间观念，发展数学思考，感受思维挑战的乐趣。

教学过程：

课前，教师发给每位学生如下"研究学习"材料，学生独立、自主完成。

"圆的认识"研究学习

1. 用圆规画一个圆。能介绍圆的特征与圆的各部分名称吗？

关于"圆"，我知道：

··

··

··

··

2. 先想一想怎样画，再画一画。

　(1)点 A 在圆上。　(2)点 A，B 都在圆上。　(3)点 A，B，C 都在圆上。

(先在图中标出 C 点，再画出圆)

 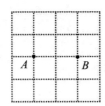 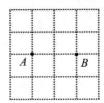

我的发现：

3. (1)想一想下面的图形是怎样画出来的，试着画一画。

　(2)设计一幅有圆的图形。

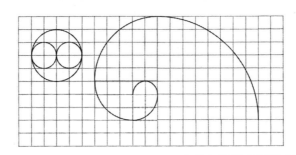

(一)揭题

师：今天的课，要大家准备什么？

生：(齐)圆规。

师：请大家把圆规拿出来。(学生拿圆规)说到圆规，大家知道圆规是干什么的？

生：(齐)画圆。

师：大家也知道，今天要学什么？

生：(齐)圆的认识。(教师板书课题：圆)

(二)同桌交流学习

师：请大家看课前研究学习材料第 1 题。关于圆，你知道了什么？同桌两人交流，等会儿全班交流，今天谁来和全班交流呢，我们抽签确定。请大家两人之间先交流。

(学生同桌间交流。)

(三)全班交流学习

1. 交流"第 1 题"

(一位学生到讲台前抽签，学号为 25 的陈叶荻和全班交流。陈叶荻展示，如图 3-39。)

图 3-39

陈叶荻：我给大家介绍的是，我知道的计算公式。圆的周长 C 等于 $2\pi r$，或者是 C 等于 πd。(用笔指着其研究学习材料中所画的圆讲解)这是一个圆的图，这是圆的中点，这是圆的半径，半径等于二分之一圆的直径。我还知道在同一平面内，到定点的距离等于定点的集合，这个定点叫圆心。也就是说，从定点、圆心到圆上的距离是相等的。还有谁要补充？

黄橙蔚：我觉得陈叶萩讲的是圆的周长的计算，但是我们今天学的是圆的认识，所以我觉得先来认识一下圆。

（黄橙蔚展示，如图 3-40。）

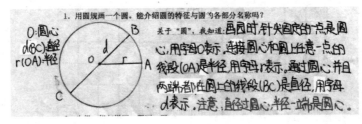

图 3-40

黄橙蔚：首先我们看，这是一个圆，它的半径是 2 厘米，它的直径就是 4 厘米。关于圆，我知道，O 表示的是圆心，d 也就是 BC，是圆的直径。r 也就是 AO，这条线段是圆的半径。画圆时，针尖固定的一点是圆心，用字母 O 表示。连接圆心和圆上任意一点的线段，如 OA 表示的是半径，用字母 r 表示。通过圆心并且两端都在圆上的线段，如 BC，是直径，用字母 d 表示。我要提醒大家：在圆中只有经过圆心，连接到圆的两端的一条线段才是圆的直径，半径有一端连接在圆心上还有一端连接在圆的边缘上。我要提醒大家不要看错。还有谁要给我补充？

张惟天：我还知道，一条直线如果没有通过圆心，而在圆的两个点上连接，那么它的名字就叫弦，这也是圆的一部分。

黄橙蔚：谢谢你！还有谁要给我补充？

吕佳蕙：我还知道从圆边上任意一点到圆心，这都是圆的半径，所以说圆有无数个半径，直径同样也是有无数个。（全班掌声。）

丁天行：我还知道所有半径的长度相等，所有的直径长度也相等，所有弦的长度都小于直径。（全班掌声。）

张淳：我要给丁天行补充一点，应该有个前提，是在同一个圆内，所有的直径都相等，所有的半径都相等，所有的弦都小于直径。（全班掌声。）

师：没补充了吧，掌声送给陈叶萩、黄橙蔚两位。（全班掌声）刚才交流的过程中，有一些地方还是要再推敲的哦。还有，张惟天说到的那个字，怎么写？怎么读？

课后再和张惟天交流。

2. 画圆

师：大家说了这么多，那用圆规画一个圆，会不会画？

（学生异口同声表示"会"，教师邀请一位学生到前面画圆并视频展示画圆过程。学生操作之前，教师指出：大家看画圆过程的"现场直播"，如果他画得好，我们就表扬他为什么画得好；如果出现了问题，那就分析问题是什么。学生王若骐展示画圆。）

李欣怡：我觉得王若骐画得很好，因为他把圆规中间的那根针定在纸上作为圆心，然后他一拧就画出很标准的一个圆。

王若骐：谢谢你！（掌声）

柯欣怡：我觉得王若骐画得很熟练，不像有的同学需要画好几次。只是圆画得比较淡，可以再画得深一点，让同学看得更清楚。

王若骐：柯欣怡，我想跟你说一下，这个圆为什么我画不深呢，因为在画圆时，不能一下子把力气都使了，不然这个针就会跑到别的地方去了，所以就画不深。（全班学生发出轻松、会心的笑声）

师：哈哈，如果把圆规中的铅换成深一点的，可能要好一些，是吧。颜色深浅，不是我关注的。我关注的是，刚才柯欣怡发言时说到的熟练，还有，我觉得之前李欣怡的发言有一处特别好，她是在王若骐画圆这个动的过程中看到了不动的地方。

周瑞哲：我觉得是王若骐的那个针始终固定在纸上。

师：是这样吧？（学生点头）为了便于表达，我们还是要认识一下圆规，（教师手执王若骐圆规的把柄）都知道这是圆规，看看我手抓的是圆规的什么？（教师拍拍自己头）

学生回答"头"后，教师手指圆规的脚：有头就有——

（学生先是回答"尾"，继而又回答"脚"。教师指出：由头想到"尾"，是对的，但在这儿怎么表达？学生回答"脚"。教师继续提问，学生回答：圆规一只脚装的是——针，还有一只脚装的是——铅。）

师：再回想刚才王若骐画圆的过程。李欣怡、周瑞哲说的什么？

邵沁怡：针是固定在纸上不动的。

师：对！用两个字来说，他定了一个——

（学生回答"点"，教师板书：定点。再提问：还有补充吗？）

顾博涵：王若骐画圆时，铅笔头是围绕针尖转了一圈。

顾博涵发言时，教师演示圆规画圆时装铅的脚旋转的过程。

师：还能看出不动的吗？

黄橙蔚：（用手指着圆规拉开的两脚）我觉得不动的、不变的是两只脚之间的长度，这就是圆的半径。然后，画出一个圆以后也就有两个半径，也就是圆的直径。（全班掌声）

师：听了她的发言，那我在黑板上板书，写的什么呢？

（学生回答"半径"，教师板书：半径。）

师：刚才是定了一个点，现在呢？

生：我觉得是定了一个长度。（教师在"半径"前板书：定长。）

师：从刚才黄橙蔚的发言中，我们还明白，所定的那个长度就是画出来的圆的什么？

生：（齐）半径。

师：（指着王若骐画的圆）再看看那个圆，能画半径吗？

（学生表示"能"，教师邀请尹力到前面画半径，并讲解。尹力动手画半径之前，先向全班讲解：大家都知道，半径就是连接圆心到圆上任意一点的线段。所以这边的半径就是连接圆心和圆上任意一点的线段，圆有无数条半径。我要先找圆心。）

教师指导：把圆心标出来。尹力描出圆心那个点，标注字母"O"。）

师：告诉大家，怎么找到这个点？

尹力：找圆心，就是找针尖固定的这个位置。

（教师问全班学生：听懂了吗？学生纷纷点头并给予掌声。）

尹力：我再找圆上的任意一点，比如，说这个点，然后，连接这两个点，就是圆的半径。（全班掌声）谢谢大家！

滕沁芜：尹力是在圆里面画线，我建议把这个线改画成虚线。

师：画半径，我们通常还是画实线。

丁天行：我觉得尹力的表达有点问题，不应该是圆上的任意一点，而应该是圆周上的任意一点。（全班掌声）

师：我们回顾一下刚才画的半径。先找什么？（学生回答：圆心）再找什么？（学生回答：圆周上的任意一点)圆周上的任意一点，也就是圆上的任意一点。(教师用笔示意在圆上点一个点)例如，这个点，是在圆上。刚才，我怎么说的？

生：(齐)这个点，在圆上。

师：(用笔示意在圆外点一个点)如果这个点呢？

生：在圆外。

师：(用笔示意在圆内点一个点)这个点呢？

生：在圆内。

教师用笔示意在圆上不同位置点点，学生回答：在圆上。

师：(用笔指着刚才尹力画的半径)半径也可以用字母表示。

生：r。

师：(标注"r")画完了半径，接着画什么？

(学生回答"直径"并纷纷举手。教师邀请钟晓源到前面画直径。)

师：在钟晓源画直径之前，我们还是要说说半径。我们说完半径后，要看看钟晓源怎样解释直径。半径，是一条——

(学生中有的说"直线"，有的说"线段"。)

师：确认一下，半径，是一条——

生：(齐)线段。

师：为什么不是直线呢？

李广威：直线没有两个端点，而线段有两个端点。(全班掌声)

朱子轩：直线有无限长，而线段的长度是有限的。(全班掌声)

师：是！半径的两个端点，一个在哪？

钟晓源：一个端点是在圆之内，还有一个端点是在圆上。

(有学生小声提示：圆心。钟晓源改口：哦，是在圆心上。教师指出：同学给你纠正了，再说一遍。)

钟晓源：半径，一个端点在圆心，还有一个端点在圆上。(全班掌声)

(钟晓源画直径，如图 3-41。钟晓源边画边讲解：它有两个端点，都是在圆上，而且要经过 O 点，就是圆心。全班掌声。)

韩冰仪：我觉得钟晓源可以用字母 d 来表示这个直径。

李广威：我发现画圆的半径要比画直径难，因为画半径我们不仅要找一个点在圆上，还要再找出圆中心；而我们画直径的话只要找两个垂直的……哦，不，两个在一条直线上的点，一起在圆上就可以了。

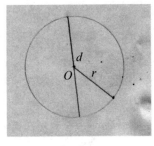

图 3-41

夏春秋：我觉得李广威说得不对。因为我们画圆的直径的时候，也是要经过圆心的，所以我们要先找出圆心，再画出直径。

师：好，刚才李广威发言说画半径容易还是画直径容易？（学生小声争论，有说"半径"，有说"直径。教师打断学生的争论）我觉得这个问题，没有探讨价值，为什么呢？只要理解了什么是半径，什么是直径，半径、直径，都好画。（教师示意李广威回答问题）你说一下，什么是半径？

李广威：半径，它是一条线段，一个端点在圆上，另一个端点在圆中心上。

师：说"圆中心"，我想大家一定不满意。

生：（齐）圆心。

师：接着说直径。

李广威：直径的两个端点都在圆上。

全班学生纷纷提示：还要经过圆心……教师对李广威说：听到大家给你补充什么？

李广威：而且要经过圆心。

师：大家还发现了，直径的中点，是什么？

李广威：中间的那个。

师：中点，也就是圆的——圆心。另外，李广威还忘记说了，直径它是一条——（学生齐说：线段）我们再来看一看，钟晓源画得怎么样？（全班掌声）如果接下去画，你能画多少条？

生：无数条。

3. 梳理

师：对！我们回头看黑板上的板书，建议怎么写？

黄橙蔚：我觉得应该在定点后面写圆心。

师：（在"定点"之后板书"圆心"）知道她为什么这么想？

沈辰谕：我觉得具体圆的面积或者圆的周长或者圆是怎么画的，都是根据圆心而定的。圆心定下来以后，再根据半径是多长，然后圆规的两条腿的距离就有这么长。

黄橙蔚：我觉得"定长"后面写的是半径，那"定点"后面就应该写圆心。

刘珩歆：因为定长的这个长是指半径，定点的这个点是指圆心，所以后面要写圆心。（全班掌声。）

师：这个道理都明白了。尹力接着讲。

生：我还有一点，因为定长就是圆规两脚之间的距离，定点就是圆规针尖的位置，而且圆规针尖固定的那一点也就是圆心，所以定点的地方也就是圆心了。

师：尹力再次解释了针尖定的那一点就是——圆心。圆规两脚之间的长度，就是画出的圆的——半径。谢谢尹力！

（学生示意，在圆心后板书字母"O"，在半径后板书"r"，在半径下面板书"直径d"。教师提问：半径、直径有什么特点呢？它们的数量？学生回答：无数条。教师再问：长度呢？学生回答：直径是半径的两倍，而半径是直径的二分之一。无数条半径的长度相等。无数条直径的长度相等。

随着学生的回答，教师相机板书。至此，黑板上形成如下板书，如图3-42。）

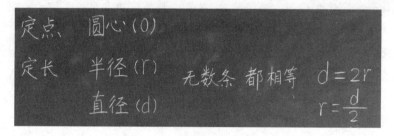

图 3-42

钟晓源：我补充一点，圆是一曲线图形，与其他的几边形都不同。它有无数边形，但是细看的话它又只有一边形。圆是个曲线图形。（全班掌声。）

师：钟晓源说圆是什么？

生：（齐）曲线图形。

师：这个时候，马上想到我们学过的哪些图形？

生：三角形，正方形，长方形，平行四边形，梯形。

师：这些图形是由什么围成的？直线还是线段？

生：线段。

师：线段，是直的。而圆呢？

生：弯的。

师：刚才的一个说法是什么？

生：曲线图形。

师：（板书：曲线图形）黑板上写了这么多，其实就是我们今天认识的圆。我看黑板上还应该画一个圆。在黑板上怎么画圆呢？

丁天行（比画着演示，并讲解）：以肘关节为圆心，手臂为半径画圆。

师：能看明白吗？他这样话，定点在哪儿？（学生示意指着各自的右肘关节）定长呢？（学生示意手到肘的距离）明白了道理，把掌声送给丁天行。（全班掌声）不过，这样画出来，还真不容易。

唐竹心：如果这里有线，或者毛巾的话，可以把粉笔的一端拴在毛巾上，然后用手按住毛巾的另一端，就是它的圆心，毛巾的长度就是它的半径，然后就能画出一个圆。（全班掌声。）

教师指出：我也有这个想法。教师出示一根线，演示：一端拴粉笔，在距25厘米的地方打个结。学生插话：半径是25厘米。教师继续在黑板上演示：用手按住线上的结。学生插话：把线拉直。教师演示：线拉直，粉笔一端旋转一周。

张惟天：（边用手示意边说）我觉得还可以把大拇指作为圆心，食指和大拇指张开，食指指甲的点绕一圈就画了一个圆。

李悦文：我认为，张惟天的这种方法和丁天行的方法有联系。丁天行的方法，就是把手臂的肘关节作为圆心，用手和肘之间的距离作为半径；而张惟天他把手指头作为圆心，而把两个手指之间的距离作为半径。其实这就是丁天行方法的一个缩小版。（全班掌声）

师：咱们回味一下刚才李悦文的发言，她的发言好在哪儿呢？

夏春秋：她介绍了张惟天的方法和丁天行方法的相同之处。（全班掌声。）

师：分析到位！方法不同，但是我们有没有关注不同方法之间是否有共同的地方。（教师将刚才画圆的线拿起来示意）他们的方法和唐竹心、我的方法有没有共同的地方？（学生回答：有。）再想想，和刚才用圆规画圆的方法有没有共同的地方？

（学生回答：有。）

（教师指着板书，师生共同梳理。共同的地方有：定点，就是圆心；定长，就是画出圆的半径。教师指出：画圆的方法很多，但它们的道理是一样的。）

丁天行：还有一种方法，就是直接把一个圆的东西按放在黑板上，然后直接绕着它画一下就行了。

师：用一个圆形的物体，描出一个圆。是不是办法？

生：是。

师：呵呵，那是一年级的水平。（学生"呵呵"笑起来。）

4. 交流"第2题"

师：我们继续看研究学习材料。第2题，想一想怎么画。第一小题，要使点 A 在圆上。掌声有请，胡杨。

胡杨指出：我觉得这道题可以有很多不同的方法。继而演示，以 A 点为圆心画圆。（如图3-43）画完后指出：我把 A 点作为圆心。

师：这时，A 点是圆心，A 点在圆上吗？

全班学生：不在。

胡杨：（用橡皮把之前画的圆擦净，然后重新画了一个圆，如图3-44）哦，我明白了。可以把中间的点当作圆心，然后……这样 A 点就在圆上了。

图 3-43

（教师指导胡杨：用红笔把圆心描出来，并标注字母 O_1。提问：这个圆的半径是多少？学生七嘴八舌。）

黄橙蔚：我觉得半径是小格子对角线的长度。（全班掌声。）

师：（对胡杨说）你一开始就说什么？

胡杨：一开始我说有无数种方法，A 点在圆上，嗯，只要圆心的地方不同。

教师示意胡杨再画一个圆。黄橙蔚举手发言：我觉得只要把圆心画出来就可以了。（全班掌声。）

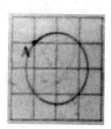

图 3-44

师：（对胡杨说）也就是说，只要你把圆心画出来，大家就能看出这个圆。

胡杨在先前所画圆的圆心左边一格处描点，教师指导：标注 O_2（图 3-45）。

师：胡杨的这个圆，你看出来了吗？

陈芷怡：我看出这个圆了。这个圆的圆心就是胡杨刚刚画的圆心，这个圆的半径就是胡杨画的圆心到点 A 的距离。那么它的直径就是半径延长一倍。

李悦文：那个直径是延长了一倍。我认为她刚才画的那一点，那个圆心，与那个 A，只要圆规定的长度是这样的，不管怎样都可以画出一个圆。

图 3-45

师：说得再多，不如胡杨画一下，画一条半径。

胡杨画半径。（如图 3-46，全班掌声。）

丁天行：我发现这个道理就是只要确认一个圆心，和圆上的任意一点，就可以确认一个圆。（全班掌声。）

师：知道圆心，还要圆上的任意一点，然后也就是说圆心和圆上的任意一点之间的——半径。换句话说，知道了圆心，知道了半径，也就是知道了圆。圆心、半径太重要了！我们再看胡杨画出的 O_1，和没有画出来的 O_2，这两个圆，谁大？

生：O_1 大。

图 3-46

师：为什么？

孙洛涵：因为 O_1 第一个圆的半径要比 O_2 第二个圆的半径要长一些，所以第一个圆的面积就比第二个圆的面积要大。（全班掌声。）

师：一句话，半径决定了圆的大小。第一题，还有没有 O_3，O_4？

生：（齐）有。

师：我们暂时不画了。第二小题，褚文蔚，掌声有请！

褚文蔚在第二小题的点 A，B 之间的中点描点，标注 O_1。

师：（示意褚文蔚不说话）褚文蔚别说话，你请一位同学解释一下你要画的这个圆。

褚文蔚指名唐竹心发言。

唐竹心：你画的圆的圆心是 O_1，它的半径应该是 O_1 到点 A，直径应该是点 A

到点 B。（全班掌声。）

师：也就是说，半径是一格长，直径是两格长，对不对？

（学生答"对"，教师转身问褚文蔚：下面怎么组织？提示：是不是有同学要补充想法？褚文蔚指名黄橙蔚发言。）

黄橙蔚：我觉得这一题，也有无数种画法。

（黄橙蔚展示，如图 3-47。）

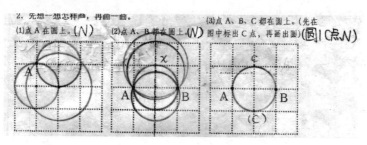

图 3-47

黄橙蔚：（指着她所画的点 A 与点 B 的中垂线）就是说，在这里设置一条直线，假设为 x，画的时候我们可以比画一下，在这条线上的任意一个点，都可以作为圆心，都可以让 A，B 点都在圆上。比如，取一个点作为圆心，这个点到 A 的距离为半径，就可以画出一个圆，A 点、B 点都在圆上。前提是 x 必须是 A 和 B 这段距离的中线。由此我发现，要经过两个点，只要圆的圆心在 x 上的任意一点，所以有无数个画法。（全班掌声，有学生发出"啊"的感叹声。）

师：听懂了吗？她说有多少种画法？

生：无数种。

师：圆心在哪儿？

生：圆心在她画的 x 上。

（教师在黄橙蔚所说的 x 上点点示意，学生判断：可以，可以。）

师：画一画，还有新的发现。因为快到下课时间了，我们就一起看一下黄橙蔚做的第三小题，她画得对不对？

生：对！

师：谁还有不同的想法？

刘珩歆：先把C固定在这里，就有一个点了。C点还可以在任意一个地方，所以这一题有无数个答案。

师：刚才刘珩歆说什么？

邵沁怡：C点可以在任意一个地方。

夏春秋：只要固定了C点，这个圆就不能再移动了。

沈辰谕：我觉得C点固定了，这个圆就是唯一的。

师：他们说得对，还是不对，下课以后再琢磨。再想一想，C点在哪儿，我就让你画不出来圆。最后，我要隆重请出一位同学，为什么请他呢？昨天晚上我在看大家的研究学习材料的时候，我发现我犯了一个错误，我让你们写是不是有发现，没有安排栏目让你们写有什么疑问。但他，把疑问写出来了，谁呢？热烈掌声有请曹企元！

（曹企元展示，如图3-48。）

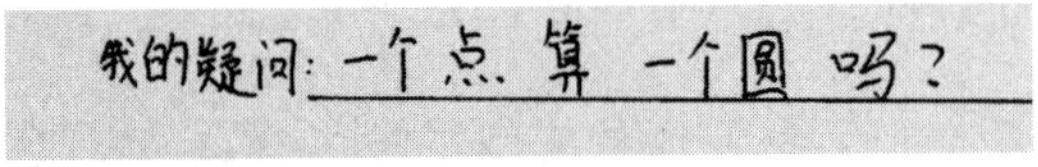

我的疑问：一个点算一个圆吗？

图 3-48

曹企元：我的疑问是，一个点算一个圆吗？

教师请曹企元再重复说一遍。学生纷纷议论。有一些学生说"算"，李广威说，只要这个点足够圆就行了。全班学生笑了。

师：一个点算一个圆，你说算就算吗？看到这个问题的时候，当时我就想，我得认真准备一下。我找到了一本书（投影出示《数学符号史》封面），我从这本书里面找到了数学上对点是这样解释的，有兴趣的同学可以找找这方面的资料，再来回答曹企元的问题。有时，我们的想法还真不能跟着感觉走。好，这节课就到这儿，下课！

教学思考：

2003年，我首次将"圆的认识"作为公开课展示。与自己同课异构，再上这节课，我在想：本课的学习，是从哪儿开始？如何让学生更为自主地学？如何让学生在课堂中得到更充分的发展？

（一）在画圆中认识圆

无疑，学生在一年级即认识了圆。只是，一年级的认识水平与五六年级不同。

先说圆的学习。当教师布置学生课前准备用圆规这一学习用品时，学生知道接下来要学什么吗？当学生拿到圆规时，他们会看着圆规无动于衷吗？学生有没有尝试用圆规操作的冲动与想法？当学生开始用圆规"鼓捣"着画圆时，这是否意味着学生对圆的认识的开始？

学生不是因为上了"圆的认识"这节课才会用圆规画圆的；学生也不会因为上了"圆的认识"这节课就都能熟练、准确地画圆，或者说已经形成了画圆的技能。学生都知道圆规是用来画圆的，他们很自然地拿圆规画圆，可能画得有缺陷。或者说，他们都有用圆规画圆的原初动力，都有自己动手的欲望与想法。只是，可能画得不好。而且，他们未能将画圆与圆的特征的认识联系起来，他们很纯粹地在画。学生在这节课中用圆规画圆，与课前用圆规画圆是有所不同的。我以为，认识圆之前的画圆，几乎是"纯玩"，如果说其中有"认识"，那也是隐藏在画圆过程中对圆的特征的朦朦胧胧的感受。而教师在课堂中组织学生用圆规画圆，赋予"画"以认识圆的意义与功能。审视画圆的过程、方法与注意点，在这一过程中认识圆的特征。即在画圆中认识圆。

画圆，又是一种技能，但这种技能的形成，不是课堂内就能完成的。

和学生在纸上画圆相比，我以为上完这节课后，更重要的是，学生能在头脑中画圆（这样的想法，支持了"研究学习"材料第 2 题的设计），并且，他们能用圆心、半径这些来描述所画的圆（这样的想法，支持了"研究学习"材料第 3 题的设计）。

再思考：如果课前让学生对"圆"展开研究学习，学生能学什么？课前学生的自主学习，定位在哪儿？

我的想法，课前的研究学习，让待学内容对学生敞开大门，倡导并鼓励学生主动地认识、学习。"研究学习"，让学生充分地做与想。"研究学习"的思路：我知道了……我的想法……我的提醒……我的疑问……

还有，当学生想看书进一步了解圆的有关知识时，教师是否允许？看书，是否是一种学习方式？而当学生主动地去看书时，这是否意味着是学生的自主学习？

我们是否注意到教师可能有着这样的想法：上课前，怕学生知道；上课后，怕学生不知道。于是，所有的任务都寄希望于课堂，故决战于课堂。若视课堂如战场，课堂也就多了紧张、负担与恐怖。课堂，也就不"好玩"了。

教师能否转换思路，如果不等待到教师课堂上的教，学生就主动学起来，那不是挺好的吗？

(二)因为没想到，所以"好玩"

在"研究学习"材料中，第1题的设计意图是认识圆的特征与各部分名称。

课堂中，教师组织学生对圆的特征与各部分名称的认识分三个层次展开。

首先，让学生交流各自对圆的认识，这时，圆心、半径、直径等，对学生来说，都还只是形式化的说法而已。

其次，让学生画圆，在画出的圆中标注圆心，解释：圆心是怎样找出来的；画一条半径、一条直径，解释：什么叫半径，什么叫直径。至于半径、直径无数条，同样长，这些，学生都有感觉，不是用测量这样的方法就能说明的。

教学过程中，让学生先展开对圆的各部分名称"已知"的交流，学生先从语词层面认识，继而在画图过程中认识。这就有点好似——不知道"鸡"的味道，先知道"鸡"的说法，再对照说法认识"鸡"。

最后，教师组织学生共同回顾认识了圆的那些知识，形成结构化的、提纲挈领式的板书，从而促进学生对圆的认识，从对错交杂走向正确，从朦胧走向清晰，从形式走向内涵，从零散走向系统。

这些，是教师预想的。课堂中，没想到——陈叶萩和全班交流时，把 π 读成 T、T，仔细一看，她的"研究学习"材料中，前一个写的好像是 π 又好像是 TT，后一个写的就是 TT。更没想到的是，全班几十人，竟然没有同学纠正陈叶萩的这一错误。下课后，我回头思考，可能由于这样两个原因：一是有同学知道陈叶萩读错了，但一想，这不是今天这节课的学习内容，故暂不纠正。二是有同学可能也拿不准陈叶萩说得对不对。或许他们知道是 π，但又认为，圆的周长可能还有其他求法。他们在我的影响下，在学习过程中建立了这样的观念：我的想法是对的，和我不一样的想法，不一定是错的。

钟晓源画完直径并介绍画法之后，其余学生有想法补充，但补充的未必是正确的，恰恰是合理的。教师不言语，其意图是让学生把想法表达出来。当然，该出手时就出手，如对李广威的想法，教师及时指出，画半径比画直径简单，这样的问题是没有研究价值的。让李广威回答，什么叫半径、什么叫直径，看似有些啰唆甚至重复，但这是对一个个体的尊重。因为，这对于李广威来说，是重要的。

学生对"点在圆上"的理解，其实是比较难的。实际上，在小学里，要让学生建构这样的认识：平面上到定点的距离等于定长的点的集合叫圆，那是很抽象与困难的。圆是一个面？还是一条线？学生不明白，他们往往觉得在圆曲线所围成的面上，也就是在圆上。

"研究学习"材料中的第 2 题，胡杨以点 A 为圆心画圆，她以为，这样点 A 在圆上。这就是胡杨真实的想法。

尽管之前认识半径时，教师在圆上、圆外、圆内描点，组织学生认识点在圆上、点在圆外、点在圆内，但并不是所有的学生都是"一说就明、一教就会"的。

曹企元完成的"研究学习"材料，提醒我：我又忘了"疑问"这一栏目了。

在我班上，无论是哪一位学生，都愿意把他们真实的想法与全班交流。精彩的，大家欣赏；错误的，大家辨析。所有的学生，在课堂上，是坦诚的、安全的、自由的。正因为这样，课堂中的"没想到"层出不穷，课堂因此而有了"故事"，课堂教学过程也就变得好玩起来。

这又如"研究学习"材料中的第 2 题，学生充分经历挑战，感受"别有洞天""原来如此""原来并非如此""看似不可能，其实可能""可能中又有着不可能"。当思考如此跌宕起伏的时候，就很"好玩"！

课堂中，多一些意想不到、扣人心弦、引人入胜，也就多了一份神秘、引力、期待与向往。正如：文似看山不喜平。题目，也应如此。课堂，更是这样。

六、学得精彩，才是真正的精彩

——"解决问题的策略"教学与思考

教学内容： 苏教版五年级上册"解决问题的策略"。

教学目标： 在解决问题的过程中，体会列举的策略，会用这种策略解决一些相关的实际问题，培养思考数学问题的条理性、有序性，体会解决数学问题策略的多样性。

教学过程：

课前，教师发给每位学生如下"研究学习"材料，学生独立、自主完成。

"解决问题的策略"研究学习

1. 王大叔用 18 根 1 米长的栅栏围成了一个长
   方形羊圈，有多少种不同的围法？

   我的分析与解答：

   我的发现：

   我的疑问：

---

2. 订阅如右的杂志，最少订阅 1 本，最多订阅
   3 本。有多少种不同的订阅方法？
   我的分析与解答：

   我的发现：

   我的疑问：

3. 解决上面两个问题，我的体会：

（一）揭题

师：今天这节课，我们学什么？

（学生回答，教师板书课题：解决问题的策略。）

（二）交流"研究学习"材料第 1 题

师：请大家拿出"研究学习"材料，其中的第 1 题，我们 4 人组先交流，等会儿我们再全班交流。

（学生小组交流。）

师：掌声有请刘珩歆一组。

张惟天：解决问题有许多策略，下面由我们小组和大家一起讨论不同的方法。

（顾博涵展示，如图 3-49。）

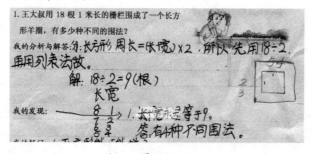

图 3-49

顾博涵：第1题，我们是用一一列举来做的。题目是，王大叔用18根1米长的栅栏围成了一个长方形羊圈，有多少种不同的围法？我们小组这样认为，长方形的周长＝（长＋宽）×2，我们知道，周长就是18×1＝18（米），而18÷2＝9（米），长加宽的和等于9，我们小组是用列表法和算式做的。下面有请刘珩歆来和大家交流。

（刘珩歆展示同组的程钰涵的材料，如图3-50。）

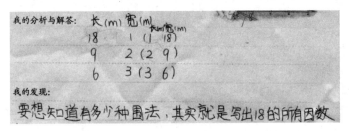

图 3-50

刘珩歆：这里是用列表法做的，请大家看看，这里出了什么问题？

李悦文：长加宽应该是9，这里写错了。

刘珩歆：其实她这里是把面积搞成了18平方米。

师：刚才展示的程钰涵的解答好像有问题，问题在哪儿？（稍过片刻）程钰涵你自己说。

程钰涵：我这里的问题在于，这里用18根1米的栅栏围成羊圈，不是表示它的面积是18，而是它的周长是18。

尹力：我给程钰涵补充。请大家看一下。

（尹力展示，如图3-51。）

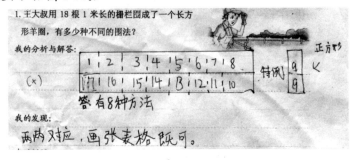

图 3-51

尹力：请大家看一下我画的表，这里错在哪儿？我已经写了错的。

唐竹心：你错在长加宽等于18，长加宽应该等于9，18是两个长加宽。要求长和宽，应该用18除以2。

尹力：对了！请看我的正确答案。

（尹力展示"研究学习"材料下端订正的内容，如图3-52。）

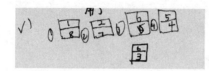

图3-52

尹力：18除以2等于9，9可以分成1和8，9可以分成2和7；9可以分成6和3（尹力稍迟疑了一会儿，将材料中，误写的5划去，重新在下面写6和3）；9还可以分成5和4。这就是正确答案。

（刘珩歆展示，如图3-53。）

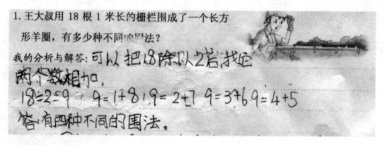

图3-53

刘珩歆：我是直接用算式分解的。18除以2等于9，9可以分成1加8，9可以分成2加7，9可以分成3加6，9可以分成4加5。然后，倒过来的话，它的形状还是一样的。所以一共有4种围法。

程钰涵：通过这一题，我们小组发现了解决问题的策略。第一，解决问题可以用列表的方式来解决；第二，可以用文字的方式，也可以用列式的方式来解决。另外，我们小组还发现，用18根1米长的栅栏围长方形的羊圈，只要长加宽等于9，就可以算出有多少种围法了。所以这一题一共有4种不同的围法。

严子晶：我觉得刚才刘珩歆在说有4种围法时，她说可以把长和宽倒过来，我觉得她说的是错的。因为长是比宽长的，如果倒过来，长就比宽短了，那就不对了，所以不能倒过来。

胡杨：在一般情况下，长比宽要长，如果在特殊情况下，长可以比宽短的。

柯欣怡：我认为在长方形中，长不一定代表长的边，宽不一定代表短的边。长和宽只是代表了两条不相等的边而已。

师：（出示一张长方形纸）比如，这个长方形，长6宽3。（教师将纸旋转90度）这个长方形长是多少宽是多少？

生：长6宽3。

师：这和刚才的长方形，是两个不同的长方形还是同样的一个长方形？

生：同样的一个长方形。

师：明白这个意思了吗？（学生纷纷点头）

滕沁芜：我发现这一题，同学们都是按照这样的思路来考虑的。这一题，首先周长除以2，算出长加宽的米数是9。从宽是1想起，宽依次递加1，长依次递减1，直到长和宽接近，这样就求出长和宽各是多少，有多少种围法了。

师：我听出来，滕沁芜是把刚才几个人的想法综合了一下。滕沁芜挑战一下自己，到黑板上来，一边写一边讲。

（滕沁芜板演，如图3-54。注：表格下面一行：8，14，18，20是后来李悦文板书的各个长方形的面积数。）

图3-54

滕沁芜：我们可以列个表。一行是长，一行是宽。题目首先说，用18根长1米的栅栏围成一个羊圈，也就是它的周长是$18×1=18$（米），长加宽的和是$18÷2=9$（米）。我们先从最小的1开始，宽是1，长就是9减1等于8；宽是2，长是7；宽是3，长是6；宽是4，长是5。然后我们发现4和5最接近，如果再写下去就是5和4，这与4和5是一样的。我们再看总计有4种。（滕沁芜在表格中用红粉笔在表示宽的数据之间画弧线箭头，板书"＋1"）宽，依次递加1；（滕沁芜在表示长的数据之间画弧线箭头，板书"－1"）长，依次递减1。（全班掌声。）

师：刚才滕沁芜在这儿已经把前面的发言回顾了一下。她画了一张表格，我们发现，屏幕上也有，大家发现，列表是解决问题的——

生：策略。（教师板书：列表）

师：我们再看，如果仅仅有这样一张表，这个问题有没有解决？

（大部分学生摇头。）

孙洛涵：我觉得这道题如果仅有长和宽的话，这道题还没有做完。因为题目问的是一共有多少种不同的围法，我们还要看一看一共有多少种。

师：对！列表才找出了4种围法，我们还要回答问题，一共有4种围法。我们再看屏幕，她还写了一种解决问题的策略——

生：一一列举。（教师板书：一一列举。然后示意张惟天小组继续交流。）

（张惟天展示，如图3-55。）

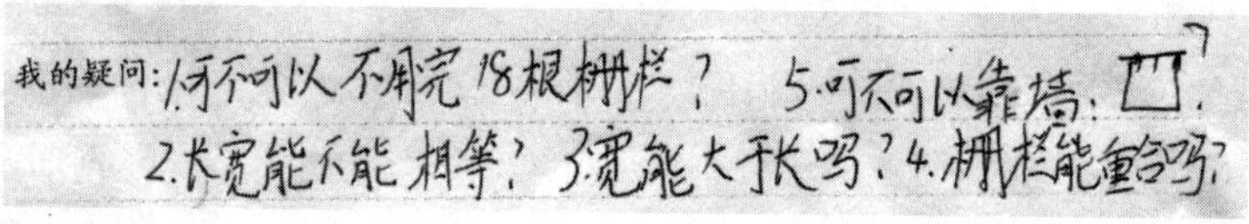

我的疑问：1.可不可以不用完18根栅栏？　　5.可不可以靠墙：□.
2.长宽能不能相等？3.宽能大于长吗？4.栅栏能重合吗?

图 3-55

张惟天：我们小组还提出了5个问题。其中第3个和第2个已经解决了。我们看第一个问题，可不可以不用完18根栅栏？谁能帮我们解决一下？

曹企元：我觉得不可以。王大叔用18根1米长的栅栏围成了一个长方形羊圈，他说已经围成了，不可以改围成不是18根栅栏的长方形。（全班掌声。）

张惟天：谢谢你！我们的第二个问题是，长和宽能不能相等？

吕佳蕙：我觉得是不能的。请大家看，先用18除以2得到长加宽的和是9，9不是一个双数。长和宽相等，它就是一个正方形。

胡杨：我也觉得是不行的。如果长和宽相等了，那就是几点几，小数了。

李悦文：题目中说是18根1米长的栅栏，在围的时候，是不可以折断的。

李欣怡：而且题目中已经说了，围成一个长方形羊圈，如果长和宽相等的话，那就是一个正方形了。

师：我听明白大家的意思了，觉得围正方形是不可以的。

滕沁芫：我觉得应该是可以的，正方形是特殊的长方形。不过，这一题的数据不行。

师：滕沁芜的想法有道理吗？

（学生纷纷点头。）

师：刚才几位同学在交流想法时，都给了我启发，在思考问题时，要回到问题本身去。题目中说，"18根1米长的栅栏"，干嘛不直接说"18米长的栅栏"呢？

沈辰谕：我觉得，如果只讲周长是18米的话，那它的边的长就可以是小数。而说"18根1米长的栅栏"，那说明每条边必须是整数。（全班掌声。）

张惟天：我们还有一个问题是，栅栏可以重合吗？

（张惟天在黑板上画图3-56。）

张惟天：如外面是一圈，里面又是一圈，这样一共用18根1米长的栅栏，大家觉得这样行不行啊？

徐馨蓓：我认为不行。因为题目中说围成一个长方形羊圈，像你这样，是围成两个长方形羊圈了。

唐竹心：这一题的数据也是不允许的。如果用18根1米长的栅栏围的话，18除以2等于9，用9根是围不起来长方形的。

图3-56

师：我突然想起来刚才张惟天小组交流过程中有这样一幅图呈现过。

（教师展示顾博涵的"研究学习"材料，如图3-57。）

师：顾博涵，你给大家解释一下。

顾博涵：我这幅图的意思是，这里面一圈的边长是1，那周长就是4，18－4＝14，14÷2＝7，相邻两条边相加等于7，所以就有2和5，3和4。

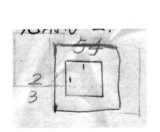

师：似乎可以，是吗？不过，我们还是回到题目，要围一个长方形羊圈，而像这样围，围了几个？

图3-57

生：两个。

师：我在想，有一种情况，这个栅栏不结实，围的时候，里三层外三层。（学生都笑了）像这样围，我们就不考虑了。好，继续交流。还有问题吗？

张惟天：我们组还有一个问题。

（张惟天在黑板上画图 3-58。）

张惟天：如果栅栏靠一面墙来围羊圈，那符合不符合题目的要求呢？

曹企元：我觉得还是可以的。题目没有说它不可以靠墙。

（曹企元展示，如图 3-59。）

（全班学生发出惊叹声。）

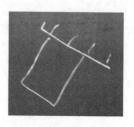

图 3-58

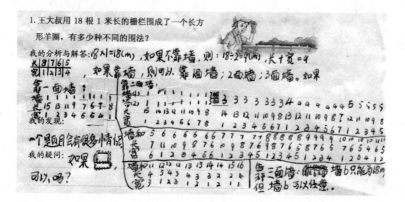

图 3-59

师：这样，你简单地介绍一下。

曹企元：我把它分成了三种类型。一个是靠一面墙的，这个我没有写完整，靠一面墙的，就像张惟天画的那样；还有靠两面墙的，可以分成两种情况，靠一个墙角，或者靠两个相互平行的墙；还有靠三面墙的。

师：曹企元在说的时候，丁天行可能感觉特失望。因为曹企元把他的想法给说了。丁天行可以补充一下！

（丁天行展示，如图 3-60。）

丁天行：我把它分成了 5 种类型。（学生再次发出惊叹声）一种是不靠墙的，一种是靠一堵墙的，一种是靠一个墙角的，一种是靠三面墙的，还有一种是靠两堵对面墙的。（全班掌声。）

师：看丁天行的图，我们就明白刚才曹企元说的是什么意思了。（教师指着丁天行的最后一幅"两堵平行的墙"图）我印象中丁天行原来没有最后这种情况（丁天行确

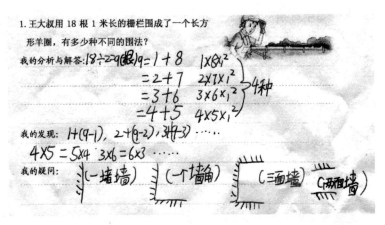

图 3-60

认"对"），这是受到曹企元发言的启发。回到刚才的问题，我觉得曹企元有一句话说得好，题目有没有说靠墙围？

生：没有。

师：有没有说不靠墙围？

生：也没有。

师：如果考虑不靠墙围的话，有几种情况？

生：4 种。

师：（指着黑板上板演的表格）我们可以像这样用表格的方式——列举，找到了 4 种。如果靠墙围，那情况就复杂了。张惟天说到，靠一堵墙围；后来丁天行、曹企元补充，两面墙，三面墙，那怎么围，我们把这个问题留作今天的"小研究"。今天小研究的题目是：如果靠墙围。我觉得大家也能像曹企元这样，找到很多围法。曹企元具体怎么找的，这会儿不说了。掌声感谢曹企元、丁天行。（全班掌声。）

（教师再问在前面与全班交流的刘珩歆小组这个问题：你们小组还有想法吗？学生表示没有。教师和全班学生用掌声欢送该小组回到座位。）

师：我们回顾一下第一个问题，不靠墙围，有几种围法？可以用表格——列举出来，也可以用文字叙述。我想起了前面交流的两个错误，哪两个错误呢？

柯欣怡：第一个错误是把 18 根一米长的栅栏围成的羊圈当成面积是 18，还有一个错误是长加宽应该等于 9，而不是 18。（全班掌声。）

师：18，这道题目中是长方形的——周长，不是——面积。18是周长，它是——两个长加两个宽，不是一个长加一个宽。关于这一题的疑问，请唐竹心和大家交流。

唐竹心：我想问大家，不同的围法，导致这个长方形有什么变化？

李悦文：（跑到讲台前指着滕沁芜列的表格讲解，并在表格对应的每列下面板书面积数）我们可以利用前面滕沁芜列的表，长乘宽，第一个面积是8，第二个是14，第三个是18，第四个是20。我们通过刚才滕沁芜的表格，把它们的面积都算出来之后，我们发现，它的两个差越小，面积也就越大。

曹企元：不同的围法，周长不变，面积变化了。

丁天行：如果边长是4.5米，然后把它乘起来。

（丁天行边讲解边板书。先是板书4.5，4.5，后板书面积数。板书面积数时，丁天行出现笔误，写成225，有学生插话：22.5。教师插话：估算一下，也知道，四四十六。丁天行继续板书：$4.5^2 = 22.5 - (4.5 - 宽)^2$。并指出：这减了之后就得到前面的面积数。全班学生不解。教师指出：我也没有看懂。教师邀请丁天行再做讲解。）

丁天行：例如，宽是4，4.5减4等于0.5，0.5的平方等于0.25，然后22.5减去2.5等于20。

（丁天行边说边指了指宽是4的长方形的面积数20，然后跑回座位了。）

李悦文：丁天行，我问你，这个式子怎么说明？

黄橙蔚：我觉得丁天行是想通过这个式子来说明，长方形在周长相等的情况下，长和宽约逼近，面积越大。

李广威：我发现这个数如果减去的宽越小的话，面积就越小；这个数减去的宽越大的话，面积就越大。

（教师指着丁天行板书的式子中的"4.5-宽"提问：这个越小的话，它的面积就越？学生未能接着回答。教师再指着算式中的"宽"提问：这个宽如果越大，当然不能超过4.5，（指着"4.5-宽"）那这个差就怎么样？学生回答：越小。教师再指"4.5-宽"提问：这个越小，那相减后的结果就怎样？学生回答：越大。教师指出：那面积也就越大。这个宽越接近4.5，那图形的面积就——越大。教师再问丁天行：是这个意思吗？丁天行点头。）

师：要理解丁天行的想法，真不容易。（教师再指李悦文板书的数据）我们从这些数据中可以看出来——

生：长和宽越接近，长方形的面积越大。

师：谁来再说一下，发现什么？

吕一辰：我发现，长方形的长和宽越接近，它的面积就越大。

张淳：我要给吕一辰补充，要在周长相等的前提下，长和宽越接近，它的面积越大。（全班掌声。）

师：前提很重要。前提是什么？（教师示意唐竹心回答。）

唐竹心：要在周长相等的情况下。

师：（指着板书）周长相等的前提，长和宽越接近，面积越——大。而且，大家还发现，当长和宽相等，也就是正方形时，面积最大。

（这时，丁天行从座位直接跑到讲台前，边擦之前板书的式子中的 22.5，边说"有问题，我错了"。然后改写成 20.25。教师迟疑了一会儿，李广威插话：0.5 乘 0.5 等于 0.25。教师指出：刚才计算出错，现在改过来了。一位小数乘一位小数，结果应该是——两位小数。丁天行，厉害！再次把掌声送给丁天行。全班鼓掌。）

师：丁天行这样的表达方式，一开始我们真没看懂。但我们把数据——一一列举，写出来，就很容易发现这个规律了。丁天行的想法，是帮助我们理解这个规律。

(三)交流"研究学习"材料第 2 题

师：第 1 题交流差不多了，再看第 2 题，四人组先交流。

（学生小组交流，用时约 1 分 40 秒。）

师：第 2 题，都做出来了吧，答案是几？

学生异口同声：7。

师：我想请这一题答案不是 7 的同学很诚实地起立。

（全班仅曹企元一人起立。）

尹力：老师，我想提一个问题，能不能全部不订？

李悦文：不行，题目中已经说了，最少订 1 本。

（教师邀请曹企元到讲台前和全班交流：他是怎样想的。）

曹企元：其实是我理解错了。我理解成了每样都可以最多订 3 本。

师：那你现在明白了吗？（曹企元点头）题目中说，最少订1本，最多订——3本。

乔思霖：我有提醒，这道题目有个陷阱。题目中说订1本、订3本，我们要注意还可以订2本。

师：有7种订法，怎么找到7种的？

（教师请曹企元帮助邀请一个组和全班交流。曹企元邀请了徐馨蓓、李欣怡、乔思霖、祁修远小组。徐馨蓓展示，如图3-61。）

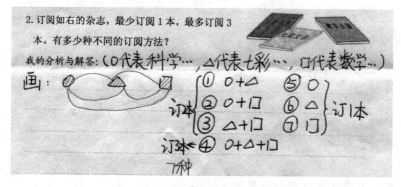

图 3-61

徐馨蓓：首先我请大家看一下我的方法。我的方法是，用圆圈代表科学世界这本书，用三角代表七彩文学这本书，用方框代表数学乐园这本书。我画了一个图。首先我们可以想，圆圈订1本是一种，如果订2本，圆圈可以和七彩文学搭配，还可以和数学乐园搭配。如果是七彩文学，还可以和数学乐园搭配；另外我们可以想3种，圆圈、三角、方框都订。也就是说，订1本的话，科学世界订1本，数学乐园订1本，七彩文学订1本。订两本的话，就是科学世界订，可以和七彩文学组合，也可以和数学乐园组合；还可以七彩文学和数学乐园组合。3本就是每一种都订。下面乔思霖还有与我不一样的想法。

师：暂停。我觉得你下次介绍的时候，可以更简洁一点。例如，科学世界已经用什么表示？（生：圆圈）这就很简洁了。七彩文学用什么表示？（生：三角）数学乐园呢？（生：方框）要学会更简洁地说话。

（乔思霖展示，如图3-62。）

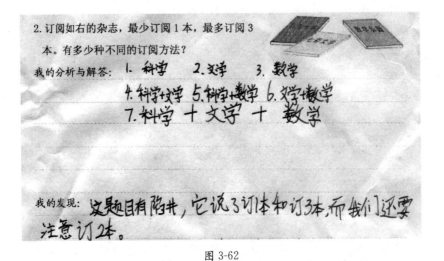

图 3-62

乔思霖：我用的是列表法。只订一种的话，就订科学、文学，还有数学；订两种的话，订科学加文学，科学加数学，文学加数学；订三种的话，科学加文学加数学。

李广威：我觉得乔思霖和徐馨蓓的方法是一样的，只不过徐馨蓓用了一个代号，而乔思霖则是把书的名字直接写出来了。

李悦文：我发现徐馨蓓的小研究，1、2、3都是订两种的，5、6、7都是订一种的，4是订三种的。徐馨蓓还用到了分类的方法。

师：李悦文的发言，有一处特别好！

生：(异口同声)分类。

师：(板书：分类)怎样分类的呢？

生：订一种的，两种的，三种的。

师：这样分类思考，就有条理了，不容易遗漏了。(再次展示乔思霖的材料)刚才乔思霖汇报的时候，他说他用表格，你看到他的表格了吗？(生：没有)他也是一一列举出来的。如果用表格，那个表格怎样设计？时间关系，下课时间快到了，我们暂停交流。很抱歉，中断了你们小组的交流。掌声请回！(徐馨蓓小组回座位)

(四)总结

师：我们回顾一下，今天这节课，我们探讨了什么？

生：解决问题的策略。

师：我想起来张惟天在课开始时就说了一句话，他说，解决问题的策略有——很多。

（教师指着板书，学生口述：一一列举，列表，分类。）

师：这节课，我们先到这儿。回想一下，我们留下了一个小研究，怎样的小研究呢？

褚文蔚：如果把18根1米长的栅栏靠墙围，有多少种围法？

师：对！研究的题目是：如果靠墙围。好，下课！

教学思考：

这节课，是江苏省教育厅胡金波副厅长和省、市、区教育局、教研室领导到南师附小调研课堂教学改革情况时，我上的一节汇报课，也是一节随堂课。

在这样的场景中上课，不试教，是有些"另类"的。而这，又恰恰体现了我的追求：把公开课上成家常课，把家常课上成公开课。

（一）对"解决问题策略"的思考

这节课的内容是苏教版小学数学五年级上册的内容，课题是"解决问题的策略"。

关于课题，本没有问题。可是，我纠结的是，这节课中，学生的着眼点更多关注的是解决问题，相对于解决问题的浓墨重彩，在解决问题的策略上的笔墨，反而显得轻描淡写了。后来，我想明白了，学生关注解决问题是正常的表现，而教师要引导到对解决问题的策略这个方面的研究，是必须的。

我认为，解决问题策略的学习，和解决问题的学习是统一的。解决问题策略的学习，不可能脱离解决问题的过程，它是和解决问题紧密结合在一起的。在例题学习过程中，问题是策略学习的载体；在应用练习中，策略是解决问题的工具。也就是说，解决问题策略的学习，是基于解决问题，为了解决问题。解决问题，首先是作为学生感受、体会、反思解决问题策略的手段，在学生对解决问题的策略有所认识之后，再让学生应用策略去解决新的问题。

对学生来说，解决问题活动的价值，不应仅仅停留于能够解决某一类问题，获得某一类问题的结论，更多的是在解决问题的过程中获得发展。也就是，基于解题的经历和形成相应的经验、技巧、方法，进而反思和提炼，从而把握一定的解决问题的策略。学生认识、理解、掌握解决问题的策略一般经历潜意识阶段、明朗化阶段、深刻化阶段。在教学中，我们要顺应学生的学习心理，展开解决问题策略的教学。

这节课中的两个问题，学生是能够解决的。教师要做的，不仅仅是组织学生交流解决这些问题时是怎样想的，还要引导学生在回顾反思中让解决问题的策略"浮出水面"。

(二)学得精彩，才是真正的精彩

这节课，我不试教，因为我以为看课，不是仅看教师怎样教的，更多的是看学生怎样学的，继而再看教师的教如何与学生的学互动。

课堂，是否具有观赏性？课堂的风景在哪儿？我以为，课堂的风景在学生那儿，我们是否缺失了发现风景的眼睛？世界上不是没有美，而是我们的眼睛没有找到发现美的角度。

课堂教学的真正精彩，是学生学得精彩，学得主动、生动、灵动。教师要给学生充裕的思考时间，酝酿精彩；教师要给学生充分的交流时间，展示精彩。学生学得精彩，不是教师不教，而是"让学"的过程中，教师对教什么和怎样教有更深刻的

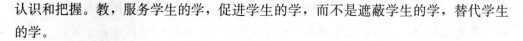

认识和把握。教，服务学生的学，促进学生的学，而不是遮蔽学生的学，替代学生的学。

(三)"墙"在哪儿?

这节课中要探讨的第一个问题是，用18根1米长的栅栏围羊圈。我是第三次教学这个内容。前两次，风平浪静，学生的想法和教材中的想法，也和我的想法一样。

但这一次教学，有学生的想法有些不同。

课前，学生对这个内容做研究学习的时候，曹企元小声问我："可以靠墙围吗?"我说看看题目。

后来，从他们完成的研究学习材料中，我发现，有这样想法的还不止曹企元一位学生。韩冰仪也想到了，并且一一列举了不同的方案。丁天行更是用图表示了"墙"的多种可能。

我们怎么没想到呢? 什么时候，我们的想法被"墙"围住了?"墙"在哪儿?

学生一次又一次突破教师的预设，恰恰说明，学生的很多想法需要教师还给学生敞亮的时空。这是否提醒我们，学生的精彩很多时候是被教师的"预设"屏蔽掉了? 墙在哪儿? 如果不给学生思考的机会，表达的机会，展示的机会，教师也就给自己圈上了围墙。

还有，在听完课后交流的时候，省教研室鞠文灿副主任提出一个问题：用18根1米长的栅栏围羊圈，如果围成的羊圈长8米、宽1米，回到实际生活中看一看，合适吗?

我们哑然失笑。我们怎么都没想过这个问题呢? 其实，要解决这里的不合理，很简单，把"羊圈"改为"菜地"就行了。

我们的思考，是否总有着我们没有发现的"死角"呢?

如果这样，我们更需要倾听。无论课外课内，面对他人，面对学生，我们，都需要倾听。

整理这节课的教学实录时，我安静下来，反复看课堂录像。为何反复看，不排除这样的原因，由于上课现场仅用一台摄像机拍摄，录像中的声音有时不是特别清晰。但我以为还有一个更重要的原因，是我在课堂录像反复倾听的过程中，我试图真正去听懂每位学生当时真正的想法。

安详方能静观，静观方能明断，明断方能行动。回到课堂，我以为，在课堂互动交流的过程中，教师要安静下来。只有安静下来，人的心灵和感官才是真正开放的，才能变得敏锐与智慧，与学生、与所探讨的内容处在一种最佳的关系之中。

正如当下的教育，"开放"之所以瞩目，受人欢呼，是因为教育确实不那么开放。至少，教师，教学态度与教学行为都不够开放。

我们要做的，以开放的精神照亮自己。

我又想起这样一件事。

曾任中国外交部发言人的姜瑜曾接受了韩国某日报的独家访问。记者问：怎样看待西方媒体批判中国的报道？姜瑜回答："我觉得不尖锐地提问问题的记者不是好记者。如果记者从尖锐的角度提出问题，说明他在思考。我认为，作为专业人士，他们提出任何问题都是正常的。我也都会以开放的态度来做出回答。"

我以为，记者的提问以及姜瑜的回答都很坦诚与智慧。姜瑜感谢记者给了发言人以挑战。由此来看，课堂中，我们是否也应当期待并感谢学生给教师以挑战？

真如此，我们就不担忧那堵"墙"了。

七、比"练"更重要的是"思"

——"'有关分数、比的问题'练习"教学与思考

教学内容：苏教版《数学》六年级上册"'有关分数、比的问题'练习"。

教学目标：进一步掌握有关分数乘、除法应用问题的分析方法，能从分数意义、比的角度灵活思考、正确解答，提高解答有关分数、比的应用问题的能力，感受数学思考的快乐。

教学过程：

上课前一天，每位学生独立、自主完成如下"有关分数、比的问题"的研究学习。

"有关分数、比的问题"研究学习

1. 补充条件、提出问题，再解答。

　小明的画片张数是小刚的$\frac{2}{5}$，_____。_____?

2. 设计或选择一道与分数、比有关的题目，分析并解答。

　题目：

　我的分析与解答：

　我的提醒：

上课之前，教师在黑板上板书：小明的画片张数是小刚的$\frac{2}{5}$。

(一)基本练习

(教师出示如下问题，指名学生回答。)

把哪个数量看作单位"1"，数量关系式是什么。

①广场的$\frac{3}{4}$是草坪。

②十月份手机话费比九月份多$\frac{2}{9}$。

③电视机促销，价格优惠了$\frac{1}{10}$。

褚文蔚：把广场的面积看作单位"1"，广场的面积$\times\frac{3}{4}$＝草坪的面积。

乔思霖：广场的面积$\times(1-\frac{3}{4})$＝剩下的面积。

程钰涵：把九月份的话费看作单位"1"，九月份的话费$\times\frac{2}{9}$＝十月份话费比九月份多的。

刘珩歆：九月份的话费 $\times\left(1+\dfrac{2}{9}\right)=$ 十月份的话费。

陈传宇：第3题，把电视机的原价看作单位"1"，电视机的原价 $\times\left(1-\dfrac{1}{10}\right)=$ 现在的价格。

胡杨：电视机的价格 $\times\dfrac{1}{10}=$ 优惠的价格。

尹力：电视机的原价 $\times\left(1-\dfrac{1}{10}\right)=$ 电视机现在的价格。

（其余学生指出"说过了"。教师指出：大家有没有听出来，刚才尹力发言中，有一处表达，说得比胡杨准确。学生回答：原价。教师继而指出：这里，在说价格时，要说清楚是原价还是现价。）

师：回头再看这3题，你还想到了什么？

王骄阳：第1题，我想到了，广场是4份，草坪是3份，广场和草坪一共有7份。

师：听了别人发言之后，如果你有补充，有修正的，接着说。

柯欣怡：广场和草坪的比是4∶3，草坪和广场的比是3∶4。

师：对刚才王骄阳说的，有补充吗？

夏春秋：广场比草坪多1份。

（教师邀请王骄阳把刚才的发言再陈述一遍。）

周瑞哲：广场的 $\dfrac{3}{4}$ 是草坪，也就是说，如果把广场的面积平均分成4份的话，那么草坪就是3份。草坪就是广场的一部分，把广场和草坪加起来，就不符合常理了。

（全班掌声。第2题，教师邀请钟晓源发言。）

钟晓源：这一题，十月份的话费是11份，九月份的话费是9份，九月份比十月份少2份。

曹企元：十月份的话费比九月份多2份，十月份和九月份的话费一共是21份，不对，应该是20份。

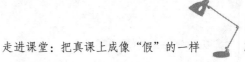

师：这个，可以相加吗？

生：可以。

（第 3 题，教师邀请吕佳蕙小组发言，并指出：每人说一点。）

吕佳蕙：这里，原价是 10 份，促销价是 9 份。

陈芷怡：电视机的原价比促销价多 1 份。

李悦文：电视机的原价与优惠的价格比是 10：9。

陈一苇：电视机的原价和电视机促销价一共是 19 份。

柯欣怡：我觉得陈一苇讲的电视机的促销价格和原价相加是没有意义的。刚才李悦文有一处口误，她说的是优惠的价格，准确说，应该是优惠后的价格。

（全班掌声。）

师：柯欣怡听得非常仔细。优惠了几份？

生：（齐）1 份。

师：优惠后是几份？

生：（齐）9 份。

师：这，好像一样，其实不一样。刚才的交流，由分数想到了什么？

生：（齐）比。

(二)揭示课题

师：（板书：分数、比）今天这节课，我们继续练习有关分数、比的问题。

(三)综合练习

师：请大家拿出课前做的材料，小组交流的时候，要交流：我补充的时候，是怎样想的。稍后向全班汇报的时候，我们小组能否有序地汇报。这里说的有序，是指问题由简单到复杂。这是第一点。第二点，我之前看过，有一些同学还有一些错，那小组交流的时候，要看看自己是不是有错，如果有错，在小组里纠正一下，如果你觉得这个错很典型，那可以准备在全班交流。听明白两个要求了吗？现在先交流第 1 题。

（学生小组交流，用时约 4 分 30 秒。）

师：刚才两个小组已经自荐了，一个组说，我们组内容丰富，有对有错；一个组说，我们有算术方法，还有方程解法。

（有学生提议：抽签。教师邀请柯欣怡抽签，并做说明：邀请柯欣怡，是因为之前她的补充发言，让我们发现她听得特别仔细。柯欣怡抽出"4"号签，即沈辰谕小组。）

邵沁怡：下面我们小组和大家一起讨论补充的条件和提出的问题。

（沈辰谕展示，如图 3-63。）

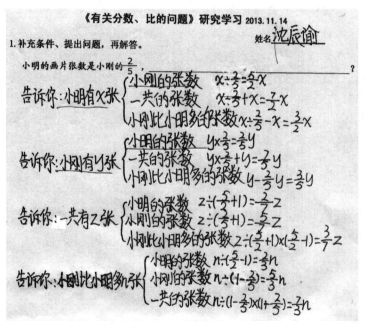

图 3-63

沈辰谕：我认为补充这道题目的条件和问题，一共有 4 种条件可以补充。第一种，是告诉你小明有几张；第二种，是告诉你小刚有几张；第三种，是告诉你一共有几张；第四种，是告诉你小刚比小明多几张。而提出的问题，也是有四种。第一种，是求小刚的张数；第二种，是求小明的张数；第三种，是求一共的张数；第四种，是求小刚比小明多的张数。

邵沁怡：我来和大家讨论第一个问题。小明有多少张，如果告诉你小明有 x 张。

（教师打断邵沁怡的汇报，提出要求：换一个数据。）

邵沁怡：如果告诉你小明有 35 张，那么小刚的张数就是用 $35 \div \frac{2}{5}$。

（教师再次打断邵沁怡汇报，用白纸遮去沈辰谕展示材料中的解答部分。）

邵沁怡：求小刚有多少张，用 $35 \div \frac{2}{5}$。除以一个数，等于乘它的倒数。那么 $35 \times \frac{2}{5} = 14$。小刚一共有 14 张。

（部分学生发出"啊""嗯"反对声。邵沁怡改口：噢，$35 \times \frac{5}{2}$……小刚还有一张半张的。有学生提出"不可以"。邵沁怡再次调整：$35 \times \frac{5}{2}$ 结果是小数，这样，把小明有 35 张改成小明有 30 张。$30 \div \frac{2}{5} = 75$，小刚有 75 张。邵沁怡准备继续汇报后续补充的问题，教师示意暂停：慢一点，把刚才补充的条件和问题整理一下。刚才补充的条件与问题是什么？）

生：小明有 30 张，问小刚有多少张？

师：这个问题，我想请一位同学来分析一下。

祁修远：刚才的问题是，小明的画片张数是小刚的 $\frac{2}{5}$，告诉你小明的张数，求小刚的张数。用小明的张数除以 $\frac{2}{5}$，得到小刚的张数。

吕佳蕙：我给祁修远补充，分析这样的问题，可以从关系式入手。小明的张数是小刚的 $\frac{2}{5}$，可以知道单位"1"是小刚的张数，关系式是：小刚的张数 $\times \frac{2}{5}$ = 小明的张数。又知道小明有 30 张，反过来，小明的张数 $\div \frac{2}{5}$ = 小刚的张数。所以用 $30 \div \frac{2}{5}$ 得到小刚的张数。

黄橙蔚：这个问题，就是告诉你一个数的几分之几是多少，求这个数的问题。

师：我想，刚才祁修远听了吕佳蕙的发言，有启发。这道题，我们应抓住哪句话去分析？

生（齐）：小明的张数是小刚的 $\frac{2}{5}$。

（在刚才几位学生汇报交流的时候，沈辰谕在黑板上板演，如图3-64。）

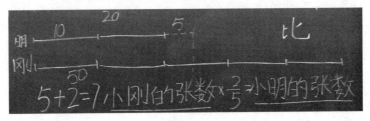

图 3-64

师：（指着沈辰谕所写的关系式）我们看到，沈辰谕写出了关系式。告诉小明 30 张，求小刚的张数，算式是什么？

（沈辰谕同步在关系式中"小明的张数"下面板书"30"。）

生：（齐）$30 \div \frac{2}{5}$。

师：这样，给你们一个挑战，下面你们要介绍的哪道题目和这道题可以对比一下。

沈辰谕：我觉得第二个条件中的第一个问题。小刚有 y 张，求小明的张数。这个问题与第一个问题可以比较一下。

（全班热烈掌声。）

师：刚才沈辰谕说什么？

刘珩歆：刚才他说，与第一个问题对应的是，已知小刚的张数，求小明的张数。

师：（在沈辰谕展示的材料中的这两个问题下面画上下划线）谁来比较一下？

柯欣怡：（指着沈辰谕的板书）我觉得这两题的关系式是一样的，都是小刚的张数 $\times \frac{2}{5} =$ 小明的张数。第一道题目是告诉小明的张数，算式要反过来，用 $30 \div \frac{2}{5}$，得到小刚的张数。第二道题目，告诉的是小刚的张数，要求小明的张数，这时，就直接列算式，用数字替换小刚的张数，然后乘 $\frac{2}{5}$，算出小明的张数。

（全班掌声。）

沈辰谕：（指着自己的板书）我觉得这两题中，第一题是要逆着想的，要求小刚的张数，用除法；第二题，告诉小刚的张数，求小明的张数，是顺着想的。

（全班掌声。）

师：刚才柯欣怡、沈辰谕都是围绕这个关系式进行比较。我想，如果把沈辰谕补充的这两个条件中的问题都介绍下来，那需要很长时间。请大家想一想，补充的这两个条件中的其他问题，要不要再分析了？

生：不要。

师：为什么？

生：第一个问题，是后面问题的基础。

师：是的，沈辰谕在补充条件、问题时是很有顺序的，把第一个问题解决了，后面的两个问题接着都解决了。继续交流。

（沈辰谕小组邀请张惟天与全班交流。张惟天展示，如图 3-65。）

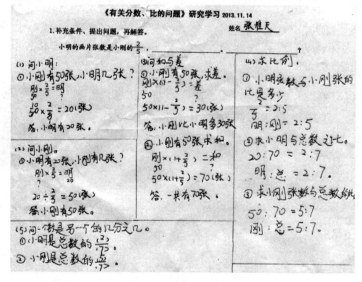

图 3-65

张惟天：沈辰谕是按照条件分类的，我是按照问题分类的。

师：这样，张惟天的补充，我们稍后交流。张惟天的研究学习材料先放我这儿。掌声感谢张惟天。（全班掌声）我在想，沈辰谕还补充了两个不同的条件，和大家交流一下。

沈辰谕：我补充的第 3 个条件是告诉你两人一共的张数，问小明的张数、小刚

的张数、小刚比小明多的张数。

师：沈辰谕，你换上一个数据，请班上同学来讲解你的问题。

沈辰谕：(沉思片刻)如果把这道题目改成：一共有 105 张画片，谁来分析讲解这道题目？

师：好！条件确定，条件是什么？

生：(齐)一共有 105 张。

师：问题呢？

生：(齐)小明有多少张？

(教师请严子晶把题目再说一遍，之后，沈辰谕小组邀请顾博涵分析。)

顾博涵：(边在黑板上板演边讲解)由"小明的画片张数是小刚的 $\frac{2}{5}$"可以知道，小明的画片张数与小刚的画片张数的比是 2：5，他们一共有 7 份，一共有 105 张，105 除以 7 得到一份的，要求小明的，再乘 2。(教师插话：具体得多少，不算了)还有谁给我补充？

(顾博涵同步板书，如图 3-66。顾博涵邀请滕沁芜补充发言。在滕沁芜发言之前，教师插话：不同的同学，有不同的想法。他们讲完之后，大家要进行比较。)

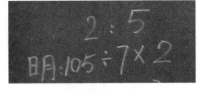

图 3-66

滕沁芜：(边在黑板上板演边讲解)我觉得顾博涵这里用的是比的方法，我用的是分数的方法。

我们根据题目"小明的画片张数是小刚的 $\frac{2}{5}$"可以求出：小刚的画片 $\times \left(1+\frac{2}{5}\right)=$ 总数，现在我们知道总数是 105 张，这样可以求出小刚的张数，小刚的张数再乘，就得到小明的张数。

(滕沁芜同步板书，如图 3-67。)

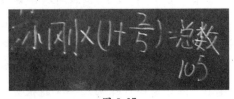

图 3-67

钟晓源：我们可以拿这一题和前面的两题做对比。前面两题都是告诉你一个人有多少，也就是一个人的份数，而这一题告诉你的是两个人一共有多少，也就是两个人一共的份数。

沈辰谕：（指着自己之前的板书讲解）我解这道题，是用整数思路来解的。我们知道小明是小刚的 $\frac{2}{5}$，那么我们可以把小刚想成是 5 份，小明想成是 2 份，告诉我们总数是 105，总数也就是 5＋2＝7(份)。

邱宇豪：这也就是顾博涵的方法。

沈辰谕：我下面还有一种补充的条件是，小刚的画片比小明多 45 张，求小明的张数。

徐馨蓓：（边板演边讲解）这道题，我还是用整数思路。刚才知道了小明是 2 份，小刚是 5 份，这里说小刚比小明多 45 张，也就是小明比小刚少 3 份，小刚比小明多 3 份，45 是 3 份，那我们就可以求出 1 份是多少张，求小明的张数，再乘 2 就可以了。

（徐馨蓓同步板书，如图 3-68。）

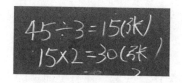

图 3-68

李广威：（讲解过程中同步板书 $45\div\frac{2}{5}$）刚才徐馨蓓是通过整数思路来想的，我是通过分数思路来想的。因为我们知道，小刚的画片 $\times\frac{2}{5}$＝小刚比小明多的画片。小刚比小明多 45 张，$45\div\frac{2}{5}$ 得到的就是小刚的画片了。

沈辰谕：谁能看出来李广威犯了什么错误？

周瑞哲：小明的画片张数是小刚的 $\frac{2}{5}$，如果把小刚的画片分成 5 份，那么小明的就占 2 份，小刚比小明多 5 份中的 3 份。45 是小刚比小明多的张数，所以用 45

除以 $\frac{3}{5}$，而不是除以 $\frac{2}{5}$。

（李广威将刚才板书的算式修改为：$45 \div \left(1 - \frac{2}{5}\right)$）

曹企元：（边板演边讲解）我们可以通过关系式来想。单位"1"是小刚，小刚的张数 $\times \left(1 - \frac{2}{5}\right) =$ 他们两人的差。现在我们知道差是 45，用 $45 \div \left(1 - \frac{2}{5}\right)$ 就得到小刚的张数了。

（曹企元同步板书，如图 3-69。）

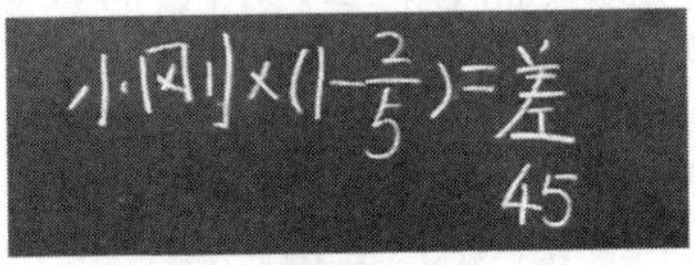

图 3-69

师：刚才李广威讲完之后，周瑞哲补充修正，有同学可能听糊涂了，但再听曹企元一讲，又清楚了。为什么这样呢？

生：想关系式。

师：对！先想数量关系式。李广威犯了一个错，和 45 相对应的是——

生：（齐）$\frac{3}{5}$。

师：这样的方法，有同学还有些晕。还有更简单的方法。

（学生无语、不解。教师轻轻地指出：用方程来做。全班学生"噢"，恍然大悟。）

生：设小刚有 x 张。小明有 x 张。

严子晶：方程是 $x - \frac{2}{5}x = 45$。

程钰涵：方程，很容易想。

（至此，关于刚才两道题目的解答，黑板上形成图 3-70 所示的板书。）

师：我们把刚才的两道题目对比一下。（指着两道题目的第一种解法）这两种解法怎么样？

生：一样，都是整数思路。

师：其实，也就是把 $\frac{2}{5}$ 转化成——

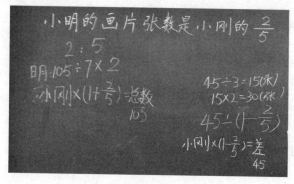

图 3-70

生：2∶5。

师：把分数转化成比来思考，然后用的是整数思路。第二种解法呢？

生：分数思路。

师：注意什么呢？

生：先想数量关系式。

师：刚才为什么还要补充方程解法呢？

滕沁芫：我觉得不管是整数思路，还是分数思路，都是逆着想的，而用方程，是顺着题意想的，这样更简单。

（全班掌声。教师再问邵沁怡小组：还有要和全班交流的吗？学生表示没有。教师指出：今天你们原计划与全班交流的思路被我打乱了，给了你们很大的挑战，你们组织得很不错。掌声感谢沈辰谕一组。沈辰谕小组回到座位。）

师：我们回头梳理、总结一下，刚才一组怎样补充的呢？

韩冰仪：刚才沈辰谕这一小组补充了 4 个条件，又分别由 4 个条件发散出了 3 个不同的问题。这都是一些有关分数的问题。第一个条件是小明的张数，第二个条件是小刚的张数，第三个条件是一共的张数，第四个条件是小刚比小明多的张数。再根据这些条件，提出了一些问题。

（全班掌声。）

师：接下去可以总结，在分析解答的时候注意什么？

周瑞哲：我觉得 4 个条件，不同的问题，但数量关系式，都是从黑板上写的这句话"小明的画片张数是小刚的 $\frac{2}{5}$"引申出来的。

张惟天：我觉得我们在答题的时候，先想数量关系式。如果是逆着想的，我们就可以用方程来解。

师：还有，有时用分数思路，有时用比的思路。（教师拿出张惟天之前展示的研究学习材料，还给张惟天）刚才打断了张惟天与大家的交流，张惟天现在和大家交流一下，你在补充的时候是怎样想的。

（张惟天再次展示。）

张惟天：我的想法和沈辰谕不一样。我是把问题分类的。我把求小明有多少张分为一类，把求小刚有多少张分为一类，求小明与小刚的和、差分为一类，求小明、小刚张数的比分为一类，最后是求一个数是另一个数的几分之几的分为一类。

（全班热烈掌声。学生中发出惊叹声、醒悟声。）

师：怎么样？先想问题，然后想可以补充的条件。还有想法不一样的。有请李悦文和大家交流。

（李悦文展示，如图3-71。）

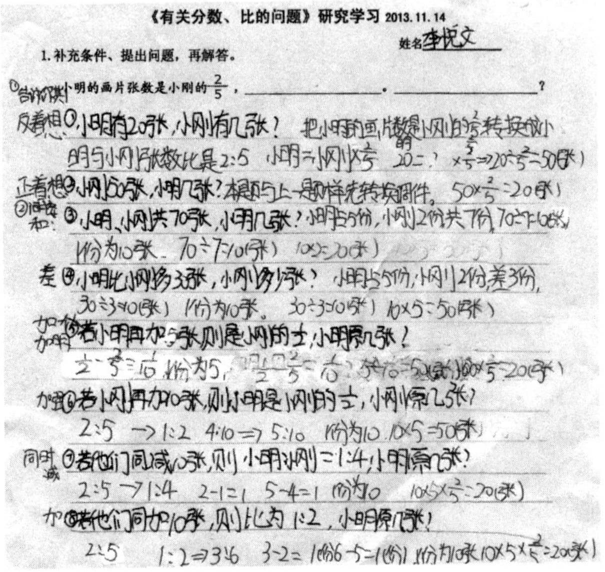

图 3-71

李悦文：请大家看我补充的第5题到第8题，我所补充的条件，并不是告诉大家小明有多少张，或小刚有多少张，或他们一共有多少张，或他们的差。我补充的是，若小明再加5张，则是小刚的$\frac{1}{2}$，问小明有几张。这道题目可以这样解。（李悦文在黑板上边板演边讲解）我们可以在沈辰谕画的图上分析。小明再加5张，这时我们可以看到，这5张就是一份的一半，小明一份就是10，小明有2份，小明就有20张，小刚有5份，就是50张。

（李悦文将沈辰谕的图作修改，如图3-72。）

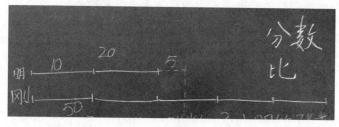

图 3-72

尹力：李悦文后面出的几道题的变化之处就是，前面题目的总量是不变的，而李悦文后面出的几道题目的总量都是变化的。

吕佳蕙：我觉得李悦文出的题目从第5题开始变化。前面的几道题目都是直接告诉我们小明和小刚有多少张，后面的几道题目都是间接地告诉我们他们有多少张。

钟晓源：我觉得这些题目无论怎么变，小明的画片都是小刚的$\frac{2}{5}$，它们都脱离不了这个关系，所以我觉得这些题目都可以用方程来解。

师：题目变化再多，用方程都能解决。刚才李悦文很巧妙地借用了沈辰谕画的图，小明加了5张，恰好是小刚的$\frac{1}{2}$，从图上可以看出来李悦文的思路，先求什么？

生：一份是多少。

师：然后问题就解决了。李悦文还是把分数转化成比，用整数思路解答的。再看看李悦文的第6题。

李悦文：若小刚再增加 10 张，则小明是小刚的 $\frac{1}{2}$。小刚原来有多少张？

（学生没反应。教师让李悦文把题目再完整说一遍。之后，不少学生插话：不可能。）

柯欣怡：我觉着这里，先不管小刚，小明是小刚的 $\frac{1}{2}$，那这个时候小刚无论有 4 份，目前小刚已经有 5 份，他增加了以后，更多了，不可能出现 $\frac{1}{2}$ 这种情况。如果说减去 10 张，这个时候，小明是小刚的 $\frac{1}{2}$ 是有可能的。

沈辰谕：我觉得可以不改她的"增加 10 张"，但是也可以把后面的" $\frac{1}{2}$ "改成" $\frac{1}{3}$ "。

师：能看出李悦文这样补充后的数据上出了一点小问题，太了不起了。因为快到下课时间了，李悦文的问题就先探讨到这儿。回顾今天探讨的问题，我们觉得都可以像沈辰谕那样有条理地思考，先补条件，再提问题；张惟天给了我们启发，可以先想问题，再补条件。当我们觉得想法都差不多的时候，李悦文的想法又有变化了。不过怎样变化，还是有讲究的。比如刚才李悦文的问题，小刚再增加 10 张，原来小明是小刚的 $\frac{2}{5}$，现在小明是小刚的几分之几，这个数据还是有讲究的，这个问题留给大家下课以后再思考。最后，我再邀请一位同学和大家分享一下他的改编。他的改编，让我们发现，咦，还可以这样改编。掌声有请——曹企元！

（教师提示曹企元介绍他的研究学习材料的第二部分。曹企元展示，如图 3-73。曹企元读题。）

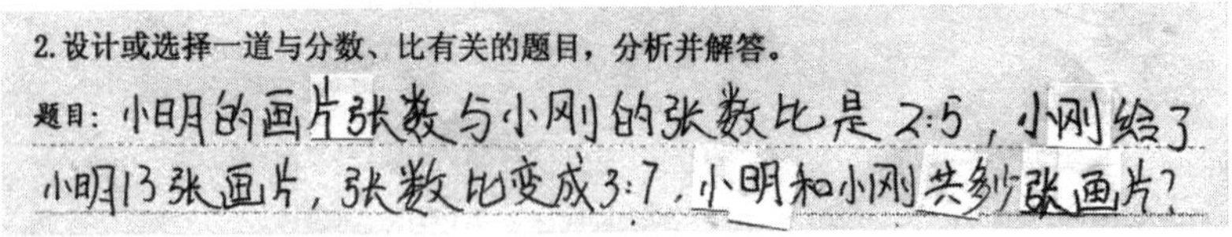

2.设计或选择一道与分数、比有关的题目，分析并解答。

题目：小明的画片张数与小刚的张数比是 2:5，小刚给了小明 13 张画片，张数比变成 3:7，小明和小刚共多少张画片？

图 3-73

师：这道题目如何分析解答，下节数学课再交流。下课！

教学思考：

这是 2013 年下半年"现代与经典走进南师附小"活动中，我上的一节课。印象特别深刻的是，除了这之前把练习课的"研究学习"材料设计并印发给学生。上课前一天晚上，我开始"备课"，备课的方式就是研读每一位学生独立、自主完成的"研究学习"材料，努力读懂每一位学生的想法，把脉每一位学生的数学学习状况。至于课堂上会遭遇什么样的具体问题，则不作太多的考虑，其实也是无法像传统备课方式那样去预设。再想想，这样的备课，是一种应时性的、显性的。更为重要的是，对课堂变革的思考，对练习课教学的思考，这应当视作长期备课，是隐性的。

苏霍姆林斯基指出：一个有学识的、善于思考的、有经验的教师，他并不花很长时间去准备明天的课，他直接花在备课上的时间是很少的……但他确实一生都在为上好一节课而准备着。他的精神生活就是不断地丰富自己的头脑。

的确，关于数学练习课，我想得更多。练习课，有紧承某一知识点学习之后着重于巩固的专项练习课，有在几个知识点学习之后需要比较与联系起来的综合练习课。无疑，这节课属于后者。

（一）练习，不是从上课铃响开始的

谈到练习，我们想到比较多的是课上完之后，教师布置的家庭作业。固然，家庭作业是练习。不过，家庭作业更多地指向于对已学内容的巩固。家庭作业，也应该成为后续学习的前奏。即课外练习与课内学习之间的联系是密不可分的。

练习课，一般由基础练习、专项练习、变式练习、综合练习、发展练习等组成，学生拾级而上，促进知识巩固、技能形成。那些思考性较强、具有拓展性以及较大问题空间的数学题目，以往，我们可能都是安排学生在课堂上思考、解答。后来我发现，这样的课堂，时间很紧张，很难让学生充分展开思考。我所做的改变是，那些有一定难度的、拓展性的、综合性的问题，让学生课前展开思考。即在练习课之前，让学生完成这些问题的研究学习。在这节课前，教师设计了两项学习任务，一是补充条件，提出问题，再分析解答；二是设计或选择一道与分数、比有关的题目，分析并解答。学生就此展开课前思考与准备。

坦率地说，看完用文字记录下来的这节课，我也几乎"懵"了。对照课堂录像，还原

课堂，很"吃劲"，很"吃惊"。但可以感觉到，学生在课堂中的表现，非同寻常。学生为何能这样，其重要原因是课前他们已经展开了充分的思考。"精彩"，是要有准备的。

(二)课中练习，从基础训练开始

曾在一本书中看到这样一句话：训练，始终背负着恶名。的确是这样。课程改革以来，我们已经很少谈训练了，似乎还有点"谈练色变"的味道。训练，成了"大量做题、机械练习"的代名词。训练是不是该远离教学呢？

所谓"训练"，也就是通过有计划、有步骤的练习，逐步掌握方法，形成技能。它是进入更高层次学习的基础。某种技能的形成，几乎没有捷径可走，只有反复练习。2012 年 6 月 24 日，"神舟九号"与"天宫一号"手控交会对接成功。此前，航天员们进行了大量手控交会对接操作技能等项目训练，负责交会对接任务的刘旺，训练已经达到 1500 次。在仪表没有数据的情况下，他仅靠光学显示就能够操作。真功夫，往往是靠笨办法练成的。而创造性的培养与形成，也不会是凭空而来的，需要基本知识和基本技能打基础、做支撑。

数学学习过程中，不是所有的内容都需要无限量的训练，但有些内容是需要训练的。如口算、解决问题的基本数量关系等。所谓"基础"，就是人在某一个领域一遍又一遍重复的事情，它们是为日后更高级的工作打好基础。正如尼采所言："谁要学会飞翔，必须先学会站立、奔跑、跳跃和舞蹈。人无法从飞翔中学会飞翔。"

我以为，基础训练，教师预先设计，表达了对学生在数学学习基本功方面的要求。在这节课中，围绕有关分数的应用问题作分析与联想的训练。先是让学生练习把哪个数量看作单位"1"，数量关系式是什么，再让学生发散思考，还想到什么。学生由"分数"想到"比"，从"份数"角度灵活地思考。这样的基础训练，既是全课练习的热身，也有助于激活后继分析问题的"思路点"。什么是思路点呢？记忆网络中首先被激活并经过选择的知识，造成对下一步该做些什么的期望，这种期望指导感觉器官去搜寻有关信息，这样的知识结点称为"思路点"。"思路点"是解决问题的开始，决定着解决问题的方向以及解决问题的顺畅性。

由此可见，基础训练，我们要让学生掌握的不是技巧，而是分析解决问题的着力点，即抓住"根"而不是"枝叶"。

（三）比"练"更重要的是"思"

回到原点思考。

练习课，究竟练习什么？再思：为什么练？进一步追问：为谁练？我们可能会说，为学生的学习与发展而练。事实上，很多时候，教师组织的练习都是为了学生的考试而练。曾有教师自嘲说，做教师，最有责任心的表现是，每一天的课堂，教师都惦记着最后的那一场考试。平时的教学过程中，不少教师以为，练过了，就行了。

这就像考试的时候，如果这一份考卷由教研室统一命题，教师在拿到试卷时，会从前到后将题目浏览一遍，其中某些题目练过、讲过，教师基本就放心了；如果有些题目学生未练过，教师便担心了。如果某道题目教师接触到了，却未让学生做一做，教师会懊悔不已。等待阅卷之后，在做试卷分析时，我们会发现，教师所有的放心、担心与懊悔都和现实相差无几。

"老师没讲到""我们没做过"，当学生如此感叹时，那是教师的悲哀。学习，是学生的事，还是教师的事？

现在的数学考试，很多时候，考的不是学生解决问题的能力，而是考的学生解决问题的熟练程度。学生看到考卷中的题目，很快完成题型识别，接着把该问题与曾经做过的问题联系起来，通过对号入座，把曾经的那个问题的解答方案乃至于过程复制到当下的考题中，从而快速完成解答。

如此，学生便沦为了解题机器、考试工具。

当我们关注练习课容量的时候，我们需要关注的不是练习题量的多少，而是思维含量的多少。

当教师设计一道又一道题目，提出一个又一个问题，安排学生学习活动时，能否换一个视角：如何设计比较大的问题，把学生带入学习活动中，让学生展示自己的学习过程与学习想法呢？

我们常常说，要培养会思考的学生，那我们首先应当追问的是：教师会思考吗？教师不思考，学生能思考吗？

数学练习课，比"练"更重要的是"思"。激发学生思考，需要给予学生挑战性的学习任务，需要给予学生较大的思考、展示、交流的空间。这节课中的两个板块的问题，都有着很大的空间，所有的学生都能"上手"，都有想法，但思考过程与思考结果是有差异的。这里，涵盖了分数乘、除法的应用问题，简单的、复杂的，综合在一起。学生的汇报交流也很有策略。沈辰谕的想法比较全面而且有条理，全组学生借用他的材料汇报——这，我觉得未尝不可，能看懂他人想法并作讲解，这对于参与汇报的学生来说，本身就是学习。在学生交流的过程中，我又适时提出一些要求，让学生及时做出调整，并不是按计划"照本宣科"。

同时，我还注意思考方法的指导。这节课中，体现得较为突出的是"联系"起来思考。一是组织学生沟通分数与比的联系，注意算术解法与方程解法的灵活选择，并且，包容不同学生的不同水平，如解决问题的不同方法。有的学生对问题的改编停留于表层的欣赏，有的则深入思考改编问题的合理性。教师要帮助学生把所学的知识装上"钩子"，也就是说，让学生把知识建立起联系。二是交流的过程中，教师引导学生不仅要关注自己的想法，还要关注他人的想法，进一步关注他人想法和自己想法之间的联系。

因思考，练习课不再是"冷冰冰"的了。数学练习课中，我们常常设计形式多样的题目，或者是通过对题目进行包装，激发学生练习的兴趣。固然，这可以改变数学练习传统的"冷冰冰"的面孔，增添数学练习题对学生的"亲和力"。但我以为，更长久的兴趣，来自于问题本身的吸引力，即用具有一定挑战性的问题的思维含量激活学生，让学生体验数学思考的酸甜苦辣咸，享受智力活动的振奋与愉悦。

相当一部分数学老师听完这节课后和我交流。他们惊讶：课堂中交流的题目太难了，学生怎么"受得了"？

教师觉得"难"，是教师从自身角度以及以往教学六年级积淀的经验出发作出的判断。而学生不觉得难，是因为他们天天在类似这样的问题场景中摸爬滚打，他们已经习惯了。相反，如果题目简单，对他们没有一定的挑战性，他们在练习时根本就打不起精神。

我的期待是，让学生觉得数学越学越简单，让教师觉得学生学数学学得越来越不简单。

(四)练习，关注每一个

数学练习课，要让每一位学生都得到发展，即教学要做到面向全体，让每一位学生在原有的基础上得到发展，让学生有差异地发展。形象地说，就是每位学生都

在"往前走"，但不是"齐步走"，而是以"不同的速度"在"向前走"，有的走"3步"，有的走"5步"，有的走"8步"。苏霍姆林斯基告诫我们：学习上的成就本身就是一种相对的东西。对一位学生来说，"5分"是成就的标志；而对另一个学生来说，"3分"就是了不起的成就。我以为，这样的发展格局，正体现了和谐之美。和谐是什么？就是对多样的一种宽容，一种融入。

练习课，关注每一个，要让所有的学生都参与思考。暂不说课前的研究学习，仅对课堂中学生参与交流的情况做一下统计。

这节课，41位学生上课。29位学生有发言与全班交流的机会。交流次数最多的是沈辰谕，达到7次。其次是柯欣怡，达到4次。达到3次的有张惟天、李悦文、曹企元、钟晓源、周瑞哲5位学生。达到2次的有程钰涵、刘珩歆、尹力、滕沁芫、邵沁怡、吕佳蕙、严子晶7位学生。有1次发言的有15人：褚文蔚、乔思霖、陈传宇、胡杨、王骄阳、邱宇豪、徐馨蓓、李广威、韩冰仪、夏春秋、陈芷怡、陈一苇、祁修远、黄橙蔚、顾博涵。

思考，离不开交流；交流，促进了思考。小组交流学习，全班交流学习，都是让个别的、不同的想法为全班共享。这一过程，又像滚雪球一样，让更多的"思考"卷入其中，让更多的学生参与进来。

面对有差异的学生，教师要做到心中有全体学生，时刻关注所有的学生是否都参与到学习过程中。在这样的课堂中，教师要注意的是，所交流的问题，是否所有的学生都能看懂、听懂? 到了高年级, 学生所学的数学内容难度大了, 在学生自主交流的过程中, 教师要注意教学节奏的调整, 适时适度地介入, 理一理、引一引、帮一帮。

　　课, 不能仅仅是"好看"。课堂中, 不仅仅是表现, 更重要的是表现过程中的实现。表现是"过程", 实现是"结果", 有过程, 亦要有结果。

　　数学练习课的指向, 不只是知识的巩固, 能力的提高, 更应集中指向学生的发展。我们的数学教学要为学生的发展服务, 要为学生的持续发展打下良好的基础。数学练习课中, 教师要让学生回归学习主体的地位, 让学生练得有趣、练得有味、练得有劲、练得有效。

　　教师的主要任务绝不仅是传授知识, 而且更在于激励学生学习、思考。面向全体, 实质是面向有差异的学生。面向全体, 就是要求教师关怀每一位学生, 激励每一位学生, 发展每一位学生。常说, 没有教不好的学生, 只有不会教的老师。这句话, 如果这样说更为妥当: 没有不想学习的学生, 只有不善于激励学生学习的老师。

八、让复习课充满生长的力量

——"'分数'复习"教学与思考

教学内容: 苏教版《数学》五年级下册"'分数'复习"。

教学目标:

1. 通过整理复习, 巩固所学的有关分数的知识, 进一步理解分数的意义, 能应用相关知识正确解决问题。

2. 感受复习方法, 培养合作交流的能力, 发展数学思考, 体会数学学习的挑战性。

教学过程:

　　课前, 教师发给每位学生一张 16 开白纸, 要求每位学生独立、自主地对本学期所学的"认识分数"与"分数的基本性质"这两个单元进行梳理复习。

(一)揭题

师: 今天这节课, 我们将一起探讨什么?

生: (齐)复习分数。

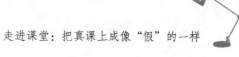

（教师板书：分数）

（二）小组内交流学习

师：课前，我们每位同学已经在一张白纸上做了梳理复习，请大家先在小组里交流一下，你梳理了什么？怎么梳理的？等会儿，每组推荐一位你们觉得梳理复习做得比较好的同学与全班交流。今天，我们抽签选小组。

（学生小组交流，教师巡视，用时约3分钟。）

（三）全班交流学习

（一位学生抽签，第一小组和全班交流。教师在第一小组交流之前指出：这节课，我特别关注在他们交流完之后大家做出怎样的补充发言。第一小组的刘珩歆展示，如图3-74。）

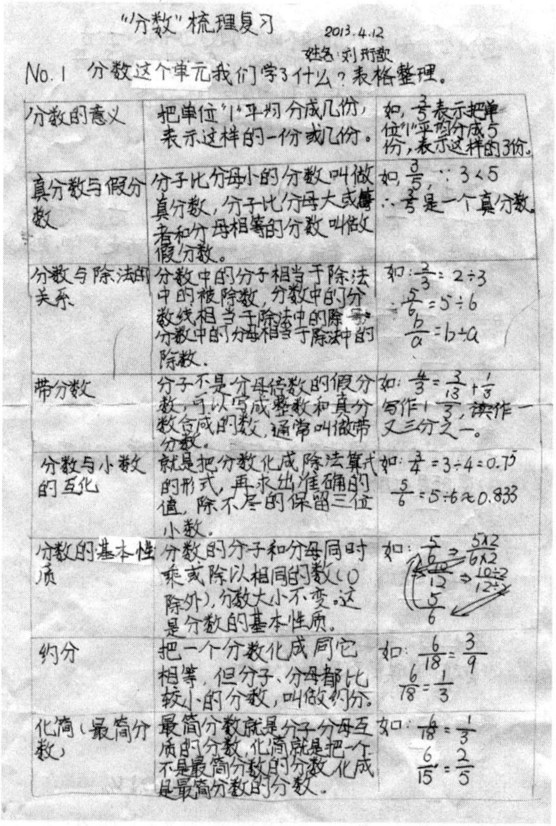

图 3-74

刘珩歆：我是用表格整理的。我们首先学习了分数的意义，分数的意义就是把单位"1"平均分成几份，表示这样的1份或者几份。例如，$\frac{3}{5}$表示把单位"1"平均分成5份，其中这样的3份。接下来我们学习了真分数与假分数。分子比分母小的分数叫作真分数，分子和分母相等或者分子比分母大的分数叫作假分数。例如，$\frac{3}{5}$，分子比分母小，所以是个真分数。

师：（示意刘珩歆暂停）我有个建议，介绍的时候有些内容可以简洁一点，如觉得大家都没"问题"的内容就简单讲一下。

刘珩歆：接下来我们又学习了分数与除法的关系。分数中的分子相当于除法中的被除数，分数线相当于除法中的除号，分数中的分母相当于除法中的除数。比如，$\frac{2}{3}$，分子是2，被除数是2，分数线相当于除号，分母是3，除数是3。然后我们又学习了带分数，分子不是分母倍数的假分数，可以写成整数和真分数合成的数，通常叫作带分数，如$\frac{4}{3}=\frac{3}{3}+\frac{1}{3}=1\frac{1}{3}$，读作一又三分之一。接下来我们学习了分数与小数的互化，就是把分数化成除法算式的形式，再求出准确的值，除不尽的保留三位小数，如$\frac{3}{4}=0.75$，这个例子是可以除得尽的，还有如$\frac{5}{6}$是除不尽的，保留三位小数，约等于0.833。然后又学了分数的基本性质。分数的基本性质就是分子和分母同时乘或除以一个相同的数（0除外），分数的大小不变。比如，$\frac{5}{6}$，可以把分子、分母同乘2，$\frac{5\times2}{6\times2}=\frac{10}{12}$，分子和分母同时除以2，也就是$\frac{10\div2}{12\div2}=\frac{5}{6}$。

师：（再次示意刘珩歆暂停）这样，刘珩歆休息一下，换一位同学来介绍刘珩歆还整理了什么。（刘珩歆邀请吕佳蕙和全班交流。）

吕佳蕙：刘珩歆还整理了约分。约分就是把一个分数化成同它相等但分子、分母都比较小的分数。她举了一个例子是$\frac{6}{18}$，分子、分母可以同时除以2，就等于$\frac{3}{9}$；也可以同时除以6，就等于$\frac{1}{3}$。$\frac{1}{3}$是一个最简分数。化简是在约分的基础上化成一个最简分数，最简分数就是分子、分母互质的分数。化简就是把一个不是最简的分数化成一个是最简分数的分数。例如，$\frac{6}{18}$，分子、分母同时除以 6，就是 $\frac{1}{3}$；$\frac{6}{15}$ 分子、分母同时除以 3 就是 $\frac{2}{5}$。

（刘珩歆所整理的材料纸正面的内容介绍完了，在翻转梳理复习的材料纸之前，教师提问：猜猜接下去交流什么？学生回答：通分。吕佳蕙将刘珩歆的材料纸翻转并展示，如图 3-75。）

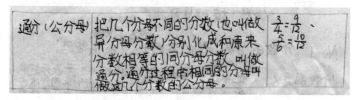

图 3-75

吕佳蕙：刘珩歆在纸的背面整理了通分。通分就是把两个不同分母的分数，也叫作异分母分数，分别化成和原来分数相等的同分母分数。通分过程中相同的分母叫作这几个分数的公分母。刘珩歆举的例子是 $\frac{3}{4}$ 和 $\frac{5}{6}$，两个分数的公分母是 12，$\frac{3}{4}$ 的分母乘 3，分子也乘 3，就是 $\frac{9}{12}$，$\frac{5}{6}$ 的分母乘 2，分子也乘 2，就是 $\frac{10}{12}$。

师：掌声感谢吕佳蕙，请刘珩歆继续组织交流。

刘珩歆：还有谁要给我补充？

黄橙蔚：我觉得在分数的基本性质这一单元中我们还学习了分数的大小比较。也就是用通分法、交叉相乘法和化同分子的方法比较两个或几个异分母分数的大小。

师：简洁点说，黄橙蔚提醒我们，还学习了——分数的大小比较。

沈辰谕：（将刘珩歆的材料纸翻转回正面并展示）我发现刘珩歆这里有一个错误，她说化简就是把一个不是最简分数的分数化成一个是最简分数的分数，我觉得应该是把一个不是最简分数的分数化成一个和它相等的最简分数。

师：化简，大小不能改变。刘珩歆的整理，带领我们回顾了关于分数的两个单元，我们学习了什么。我们学习的过程，其实就是一个由薄到厚的过程。关于分数，刘珩歆整理得非常详细，用表格整理，看起来一目了然。我们在复习时还应该有一个过程，由厚到薄。有的同学做了不同的整理，让人一看就知道学习了哪些内容。

（韩冰仪展示，如图3-76。）

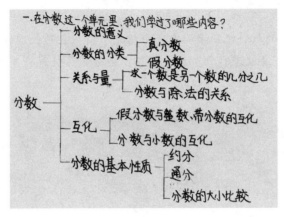

图 3-76

韩冰仪：我是这样整理的，我们学习的内容分为分数的意义，分数的分类，关系与量，互化，分数的基本性质。在"分数的分类"这一部分内容中我们学习了真分数和假分数。在"关系与量"这一部分中我们学习了求一个数是另一个数的几分之几，分数与除法的关系。在"互化"这一部分我们学习了假分数和整数、带分数的互化以及分数和小数的互化。在"分数的基本性质"这一部分我们学习了约分、通分和分数的大小比较。（全班掌声。）

师：大家觉得怎么样？如果好，好在哪里？

柯欣怡：我觉得韩冰仪整理得好，她不是用刘珩歆的那种表格，而是把所学的内容分成了几大类，从分数到分数的意义、分数的分类等这样几块，再到最小的真分数、假分数。

师：这样整理是一级一级的。这也是一种整理方式，像这样的图通常叫知识"结构图"。我们一起回顾一下，关于分数，我们学习了什么？大家说我写，我可能写得和韩冰仪不一样，请大家注意比较一下。

（学生口述学习内容，教师板书，如图3-77。）

师：（在板书"分数与除法""分数、小数的互化"之后追问）我这样写是什么意思？

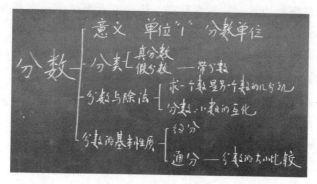

图 3-77

滕沁芫："分数与除法"这样的大块中，有一个小块是"分数与小数的互化"。

吕佳蕙：我认为，分数与小数的互化，基础就是分数与除法的关系。

（教师在板书"分数的基本性质""约分""通分"之后，指出：我们班上有一位同学在整理中有"我的发现"。柯欣怡展示，如图 3-78。）

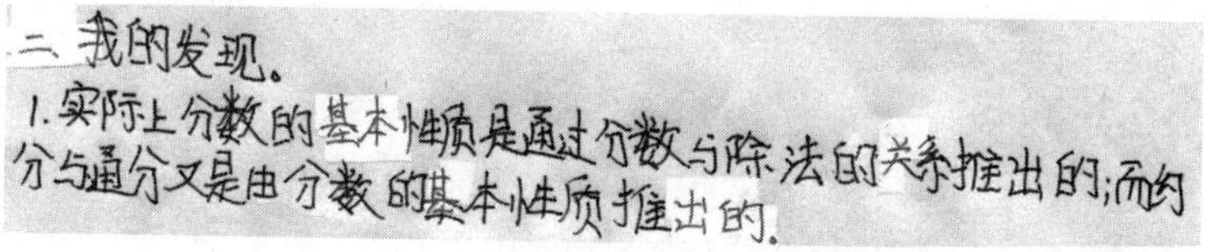

二、我的发现。
1.实际上分数的基本性质是通过分数与除法的关系推出的；而约分与通分又是由分数的基本性质推出的。

图 3-78

柯欣怡：我的发现是，分数的基本性质是根据分数与除法的关系得到的，而分数的通分和约分是根据分数的基本性质而得到的。

师：换个说法，学习了分数的基本性质，然后根据它去通分和约分。通分与约分的依据是——分数的基本性质。

（学生提出，还要补充板书"带分数"，教师在"假分数"之后板书"带分数"。学生解释：假分数可以化成带分数。）

李广威：有些假分数可以改写成带分数，有些假分数改写成的是整数。

师：可不可以在"分类"中并列写真分数、假分数、带分数？

仲伟涵：不可以，真分数和假分数是按照是否小于 1、等于或大于 1 来划分的，而如果是带分数，分类标准就变成是否有整数部分。

师：也就是说，分类标准要统一，分数按照与 1 比较，分成真分数和假分数，带分数只是部分假分数的另一种书写形式。请大家看黑板上板书的知识结构图，和用表格整理进行比较，各有什么特点？

钟晓源：我觉得，结构图是从一个大的部分再分散到一个一个的点，而表格直接就是一个一个的点。

唐竹心：结构图是把所学的知识分类的，即把所学的内容归为几类来整理，而表格是把学到的知识一一列举出来，而不是分类。

滕沁芜：我觉得从结构图能看到哪些知识点和哪些知识点是有关系的，哪些是哪些的分支；而表格整理看不出来，只能看出知识点。

师：刚才滕沁芜的发言说到，结构图能看出知识和知识之间的——关系。或者说，看出"联系"。（板书：联系）我们在复习的时候，要将所学的内容由厚到薄，还要看出知识之间的联系。像这样的知识结构图就容易看出联系。其实，画出来的结构图不一定是一样的，关键是要有道理。有一位同学所画的结构图还添加了一部分内容，我之前也没有想到，我们看看他是怎样整理的。沈辰谕，掌声有请！

（沈辰谕展示，如图3-79。）

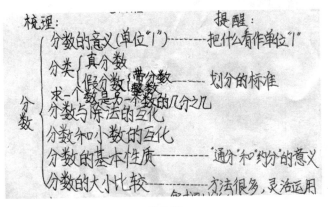

图 3-79

师：请大家看红字部分，他写的是什么？（生：提醒）我们在梳理的时候还要不断提醒自己，每一部分内容要注意什么？沈辰谕给大家介绍一下，之后可以请班上同学进行补充。

沈辰谕：学习"分数的意义"这部分内容要注意把什么看作单位"1"。"分类"分为真分数和假分数，假分数可以化为带分数或整数，这里要注意划分的标准。

师：(示意沈辰谕暂停)这里，我们可以出判断题。

顾博涵：真分数都小于1，假分数都大于1。

唐竹心：顾博涵出的题目，应判断为错的，假分数也可以等于1的，不一定都大于1。

邱宇豪：我认为是对的，真分数的确小于1，而假分数也的确大于1。

张惟天：有个"都"字，假分数也不全都大于1，所以是错的。

师：我来出几道题目，请同学们判断一下。真分数都小于1。(生：对)假分数都大于1。(生：错)大于1的分数是假分数。(生：对)等于1的分数是假分数。(生：对)假分数都等于1(生：错)。体会一下，正着说、反过来说，不一样！再判断，分数可以分为真分数、假分数、带分数。(生：错)这正是刚才说的，要注意什么？(生：划分标准)

沈辰谕：还要提醒的是，分数的基本性质，要搞清通分和约分的意义。分数的大小比较，有很多种方法，每种方法是有利有弊的，所以要灵活运用。

师：沈辰谕说，提醒自己，其实也是提醒我们大家。

沈辰谕：还有什么需要补充的？

韩冰仪：要补充的是，刚开始学习的"分数的意义"，是把单位"1"平均分成几份，要强调"平均"。例如，一道判断题，把一根木头分成5份……

师：(示意韩冰仪暂停)韩冰仪慢点！我记得有位同学出了与这相关的题目。

(张淳展示，如图3-80。)

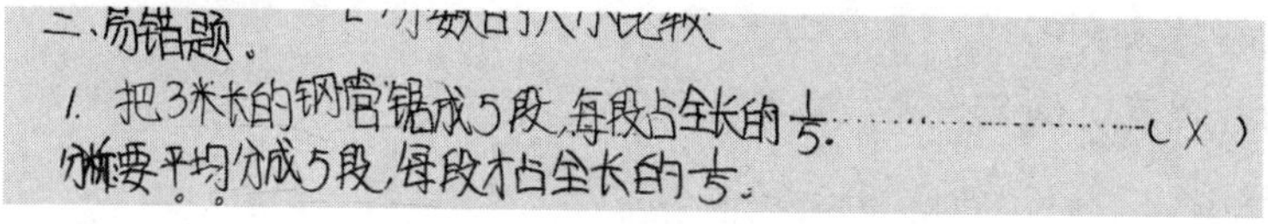

二、易错题。　　　　　　　　分数的大小比较
1. 把3米长的钢管锯成5段，每段占全长的 $\frac{1}{5}$ …………………(　×　)
应要平均分成5段，每段才占全长的 $\frac{1}{5}$。

图3-80

张淳：把3米长的钢管锯成5段，每段占全长的 $\frac{1}{5}$。这题是错的，要平均分成5段，这样每段才占全长的 $\frac{1}{5}$。(全班掌声。)

(教师问韩冰仪：你是这个想法吗？韩冰仪点头说"是"之后，教师向全班发问：这道题目，还有同学有不同想法吗？)

李广威：我可以把张淳这道题目再改一下，把 3 米长的钢管平均锯了 5 次，每段是全长的 $\frac{1}{5}$。这是对的还是错的？

蒋开颜：错的。锯了 5 次，锯成了 6 段。每段是全长的 $\frac{1}{6}$。

（沈辰谕继续发问：大家还有什么要提醒的吗？没有学生表示。教师组织学生继续看沈辰谕的材料。沈辰谕展示，如图 3-81。）

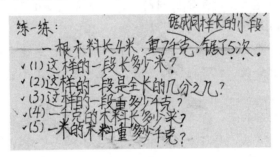

图 3-81

（沈辰谕读题，在读到"锯了 5 次"时，沈辰谕停了下来，稍后将说法改为"平均锯了 5 次"，教师指出：平均锯了 5 次，这样的说法也不太好。有学生建议，可以改说法为：锯成同样长的小段，锯了 5 次。沈辰谕在材料中修改题目，添加"锯成同样长的小段"。教师组织学生在课堂作业本上完成第 1、2 小题。）

师：两个问题解答了，谁来提醒大家，做这两题要注意什么？

曹企元：结果要化简。

黄橙蔚：还有，锯了 5 次，锯成 6 段。

丁天行：第一题有单位，第二题没有单位。

师：第一题有单位，求出的分数表示什么？（生：量）第二个问题呢？（生：求出的分数表示"关系"）

（教师组织学生继续解答其余的问题。然后，组织学生交流各个问题如何解答。随着学生的回答，教师依次出示沈辰谕材料纸上的"解答"。）

褚文蔚：第一题，这样的一段长多少米？5 次就是 6 段，5+1=6，$4÷6=\frac{4}{6}$，

约分后是 $\frac{2}{3}$，单位是"米"。

尹力：第二题，一段是全长的几分之几？把全长看作单位"1"，锯了 5 次，就是平均分成了 6 份，一份是全长的 $\frac{1}{6}$，$1\div6=\frac{1}{6}$。

刘一璇：锯了 5 次，也就锯成了 6 段，重 7 千克，$7\div6=\frac{7}{6}$（千克）。

陈传宇：第 4 题，一千克木料长多少米，就是用米数除以千克数，$4\div7=\frac{4}{7}$（米）。

（第 5 题，全班集体口述：$7\div4=\frac{7}{4}$（千克）。）

师：看看沈辰谕的最后两个问题，表扬表扬，这两个问题，问得好！好在哪里？

滕沁芫：这两个问题，结果中分子和分母是颠倒的，很容易搞混。

师：最后两个问题，解答时要选择题目中的条件，选择哪两个条件？

生：4 米，7 千克。（教师板书：4 米　7 千克）

师：怎样避免这两题解答错误呢？

朱子轩边板书边讲解：我们先看第 4 题，问的是：一千克的木料长多少米？原先 7 千克，现在 1 千克（朱子轩板书：1 千克），那是除以了 7，所以"4 米"这边也要除以 7（朱子轩板书：$4\div7$）。大家再看第 5 题，一米的木料重多少千克？这边，原来有 4 米，现在是 1 米（朱子轩板书：1 米），那要除以 4，所以"7 千克"也要除以 4（朱子轩板书：$7\div4$，图 3-82）。（全班掌声。）

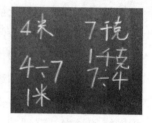

图 3-82

师：朱子轩讲得很清楚，有个建议，板书时，注意一行要对齐。快要下课了，我想请大家再看一看几位同学所做的整理材料。（展示沈辰谕的材料）沈辰谕的，包括哪些内容？

生：整理，题目，解答。

师：（展示韩冰仪的材料）看韩冰仪怎么整理的？

生：有知识梳理，还有易错题。

师：（展示柯欣怡的材料）柯欣怡的呢？

生：整理，我的发现，我的好题。

（教师邀请柯欣怡读她所整理的"好题"，如图3-83。）

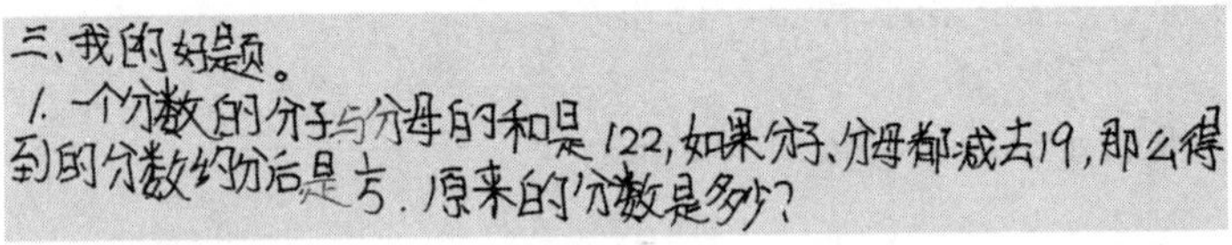

三、我的好题。
1.一个分数的分子与分母的和是122，如果分子、分母都减去19，那么得到的分数约分后是 $\frac{3}{5}$，原来的分数是多少？

图3-83

师：大家课后想一想，这道题目好在哪里？再想一想，还可以怎么改？课前的梳理复习，我们不但要进行知识梳理，还要能够把好题、容易错的题整理出来。欣赏了几位同学的材料，请每位同学课后将自己的材料再完善、丰富一下。这节课就到这儿，下课！

教学思考：

谈到复习课，我们知道，"整理"与"练习"是复习课的两个主要环节。整理能使学生对知识建立结构化、网络化和关系性的认识，温故而知新；练习则能帮助学生查缺补漏，训练相关技能，提高问题解决的能力。常见的复习课中，整理环节一般由教师主导，以师生一问一答"挤牙膏"的方式逐一梳理各个知识点。然后，教师通过精心设计的板书或课件呈现，逐步将知识间的联系整理出来。这样的整理，看似学生在做，其实是教师越俎代庖。知识之间的联系与网络结构，看似十分清楚，却往往是教师"清楚"而学生"糊涂"。因为对学生而言，他们其实没有经历主动建构知识网络的过程，整理的结果是教师简单地告知给他们的。同样，在练习环节，一般也是教师出题，学生遵照安排进行练习，亦步亦趋，很无奈地机械地"被练习"。这样的复习课，逼仄了学生学的时间与空间，窒息了学生的思维和智慧，压抑了学生自主学习的兴趣与热情。如何改变？我在思考两个问题。

（一）学生能做什么？

坦率地说，我们以往很强调学生课后复习。为此，家长、老师常常唠叨。学生课后复习了吗？如果复习，他们又是怎样复习的呢？常常看到的场景，学生也就是找些题目练练而已。毋庸置疑，学生这也是在"复习"，只是，这样的复习方式是需

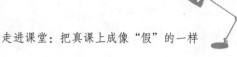

要加以完善的。复习，既要有针对知识点的梳理，也要有针对个人学情所做的查漏补缺、巩固提升。但不可否认，复习，并不是等到复习课才开始。

梳理已学知识，谁来梳理？学生能否梳理？如何梳理？是否就是将所学内容一一列举整理呈现？如何做到提纲挈领？如何沟通知识之间的联系？练习，练习怎样的问题？学生，能否做"布题者"？再延展思考，如何将学生课外的复习与课内的复习"打通"呢？伴随着问题的思考，我的尝试是，在复习课之前，放手让学生先独立、自主对本学期所学的有关分数的知识进行梳理，并写在一张纸上。其后的课堂，围绕他们梳理形成的材料，让学生带着想法、带着疑问展开更充分的交流互动学习。有这样一个比方，在教学中，教师是"弓"，学生是"箭"。而我以为，我们要将学生化作"弓"，又化成"箭"，课前学生先想、先做，让学生箭在弦上，蓄势待发，从而生成对课堂学习的向往与期待。

课堂中，学生展开了两个层次的交流互动学习。第一轮是组内交流学习。每位学生在小组内将自己课前所做的整理材料进行交流，同时这样的交流又为紧接其后与全班的交流做了准备。第二轮是全班交流学习。为了保证交流机会的公平，我采用了抽签的方式。一个小组推荐一位学生与全班交流，其他小组的学生，先"听"后"讲"，也就是在听了介绍讲解之后，再补充陈述各自的想法。为了不让个别学生成为课堂中的"话霸"，教师及时通过暂停，让其他学生通过解读的方式参与交流。课堂内的交流，重在建立具有反思性、循环性、相互依赖性的互动方式。学生的言说，不是"蓝本"，而是"镜子"。在这一过程中，每位学生都把他人的想法与自己的想法进行对照。其后学生的言说，不是"照着讲"，而是"接着讲"。

这样互动学习的过程，也是"兵教兵""兵强兵"的过程。美国学者、著名学习专家爱德加·戴尔发现并提出"学习金字塔"理论。在金字塔基座位置的学习方式，是"教别人"或者"马上应用"，可以记住 90% 的学习内容。也就是说，学习一些东西的最好的方法就是去教。

课堂实践表明，学生能学，学生也能教。只是，我们不要用成人的标准去要求学生采用我们成人的方式在"教"。学生的语言可能稚嫩，方式也许简单，但学生用自己的水平阐述自己的理解，在交流的过程中他们在教，他们也在学。学生"教"，促进了"学"。教，亦是更好的"学"。他们既当老师又当学生，全体、全身心地、充分地投入到学习中，不再单纯地接受知识，还在表达知识，学与教融为一体。

要补充说明的是，学生这样的学习是有基础的。我所带的这个班，开展了构建"学为中心"的课堂教学实验，已经形成了在先学的基础上进行小组合作交流，在交流的基础上教师与学生共同进行探讨的教学方式。再如课堂中韩冰仪呈现材料的提纲，"在分数这一单元（注：应为两个单元）里，我们学过了哪些内容?""选择1～2道本单元易错的题目，讲讲注意点。"这与以往我在复习课之前给学生分发的整理材料中的问题设计，有着太多的相似。由此可见，学生过去的学习，服务于今天的学习；而今天的学习，又将服务于明天的学习。

(二)教师该做什么?

与传统的课堂相比，在这节课的教学过程中，教师的教表现得更为"后退"与"即兴"。

课前组织学生自主梳理复习并完成材料，这既是一种学习内容的安排，也是对学习方法的指导。教师将学生带入学习任务中，也为后继课堂交流提供了线索。这里，教师的"教"退到了幕后。

课堂中学生交流互动学习，教师的点拨与引导不可或缺。"教师之为教，不在全盘授予，而在相机诱导。"这样的"相机"，在课堂中的表现方式即如前所述的"即兴"。如在这节课中，刘珩歆等同学交流了对分数知识的整理之后，教师做出学习要经历"由薄到厚、由厚到薄"的指导；在表格整理和知识结构图整理之后组织比较，引导学生认识知识之间的"联系"；在相关知识点交流过程中穿插练习，将沈辰谕的一组题目作为全班共同的练习；对沈辰谕、柯欣怡、韩冰仪等同学整理材料的推介。这些，都是教师在学生交流过程中审时度势做出的介入性点拨与引导——或是对学生精彩想法的"放大"，或是对学生朦胧认识的明晰，或是对学习内容中重点、难点、关键的聚焦，或是对学生学习中疑点、误点的关注，或是凸显对"方法"的提炼、"思想"的感悟。

要注意的是，教师的点拨与引导，要适时适度适当。作为教师，要让学生主动表达各自的所思所想。这一过程中，教师讷于言而敏于行，顺其势而改其路。一言概之，教师的点拨与引导"随人则活，由已则滞"。面对学生的学习过程，教师要有"慢慢走、欣赏啊"的心态，相机穿插于学生自主学习过程中的引导，要把握方向性，要有整体观，做到服务学生的学，促进学生的学，而不是遮蔽学生的学，替代学生的学。

在教学中，我们常常在想：教师要做什么？常言道：懒惰的妈妈，往往培养了勤劳能干的女儿。这样的说法有些"片面"，但也是有一定道理的。在教学中，教师不妨想一想：我们可以不做什么？正是教师"不做"，学生才要去"做"。"懒"教师，带出"勤"学生。如学生能梳理复习，放手让学生梳理复习；每位学生在选择题目作为自己练习的时候，也为课堂提供了资源。课堂中的讲解，学生会的，教师不讲；学生中有会的，有不会的，让会的学生讲给不会的学生听；学生能讲的，教师不抢着讲；学生能讲清楚的，教师尽可能不重复讲。教师讲的，是学生不能自主学会的内容。知识是学生自己学会还是教师教会，这对学生的发展具有截然不同的价值和意义。

"在游泳中学会游泳"，我们耳熟能详。同样的，学生在复习中学习"复习"。关键是，教师要放手让学生自主复习，让学生经历自主整理、自己出题的过程；教师要给予学生必要的指导，基于学生的整理，教师的引导要深化学生的认识，提升学生的思维。

课堂教学中，教师要做"减法"，学生也就做了"加法"。这意味着教师还给学生更多的学的机会与学的时间，激活学生学的自主性与积极性；意味着教师对学生学习过程的组织，坚持以学生为本，高度尊重学生，全面依靠学生进行教学，把每位学生的学习放到课堂教学的中心位置。

如果把复习也当成学生探索、研究的领域，而不是一堆"被学习"的事实，一项必须要完成的任务，那么，学生的表现与进步，将比我们想象得要精彩得多。

在新疆克拉玛依市上课后与教研员老师交流

九、让改变发生

——"平面图形的面积总复习"教学与思考

教学内容：苏教版《数学》六年级下册"平面图形的面积总复习"。

教学目标：

1. 进一步理解和掌握平面图形面积计算方法，认识不同图形面积计算之间的联系，建构有关平面图形面积计算的知识网络，能正确应用公式解决问题。

2. 发展空间观念，培养自主学习的意识以及解决问题后的反思意识。

教学过程：

课前，教师发给每位学生如下整理复习材料，学生独立、自主完成。

"平面图形的面积"整理复习

1. 我们已经学过哪些平面图形的面积计算？能用表格或画图的方式将所学的平面图形面积计算的知识进行整理吗？

通过整理，我的体会：

2. 在学习平面图形面积计算时，哪些题目容易出错呢？收集一道题目，整理如下：

题目：

解答：

我的提醒：

(一)揭题

师：今天这节数学课，我们探讨什么？

（学生回答"平面图形的面积"，教师板书课题，并指出：今天这节课，我们复习小学阶段学过的有关平面图形面积的知识。）

(二)整理

1. 小组交流各人课前自主完成的整理复习

师：课前，我们已经整理了平面图形面积计算的知识。现在就看课前整理的材料，第1题，你整理了什么？你怎样整理的？大家在小组内先交流一下，然后推荐一位同学等会儿到前面来和全班交流。

(学生小组交流，教师巡视，了解学生交流的情况。)

2. 全班交流

(一个小组推荐梁嘉坤和全班交流。梁嘉坤展示，如图3-84。)

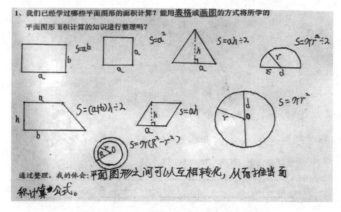

图 3-84

梁嘉坤：(指着材料上的图讲解)我们学习过长方形、正方形、三角形、梯形、平行四边形、圆形、半圆形以及环形的面积计算。长方形的面积是底乘高。如果把它的底写作 a，高写作 b，那么长方形的面积公式就是 ab。正方形的面积是边长乘边长，它的边长看作 a 的话，正方形的面积公式就是 a^2。三角形的面积公式是底乘高除以2，如果把底看成 a，高看成 h，那么三角形的面积公式就是 $ah \div 2$。梯形的面积公式是上底加下底的和乘高除以2，如果把上底看成 a，下底看成 b，高看成 h，那么梯形的面积计算公式就是 $(a+b)h \div 2$。平行四边形的面积是底乘高，把平行四边形的底看作 a，高看作 h，平行四边形的面积是 ah。圆形的面积是半径乘半径再乘圆周率，半径用 r 表示，那么圆形的面积就等于 πr^2。半圆形的面积是半径乘半径乘圆周率除以2，半径用 r 表示，半圆形的面积就等于 $\pi r^2 \div 2$。环形面积公式是圆周率乘大圆半径的平方减小圆半径平方的差，如果小圆的半径看作 r，大圆的半径看作 R，那么环形的面积就是 $\pi(R^2-r^2)$。谢谢！（全班掌声）

生：我觉得你说的第一个图形，长方形的面积，是长乘宽，不是底乘高。底乘高是平行四边形的面积计算公式。但我们可以通过长方形的面积计算公式推算出平行四边形的面积计算公式。

梁嘉坤：谢谢你的纠正。

师：我们看，梁嘉坤是怎样整理的？

生：把我们学过的图形画出来整理。

师：这里，哪些是基本图形？

生：正方形、长方形、三角形、平行四边形、梯形、圆。

生：半圆形和环形的面积都是根据圆的面积公式计算的，半圆形是圆形的一半，环形是把两个圆重叠起来，它们的计算公式都跟圆形的面积计算公式差不多。

师：也就是说，半圆形和环形都和圆的面积计算有关。好了，整理图形的面积计算方法，可以像这样一个图形一个图形画出来，有列表的吗？

（梁嘉惠展示，如图 3-85。在梁嘉惠介绍之前，教师提示：重复的话，就不说了。）

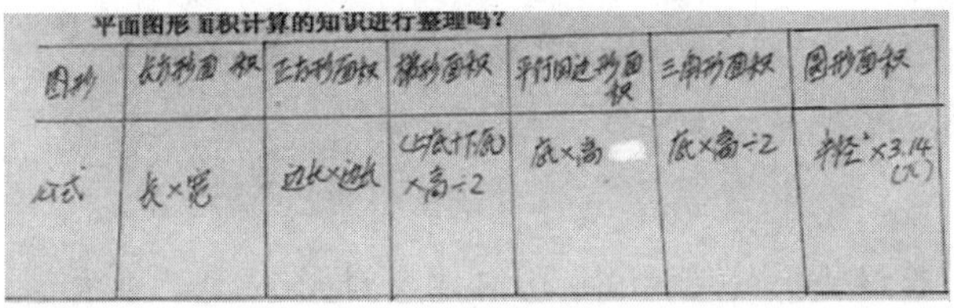
平面图形面积计算的知识进行整理吗？

图形	长方形面积	正方形面积	梯形面积	平行四边形面积	三角形面积	圆形面积
公式	长×宽	边长×边长	(上底+下底)×高÷2	底×高	底×高÷2	半径²×3.14(π)

图 3-85

梁嘉惠：我是列表整理的。我想提醒大家，我在写平行四边形的面积公式的时候，不小心多写了“÷2”，后来发现了，把它改过来了。我要提醒大家，不要把平行四边形的面积公式和三角形的面积公式混淆。（全班掌声）

（教师把梁嘉坤和梁嘉惠的整理复习材料对比呈现。）

师：大家能看出来，第一位同学写的是字母公式，第二位同学写的是文字公式。一位同学是把图形一个一个画出来，还有一位同学是用表格来整理。比较一下，你有什么想法？

生：从表格可以看出所有的计算公式，画图可以帮助我们更好地了解这些图形。

生：画出图形，我们可以很清楚地看到这个图形的样子；表格，可以让我们系统地知道这些图形的面积计算公式。（全班掌声）

师：两位同学说，画图，可以看得很清楚；用表格整理，刚才第二位同学说了一个词——

生：系统。

师：用表格整理，可以很系统，看起来——一目了然。对于图形面积计算知识的整理，可以像这样画图或列表。大家想一想，我们还可以复习什么呢？之前，有一位同学怎么说的呢？

生：通过长方形的面积计算公式推算出平行四边形的面积计算公式。可以发现，有许多平面图形的面积计算是相通的。例如，梯形，可以把多出来的一个角切掉，然后补在另一边，就变成长方形。三角形，再补充一个三角形，就可以变成一个平行四边形。

（教师示意该生暂停。）

师：大家听出来了吗，她在讲解什么？

生：图形之间的关系。

生：她讲解的是，在学习的时候，平面图形可以转换成另一个平面图形计算面积。

师：刚才发言中的关键词是什么？

生：转换。

师：你说的转换，在数学上有一个说法，叫"转化"。（教师板书：转化）

（教师再次展示学生梁嘉坤整理复习材料纸上所写的"体会"，如图3-86。）

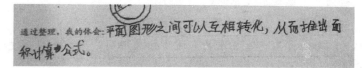

图 3-86

师：我想起了刚才梁嘉坤所写的体会，平面图形之间可以互相转化，从而推出面积计算公式。那在推导面积计算公式的时候，是怎样转化的呢？刚才那位同学说到梯形，我们就说说梯形。

生：我记得梯形好像是把多出来的两个三角形切掉，再补起来，然后变成长方形。

生：我觉得，是用两个梯形互相补合，然后变成一个平行四边形。平行四边形的面积是底乘高，两个互相补合的梯形，高和平行四边形的高是一样的。平行四边形的底，就是梯形的上底加下底，所以推导出梯形的面积是上底加下底的和乘高除以2。（全班掌声。）

师：回顾一下他说的话。用两个梯形拼成一个——平行四边形。对这样的说法，有补充吗？

生：我觉得是两个相同的梯形拼成一个平行四边形。

师：他说的相同，就是指这两个梯形——面积相等，形状相同。

（有学生插话"完全相同"。教师顺势指出：对！就是"完全相同"。现在想想，刚才那句话怎么说？）

生：（齐）两个完全相同的梯形，可以拼成一个平行四边形。

师：刚才有同学说到，把梯形转化成长方形，还说要切，那是可以的，要注意的是，把一个梯形切拼成长方形，面积不能变化。我们当时在学习梯形面积的时候，是用两个完全相同的梯形，拼成——一个平行四边形。

师：（在梁嘉坤所画的图中，把梯形和平行四边形连上一条线。）如果我把图中的梯形和平行四边形连上线，你能看出来这条线是什么意思？

生：就是说两个完全相同的梯形可以拼成一个平行四边形。

师：你发现，它们之间是有——关联的，或者说，是有关系的，有联系的。大家再看看，如果其他图形之间也连线的话，谁和谁连上线？

生：我觉得圆和半圆是有关系的。

师：这，刚才说到了。（教师在圆和半圆之间连线。）

生：我认为圆和长方形是有关系的。因为如果把圆形平均分成若干等份，可以拼成一个长方形。

师：哪位同学能到黑板上来画一画？

（一位女生在黑板上画出一个圆并讲解：把圆分开，拼成长方形。用圆周长的一半作为长方形的长，长方形的宽等于圆的半径。教师协助，画出拼成的长方形。如图3-87。）

师：（在分析的过程中同时在图中标注"r""πr"）如果圆的半径是 r，那圆的周长是——$2πr$，圆周长的一半是——$πr$，$πr$ 乘 r，也就是 $πr^2$。（教师指着梁嘉坤的图）那在这里，怎样连线？

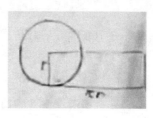

图 3-87

（学生回答"圆、长方形"时，教师在图中将圆与长方形之间连上线。）

师：刚才说过了梯形的面积计算公式，哪个图形的面积公式的推导过程和梯形差不多？

生：三角形。

（在教师提问怎样连线、学生做出回答之后，教师在图中将三角形和平行四边形之间连上线。引导观察，还有正方形未与其他图形连线，回顾：正方形是特殊的长方形，并在正方形与长方形之间连上线。）

生：平行四边形可以转化成长方形。

师：一句话，说得很清楚。怎样转化的呢？我们是把平行四边形沿着它的一条——高剪开，然后平移、拼成一个长方形。（教师在平行四边形与长方形之间连上线。在学生指出环形与圆连线之后，教师连线。如图 3-88。）

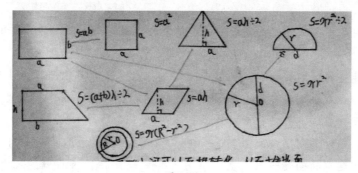

图 3-88

师：比较一下连线之后的图和连线之前的图，有什么想法？

生：连线之后，看出来图形之间是可以转化的。

生：在推导平面图形的面积公式的时候，我们可以通过另一个图形来推导这个图形的面积计算公式。

师：由此，我们进一步发现，这些图形是有——联系的。（教师板书：联系）平时，我们在学习的时候，是一个图形一个图形逐个学的。今天的复习，我们发现它们之间是有联系的。我们换一幅图来看。

（教师出示图 3-89 左图，指出：这里我们能看出我们学过的 6 种基本的平面图形。继而动态演示 6 种图形形成网络图，图 3-89 右图。）

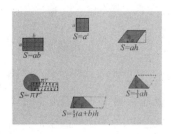 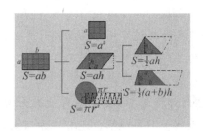

图 3-89

师：这幅图，从左往右看，根据长方形的面积公式推导出了——正方形、平行四边形、圆的面积公式，根据平行四边形的面积公式推导出了——三角形和梯形的面积公式。这让我想起了我们班黄永聪整理后的体会。掌声有请黄永聪和我们分享他的体会。

黄永聪：通过整理，我的体会是，在学习平面图形的面积计算公式的过程中，我们可以通过已经掌握的平面图形的面积计算公式推算出其他图形的面积计算公式。（全班掌声。）

师：谢谢！再从右往左看，我们在探讨三角形、梯形面积计算方法的时候，是把它们——转化成平行四边形，在探讨平行四边形、圆的面积计算方法的时候——转化成长方形。我们再听听史贝琪的体会。

史贝琪：通过整理，我的体会是，在学习新知识时，可以运用学过的知识去解决，推导出新图形的面积计算公式，并且在一定的时候，进行整理和复习，这样，就不容易出错。（全班掌声。）

师：我们现在回顾一下，刚才复习了什么？

生：刚才我们梳理复习了平面图形的面积。

师：我们发现，这些图形是有——联系的，在探讨新图形的面积计算方法时，都运用了——转化思想方法。（指着屏幕上呈现的网络图，然后出示梁嘉坤的连线之后的图)看看这幅图，再想想刚才那幅图，样子不一样，但表达的道理却是——一样的。

(三)练习

1. 基本练习

出示：

图形名称	已知条件		面积
长方形	长6厘米	宽4厘米	
平行四边形	底3分米	高1.2分米	
三角形	底3/4厘米	高4厘米	
梯形	上底3.5厘米 下底6.5厘米	高2.4厘米	
正方形	边长0.5米		

学生计算，指名汇报计算结果，屏幕显示答案，全班核对。出示如下续表，引导学生编题：已知圆的半径或直径或周长，求圆的面积。

圆		

2. 交流"易错题"

师：现在我们看课前的整理复习材料的第2题，这里，要大家整理一道怎样的题目？

生：(齐)易错的题目。

师：为什么要大家整理一道易错的题目呢？请大家读一读研究学习材料页脚的两行文字。

生：聪明人会认识自己的错误，聪明人会改正自己的错误，聪明人不重复犯同样的错误，最聪明的人是不重复犯别人的错误。

师：这几句话告诉我们，要善于从错误中学习，从自己的错误中学习，从他人的错误中学习。我们首先有请蔡安哲展示一下他所选择的题目。

(蔡安哲展示，如图3-90。)

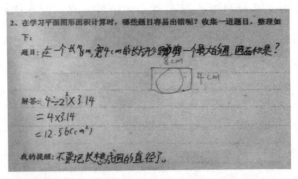

图 3-90

（注：原先展示的题目只有文字，用红笔画的图是蔡安哲在讲解的过程中画的。）

蔡安哲：我的题目是，在一个长8厘米、宽4厘米的长方形里剪一个最大的圆，这个圆的面积是多少？我们可以先画一幅图。（蔡安哲边讲解边画图）圆的直径是4厘米，圆的半径是2厘米。圆的面积是用半径的平方乘3.14，算式$(4÷2)^2×3.14$，算出最大的圆的面积是12.56平方厘米。

生：他在求圆的半径时，4÷2应该加括号，不然就错了。

蔡安哲：谢谢你的提醒。

师：写的时候出现一个漏洞，这个括号不能少。不过，他刚才讲得好不好？（好）好在哪儿？

生：我觉得他好在画一个图辅助他讲解。

师：看了题目中的文字，我的头脑中也想象了一幅图，可以像他一样，把图画出来。蔡安哲还提醒我们注意什么？（那个圆的直径等于长方形的宽）看了这道题目，我还想到，在长方形里面，能剪几个这样的圆？

（有学生说一个，有学生说两个。）

师：如果只能剪一个，那题目要改一改。怎么改呢？

生：那这一题可以把长画成跟宽一样的。

生：也就是把题目中的长方形变成正方形。

师：是这样的吗？在正方形中剪一个最大的圆，正方形的边长是多少？

生：（齐）4厘米。

生：其实也可以不剪成正方形。只要把它的宽减小了，减小到7厘米，它也只

能画一个圆形。(全班掌声)

师：没听出来漏洞？她说的是宽，应该是什么？

生：(齐)长。

师：把 8 改成 7，可以吗？

(生点头)

师：好了，谢谢蔡安哲！(全班掌声)再请一位，吴皑倩。

(吴皑倩展示，如图 3-91。)

> 2、在学习平面图形面积计算时，哪些题目容易出错呢？收集一道题目，整理如下：
>
> 题目：一个正方形的面积是5平方厘米，若以正方形的一个顶点为圆心，正方形的边长为半径画圆，那么圆的面积是多少？
>
> 解答：$5 \times 3.14 = 15.7 (cm^2)$
>
> 我的提醒：圆的半径是正方形的边长，它不是画在正方形的里面，所以这要注意。

图 3-91

吴皑倩：一个正方形的面积是 5 平方厘米，若以正方形的一个顶点为圆心，正方形的边长为半径画圆，那么圆的面积是多少？这道题，也是要先画一幅图。

(吴皑倩画图 3-92。)

师：她发现这道题目和刚才的题目，在思考时相同的地方是什么？

生：先画图。

吴皑倩：这个圆的半径也就是正方形的边长，正方形的顶点是圆的圆心。5 平方厘米是边长乘边长，边长等于半径，所以，边长乘边长等于半径乘半径。圆的面积计算公式是半径乘半径乘圆周率。所以，直接用 5 乘 3.14 就行了。(全班掌声)

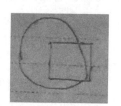

图 3-92

师：听懂了吗？没有听懂的，可以提问题；听懂的，可以说说你听懂了什么？

生：我听懂了。在这道题目里，不一定要把圆的半径求出来，可以通过半径的平方求圆的面积。

师：回想一下两位同学说的，圆的面积公式是什么？（生回答，师板书：πr²）通常我们求圆的面积，是已知——圆的半径，求面积。这道题目，不同在哪儿？

生：已知半径的平方，求面积。

吴皓倩：没有告诉半径，只告诉正方形的面积。（教师在 πr² 的 r² 下面对应板书：a²）正方形的面积等于边长乘边长，边长也就等于圆的半径，所以用正方形的面积乘 π 就行了。（教师把板书中的"r²""a²"圈出来）

师：大家发现这道题目求圆的面积，与前面的题目有不一样的地方吧。不过，刚才吴皓倩画的图还要再完善一下。（教师对吴皓倩画的图略作修改，如图 3-93）我们再看看她的提醒。提醒什么？

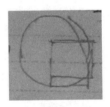

图 3-93

生：圆的半径是正方形的边长，它不是画在正方形里面。

（教师画图 3-94。）

师：我突然想到刚才有一位同学编了一道这样的问题。原先题目是在长方形里面剪一个最大的圆，后来，一位女生把题目改成了什么？

生：正方形里面剪最大的圆。

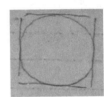

图 3-94

师：正方形的边长是 4，圆的面积，你能算出来吗？

学生纷纷点头表示"能"。教师指出：那再看这个问题，（教师指着刚才画的图）如果告诉你正方形的面积是 5 平方厘米，那么圆的面积是多少？你发现这和前面的题目有变化吗？有联系吗？这个问题留给大家课后思考。这节课就到这儿。下课！

教学思考：

教学"平面图形的面积总复习"这节课，要从 10 年前说起。

2001 年，中国教育学会小学数学教学专业委员会举办全国第五届小学数学优化课堂教学观摩课评比活动。我执教"平面图形的面积总复习"，获得一等奖。

一晃，10 年过去了。我就在想：如果再上"平面图形的面积总复习"这节课，我会怎样上呢？我再度设计执教"平面图形的面积总复习"这节课，"让改变发生"，一是给自己一个类似"十年庆"式的纪念；二是以课堂实践追问、审视自己，10 年来的课堂，发生了哪些"静悄悄的革命"？

2011 年，再登泰山，在 10 年前观日出地留影

（一）与自己"同课异构"，是一件很有意思的事

2012 年，全国小学数学教学专业委员会第 15 届年会在广州召开，其中一项活动是"重温经典"，邀请以往参加全国赛课获一等奖的教师重新演绎当年赛课的课题。在这次年会上，我再次执教"平面图形的面积总复习"。这里，我呈现的就是 2012 年全国小学数学年会上的课堂。与 2001 年全国第五届小学数学优化课堂教学观摩课评比活动中我上的课作比较，我觉得变化很大，不过，变化中也有不变的地方。

我想起了歌手孙悦曾在 20 世纪 90 年代演唱《祝你平安》，而在 10 年后，孙悦又推出了十年版《祝你平安》。其中一句歌词是："周围的世界每天在改变"。是的，周围的世界每天在改变，那我们的课堂呢？李宁运动用品的广告语是什么？"一切皆有可能"，我们耳熟能详。不过这是曾经的广告语。当下，李宁运动用品的广告语是"让改变发生"。我们的课堂，也应让改变发生。

重温经典，也就是与自己"同课异构"。说到同课异构，我们往往认为是不同的教师就相同的课题在同一个教学研讨活动中执教呈现，用课堂表达各自不同的设计与思考。我以为，我们每一位教师更需要有自己与自己"同课异构"的自觉与勇气。

即由与他人的"同课异构"转向与自己"同课异构"。在我们的教学经历中，某一课题，我们先后都执教过，那我们是将曾经的教学方案粘贴、复制到当下的课堂，还是带着新的思考对自己原先教学方案刷新、"异构"一下？

异构的过程，自然产生了比较。我们无法拒绝比较，也不应拒绝比较！俗话说"不怕不识货，就怕货比货"，然而，这样的观点是在通过比较决出优劣高低的目标下产生的。我们对"同课异构"课堂的比较，无论是自己与他人异构的比较，还是自己与自己异构的比较，应达成这样一种共识：通过对同一个问题的思考、阐述、理解、辨析、感悟、再思，构建一种对话场域。通过比较，沟通理解、触发思考、促使优化、走向深刻。

把 10 年前的"平面图形的面积总复习"（以下简称"2001 版"）和当下的"平面图形的面积总复习"（以下简称"2012 版"）进行比较，没有变化的是课堂依然由导入、梳理、练习三个环节构成。不过，对这三个环节，我在思考——

1. 导入，为谁设计？

2001 版课堂，我当时设计的通过"拍卖土地"这一时新话题引出课题。

2012 版的课堂导入，与 2001 版相比，平淡无奇。教师开门见山，揭示课题。为何如此？我在思考，导入环节的"卖土地"，真的调动了学生学习平面图形面积的兴趣了吗？当学生走进课堂时，他们真的不知道今天这节课学习什么吗？为什么要引子呢？开门见山，有什么不好？

导入，是指上课之初教师为使学生尽快适应教学活动而进行的一定的教学组织引导工作过程，是整个课堂教学的准备动作。导入的教学功能主要是帮助学生明确课题，集中注意，激发兴趣，启动思维。导入，不是为了导入而导入。导入，应走出片面的形式追求。因为学生，导入，有时需要一个精彩但又妥帖的情境，有时可以单刀直入，开门见山。

2. 整理，学生能否？

2001 版的课堂，先是通过提问，集中呈现面积计算公式，然后让学生在小组交流的基础上汇报，逐个梳理推导过程，继而引导学生发现知识之间的联系，构建知识网络。

2012 版的课堂，我在思考：学生能自己整理吗？他们会怎样整理呢？课前，每位学生独立、自主完成教师分发的整理复习材料，他们有逐个列举的，有用表格整理的，但全班没有一位学生用"网络图"进行整理。由于这时的学生还没有六年级下册数学教科书，这里他们呈现了很自然、很真实的状态。我们看到，学生能整理，能用与他们学习水平相应的方式进行整理，他们所做的整理是有差异的，而这样的差异，正是课堂交流的动力与资源。因为不同，我们才需要对话与交流。课堂中，教师主动出击，顺着学生的"想法"，在学生的图上将梯形与平行四边形之间连上线，并让学生解释连线的意思。这犹如给平静的水面投下一颗石子，打破了学生思维的平静状态，继而从单个的图形面积知识的梳理复习走向图形面积知识之间关系的探讨。逐个列举整理，表格整理，网络图整理，这些都是整理知识的不同呈现形式，在交流的过程中，学生不仅温习了所学的知识，还感受了整理知识的方法。

为什么让学生课前先整理，而不安排在课内呢？学生完成这份材料，大约用时20分钟。如果让学生在课堂上整理，时间可能限制了学生思维的展开。课前的整理复习，为学生提供了先想、先做的空间与时间，弥补了课堂内学生独立思考时间的不足。之后的课堂学习，则给予学生更充分的学生与学生、学生与教师的交流互动。数学学习过程中，教师要给学生充裕的思考时间，酝酿精彩；教师要给学生充分的交流时间，展示精彩。

3. 练习，练习什么？

2001 版的课堂，练习部分的每一道题目，我都绞尽脑汁，力求与众不同。

2012 版的课堂，原先以填表的方式运用公式计算图形面积的基本题保留下来，接下来是"易错题"的交流。查漏补缺，以往常见的是教师依据自己的"感觉"与经验，给学生查漏补缺。能否让学生自主地对自己查漏补缺？易错题，是学生课前从自己曾经出错的题目"堆"中选择题目，我以为，选择一道题目的过程，是温习若干题目的过程。这里，不仅是练习的量的问题，还有练习的方式问题。进一步分析，作为学生，与以往比较多地关注"教师让我们练什么"形成对比的是，现在要关注自己练什么？也就是说，学生在学习过程中发展元认知意识，学习自我调节。自我调节的意义在于，当学生能自我调节时，意味着学生自主地完善着认知结构的建构；当学生能自我调节时，意味着学生积极地投身于学习，而不是被动地接受信息；当学生能自我调节时，意味着学生将学习真正作为自己的事，学生真正做学习的主人。我们知道，学生的错误不可能单独依靠正面的示范和反复的练习得以纠正，必须是一个"自我否定"的过程，而"自我否定"又以自我反省，特别是内在的"观念冲突"作为必要的前提。认识错误，追究错因，纠正错误，这都依靠学生的自我调节。基于这些思考，2012版的课堂，学生自主选择的易错题的交流替换了让学生练习教师精心设计的问题。

(二)与自己"同课异构"，是一件很有意义的事

课，可以有遗憾，但不能没想法；课，可以不完美，但必须要真实。记录课堂，思考课堂，也就留下了自己在课堂中前行的足迹。

异构的过程，是对自己的课堂获得更为清晰的认识的过程。

坦率地说，回顾反思2001版课堂的设计经历，我关注更多的是知识点和按部就班地上课，关注的是封闭性的教学进程是否顺畅，关注的是参与听课的教师（包括评委老师）的反应。我觉得这节课似乎可以定义为"为教师的设计"，既为听课的教师而设计，也为执教的教师而设计。

2012版的课堂，少了预设，多了生成，在开放性的教学过程中研讨学生真正的问题，让学生真实地参与学习过程。教师从"学"的视角重构课堂，即教师把学生带到学习任务中，以学生已有知识和观念作为新教学的起点，给学生多了学习和建构的机会，从而促进学生的学习。

耐人寻味的是，我曾在我工作的学校的一次教研活动中，先后呈现了2001版、2012版的课堂，听完这两节课后，有教师直言不讳：还是10年前的课"好看"，更喜欢10年前的课。有教师坦诚相告：喜欢10年前的课，因为那样的课堂，"好上"。"好上"的潜台词，其实就是这样的课堂，教师容易控制。

我又想起了2011年去山东青岛参加一个教学研讨活动。在活动过程中，一个素不相识的教师对我说：我听过你的课，记得阿凡提赶羊……我笑着和他打趣：呵呵，我10年前上课时就期待着今天这一天，就期待着多少年之后，有人对我说：我听过你的课……

而我，现在的想法是，课堂，不是给听课教师看的，课堂是教师和学生共同学习、生活，教师和学生共同分享彼此的想法。在分享中，师生的"思想"不断被打开。

课堂，好看吗？"好看"，给谁看？谁说"好看"？"好看"，为了谁？我们该追问：

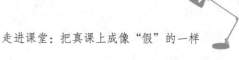

课堂，是促进了学生的发展，还是拘囿了学生的发展？控制了学生，还是解放了学生？根据课程标准和学生的实际需求，教师能否不再追求课堂教学程序的严密和教学结构的完整，能否不再墨守封闭性教学过程的预设，而灵活地安排教学程序，适时地调整教学环节，创设开放的课堂，提高教学实效？

布鲁纳指出："我们教师的目的在于：我们应当尽可能使学生牢固地掌握学科内容。我们还应当尽可能使学生成为自主而自动的思想家。这样的学生当他们在正式学校教育结束之后，将会独立地向前迈进。"由此来看，当教师从"学"的视角重构课堂时，比"让学生积极主动地学习"更有意义的是，学生在学习中学会了学习。

在台湾听课后与上课教师合影

十、课堂"地图"，师生共同绘制

——"'统计'总复习"教学与思考

教学内容：苏教版《数学》六年级下册"'统计'总复习"。

教学目标：

1. 在经历统计过程中全面认识统计知识与方法，进一步掌握常用的收集数据、整理数据的方法，认识有关的统计图和统计表，能对简单数据进行分析和解释。

2. 在具体活动中，进一步积累收集、整理、描述和分析数据的经验，提高运用统计的知识和方法解决问题的能力，发展数据分析观念和应用意识。

3. 进一步体会统计与日常生活的密切联系，激发对统计活动的兴趣。

教学过程：

上课前一天，教师发给每位学生如下"整理复习"材料，学生独立、自主完成。

"统计"整理复习

1. 在小学里学过哪些统计知识、方法，我的整理如下：

2. 从报纸杂志、电视、网络等媒体中收集一份统计图（表）。

从收集的统计图（表）中，获得哪些数据信息？

课前，教师发给每位学生如下练习题。

六年级数学练习题

姓名_____ 用时____分____秒 得分_____

计算下面各题。

①$3.8 \times 101 - 3.8$　　②$2.5 \times 4.4$　　③$\frac{4}{7} \times \frac{5}{11} + \frac{5}{7} \times \frac{3}{11}$

④$999 \times 8 + 111 \times 28$　　　　⑤$1500 \div 25 + 1500 \div 75$

(一)准备统计素材，揭示课题

师：请每位同学拿出刚刚发的练习题，这上面有5道计算题，我们计时完成。每位同学独立完成之后，看一下屏幕上显示的时间，然后记录在练习题纸上。准备好了吗？开始！

（学生做题，教师用秒表帮助计时，并在屏幕上展示"直播"计时。学生完成后，屏幕出示批改、得分规则：每题简算方法正确，结果正确，得20分。结果正确，未简算，得 10 分。结果不正确，得 0 分。教师展示一位学生的解答，如图 3-95。其他同学拿出红笔，在评讲时对照批改。）

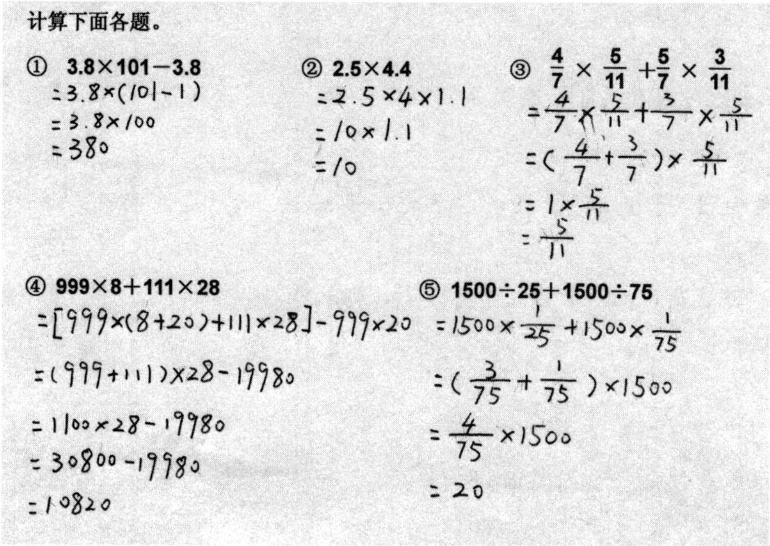

计算下面各题。

① $3.8×101-3.8$
$=3.8×(101-1)$
$=3.8×100$
$=380$

② $2.5×4.4$
$=2.5×4×1.1$
$=10×1.1$
$=10$

③ $\dfrac{4}{7}×\dfrac{5}{11}+\dfrac{5}{7}×\dfrac{3}{11}$
$=\dfrac{4}{7}×\dfrac{5}{11}+\dfrac{3}{7}×\dfrac{5}{11}$
$=(\dfrac{4}{7}+\dfrac{3}{7})×\dfrac{5}{11}$
$=1×\dfrac{5}{11}$
$=\dfrac{5}{11}$

④ $999×8+111×28$
$=[999×(8+20)+111×28]-999×20$
$=(999+111)×28-19980$
$=1100×28-19980$
$=30800-19980$
$=10820$

⑤ $1500÷25+1500÷75$
$=1500×\dfrac{1}{25}+1500×\dfrac{1}{75}$
$=(\dfrac{3}{75}+\dfrac{1}{75})×1500$
$=\dfrac{4}{75}×1500$
$=20$

图 3-95

师：第 1 题，101 个 3.8 减去 1 个 3.8，得多少？

生：(齐)100 个 3.8，380。

师：第 2 题，他是把 4.4 看成了 4 乘 1.1，用 2.5 乘 4 得到 10，然后再乘 1.1，（生：等于 11），哦，太遗憾了，答案写成 10 了。这道题，这样简算，依据是什么？

生：乘法分配律。

生：这里用的是乘法结合律。

生：如果用乘法分配律，应当这样算。

（一位学生展示自己的解答：$2.5×(4+0.4)=2.5×4+2.5×0.4=10+1=11$）

师：这道题，既可以应用乘法结合律简算，也可以应用乘法分配律简算。乘法结合律和乘法分配律不同在哪儿？

生：乘法结合律，全是乘法运算；乘法分配律，有乘法，有加法。

师：第 3 题，看题目中的数据，$\dfrac{4}{7}$，$\dfrac{5}{11}$，$\dfrac{5}{7}$，$\dfrac{3}{11}$，你发现他在计算这道题时怎

么做的？

生：把5和3交换了。

师：这样，就把算式后半部分转化成了 $\frac{3}{7} \times \frac{5}{11}$，算式中有了相同因数，（生：$\frac{5}{11}$），接下来就可以简算了。得数是 $\frac{5}{11}$。第4题，先慢慢地读一读算式，（学生读算式）如果有想法，请举手！

生：他做错了。可以把 $999 \div 9 \times 8 \times 9$，那就可以是 $111 \times 72 + 111 \times 28$，这样就可以简算了。

师：这样的发言，如果你们没有掌声，那就相当于告诉我，你们没听懂。（学生鼓掌）我不知道这样的掌声是不是说明你们听懂了。刚才，这位同学是把 999×8 转化成了多少？

生：111×72。

师：也就是把前一个因数除以——9，后一个因数——乘9。接下来算，$111 \times 72 + 111 \times 28$。

生：11100。

师：我们应该掌声送给他。（全班掌声）第5题，我想问的是，这个25和75前面是什么符号啊？

生：除号。

师：能不能这样算，等于1500除以25加75的和？

生：不可以。

师：那像他这样，把除法转化成乘法，行不行？（生：行！）这道题结果是多少？（生：80。）遗憾，他最后一步算错了。这道题，如果直接算，等于60加20等于80，也是对的。请每位同学批改，再把自己的得分算出来。

（学生批改，给自己打分。）

师：这些题目，全班做题情况我暂时还不知道，但稍后就知道了。刚才计算练习的情况，将作为这节课我们复习的内容。知道这节课复习什么吗？

生：统计。

（教师板书课题：统计）

(二)梳理复习

师：说到统计，你想到了我们学习过的哪些知识？

生：统计的方法有统计图，统计表。（教师板书：统计图，统计表）

生：统计图有条形统计图、折线统计图、扇形统计图。（教师板书：条形统计图、折线统计图、扇形统计图）

生：条形统计图能清楚地表示数量的多少，折线统计图不仅能清晰地表示数量的多少，也可以表示数量的增减，扇形统计图能清楚表示出各部分数量之间的关系。

师：刚才他说的，是这三种统计图的什么？

生：作用。

生：特点。

师：是这三种统计图的特点，也体现了它们的作用。请一位女生来展示一下她是怎样整理的。

（学生展示，如图 3-96。教师组织全班学生轻轻读一读她表格中所写的内容。）

1. 在小学里学过哪些"统计"知识、方法？我的整理如下：		
	条形统计图	折线统计图	扇形统计图
特点	用一个单位长度表示一定的数量，用直条的长短表示数量的多少。	用折线的起伏表示数量的增减变化。	用整个图面积表示总数，用圆内扇形面积表示各部分与总数的百分数。
作用	从图中能清楚地看出各数量的多少，便于相互比较。	从图中能清楚地看出数量增减变化情况，也能看出数量的多少。	从图中能清楚地看出各部分与总数的百分比，部分与部分之间的关系。

图 3-96

师：这里用表格把这三种统计图做了一个整理，很清楚，并让我们看到相同的地方和不同的地方。关于统计，大家还有什么想法？

生：条形统计图和折线统计图有单式的，还有复式的。

生：统计表，也有单式统计表和复式统计表。

师：是的。刚才你们说的统计表、统计图，它们都是干什么的呢？

生：统计数据。

师：统计就是和数据打交道的。统计图和统计表都是描述数据的(板书：描述数据)。在描述数据之前，要干什么呢?

生：收集、整理数据。(板书：收集、整理数据)

师：描述数据之后呢?

生：分析数据。(板书：分析数据。至此，黑板上形成的板书如下，如图3-97。)

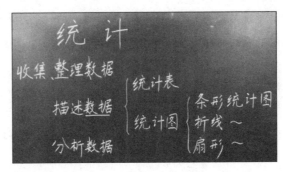

图 3-97

师：(指板书)统计的过程，就是——

生：收集整理数据、统计数据、分析数据。

师：这才是一个完整的统计过程。现在我们要了解刚才全班做题的情况，首先要干什么?

生：要收集数据。

师：收集数据的方法很多，来，看一组题目。

(屏幕出示如下一组题目。)

通过调查、测量、实验、查阅资料等方法可以收集数据。解决下面的问题，各可以怎样收集数据?

(1)体育老师想了解学校篮球队队员的身高和体重。

(2)了解黄豆和绿豆的发芽情况。

(3)学校广播站想了解哪个节目最受同学欢迎。

生：第(1)题，用测量的方法收集数据。

生：也可以用调查的方法收集数据。

生：如果每位队员知道自己的身高和体重，可以用调查的方法收集数据；如果

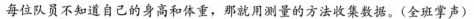

每位队员不知道自己的身高和体重，那就用测量的方法收集数据。（全班掌声）

生：第(2)题，用实验的方法收集数据。

生：第(2)题，也可以用查阅资料的方法收集数据。

生：第(3)题，用调查的方法收集数据。

师：调查、测量、实验、查阅资料等，这些都是收集数据的方法。刚才我们做的这组计算题，情况如何？我也要来收集数据。全班四个组，每个组请两位志愿者进行调查，然后收集数据。

（教师发给每组两位志愿者一张表格，如图 3-98。）

第（　）组				
分数	100	90	80	70
人数				

图 3-98

（学生收集各组数据，然后将表格中的数据屏幕展示，如图 3-99。有的组是画"正"字记录人数，教师组织学生将"正"字记录转换成数字记录。）

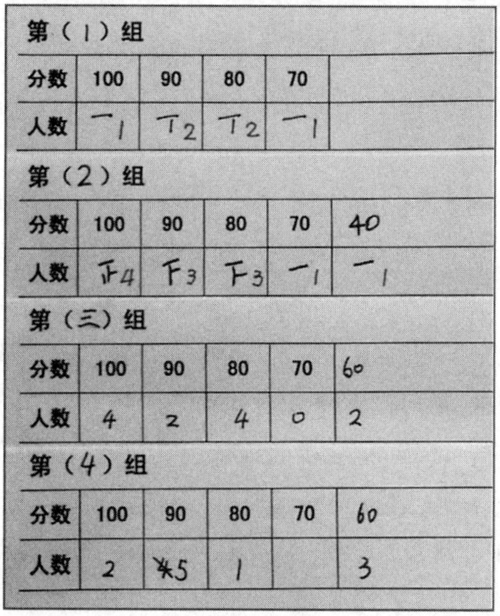

第（1）组					
分数	100	90	80	70	
人数	一₁	丁₂	丁₂	一₁	

第（2）组					
分数	100	90	80	70	40
人数	正₄	F₃	F₃	一₁	一₁

第（三）组					
分数	100	90	80	70	60
人数	4	2	4	0	2

第（4）组					
分数	100	90	80	70	60
人数	2	5	1		3

图 3-99

（教师组织学生检查，每组表格中的人数相加，是否和该组实际人数相符。然后将各组中各种得分的人数相加，并让全班学生记录下来。100 分，11 人；90 分，12 人；80 分，10 人；70 分，2 人；60 分，5 人；60 分以下，1 人。）

师：其实，我们在这儿收集数据的时候已经开始整理数据了，按照每种分数整理人数，这是分类整理。平常表示我们的成绩，一般用等级表示。例如，优，一般指多少分？

生：90 到 100 分。

师：其他的等级有哪些？分别是多少分？

生：80 到 89 分，是良；70 到 79 分；是中；60 到 69 分，是及格；60 分以下，是不及格。

（在学生回答的过程中，教师在电脑中用 Excel 出示表格，如图 3-100。）

优 （90～100）	良 （80～89）	中 （70～79）	及格 （60～69）	不及格 （60以下）

图 3-100

（教师指出：这时，我们是把数据分段整理。并让学生报出各等级的人数，教师填写表格。其中，"优"的人数，是将刚才记录的 100 分的人数和 90 分的人数合并起来。填写后的表格如图 3-101。）

优 （90～100）	良 （80～89）	中 （70～79）	及格 （60～69）	不及格 （60以下）
23	10	2	5	1

图 3-101

师：现在可以看到，我们完成了一张统计表，今天计算练习成绩统计表。如果把表格中的数据用统计图表示，画什么图呢？

（教师在电脑中操作，Excel 中显示的统计图类型有"柱形图""折线图""饼图""条形图""面积图""散点图"等，学生选择"条形图"，教师操作，显示如下，如图 3-102。）

师：从图中，一目了然，最长的直条表示什么等级的人数？

生：优。

师：如果要反映每种等级人数占全班人数的比例，用什么图？

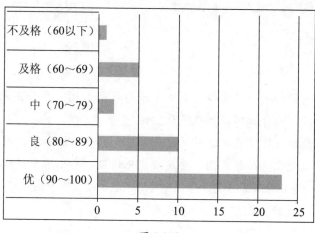

图 3-102

生：扇形图。

（教师在电脑中操作，Excel 中的"饼图"显示如下，如图 3-103。）

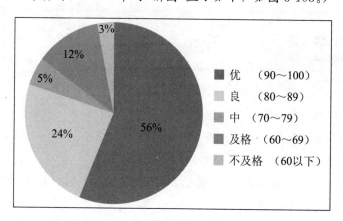

图 3-103

师：扇形统计图，也叫饼图。（教师指图中表示"优"的扇形部分）我想，大家不看图例，马上也能猜到，这一部分表示的是什么等级？

生：优。

师：我们还可以感觉到，这比全班一半的人数还怎么样？

生：多。

师：回头看数据，"优"是多少人呢？

生：23人。

师：全班多少人？

生：41人。

师：比全班人数的一半还要多。刚才，我们用条形图、扇形图表示咱们班这次计算练习做题情况，为什么不画折线统计图呢？

生：因为折线统计图是表示数量的变化，这里只有一次成绩，所以不用。

生：这里没有变化，而折线图是要反映变化情况，所以不画折线统计图。

师：我想了解全班做题的情况，你们觉得除了统计得分，我们还可以统计什么呢？

生：可以统计做对了几题，做错了几题。

生：可以统计每一道题目，我们多少人做对，多少人做错。

师：我听明白了。第一道题目，对了多少人，错了多少人，怎么收集数据呢？

（教师在电脑中用 Excel 出示表格，如图 3-104。）

	题1	题2	题3	题4	题5
正确人数					
错误人数					

图 3-104

生：我们举手，然后数一下人数。

师：我们是先来收集正确人数呢，还是错误人数呢？

生：正确的。

师：第一题，做对的举手。（全班大多数学生都举手了）你们看到举手情况，想想怎样可以更快地收集数据？

生：统计错误的人数，方便些。

生：统计错误人数，然后用 41 减错误人数，就能算出正确人数。

师：第一题对的人数很多，这样收集错误的人数，更快更方便。好，第 2 题，我们统计正确人数还是统计错误人数？

生：错误人数。

师：感谢出错的同学诚实地举手。我们这里收集数据，是为了后续复习时查漏补缺。今天错了，没关系，争取下次不出这样的错。

（师生共同完成数据收集，教师在表格中填写，如图 3-105。）

	题1	题2	题3	题4	题5
正确人数	41	37	32	23	31
错误人数	0	4	9	18	10

图 3-105

师：现在我们看到每道题目全班对错的人数。我们画出柱形图来看一看。

（教师在电脑中操作，Excel 中的"柱形图"显示如下，如图 3-106。）

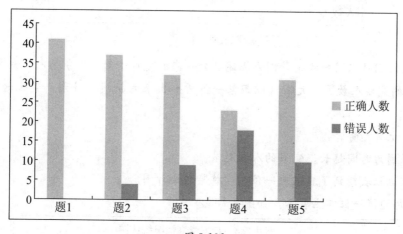

图 3-106

师：我们发现，电脑中的柱形图，其实就是直条竖着的条形图。浅色条的直条表示什么？深色条的直条呢？哪一题错得最多？如果我们班接下来还要练习一些简便计算的题目。大家建议数学老师不要布置什么样的题目给我们班同学做了？

生：第 1 题。

师：那什么样的题目，我们应该多练一点？

生：第 4 题。

师：类似第 4 题的题目。当你做出这样分析的时候，你的依据是什么？

生：统计图。

生：统计图中的数据。

师：对！我们是根据统计图、统计表呈现出来的数据来分析的，用数据说话，不是随随便便说的。现在回头看看，咱们用条形图、扇形图来表示我们班今天练习的情况，那么折线图能不能呢？

生：用折线图表示做题所用时间。

生：统计一下，完成这些题目，2分钟，有多少人，3分钟，有多少人，4分钟，有多少人。

（教师在电脑中用 Excel 出示表格，如图 3-107。）

用时	2分钟内	3分钟内	4分钟内	5分钟内	6分钟内
人数					

图 3-107

师：我们可以用折线统计图来描述 2 分钟内的完成人数、3 分钟内的完成人数、4 分钟内的完成人数等。大家可以想象一下所画出来的折线统计图，变化趋势是怎样的？

生：上升趋势。

生：因为时间越长，完成的人数越多。

师：这让我想到了我们班一位同学收集的统计图。

（教师邀请一位学生展示，如图 3-108。）

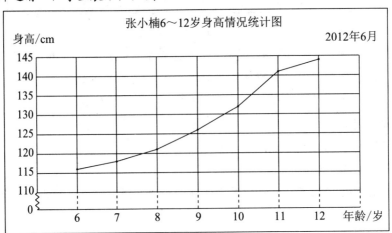

图 3-108

师：看看他收集的统计图。这幅统计图统计的是什么？

生：张小楠6～12岁身高情况统计图。

师：只要是正常人的话，他的身高趋势一般都是上升趋势吧？所以，刚才做题用时情况，也是类似这样的折线图，对吧？除了这样的统计图，你们还收集了什么统计图，同桌间交流一下。

（学生同桌间交流各自收集的统计图，即课前整理复习材料的第2题。）

师：我也收集了一些统计图。

（屏幕出示图3-109。）

生：我看懂了，这是清明假期路网出口流量的统计图，是折线统计图。

生：4月4日车流量最大，4月6日车流量最小。

生：这幅图，是根据2014年车辆流量预测的2015年车辆流量。

师：对！统计，是可以帮助预测的。再看一幅图。

（屏幕出示，如图3-110。）

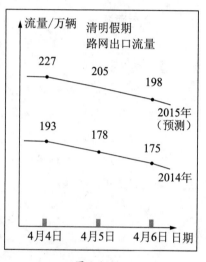

图 3-109

师：这是我收集的一幅女性每天水分摄入量的统计图。看到这幅统计图，我想到了我们学过的一种统计图。

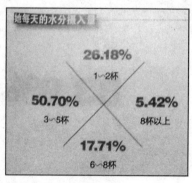

图 3-110

生：扇形统计图。

师：不过，它和扇形统计图有联系，又不同。我看到这幅图时，发现这幅统计图是有问题的。

（学生沉默一会儿，有学生指出：4个百分数相加，不是100%。全班掌声。）

师：是的，有时，我们不要被统计图"忽悠"了。

(三)回顾总结

师：这节课，我们复习了什么？

生：统计。

师：现在知道，统计是干什么的呢？

生：收集、整理数据、统计数据、分析数据。

师：对，统计不只是统计表和统计图。课前大家对小学里学习的统计的知识、方法进行了整理，现在回头看一看，还要做怎样的完善与补充，请大家课后完成。这节课就到这儿，下课！

在台湾野柳地质公园留影

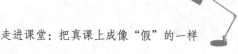

教学思考：

做教师二十多年，上过多少公开课，我也难以数得清了。不过，"'统计'总复习"这节课是我第一次把统计的内容作为公开课的内容展示。因为，关于"统计"，我有着太多的问题在琢磨。

（一）我不知道这节课怎么上

以往到六年级毕业总复习时复习"统计"，也就是教师帮助学生梳理一下学习了哪些统计知识，然后组织学生完成教科书中的习题，重点抓住学生解题过程中出现的一些错误进行评讲。如此复习，就是为了最后考试时，学生能正确解答试卷中有关"统计"的考题。

这样组织学生复习"统计"，是有问题的，我心知肚明。我要弄明白的是，"统计"，复习什么？怎么复习？"统计"的复习，如何体现"学为中心"？

这节课，和我以往组织学生上其他内容的复习课的教学思路迥然不同的是，学生课前的整理，成为教师研读学生学情的材料，课上，穿插性安排学生进行了展示。这样的教学处理，是因为学生对统计的认识，往往片面化，正如课堂中学生所表现出来的，他们认为统计就是统计图与统计表。

我们已经形成这样的认识：统计教学应引导学生经历完整的收集、整理、描述和分析数据的过程，发展数据分析观念。我们还要辩证地认识到：让学生经历统计活动的全过程，并不是每一次统计活动都要让学生经历全过程，在统计知识与方法的学习过程中，我们可以组织学生侧重参与统计活动的某一个片段。如果在学习统计的过程中，都是让学生经历统计全过程，并在其中每一个环节平均着力，那教学也就变得牵强附会、形而上学。也就是说，在六年级毕业总复习之前，因为统计知识、方法学习的需要，学生经历的大都是统计全过程中的一个片段。何时，让学生经历完整的统计活动过程？六年级的总复习课，责无旁贷。

六年级总复习，复习"统计"和复习"数与代数""图形与几何"领域的内容不同的是，统计的复习，关注的不能仅仅是静态的知识，更重要的是数据分析的意识，关注的是对统计的全面、正确认识，关注的是体会统计与日常生活息息相关。这些，应当比正确解答教科书中那些有关统计的习题更为重要。

现行教材以及试卷，都以静态文本的方式呈现数据，无法展现动态的收集数据的过程。我得寻找一个适合的活动，创设一个情境，让学生经历完整的统计过程，弥补教材缺憾。选择什么样的活动？"众里寻他千百度，蓦然回首，那人却在灯火阑珊处"。我在批改学生作业时，通常记录下学生的错误，然后再根据学生的错误情况补充编拟相关习题让学生练习。反思我这样的工作方式与过程，不就体现了数据分析的思想方法吗？

于是，启发了我在这节课中设计的统计活动。

公开展示的复习课，其内容是非常"纯"的。例如，这节课复习统计，就专心致志复习统计，路边的野花不看也不采。但日常的复习课呢？或许前半节课还是对上节课复习内容的查漏补缺，然后再进入本节课的专题复习。这样"混搭"的复习课，在家常课中是比较常见的。公开课为什么就不能"混搭"一下呢？或许，混搭这样的表达有些贬义，那换用一个词，就是"综合"。

对于学生而言，简便计算，是错得比较多的。尽管之前在"数与代数"的复习过程中已经组织学生复习，但在后续的复习过程中，还是需要继续关注的。这节课，我从复习简便计算入手，继而也就为统计活动准备了素材。一材两用，这是否是我们在教学中应当追求的一种"综合"效应呢？

由此，我们发现，统计活动有了生活味，学生觉得熟悉、亲切又有必要。如何收集数据、整理数据、描述数据、分析数据，这些都在后续的活动中顺流而下。数据分析观念，是一种需要在亲身经历的过程中培养出来的对一组数据的"领悟"，由一组数据所想到的、所推测到的，以及在此基础上，对于统计独特的思维方法和应用价值的认识。经历数据分析的过程，就要围绕"数据"做文章，遇到问题"想数据"，分析问题"用数据"，学生在看数据时，有需求、有目的、有过程、有体会。

制作统计图表，是整个统计活动的中间环节，是作为工具为最终的判断、预测、决策服务的。如何制作统计图表，Excel 提供了巨大的支持，这也是我的尝试。

（二）我不知道这节课上出来是什么样子

坦率地说，这节课在上课之前，我不知道会发生什么，这节课会是怎样。这节课，永远是未完成的状态。在课前，教师有想法，有思路，但都是半成品，最终呈现出怎样的课堂，不是教师一人说了算。即便你这个班上完了，换一个班来上这节课，又是另一番景象。而这，恰恰是课堂的魔力、魅力与引力，让教师和学生都对

课堂充满了向往，深怀着期待。

　　课堂教学，需要预设，但不可能完全预设。课堂教学，并没有已经绘制完毕的"地图"，只有师生彼此行动的目标与走向。教学过程是师生之间相互对话、启发，并有着相互发现的过程。"统计"的复习，一切从学生出发，一切为了学生，而这恰恰是对"学为中心"的诠释。课堂"地图"，是教师与学生共同完成绘制的。

社会反响：
大家眼中的贾友林

一、贲友林：学为中心数学课堂的真正实现

成尚荣

贲友林，这位小学数学教师，一直在实践中研究，从来没有停下过探索、前进的步伐。因为，他看到了彼岸——前方有一条地平线，闪亮着，召唤着他。这本书——《贲友林与学为中心数学课堂》，应当是他的一份报告——地平线报告，同样是闪亮的，激励着他。

与以往的梳理、总结不同，这次的梳理更完整，结构化、体系化更强，主题更鲜明，提升的幅度更大，不只是幅度，更重要的是他的思考、研究的水平——贲友林越来越成熟，越来越深刻。相信，下一个彼岸又在召唤他，他会更勇敢地、欣喜地前往，而我们仍是乐观地期待着，因为他没有让我们失望过。

这么多年的探索，该是做一次全面的、深刻的总结了。贲友林意识到了这一点。我认为，人的发展应当抓住机遇，而所谓机遇，其实是自己创造的，只要勤奋、刻苦，就一定有机遇。贲友林不仅有这样的认识，而且锻造了自己的品格。这次小结，贲友林又一次抓住机遇，把问题聚焦在自己的教学主张上。这一聚焦让他有了一次重要的跃升。这一跃升是经历了一次次磨炼的结果。阅读中，我真切感受到，贲友林的每一次磨炼，都会有一个成果，都会有一种沉淀，每一次沉淀，都会形成一个文化符号，成为他前行的路标。

第一，贲友林关于"手"的三个隐喻——从此岸到彼岸的文化动因、思想张力。

此岸、彼岸是贲友林最喜欢的文化隐喻。这一隐喻极具恒定性，又极具未来性。依我看，贲友林是在人生意义的思考、追寻中，思考、追寻他的教学主张的。于是，自然诞生了他关于"手"的三个隐喻。

隐喻一：摆渡。将教育比喻为摆渡是常用的修辞方式。记得帕克·帕尔默就曾这么用过。他认为每次摆渡都有陌生感、新鲜感的话，教学才会有激情，才会有创造性。贲友林使用中更着重于自己去解决摆渡的动力问题。他认为摆渡不仅是一种方式，更是一种过程，其动力源自于自己的手，用手去掌舵，用手去划桨。一个只坐在摆渡船上不用手不用力的人，实际上是永远到达不了彼岸的。只有用手，才会

真正渡到彼岸和更远的地方。问题还在于，不只是教师用手去划桨，更为重要的是教师教会并鼓励学生，伸出自己的手，用手划桨，合力向前。学生绝不是坐在渡船上的人，而是用桨划水的人。所谓"学为中心"，在某种意义上是学生用自己的力量，学会摆渡。

隐喻二：开门。贲友林坚定地认为，教师永远为学生开门，而不是关门。开门、关门只一字之差，但理念、行为却差之千里。开门，永远为学生开启求知之门、探索之门，从"门"出发，走向社会，走向世界，走向未来。开门，意味着引领，意味着放手让学生自己去走，自己去闯，意味着开放，意味着解放。关门却完全与之相反，关门意味着封闭，意味着控制，意味着狭隘，意味着只有当下，而无未来。但问题还在于用什么去开门，用什么方式去开门，最终谁去开门。贲友林曾这么说："教学，并不是在已经绘制完毕的地图上旅行，而是在旅行中完成地图的绘制。"多妙的比喻！是的，开门，走向哪里，应当有一张路线图，但是路线图不是教师绘制以后，让学生按图索骥，而是让学生在旅行中学会绘制。教学永远在开门中，在生成中。贲友林为学生打开了多少门，已无法统计，其实，只要教学，他就是在为学生开门。"学为中心"，在某种意义上是学生自己打开走向未知的大门，在生成中学会学习和创造。

隐喻三：鼓掌。教师的手很特殊，有独特的功能，这独特的功能不只是在操作工具、板书内容、批改作业、命题制卷上，更为重要的是，教师之手为学生指引方向，用点石成金来形容一点也不过分。贲友林就有这样的手。他的独特之处还在于，指引方向之前或同时，用手来为学生鼓掌。他把教师手的独特功能充分开发出来。我常听教师说，贲友林总是眯着他那不大的眼睛，满脸笑意地看着学生；贲友林总是在学生创意练习时，满怀情意地写下几句赞扬的话。这就是鼓掌，发自内心的鼓掌。他的手总是和心连在一起。"学为中心"，在某种意义上，是用手去引导、鼓励学生创造性地学习。

隐喻充满着哲理。三个隐喻汇聚在"手"上，其哲理是，开发手的力量，让教师之手有力量、有温度、有方向感，让学生之手成为解放之手、智慧之手、创造之手。因而，手成了文化符号，充溢着思想张力。我们常说，教师与学生心心相连，但结果总是不理想，心与心的分离，绝不是个别现象。也许，从手开始，才能抵达学生的内心。"学为中心"的数学课堂里，你会看见一只只小手，摇晃着，呼唤着，表达

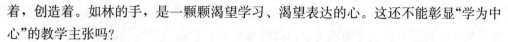

着，创造着。如林的手，是一颗颗渴望学习、渴望表达的心。这还不能彰显"学为中心"的教学主张吗？

第二，"学为中心"共同的理念和追求，贲友林真正做到了，实现得很好。

"学为中心"是个人人皆知、个个会说的理念。其实，知道、会说，并不能确认你已确立了理念。"学为中心"也是个大家都在探索、实践的问题，实事求是地说，真正实现的并不多，严格地讲是很少。"学为中心"，平实、素朴，没有深奥之处，但仔细想想，有多少人是真正深刻理解和准确把握的呢？贲友林就是确定了"学为中心"这么一个人人皆知、平实简单、几乎大家都在研究、探索的命题，似乎没有创新之点，也没有高人之处。仔细想一想，贲友林选择这一命题，绝不是从众，更不是盲从。翻阅他的全书，可以发现他一路走来，一路在追问、反思。他用三个问题不断地向自己提问：为何"学为中心"？何为"学为中心"？如何"学为中心"？三个问题，三个不同的视角，三个不同的维度，逐步推进，逐层深入。可见，"学为中心"这一教学主张的形成，来自他真切、深切的反思，来自他对教学本质、核心的执着、深入的探究和准确把握，来自他真实课堂的一项项变革试验。一言以蔽之，"学为中心"来自他的内心，诞生于自己的课堂，是自然生成的。"学为中心"在贲友林那儿不是空中楼阁，而是有坚定的土壤，教改之根深深扎在改革、试验的泥土之中，不虚浮，不虚空，更不浮夸，踏踏实实，实实在在。这就是贲友林的高人之处，就是贲友林的创新之点。

为何、何为、如何，三个问题是对教学基本规定性的追问，三个基本规定性反映了教学的基本规律。贲友林教学主张的形成与提出，意味着他在回归，即回到教学的本质和核心上。他在渡向彼岸，不过，他从没有忘掉此岸。一个忘掉此岸的人，失却的是根基，模糊了出发地，没有出发点，便没有目的地。回望此岸，回归基本问题，才会坚定地向着彼岸。这时候，此岸往往就可能是彼岸，彼岸很可能成为新的此岸。

坚持"学为中心"，贲友林着重研究、解决了以下一些问题，提出了极富创新性的见解和实践方法。

其一，对"学为中心"做出了界定。贲友林的界定是："'学为中心'的课堂教学，指教师从学生的学习出发，以学生已有知识和观念作为教学的起点，给学生更多的学习和建构的机会，根据学生的学习过程设计相应地促进学生学习的教学活动。"这一界定比较严谨，具有一定的学理性：一是出发点，二是起点，三是机会，四是活动。从学生的学习出发，而不是从教师的教出发；起点在学生已有的经验，而不是在教师预设的知识目标；有机会，才会有可能，给机会，便是维护学生的权利，用美国教学论专家达克沃斯的话来说，有机会才会诞生精彩的观念；活动是学生基本的学习形式和发展的载体。顾明远先生说，学生发展在活动中，而活动设计的依据是促进学生的学习。

值得注意的是，当下不少研究，缺少对概念的界定，即使有了界定，也不准确和周密。贲友林给我们做了一个好榜样，同时说明，一线教师是有能力提出概念，并界定概念的。我们不要求教师成为学者，但不反对教师在实践中，像学者那样研究。有可能成为学者应当是好事，贲友林就有这样的可能。

其二，真正关注和研究学生真正的学习。学生在课堂里，一定是在学习吗？学生在做作业，一定是在学习吗？什么是学习？什么是真正的学习？学生的学习究竟是怎么发生的？对这些问题，我们不一定很清楚，学生不在学习，虚假学习，"疑似学习"的现象不在少数。"学为中心"，连学习的状况都没把握好，怎能叫"学为中心"呢？怎能实现"学为中心"呢？贲友林把关注、研究的触角伸向学生的学习过程。他说："以学为中心，即在教学中不仅关注学生学了什么，更要关注学生是怎么学习的，还要关注学生在学习过程中的态度如何，从而促进学生获得全面的、生动的、积极的、和谐的发展。"在学习，真学习，真正学习，真正发展，成了贲友林攻克的难点。这样的研究才是真实的，也是真正的。为此，贲友林又把学习的目标定位在"着力让每位学生在学习中发挥他们的主体性，挖掘学生最大潜力"上。

知识传授是个黑洞，同样，学生怎么学习也是个黑洞。贲友林在"学为中心"的课堂里试图让这个黑洞敞亮起来，澄明起来。显然，他关注了当代的学习理论，并在教学中切实地去试验，这是了不起的进步。当然，这个黑洞的敞亮、澄明永远是个过程，但已经迈开了第一步，相信第二步、第三步会迈得更好。贲友林的试验告诉我们，"学为中心"的主题和难点就是——让学生真正的学习，让学习真正发生，它是可以逐步攻克的。

其三，在教学的结构和进程上取得了突破，基本上构建了"学为中心"的数学课堂的模式。贲友林总结了以下一些教学策略，变革了教学结构，推动了学生学习的进程。一是让学生更有准备地学，二是让学生在深层互动中学，三是让学生在研究性练习中学，四是教师之教服务于学生的学。四大策略带来了教学结构和过程的优化，支撑了"学为中心"数学课堂的实现。可贵之处也在于形成了自己富有新意的见解。比如，关于让学生有准备地学：学习不等于课堂学习，即要突破课堂的边界，让学生的学走在课堂教学的前头，让教学成为前后贯通的全过程，让学生走进课堂时有备而来。有备，不只是知识的准备，而是学习意愿、学习状态的准备，有备而来教学才会有效，才会高效；学习要有大问题意识，要有"大感受"，贾友林将其称为内心有"警觉"，有深度的思考；进行"小研究"，让学生充分地想，思维体操得到训练。尤为可贵的是，贾友林将前置于新课学习之前的研究与往常的"预习"做了比较："前置性研究学习是组织学生以研究的方式面对将要学的内容，而不是将教材中的知识乃至于结论简单地移植，或者说得更直接些，就是照搬到课前的研究纸上去。"他尖锐地点击了当前一些导学案、学习单的要害，即不是名称上的、形式上的"学"，而是真正意义上的学，学要贯穿于整个过程，一连串直接意义上的学，才会实现"学为中心"的数学课堂。这样的见解，全书中很多，读到这些见解，总会有会心的一笑，有心灵被撞击的感觉。

"学为中心"的数学课堂，又告诉我们，教学结构要改变，结构改变了，教学过程才会改变，教学过程变了，学生的学习方式、学习进程才会改变。而这一切，都需要整体设计，要有智慧的教学策略，以策略来推动"学为中心"数学课堂的真正实现。

第三，学为中心数学课堂的构建，深处是贾友林的儿童立场。

贾友林书中有这样的结论："'学为中心'是一种指导教学实践的教育理念与价值取向……着力于让每位学生在学习中发挥他们的主体性，开发每位学生的最大潜力，让每位学生在求真、民主、合作、愉悦的良好学习氛围中获得预期的意义建构、能力提升以及身心健

全发展。"这是"学为中心"深处的思想——儿童立场。

因为儿童立场，才会生发出关于手的三个文化隐喻；因为儿童立场，才会有潜心研究学生真正的学习；因为儿童立场，才会有智慧的策略，才会有"学为中心"的真正实现。"学为中心"的实质是"儿童为中心"，儿童是课堂的主人。儿童观带来课程观、教学观、课堂观的转变。课程观、教学观、课堂观应当根植于儿童观。"学为中心"，说到底，是儿童立场上的教学的新出发、新建构。

在贲友林那儿，儿童立场首先表现为对儿童的尊重。尊重是教育的起点，没有尊重何来"教育"，尊重的教育，儿童才会有主人翁的感觉，才会阳光、自信。这是儿童立场伦理道德意义上的阐释和体现。其次表现为对儿童学习权利的保护和保障。学习是儿童的天性，也是儿童学习的权利，不让儿童学会学习、主动学习，其实质是剥夺了儿童的学习权利。这是儿童立场社会学、法学意义上的阐释和体现。再次表现为对儿童的信任。儿童的最伟大之处是可能性，一切皆有可能，相信儿童一定会学，一定学得好，一定有精彩的观念和行动。这是儿童立场的哲学意义的阐释和体现。最后，儿童不只是课程的学习者，是教育的接受者，还应当是课程建设的参与者、研究者、创造者，儿童在教师的帮助下，已在创造适合自己的课程了。这是儿童立场课程论、教学论意义的阐释和体现。多学科、多角度阐释下的儿童立场，全面、丰富、多彩。贲友林的学习、思考是深刻的。

你可以关注一下贲友林"从'学'的视角透析课堂"一章，其中，"邀学生一起观课"，读了以后会有什么感觉呢？学生已成了教师，他们正在把他人的教育变成自己的教育，而且在帮助、"教育"别人了。这是多么大的变革。"学为中心"的课堂，让我们看到了儿童，看到了每一个儿童，看到了生动活泼发展的儿童。唯此，才有"学为中心"数学课堂的真正实现。

（成尚荣，国家督学，原江苏省教育科学研究所所长）

二、善教者自学，乐教者无不学

徐文彬

贲友林老师的第四本专著即将面世，这是我们小学数学教育界的一件幸事，也是我国小学教育界的一件乐事。

作为一名在一线工作的教师，贲友林老师有如此丰硕的科研成果很是难能可贵，值得我们尊重。

本书记录了贲友林老师从一名普通教师成长为一名优秀教师的心历路程，而这成长历程当中的关键词应该就是认真、努力以及热爱思考。

正是由于他的认真与努力，贲友林老师才积累了数十年如一日的"教学笔记"，而热爱思考则使得这些富有经验色彩的"教学笔记"成为系列研究论文乃至专著，并得以出版发行，成为小学数学教学研究园地中的一朵奇葩。

贲友林老师的数学课堂是"学为中心"的课堂。贲老师所理解的"学为中心"的数学课堂其实就是，小学生主动而不是被迫去学习的课堂。它是由"为教师而设计"的课堂向"为学生而设计"的课堂的本质转变，即以学生自己的学习内容为起点进行灵动的课堂教学。

教师的智慧激发学生的智慧，学生的智慧促进教师更深一步的思考，这就是贲友林老师课堂教学的基本底色。他在此岸的教学实践当中，始终不忘彼岸的教学理想，在此岸所有的不懈努力都是为游向彼岸。这种理想状态多是教育理论工作者在哲学、心理学和社会学等层面所做出的全方位、多领域、综合性的理论建构。而贲友林老师则是从自身的课堂实践出发，通过自己的经验积累、理论学习与独立思考，逐步提升到这种理想状态的。

当今世界各国都在教育领域中强调培养学生的批判性思维。譬如，美国在基础教育阶段的核心课程规划就强调学生批判性思维的养成，而学生批判性思维的培养也是我国新课程改革所蕴含的潜在目标。可以毫不夸张地说，贲友林老师的数学课堂切切实实体现了对学生自己想法的重视与尊重。在他的课堂上，学生可以对其他同学的想法自主地提出补充、修正或反驳，甚至也可以对教师的想法自主地提出补

贲友林与女儿合影

充、纠正或反驳——这种犹如辩论赛似的学习氛围，不得不让人惊异于他强而有力的课堂掌控能力与由内而外所散发出的教学自信心。在这样的课堂中成长起来的学生无疑是幸运的，他们充满着辩论的激情、思考的热望与学习的快乐；他们勇于表达自己的想法，不怕犯错，与他们的贲老师一样，也拥有充满底气的自信。

辩论、思考、主动学习、勇于表达、自信等这些思维特质，既是国家、社会、学校与教师希望学生所能拥有的珍贵品质，而且也是他们日后遇到困难与挫折时，能够积极向上、努力思考、竭力解决问题的动力源泉。

由此可见，贲友林老师的数学课堂不仅仅是数学知识与技能的学习场所，也是数学思想与数学思维的慧悟园地，更是学习品质与人格特质的培育摇篮，充分体现了"教学的教育性"。

正所谓"善教者自学，善学者自教；乐教者无不学，乐学者无不教"。贲友林老师可谓此一人也。

（徐文彬，南京师范大学课程与教学研究所常务副所长，教授，博士生导师）

三、向着数学教学彼岸的瞭望者与跋涉者

——我眼中的贲友林老师

王　林

我第一次见到贲友林老师，是 2001 年 3 月 10 日，在江苏省小学数学课堂教学观摩交流会上。这次活动，全省 14 位青年教师同课异构，或上"平面图形面积的总复习"，或上"立体图形体积的总复习"，贲友林老师是其中之一，此时 27 岁的他已经是培养出三位小学数学特级教师的海安县实验小学的教导处副主任。我们都知道，数学复习课难上，借班上复习课就更难上。为了探索复习课改革的路子，中国教育学会小学数学教学专业委员会于 2000 年底决定，2001 年的全国赛课事先抽签确定上课的课题，并安排了 12 节复习课。江苏抽签抽到的上课内容偏偏是复习课之一——平面图形面积或者立体图形体积的总复习。这次活动中，贲友林和其他 4 位老师一起获得了一等奖，但需要和另一位教师再竞争，胜者代表江苏省参加全国赛课。贲老师不仅最后取得了出线的机会，而且在随后的淄博赛课现场，从一开始《淄博日报》上拍卖土地的广告，到平面图形面积计算关系图转出形象的"知识树"，再到结束时"阿凡提赶羊"的故事，亮点不断，异彩纷呈，特别是他善于与学生沟通、共鸣，引起了听课者的一致赞誉，在 12 节复习课中排列第一，在 32 节课中取得了第三名的好成绩，大大超出了我们的预期。

从这以后，特别是贲老师到了享有盛誉的南京师范大学附属小学工作以后，接触贲老师的机会就多了。贲老师从 2002 年 2 月新学期开始，多年如一日从不间断，坚持用"纪实＋思考"的格式真实地记录自己教学生活中的点点滴滴，记录他的原生

态的数学课堂教学的实践与想法，记录数学课堂的亮点、败笔和意外，咀嚼、反思教学活动，重新打开已有经验，重新审视和质疑，思考如何调整、提升和超越。贲老师工作 25 年来，已经发表了小学数学教学的论文等数百篇，其中不少来自于他的记录和反思。2007 年，他出版了教学专著《此岸与彼岸——我的数学教学手记》，2014 年、2015 年又相继出版了专著《现场与背后》《此岸与彼岸 II》。此岸与彼岸，生动地隐喻了每个年轻人心中的现实与理想。在现实的此岸，富有理想的人深情地瞭望彼岸，并且执着地向彼岸艰难跋涉。贲老师就是这样一位坚定不移地向着数学教学彼岸的瞭望者和跋涉者。

瞭望，是站在高处远望。瞭望者不仅需要动力，还需要具有一种自觉的批判意识。如果觉得一切都好，那么会使我们丧失瞭望的愿望。贲老师的可贵之处就在于，无论身处什么样的工作环境，在村小、在县城还是在省城，他对自己的数学教学始终具有强烈的批判意识，始终不满意，一直不满足。这种自觉的批判意识，成为他瞭望彼岸追求理想的动力源泉。即使在全国赛课获得一等奖之后，他仍然清醒与冷静：“全国一等奖，犹如泰山日出，那只是给我曾经上过的一节数学课套上美丽的光环。今后，我还得在课堂中继续下真工夫、硬工夫。”

站在高处，视野才足够开阔。怎样不断地给自己搭建平台，让自己的视野开阔起来？贲老师的回答是读书。他说：“当我对一些问题窘迫之际，我会钻进书堆。”实际上，他读书不仅仅是为了寻求问题的答案。读书，也是他和作者对话的过程，咀嚼和吸纳他人思想的过程。读书和教学实践是相呼应的，读书能够很好地打开自己的思路，激活自己的思考，增长自己的智慧。贲老师寻找到读书这一重要的“脚手架”，教学和研究才有可能步步登高。贲老师不停地读书，我不知道他用多少时间坐在枯灯下静静阅读，但从他发表的大量文字中，我们不难看出他在广泛阅读后的丰富收获和深刻思想。

瞭望的人，会看到彼岸动人的风景。然而，跋涉过程的艰苦可想而知。跋涉者需要有专一的目标，一心朝向彼岸跨越而心无旁骛。贲老师说：“我只是一个普普通通的年轻教师，我和所有人一样，爱翩翩联想，爱自由的生活，崇尚时尚与潮流，但我更有自己不懈的追求。我追求有创意的成功的课堂教学，追求有个性的深刻的教育思考。”正因为对数学课堂教学的孜孜追求，贲老师的数学课堂教学成为“此岸”驶往“彼岸”的舞台，由稚嫩逐渐走向成熟，由成熟慢慢形成自己朴实明快而富有个性的教学风格。

贲老师的课堂体现了对数学教材的深刻理解。教学"年、月、日"，他由上课的日子引出学生各自的生日，继而组织学生到年历中查询自己的生日，自然地引出对年历的观察；在认识大月和小月后，安排学生质疑，引导学生探讨记忆大小月的各种方法；计算全年有多少天，先让学生说出结果，再计算验证，在验证中巩固对大小月的认识。教学环节围绕教学目标一气呵成，体现了教师对教材的深刻理解和灵活运用。事实上，对教材的解读与理解必然和对学生认知特点的把握联系在一起。

　　贲老师的课堂体现了对学生主体地位的充分尊重。教学"图形覆盖的规律"，他在引导学生寻找从"10张连号的入场券中拿2张相连的，一共有多少种不同的拿法"时，注意充分调动学生已有的知识经验，放手让学生用多种方法探索规律，鼓励学习方式的多样化。结果有的学生用连线的方法，有的学生用圈数的方法，有的学生用一一列举的方法，充分经历了探索规律的过程。学生在这样的课堂中积极主动，思维活跃，真正做到"我的学习我做主"。

　　贲老师的课堂体现了教师丰富的实践智慧。教学"7的乘法口诀"时，他积极开发和利用课程资源，创设了白雪公主和七个小矮人的情境，七个小矮人每人手拿一个气球，前三个气球上依次写着7、14、21，然后让学生想接着往下写，应该是哪些数，自然地引入7的乘法口诀。这样的童话情境清新优美，给学生以美的熏陶和享受。教学"角的初步认识"时，为了让学生直观地认识角的大小，他选用电视机或收录机的天线替换常用的硬纸条做成的"角"，既便于操作，演示的效果又很好。教师丰富的实践智慧既得益于课堂教学的"业精于勤"，更建立在对学生学习心理的敏锐把握。

　　贲老师的课堂，体现了他对数学教学永不止步的不懈追求。他常用安踏集团的广告词激励自己：你没有他的天赋；世界，不公平？但你有梦想的权利。让心跳成为你的宣言；让瘢痕成为你的勋章；让世界的不公平在你面前低头。他再次教学"年、月、日"，从学生交流"年、月、日"各自的已知入手，再组织梳理：年、月、日这3个时间单位之间的关系是什么？继而紧扣学生"为什么二月的天数最少？""为什么七月、八月都是大月？""年、月、日是谁发明的？"等疑问，引导学生体会，年、月、日的产生，源于对自然现象中的规律的刻画，对一个个从无到有、从有到无的周期性现象的刻画。课，不落俗套，丰实大气，既有意思又有意义，既有温度又有深度。再次组织学生认识角，他让学生制作升级版的活动角，学生在做中学，在做中悟。贲老师坚持与自己同课异构，他的课，常教常新，他让自己的每一节课，都是"这一次"。

最让我印象深刻的是，2010年被评为江苏省小学数学特级教师之后，他没有躺在已有的成绩上停滞不前。基于学校课堂教学改革实验的背景，基于对自己多年课堂实践的反思，他启动了数学课堂改革实验之旅，并明晰了课堂"学为中心"的教学主张与追求。每一次听他的课，都带给我新的感受与冲击。2012年，他应邀在全国小学数学教学专业委员会第十五届年会暨成立三十周年纪念会上重新执教经典课"平面图形的面积总复习"，更加关注学生，从"为教师的设计"走向"为学生的设计""为教师与学生的共同设计"，有效地发挥了学生的主体作用，获得了与会专家、代表的一致好评。2013年，我随时任江苏省教育厅胡金波副厅长一行到南京师范大学附属小学调研课堂教学，一同听了贲老师的随堂课。胡厅长这样评价贲老师的数学课：这样的课堂是虎虎"生动"、自觉"主动"、师生"互动"的课堂，在自主、合作、探究中体现出"自信""多样"和"深入"。

跋涉者在朝向彼岸的跨越中，其实一直在探寻路径。这种探索既在实践中历练，更在思考中完成。贲老师这样告诫自己："我们都行动在习惯之中，大多数的日常行为都是习惯的反复而已，实践长了，习惯进入潜意识中，便成了秉性。习惯，有些是有益的，有些是无益的，甚至是有害的。……缺乏思考的忙碌，犹如疯长的野草，如果熟视无睹，不求革除，将在习惯的支配下蔓延。"贲老师多年如一日，坚持记录自己教学生活中的点滴，一路充满了"情感上的焦虑、认知上的挣扎、意志上的动摇"，但他一直坚持到今天，并且还在坚持。坚持，需要一种强大的力量！

贲老师在实践、读书、记录、反思中，逐渐形成了数学教学的一些"主张"：

学生学习的数学应当是促进自身发展的数学，应当是具有现实背景的数学，应当是充满探索过程的数学。

数学教学需要构建对话的机制：学会倾听，学会接纳，学会欣赏。教学过程是师生之间相互对话、启发，并有着相互发现的过程。课堂教学，需要预设，但不可能完全预设。课堂教学，并没有已经绘制完毕的"地图"，只有师生彼此行动的目标与走向。

学生学习数学的本质是在教师指导下的再创造，学生学习数学不是被动地接受数学结论，而是在已有知识经验基础上的主动建构。因而，学生需要在探索中学习数学，在交流中学习数学，在反思中学习数学。

数学课堂，是所有学生成长的乐园。学生相聚在一起组成的课堂，如同"生命的林子"，他们在充满合作、相互交融的状态下愉悦地学习数学，实现活泼泼的生长。

学为中心，即在教学中不仅要关注学生学了什么，更要关注学生是怎么学数学的，还要关注学生在数学学习过程中的态度如何，促使学生获得全面的、生动的、积极的、和谐的发展。

与王林老师在全国第十五届小学数学年会上合影

一节课的教学目标，除了兼顾知识与技能、过程与方法以及情感与态度目标外，还特别注意情意目标的不同阶段要求，关注目标对不同层次学生的适应性，在关注预设目标达成的同时还注意有效地落实生成性的目标。

······

跋涉者的背影也许显得孤独，但这何尝又不是另一种美丽？就像我在贲老师的数学教学手记中读到的一首小诗一样："老师的手指是金的，/像阳光一样，/它放在我脑壳上，/它就能说话，/说了好些没有说出来的话，/我心里都听懂了。"

愿贲友林老师一如既往，步履坚实，向着数学教学的彼岸坚定不移地反思着、探索着、快乐着……

愿正在成长并渴望成功的数学教师们，与贲老师结伴一路同行，向着数学教学的彼岸深情地瞭望、勇敢地跋涉，去实现自己的梦想！

（王林，江苏省中小学教学研究室教研员，苏教版小学数学教材主编，
中国教育学会小学数学专业委员会副理事长）

四、有爱有梦，且行且思

——品读名师贲友林

游建华

初识贲友林老师，是在 20 世纪 90 年代初。他师范毕业后在海安县的一所村小任教小学数学，时常给《小学生数学报》撰稿。他的名字、他的笔迹、他的文字，令我印象深刻，我甚至能够想象他在课堂上循循善诱的样子。1992 年我去海安采访，第一次遇见他；1998 年编辑部在南京举办骨干作者笔会，他应邀参加；2001 年，他作为南通市的选手参加江苏省小学数学课堂教学观摩比赛，我第一次读他写的教案，欣赏他的数学课，这节课在江苏省和全国都获得了一等奖。

后来，贲友林老师调至南京师范大学附属小学任教，并参加苏教版小学数学教科书的编写工作，我与他的接触、交往就越来越多了。我主持创办《时代学习报》《教育研究与评论》《教育视界》，每逢选题论证、栏目策划，都请他来出谋划策、约他写稿；他的《此岸与彼岸》《现场与背后》等三本专著在江苏教育出版社出版，我也都参与了选题策划和审稿；我们还时常一起聊聊共同感兴趣的话题，说说知心话，讨论数学题。在品读他近 100 万字的教学手记、专业论文、随笔杂谈的同时，我更多的是在品读贲友林这位令人欣赏的名师和值得信赖的朋友，品读他言语和表情里所流露的思想与智慧、品格与追求。于是，我的印象中贲友林这个"有爱有梦，且行且思"的名师形象也日渐清晰起来。

"爱是教育的灵魂，没有爱就没有教育。"贲友林老师对教育是充满着爱的。尽管

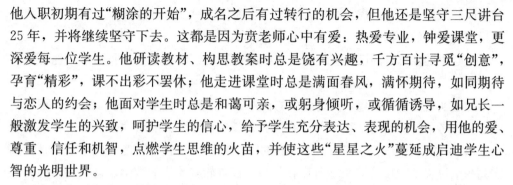

他入职初期有过"糊涂的开始"，成名之后有过转行的机会，但他还是坚守三尺讲台25年，并将继续坚守下去。这都是因为贲老师心中有爱：热爱专业，钟爱课堂，更深爱每一位学生。他研读教材、构思教案时总是饶有兴趣，千方百计寻觅"创意"，孕育"精彩"，课不出彩不罢休；他走进课堂时总是满面春风，满怀期待，如同期待与恋人的约会；他面对学生时总是和蔼可亲，或躬身倾听，或循循诱导，如兄长一般激发学生的兴致，呵护学生的信心，给予学生充分表达、表现的机会，用他的爱、尊重、信任和机智，点燃学生思维的火苗，并使这些"星星之火"蔓延成启迪学生心智的光明世界。

贲老师对教育的爱始终不渝。调至南京师范大学附属小学任教后，在斯霞教育思想的熏陶滋养下，这种爱又得到了升华：以生为本，以学为中心；站在儿童立场，走进儿童的世界，一心向着学生，尊重学生，发现学生；教基于学，教为了学，为了学生日后的发展，教师与学生一起慢慢成长……

这样的爱，就是崔允漷教授所说的要成为教育家应当具备的首要特质，即致力于学生学习与发展的专业精神。

贲老师的心中总是有梦想，有向往的彼岸。他植根田野，立于大地，身上总带着泥的芬芳、草的清香，但是他一样能够仰望头顶光辉的太阳、璀璨的星空，因此他必然有高远的梦想。

他追求把更多的课甚至每一堂课都上成好课，把旧课教出新意，即便是"家常"课、"冷门"课、复习课，也和观摩课一样认真对待，上得一样出彩，一样让学生津津有味、收获满满。听课教师曾这样感慨贲老师"把真课上得像假的一样"。他追求自身知识的丰富和知识结构的优化，在知识爆炸式增长、教育改革日新月异的时代永不落伍，在年复一年不断耕耘、浇灌的同时，总是贮存着作为师者的那"一桶水"。他追求在实践中丰富自己的教育智慧，并使之在充分领悟的科学理论和高度认同的价值取向指引下，聚合、凝练为个人的教育主张，形成一个自洽的、知行合一的观念系统。一方面，坚持以这一教育主张统领教学实践；另一方面以丰富的实践检验指导思想，以有效的操作模式支撑观念系统。他追求先进的教育理念，心向改革的彼岸，追赶创新的浪潮，致力于教学方式和学习方式的变革，坚持在学习、借鉴、领悟的基础上有所创造，推陈出新，而不是人云亦云，亦步亦趋。他追求宁静、从容、专一的职业生存状态，希望一直拥有如鱼得水的课堂舞台，拥有读书研究的宁静空间，永远与生龙活虎、求知若渴的学生为伴，使学生视数学课上的所学所获为永远值得珍藏的礼物。

他心中的梦想有的已经实现，他心中的彼岸已经越来越近。我相信，他还会有新的梦想、新的彼岸，他的追梦之路会越走越远。

为了实现心中的梦想，抵达心中的彼岸，贲老师一直坚守在教学一线，不断实践着、思考着、探索着。2008年，在闫勤校长的倡导下，南京师范大学附属小学启动了以"课堂教学方式变革"为主要内容的"爱的课堂"实验，贲老师参与了课堂变革实验的全过程。2010年，贲老师亲自执教学校首轮实验班的数学。这项创新性的课堂改革实验尚无成功的模式可以借鉴，需要在实践中不断探索。6年来，他始终秉持自己的教学主张和价值取向，以学生发展的需要为导向，以学生发展的目标为归依，兼顾现实性与可能性，精心设计、精心组织课堂教学；以课堂教学的目标达成与学生学业水平为基础，不断反思、总结实验教学的成败得失，使行与思相向而行，相辅相成，相得益彰。

在贲友林25年且行且思的教学生涯中，阅读、思考、交流、写作也成了他业余生活的常态，数百万的文字几乎成了他行与思之间的催化剂和润滑剂。校园里的一花一叶，生活中的东鳞西爪，碰撞产生的思维火花，思考之后的灵感乍现，他都会付诸文字；课堂上师生的对话，黑板和练习本上学生的"杰作"，甚至手机上学生发来的"抗议短信"，都是他笔下生风的源泉。"阅读使人充实，讨论使人机敏，写作使人精确"，贲老师的笔耕不辍，不仅仅是为了发表和出版，而是以写作的方式迫使自己反复斟酌、推敲，不断反思，谨言慎行，促使自己更新、优化知识结构。他的《此岸与彼岸》《现场与背后》，虽没有高头讲章，也少见华丽辞藻，但因其记录真实，阐述入理，方显本色和价值。

"脚踏实地望星空，心向彼岸立潮头"，这就是我所读懂的名师贲友林。

（游建华，江苏凤凰教育出版社副总编辑，

江苏省教育学会中、小学数学专业委员会副理事长）

五、"不可救药"的课堂情怀

闫　勤

这是贲友林老师的一节公开课。上课内容是"分数的基本性质"。

课前，学生对这一内容展开自主学习，并将自己的想法写在一张白纸上。课上，贲老师组织学生交流并明晰了"研究"的内容：分数的基本性质是什么；为什么分数的大小不变；分数的基本性质的应用以及发现、提醒、疑问。接下来的交流，学生积极而热烈，对于"为什么分数的大小不变"，学生展开了充分的讨论。或用例子解释，或画图说明，或用字母推理，或借助商不变规律阐述。这样相互补充、质疑式的交流，一直持续到下课铃响。

公开课的现场，有江苏省南京市各区小学数学教研员、各区数学教学骨干教师以及来自香港的教师与学生团、来自江苏启东的教师团等近300人。

听完这节课，有教师啧啧赞叹，直言他们被学生的表现征服了。

有教师提出异议，是否有必要花这么多的时间让学生讨论交流"分数的大小为什么不变"，因为，这不是教材中的重点内容，如果把这时间用来"练习"，那……

有教师坦诚建议，课堂节奏，是否可以快一点？课，可以上得快一些！

面对教师的肯定，贲老师没有陶醉。面对教师的质疑，贲老师没有"认同"。他辩解说，我们关注教什么，"教材"是依据，但从学生学的角度来看，"教材"是例子，是引子。数学学习，比习得知识更有意义和品质的是，打开学生的思考，让学生享受数学思考的酸甜苦辣，发现"原来如此""原来并非如此"，感受思考、交流数学问题获得的"解放感"。

贲老师认为，学生学习的过程，不应当像暴风骤雨般拳击比赛的过程，而应当像那舒缓的、连绵的打太极拳的过程。课堂学习，基于学生，不能太急。课，应该上得从容一些，让学生敢想敢说，而不是"赶"想"赶"说。

这就是贲友林，一个"固执己见"地在课堂中耕耘的实践者。

他固执的，是"学为中心"的教学理念。"学为中心"的课堂，并不否定、排斥"教"，当"教"与"学"发生冲突时，则根据学生的学习需求修正教学过程，保证所有的教学活动都能促进学生的学习。他的课堂，以学科素养的培养为核心，不拘泥于完整地呈现我们熟知的课堂教学的各个环节，不按常规套路，和我们今天较为普遍的常规教学，有着一定意义上的差别。

就这样，不走寻常路，贲友林老师以自己的方式，努力将"学为中心"进行下去，甚至可以说做到了极致。

南京师范大学附属小学以课堂教学方式变革为主要内容的"爱的课堂"实验，"以研立学，因学而教"，贲友林老师全程参与，他用"一路坎坷一路歌"来形容自己这段现在进行时的心路历程，虽然一路行程"坎坷"，有迷茫有顿悟，得好评如潮也时受争议质疑，却有着"歌"的心情。我以为，他是为"上自己的课，思自己的想，说自己的话，做自己的事"而歌，为"不忘本来，吸收外来，面向将来"而歌。

帕克·帕尔默在《教学勇气》一书中说得好："好的教学来源于教师的自身认同"。"学为中心"，是贲友林老师对自己课堂的追求与认同。他坚持做自己认为对的事情，不论外界赞誉与怀疑，"固执"如巴西学者保罗·弗莱雷所说，"我不能替别人思想，没有别人我也无法思想，别人也无法替我思想"，这份"固执"，透着他坚定的信念，他以自觉、勇气与韧性，表达着对教育事业和对学生的热爱，表现出他是这样一个具有行动品质的理想主义者：永远以学生为本，以学习为中心设计教学。

他又是一位坚持"改变"的创新者。贲友林老师的"固执"，不是故步自封。恰恰相反，即便在刚工作不久，贲老师也具有追求创意教学的意识。二十多年来，勤奋于从"此岸"到"彼岸"的一次次摆渡，贲老师硕果累累，却从未停止探索与创新的脚步，在行动与反思的交互过程中，默默地改善与改变着自己，在有"故事"的教学生活里，孜孜不倦于寻找"另一种可能"，每一步都为超越。

六年前，贲友林老师开始执教南京师范大学附属小学首轮实验班的数学。六年的时间，贲老师不断发现着，工作方式和工作状态发生着改变。不仅是实验前后有发现与改变，实验过程中更是如此。他和我交流，实验，经历了六年的努力，现在做，和以前是不一样的。现在做，开始要讲"道理"，要有支撑教学行为背后的东西，建立起思想体系来；课堂中的"学为中心"，到了一个阶段以后，课堂的面貌、学生的表现，都应该有新的样态与特征。例如，课堂中，学生的优秀不仅表现为举手，更表现为知道什么时候可以不举手，什么时候必须举手。

是的，学生的活跃，应该是内在思维的活跃。将课堂上争先恐后地发言，引向每位学生有序地思考，学生一定会表现得更从容，参与得更深入，思考得更深刻。做贲老师的学生是多么幸福啊！而这样一种对几近完美"理想"课堂境界的追求，又多么符合贲友林老师一贯的"理想主义"课堂情怀！

贲友林老师以先行者姿态开展实验，我感动于他的永不满足，永远向上，对教学始终保持热情与激情，多么难能可贵！贲老师不重复别人，不重复过去，也不重复自己。7年前写出第一本书，到现在要出版第四本专著，他的思想在不断刷新着，进步着，丰富着，发展着。思想的飞跃不是一蹴而就的，来源于"选择别人没走过的路，每天每日，哪怕很少一点，也要在'创造性的工作'上下功夫"。

身边有学校同事跟我说，读贲老师的课堂实录，教学手记，听贲老师谈课堂实验，心里有一种隐隐的激动，叹服于这样激越澎湃的思想。真实、诚恳的实践，绝不为教师所谓的成功轻忽、妨碍学生的发展，始终为每个学生的发展而教。

是的，贲友林老师最值得称道的，不仅仅是努力之后获得的荣誉、称号，更是他虔诚的理想主义的教育情怀。一个理想主义者，能听到时代的召唤和时代最核心的声音；一个理想主义者，是精神明亮的人，是精神意义上永远的年轻人。

可以说，如果贲友林老师不是一个坚定的、甚至"不可救药"的理想主义者，就不会有今天的成就。

他显然是找到了点燃自己激情的"教学之道"，带着思考去实践，实践之后再思考，每节课，每一天，年复一年，做真研究，不知疲倦，不论艰难。对教育，始终怀着一颗赤子之心，在日复一日、平平常常、真真切切的教学中历练、坚守，心向学生，永远和学生一起"朝着明亮那方"。

教育，需要有一点这样"不可救药"的理想主义情怀，贲友林和他的课堂依然在不断努力，我们有理由相信，在以后的路途上，贲友林老师的坚守将持续，变化将继续发生。我们也期待更多的教师像贲友林老师一样，始终朝着使学生终身受益的教育目标，在自己的"教学之道"上昂首前行。

（闫勤，特级教师，南京师范大学附属小学校长）

六、一节课的价值

华应龙

2001 年 4 月，山东淄博，全国第五届小学数学优秀课评选活动。贲友林老师的一节课，"平面图形面积的总复习"，赢得了满堂彩，荣获一等奖第三名。前两名都是新授课(参加本届比赛的课是从新授课和复习课两种课型中任抽一种)，我们不满足但很满意(当时我和贲友林是同事，他是副教导主任，我是副校长)。

这节课，精彩展示了贲友林老师对复习课的理解与追求——复习课不但要查漏补缺、连线结网，而且应当提纲挈领、温故知新，更需要进一步激发学生求知的热情。

这节课，在全国产生了影响，也创造了江苏省海安县教育界的历史。

这节课，使贲友林老师一夜成名，也让李烈校长确证了对我的认可(当时李烈校长是评委)。

这节课，是激发贲友林老师继续精进的加油泵，也是敦促他飞得更高的嘹亮的歌。

我见证了小贲磨课的全过程，更感动于他平常认认真真上好每一节课的兢兢业业、精益求精的精神。我想朋友们一定能从他的美文中有所感受，从他的专著中获得认同。

回忆小贲成长的过程，我想起禅学中的一个故事：徒弟问师傅，一碗米有多少钱的价值? 师傅说，这太难说了，看在谁手里。要是在一个家庭主妇手里，她加点水蒸一蒸，半个钟头，一碗米饭出来了，就是一块钱的价值。要是在小商人手里，他把米好好泡一泡，分成四五堆，用粽叶包成粽子，花一两个小时，就是四五块钱的价值。要是到一个更有头脑的大商人手里，把它做成米饭后再发酵、加温，十天半个月，很用心地酿造成一瓶酒，有可能是二三十块钱的价值。所以一碗米到底有多少价值，要因人而异。

我们做老师的每天都要上课，但一节课与一节课的价值是大不相同的，因人而异。有的一节课是教给了学生一点知识，有的一节课是教给学生一种方法，有的一节课是传授给学生一种思想，有的一节课激发起的是学生求知的热情。

一节课获奖了，可喜可贺。但对于执教老师而言，"她"的价值也是截然不同，因人而异的。有的可能是加官晋爵的筹码，有的可能是评职评特的金砖；有的可能是一种圆满的抵达，有的可能是一次崭新的出发。有的老师因一节课的成功，而荒废了精彩的人生。马斯洛说过："人们不仅惧怕自己身上最坏的东西，也惧怕自己身上最好的东西。"他称那些有了点进步就沾沾自喜、不思进取的人为"逃避成长"。而贾友林老师因一节课的成功，走上了更加成功的康庄大道。

贾友林老师的成功，告诉我们：一节课的价值的不同，在很大程度上取决于每个人（不管是对学生而言，还是对老师来说）对"一节课"的加工程度。我们教师对"一节课"加工的时间越短，这节课的价值就越低；我们教师对"一节课"加工的时间越长，这节课的价值也就越大。

何为加工？如果我们没有迷茫过，如果我们没有思索过；如果我们没有比较过，如果我们没有质疑过；如果我们没有寂寞过，如果我们没有憔悴过；如果我们没有向往过，如果我们没有激动过，那么，我们就别说"加工"过，因为那只是在"重复"。

一节好课，折射心灵世界，浓缩人生精华，散发人格魅力，凸显生命价值。课如其人，我们的人生何尝不是"一节课"呢？一声啼哭，上课；再一阵啼哭，下课。其间就是一个不断寻找、开发、提升和放大价值的过程。父母给我们"一个人"，然后我们自己"加工"。

继而，我再想贾友林老师为什么能这么用心地"加工"呢？

他有些糊涂。本来他应该得到的却没有得到，他竟然不知道，更不会去理论。本不该他做的，布置给他了，他还做得有滋有味。

他有些迂腐。交际应酬，他常常不到，"女儿没人照顾"是他的说辞。他也不知道去发现人际间的黑洞。

他有些学究。我俩天各一方，一南一北，他竟多次向我借书。要知道，有些"精明"的老师，送给他的书都不会看一眼的。

他有些不识时务。我上完"圆的认识"，好评如潮，他却对我课前的"借橡皮"感觉不好，说是"不相信学生"。

……

哦，难得糊涂，糊涂难得。"聪明难，糊涂尤难，由聪明而转入糊涂更难。放一着，退一步，当下安心，非图后来报也。"（郑板桥语）在今天，虽然大家都知道把米酿成酒，会增值，但大部分人仍会选择把米煮成饭。因为这是最通俗、成功率最高的方法。而把米酿成酒，加工的方法要比煮饭复杂得多，而且存放的那段时间里不确定的因素也多，风险高，不划算。

呵，世界上像阿甘那样的人太少了。

哦，何以宁静？"心何以知？曰：'虚壹而静'。"（《荀子·解蔽》）"养心莫若寡欲，至乐无如读书。"（郑成功语）就像小贲自嘲式介绍所说的那样："我的眼睛很小，不过，眼小聚光。"是的，聚光就是有目标，就对目标之外的视而不见。眼不见，心就不烦。

哦，为何致远？碗里的水多了，米就少；眼里的草多了，花就少；心里的腥气多了，芬芳就少。心无旁骛，反而能够视阈敞亮。

话说至此，我不禁吟诵起荀子的《劝学》："积土成山，风雨兴焉；积水成渊，蛟龙生焉；积善成德，而神明自得，圣心备焉。故不积跬步，无以至千里；不积小流，无以成江海。骐骥一跃，不能十步；驽马十驾，功在不舍。锲而舍之，朽木不折；锲而不舍，金石可镂。蚓无爪牙之利、筋骨之强，上食埃土，下饮黄泉，用心一也；

与华应龙、徐斌合影（1998）

蟹六跪而二螯，非蛇、鳝之穴无可寄托者，用心躁也。是故无冥冥之志者，无昭昭之明；无惛惛之事者，无赫赫之功。行衢道者不至，事两君者不容。目不能两视而明，耳不能两听而聪。螣蛇无足而飞，鼫鼠五技而穷。《诗》曰：'尸鸠在桑，其子七兮。淑人君子，其仪一兮。其仪一兮，心如结兮！'故君子结于一也。"

过瘾，过瘾，真过瘾！老夫子所言极是。"君子结于一也""无冥冥之志者，无昭昭之明；无惛惛之事者，无赫赫之功。""其仪一兮，心如结兮"：态度如一，专心致志。当我们把精神和气力都集中在一点之上，是一定会攻无不克、战无不胜的。眼界会越来越开阔，思想会越来越深刻，境界会越来越高远，价值会越来越厚实。

小贲的故事就是当代版的《劝学》。

一节课，一碗米，一篇文，一个人。

我真心地感谢贲友林先生的"一节课"！他让我体悟到：真正钻了进去，"一"就是"多"，"无"即是"有"。课如其人，人亦如课。

（华应龙，特级教师，北京第二实验小学副校长）

七、怀揣赤子之心的数学教学攀登者

戴明夷　周　娴

没有任何家庭背景，不靠任何关系，凭借对教师岗位及对学生、课堂的热爱，形成了独特的数学教学心得，并实现了一次又一次的人生飞跃：南京师范大学附属小学贲友林老师，从一名乡村教师到南通市首个全国小学数学赛课一等奖得主再到特级教师……怀揣着一颗赤子之心，专心做个好老师，不误人子弟是他一直不变的职业追求！

新手入门：工作中学

25 年前，师范校毕业当年，被分配到家乡乡村小学的贲友林老师接手了无人愿意教的两个班级：全乡镇 10 余所小学成绩排名倒数第一、第二。1 年后，这位没有师父带甚至连教案都不会写的年轻人，将两个班级带入了全乡镇正数第一和第二。接下来他所在的乡村小学 4 年教学生涯，他创造了所带的班级成绩蝉联全乡镇小学排名第一的好成绩。

工作之初的小小成绩给贲老师带来成就感的同时，也得到影响至深的专业发展启示：老师真正的成就体现在学生身上。贲老师笑言："题海战术，探索直观教学方法，孩子们成绩自然上去了。"贲老师还善于关注学生问题，然后从熟悉的现象中找到方法教给孩子们。比如，为了给孩子们解释数学中"角的大小"概念，他想到了用家里的电视机天线来演示；在计算面积时遇到应用题中出现"播种机作业宽度"概念，他想到用黑板擦在黑板上留下的痕迹给孩子们演示……

环境可以束缚一个人，同样也可以成就一个人。贲老师怀念最初在乡村小学工作的那 4 年，当时他所在的学校是 6 个年级 6 个班、9 名教师教 180 名学生的规模，上完课唯一打发时光的方式就是看书。"记得一次教学四年级的一道减法应用题改编成加法应用题，学生们出现了两种解题答案。哪个是正确答案？还是两种解法都对？带着这些问题，在向老师请教、查看书籍无果后，我将自己的思考过程和结论寄给《小学生数学报》编辑部，希望借师学习。没想到，那篇文章在报刊上发表了并且得到了一小笔稿费。"此后，激发了他从一名读书人到投稿达人的转变，也逐渐培养了"读书、写作、思考和实践"为一体的工作习惯。

基本功修炼：独立备课

一次偶然机会，贲老师进入海安实验小学领导的视野，并作为人才引进调进县城最好的小学当一名数学老师。那时起，贲老师立志让自己成为一个有思想而非照本宣科的数学老师。

和一般老师按照教学参考书备课不同的是，贲老师自己先看教材，分析教材内容和编写用意。然后结合教材内容思考每章节的关键知识点、重点、难点，揣摩教学从哪些方面着手。然后对照教师用书，看哪些自己想到了，哪些没有考虑到。就这样，6 年独立备课让贲老师练就了扎实的基本功。从业 11 年后，他终于迎来了赛课机会，没想到他顺利拿到南通市一等奖后一路过关斩将冲进全国赛课的赛场，并一举拿下了全国一等奖——开创了南通市小学数学教师获得全国赛课一等奖的先河。

戴上全国赛课一等奖光环的贲老师并未停止前进的脚步。他暗自定下新目标，要把每节平常课上出公开课的水平。明确了在课堂上下真功夫的目标后，他萌生了记录课堂笔记给自己积累反思材料的想法。从开始片段性记录怎么教、怎么学到后来完整记录忠于真实课堂的整节课的教学手记，然后以此为依据研究学生学习的难点、关键点，再针对性地备课。这一坚持就是13年！原本为了教学反思做的课堂笔记又一次促进了贾老师的专业提升，并独创了主动发展的备课方式。

实验探索：一切根植于学生和课堂

一次省公开课引起了慧眼识金的南京师范大学附属小学闫校长的注意。10年前，他和家人来到南京并扎根南京师范大学附属小学至今。从全校教学分享会的满堂彩到教学手记《此岸与彼岸》的公开火爆发行，再到成功探索"爱的课堂"实验改革……贾老师不断攀登数学的教学研究世界的高峰。

2010年，贾老师被学校委以重任并接手南京师范大学附属小学"爱的课堂"首届实验班，那年也是他被评为特级教师的时刻。他告诉自己，要带好实验班、探索新模式，只有再次像新手教师那样清空自己、重新出发。于是，他每天研究教材、深入课堂、组织学生学习；课后和学生们交流、坚持记录和思考每节课的教学笔记。

与张齐华老师合影

"教学改革不是为了创造新名词，而是一切源于对学生的研究和课堂的摸索过程。"根植于课堂和学生研究的贲老师介绍起改革心得时如数家珍，"为了调动学生发言、主动预习的积极性。我会把第二天课上要探讨的问题抛给学生们，然后让学生们提前思考并记录下来。上课前，孩子们可以交给我并主动预约发言机会；课上，我会邀请孩子们展示自己的研究作品：或上台介绍自己的想法；或代表小组上台发言；或像小老师那样边写板书边讲解……渐渐地，全班 42 名学生个个都锻炼成了问题的组织者、有序的发言者甚至是小老师。"

长达 4 年的教学改革实验生涯，贲老师专注于对学生的研究，仅过去的一学年，贲老师收集扫描班上学生"小研究"材料就多达 1100 份。他逐渐探索出组织、引导、促进学生主动学习的教学方式，同时他还把自己和实验班学生的学习经历集结成《现场和背后》这本珍贵的教学手记并公开出版。

贲老师表示："我不能让所有孩子成为数学尖子生，但可以帮助孩子不畏惧数学，愿意思考、会思考、会表达。"

（戴明夷，周娴，新华社《现代快报》记者）

八、用思想提升教育生活的品质

赖斯捷

贲友林在职业生涯步入第 11 个年头时，等来了他从教后的第一次赛课机会。2001 年的那个春天，贲友林从海安县起步，到南通市，再到江苏省，最终，走至山东淄博第五届全国小学数学优化课堂教学观摩课比赛现场，拿到了一等奖。

一鸣惊人，厚积薄发，十年磨一剑……褒扬之词纷至沓来。贲友林却说，最初，我只是想给平淡的村小生活增添一些亮色。

丰富的宁静

1990 年的海安县大公乡曈口小学，与贲友林 6 年前毕业时一般无二——6 个班，

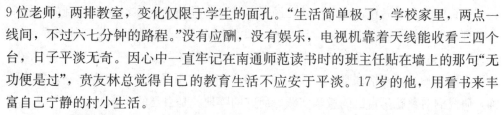

9 位老师，两排教室，变化仅限于学生的面孔。"生活简单极了，学校家里，两点一线间，不过六七分钟的路程。"没有应酬，没有娱乐，电视机靠着天线能收看三四个台，日子平淡无奇。因心中一直牢记在南通师范读书时的班主任贴在墙上的那句"无功便是过"，贾友林总觉得自己的教育生活不应安于平淡。17 岁的他，用看书来丰富自己宁静的村小生活。

村小购书不便，他便自费订阅 20 余种教育报刊，再加上同事订阅的 10 余种，一个月下来，贾友林总要读上 40 来份教育报刊。"最高纪录一年订了 40 多种，同事们笑我可以开一间阅览室了！"自打有了这间"阅览室"，贾友林的数学课堂开始有了变化。学着他人的经验，他在教学组合图形时，用硬纸板为自己的学生制作了教具，在课堂实践中他发现这个教具简单好懂，学生喜欢，于是沿用至今。四年级学生学习角，当他在讲台上借助活动角的旋转让学生理解角的变化时，贾友林发现这种演示让许多孩子产生了一种"边画得越长角就越大"的错觉，该如何让孩子们正确理解呢？老旧的电视机头上"长着"的天线给了他启发，改用天线制作活动角，借着将天线拉长缩短的直观演示，孩子们立马就明白到：角的大小与边的长短无关！从模仿他人制作教具，到根据本班学生情况自创教具，小小的创新，仿若一颗石子，将贾友林如水的生活激出了小小涟漪。这涟漪又仿若被推倒的第一块骨牌，让贾友林的教育生活起了连锁反应。

人教版第八册数学教材有这么一道题"滨海村养虾专业组用人工养对虾，去年产量 6857 千克，今年产量达到 8325 千克，今年比去年增产多少千克？"要求学生将它改编成加法应用题。"我班的孩子出现了两种不同的改编方法。"一种是，去年产量 6857 千克，今年比去年增产 1468 千克，今年产量多少千克；一种是，去年产量 6857 千克，今年产量 8325 千克，今年与去年的产量共多少千克。年轻的贾友林面对冷不丁冒出来的"第二种"改编方案，措手不及之余只好草草了事。糊弄了孩子却无法糊弄自己的心，下课后，他便去请教有经验的老教师，无果；回家后，他急急地翻阅教师用书，依然无果。求人求书碰了壁，贾友林决定自己想。"那时就总觉得一道题只能有一种解法，是不是应该根据原来题目的条件来推，第一个对？"虽这么想，贾友林心里其实也没底，"我把自己遇到的问题和想法整理出来，投寄给《小学生数学报》，希望得到编辑的帮助。"一个月后，这份报纸上有了一块豆腐干，署名"贾友林"，"生平第一次啊！激动、兴奋、鼓舞、得意，凡此种种，在我心中发酵。"

几百字的余韵尚在，贲友林就已经跃跃欲试。他将自己在教学中遇到的问题一一整理成文字，一一寄送出去，到后来，基本全国每个省份的教育报刊都能看到"贲友林"三个字。"现在去看那些文字，虽简单稚嫩却意义重大，它们是这样一种存在：启发我做教师必须扎根课堂，发现问题，研究问题；引导我走上研究之路，作为教师，研究的对象就是自己的教学实践，研究的阵地就是自己的课堂教学。"

在反思课堂中发现自己

在村小工作 4 年后，贲友林进了城，任教于海安县实验小学。地点变了，家里学校两点一线的生活模式依旧在继续。日出进教室，日落出校门，每天都在忙碌，每天都在重复……有些老师在这种一成不变的重复忙碌中染上了职业倦怠，最终将自己的教育生活流于平庸。"我很幸运，找到了提升自己教育生活品质的密钥——立足课堂，不断反思。"

实验小学的教导主任崔广柏在贲友林刚入校时对他说，"作为一名老师，你要带好班、上好课，就是你的本领你的工夫。"贲友林将这句话放在心里，落到实处。每一个周末，他会把接下来一周的课全部备好。先看教材，梳理想法，再看教师用书，对照同异，所有的备课都由自己独立完成，绝不抄袭、照搬他人的教案。海尔集团首席执行官张瑞敏曾说：把每一件简单的事做好就是不简单，把每一件平凡的事做好就是不平凡。一个班，从一年级带到六年级，6 年 12 个学期，贲友林做的就是备课这件简单又平凡的事，"40 分钟的课堂，我用 N 个 40 分钟来准备。走上讲台，我从容不迫；业余生活，我丰富充实"。

对简单平凡的静默坚持，终在 2001 年收获了不简单不平凡的"一鸣惊人"。姗姗来迟的职业生涯的第一次赛课，贲友林虽走到了最后，在路程中却是几番波折。每一级赛前，不断有专家给予他指导，帮助他磨课，甚至重新做出教学设计。可当自己按照专家的设计再次试教时，贲友林却没了感觉，"我找不到自我，那仿佛不是我的课堂"。贲友林恢复了自己原有的多处设计，并最终获得全国一等奖。返程途中，贲友林去往泰山观日出。夜里 2 点多坐车到中天门，一路小跑上山，爬到山顶坐等日出，"真看到了，确实很美很壮观，但很短，几秒就没了"。下山途中，贲友林回味着日出那壮美的瞬间，心中突然漾起一个激灵：赛课的成功不就像日出，虽光环耀眼却难以持久。接下来的路该怎么走，才能走得稳走得远？"当时就想啊，我不可

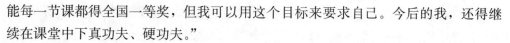

能每一节课都得全国一等奖，但我可以用这个目标来要求自己。今后的我，还得继续在课堂中下真功夫、硬功夫。"

2002年2月27日，新学期开始的一天，从这一天起，贲友林过上了每天记录课堂、每天撰写反思的教育生活。课堂上"我怎么问的，学生如何答的，我是怎样处理的"，课后贲友林便会问自己"为什么这么处理，为什么这么提问，为什么做这样的引导，又是基于何种考虑"。真实地记录下行动的过程与思考的内容，构成了他每一日教学反思的主要内容。最初，贲友林记录的重点是老师怎么教，只有当学生出现了预设外情况时，才将它记录下来。后来，他改用课堂实录的方式，把一节课完整记录下来，尽可能还原课堂，记录自己内心真实的想法，"为何得意？为何失意？为何困惑？为何争议？这么教，有效吗？合理吗？还可以更好吗？"每一次自我解剖式的拷问后，贲友林对课堂、对自己的认识就会有新变化，这种变化提醒他：从前那种一次备一周课的方法需要改变。学生每一堂课的表现都不一样，教师应当根据今天学生课堂的表现来组织明天的课堂，如果一味按照预设的节奏走下去，而不关心学生，那么就不是为学生而是为自己在备课。所以，"我在写课堂实录时，通常会记录今天学生还有哪些问题、困难没有解决；我今天到哪儿结束，明天从哪儿开始。这既是对今天的反思，也是为明天做的准备。"

写到现在，12年，4300多天，每日如此，你，不觉得疲累吗？我问。

教师本就是一份让人疲累的职业，毫无头绪也是忙碌一生，为何不选择思考着忙碌一生呢？至少，那些思考后写下的文字，证明我没有过单调的、重复的生活；它们帮助我在改变的过程中寻找到穷尽创意生活的可能；它们提醒我不断调整工作心态，改变工作方式；它们动态地记录着我在课堂中发现自己的每一步，引导我及时改善教育行为，重建教育观念。如此，你觉得疲累吗？他反问。

让孩子在思考中学会思考

"两个爸爸两个儿子去看电影，至少需要买几张票"，这是数学学科中的一个经典题目。某次，贲友林拿来测试自己的女儿，女儿说"三张啊"，"贲爸爸"表示很高兴，接着问"为什么呢？""因为两个爸爸买两张成人票，两个儿子买两张半票，合起来算一张，总共是三张啊"。女儿的答案正确，思路却与爸爸预设的"将两个爸爸两个儿子理解为祖孙三人便可以买三张票"不同，"如果你不去研究孩子，你就不知道他们的真实想法是什么。当你去关注孩子的想法时，你会发现孩子的世界很好玩。"

怎样才能了解孩子们的真实想法呢？倾听，是最好的途径。贲友林的课，曾被骨干教师研修班的老师用秒表记过时。一个表，记他上课说话的时长；一个表，记学生上课说话的时长。好家伙，40分钟的课堂，只有9分钟是"笨老师"在说，剩下的全交由孩子们，各种提问，各种讨论，各种回答，各种讲解……

在一堂"钉子板上的多边形"公开课上，贲友林抛出的第一个问题是"哪位同学能告诉我，今天是谁在这里上课？"因为彼此不熟悉，孩子们愣愣地，一时场面静极了。贲友林用带笑的眼神缓慢逡巡于间，"谁在这里上课呢？知道答案的，请举手示意。"数秒沉寂后，第一只小手举了起来，"是贲老师。""只有贲老师吗，还有其他答案吗？""是贲老师，还有我们一起上课。"这问题似乎与课堂无关，作用却不可小觑。"传统课堂里，我们对教学的理解就是老师教、学生学，更多关注老师怎么教。但其实课堂应该是以学为本，在课堂里不应该只有老师教、学生学，还应该有老师教学生学，学生学老师教，学生教学生学，学生教老师学。在教学过程中，师生彼此是学习共同体，都在教都在学，老师的教应该是服务支持学生的学。"贲友林提出的第一问，正是为了提示孩子们：这课，是老师与我们一起在上。

有此暖场，接下来的课堂由孩子们唱主角就变得顺理成章。"有哪些多边形？至少几条边才能称为多边形？有多少种四边形？多边形围成的图形是怎样的？如何计算它们的面积？……"孩子们生成一个又一个的问题，调动起思考的积极性，在贲老师的鼓励下，一个又一个孩子走上讲台，列出自己的解题方案，为同学们讲解思考过程，他则不时在一旁插一句"还有哪位同学有不同想法？上来跟同学们说说！"或是提醒正在板书的孩子"手要过头顶哦，不然你写的字其他同学会看不到！"在他的适时引导之下，孩子们不仅推演出这堂课的教学目标——发现钉子板上多边形的面积数与钉子数之间的关系，甚至还根据已学知识自己找到了三角形面积的计算方法。"我的课堂设计本来是基于孩子已经学过如何计算三角形面积这一知识，可进入课堂后才发现他们没有学过。当一堂课的基本前提不存在时，老师该怎么办？事实证明，孩子们的能力超出你想象，只要你给予他们足够的思考时间与空间。数学是思维的科学，怎么样让学生愿意思考、会思考、高质量地思考，从而爱上数学、学好数学？实践和思考告诉我，最佳途径就是让孩子在思考中学会思考，体会到思考的酸甜苦辣。"

正是基于此，贲友林给自己学生布置的家庭作业中总有一道"预想题"。每堂课前几分钟孩子们总是抢着上台，此次课堂需要探讨的内容，因为孩子们的预想而有了多种推演思路；课堂 40 分钟，孩子们开始扎堆寻找第 N 个解题方案，演绎、论证每种解题思路的可行性；下课后的几分钟，贲友林总会在讲台上等候孩子们送来的写满关于此次课堂各种思考的小纸条，而这些，会成为他今晚教学反思和备课的重点；有时候他会将家庭作业的布置权和批改权交给孩子，"小老师们"的认真劲儿，甚至让他自叹不如；发展到后来，贲友林干脆连期末总复习题卷也懒得自己弄，"每位同学设计一份，我再从里面选择汇总"。

"老师的活儿都由孩子们承包了去，你，做什么呢？"我笑问。

"我嘛，为了不让自己失业，只能努力去做好一位'学为中心的数学课堂'的构建者、组织者、引导者和促进者咯！"他笑答，眼中溢满的，是自信，从容，与爱。

（赖斯捷，《湖南教育》编辑、记者）

九、侠者，度己，度人也

——一位青年教师眼中的贲友林老师

王　倩

他是一个瞭望者、摆渡者、跨越者。永远听从来自"彼岸"的召唤，不断寻找着新的起点。

从教二十多年，他先后被评为"江苏省青年教师新秀""江苏省优秀教育工作者"。三次获省"教海探航"一等奖，获全国小学数学优化课堂教学观摩课评比一等奖。参与苏教版教材编写，出版专著……

在进入南京师范大学附属小学之前，这是我眼中的贲老师，一个遥不可及的"牛人"。这些年，贲老师的形象在我眼中不断丰满和立体。在南京师范大学附属小学，贲老师被人称为大侠，我起初不解，一个周身呼之欲出皆是儒雅之风的文人，何来侠气？几年朝夕相处，日渐明了，大侠指身怀绝技，有勇有谋，大公无私的武林高手。初识贲老师，他已是盛名，可这些年他每日咀嚼课堂，思考、变革，不断用新理念新行动刷新着我们对课堂的认识。侠，又谓之夹人，引申为助人，泛指通过自身力量帮助他人，对社会和他人做出巨大贡献的人，贲老师恰如一盏长明灯，照亮了学生成长的道路，又如一座灯塔，照亮了年轻教师前进的方向。这个大侠之名的确恰如其分，不仅度己，更是度人！

课堂：从未重复昨天的故事

师爱的基本内涵是教书育人。贲老师常说："我，一个数学老师，带好自己的班级，教好所教的数学，这是本职，是己任。"贲老师更常常对我们年轻人说："教学，才是教师的生命线。"他认为，爱学生，就是每天把一件件简单的事做好，把一件件平凡的事做好。

在他的时间表中，备课时间远大于上课时间。贲老师认为，备课，是"养兵"；上课，是"用兵"。养兵千日方能用兵一时。

他的教案与众不同，这些年来，每个月打印出来有多少页，我不得而知，但一定是超乎想象的厚实。在他的教案首页，有这样一段申明：这里，所有的教案都是我独立备的，记录的是真实课堂。上课之前，预设全课，不断更新；上课之后，根据课堂教学的实际情况再次完善，并将反思记录于其中。贲老师的第二本书《现场与背后》就是他的课堂教学的"现场直播"，每一个教学案例都注明了教学时间、教学班级，写出了教学目标以及翔实的教学过程，他的教学过程不仅能让我们看到整节课的设计思路，更重要的是课堂中学生的每一段交流、每一个细节和每一个片段都是精彩纷呈，呈现了学生最真实、最原始的成长。而每一个教学案例后的教学手记更是展现了超人的厚度和广度，引领每一个阅读者走入他的内心世界，和他一起思考。贲老师把对学生的爱，全部倾注在日常教学当中。每天，无论多晚，他总坚持精备完第二天的课才离开。

贲老师的课好似深藏于老巷中的佳酿，看似平淡朴实，细品却让人回味无穷。佳酿来源于每日的回望与沉淀，来自不断地充实和自我挑战。南京师范大学附属小学这些年来一直主张并践行"爱的教育"。我清楚地记得贲老师刚接手实验任务时，有些老师说他傻，一个不知能否成功的实验，一个功成名就的特级，何必来蹚这趟浑水呢？时间告诉我们，他不但做了，还做得异常成功。这几年，贲老师不断突破

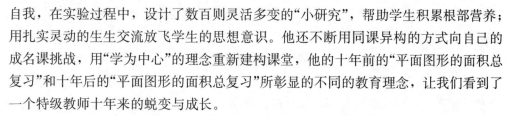

自我，在实验过程中，设计了数百则灵活多变的"小研究"，帮助学生积累根部营养；用扎实灵动的生生交流放飞学生的思想意识。他还不断用同课异构的方式向自己的成名课挑战，用"学为中心"的理念重新建构课堂，他的十年前的"平面图形的面积总复习"和十年后的"平面图形的面积总复习"所彰显的不同的教育理念，让我们看到了一个特级教师十年来的蜕变与成长。

他的课堂，从来不重复昨天的故事。反思，不仅是返回来思考，还是反复不断思考，更是不断学习和自我刷新。他的课堂上，学生是幸福的，教师是充实的，课堂是充满生命力的！

教学：学生和老师相约的旅行

贲老师和学生的故事数之不尽，而更多的故事则被他化作理性思考留在了文字之中，一如留在了学生的心里。贲老师通过二十年如一日的用心，给学生的思维插上了美丽的翅膀。

在他的课堂上，你常常可以看见讲台上眉飞色舞、娓娓道来的不是老师，而在座位上全神贯注、凝神倾听的也不仅是学生。贲老师总是抱着打破砂锅问到底的精神向台上的小老师提问，在这样美妙的互动中学生对数学的理解愈发深入。在贲老师的心中，学生是教学过程中的重要资源。课堂不是教师的一厢情愿，要从"为教师的设计"渐渐走向"为学生的设计"。

贲老师的确是朋友式的老师，他特别擅长俯下身来和孩子交流。正如学生的评价——贲老师十分尊重我们，对待学生是平等的！关爱的！朋友式的！那天，上午第四节数学课，贲老师正组织学生自学教材，食堂飘来阵阵饭香。一个学生脱口而出：好香啊！教室里一片哄笑。此时，贲老师不慌不忙地说：是啊，食堂的菜，香，中午能品尝到。现在数学书中的"书香"，你能品尝到吗？学生愣了愣，大声地读出了书中的学习要点，课堂复归平静。贲老师机智地化解了课堂突发事件，给了学生宽松的、安全的学习氛围，极具亲和力和文化韵味，打动了学生也打动了教师。多少次伴随着下课的铃声而学生久久不愿离去，他的课早已从课内延伸到了课外。

贲老师的平等、自由酝酿出了更为和谐的师生关系，学生有了想法总是及时地、原原本本地来告诉他。一日，刚下课，一个学生跑到贲老师身边，递上了一份从《扬子晚报》上剪下的，标题为《上课手机响视为教学事故》的报道，学生用红笔圈出了

"不拖堂"几个字，振振有词，甚至有些咄咄逼人："贲老师，报上说不拖堂。"于是，贲老师和学生有了一个美丽的约定，数学课，铃响即下课，但每位同学在课上都必须专注、投入，如果谁影响了课堂，那就得像足球比赛中的伤停补时一样处理。

在贲老师的眼中，学生是帮助老师提高教学能力、提升教学水平的人。这是一个孩子在作文里描绘的贲老师，他写道：开学第一天，贲老师自我介绍时说：我的教学方法很简单，"10＋1"，什么意思呢？"10"就是10道有关基础知识的题目，"＋1"就是一道提高题。贲老师的这一番话，让我将信将疑，都是五年级的学生了，绝不可能这么轻松。不过，很快，贲老师的话得到了验证，我们每天的家庭作业都是以"10＋1"的形式在校内完成，大家都很喜欢这种独特的教学方式。贲老师正是通过对学生的承诺，让学生监督教师，"倒逼"自己减轻学生过重的学业负担，提高课堂教学的效率与效益。

他说，对待学生要像对待荷叶上的露珠一般，首先要心怀敞亮，尊重学生的各种想法。教师要怀期待之心、敏感之心、发现之心、欣赏之心，相信学生那儿有我们闻所未闻的精彩，相信学生思考问题的深度与积极性能超越我们的想象。贲老师特别喜欢萧伯纳所言：我不是你的教师，只是一个旅伴而已。你向我问路，我指向我们俩的前方。教学，是学生和老师相约的旅行。

思想：让他的生命傲然挺立

岁岁年年，朝朝暮暮，我们跨入校门，走进办公室，然后走向教室……这按部就班、日复一日、漫长无声的行程，委实静默平淡。时间长了，习惯进入潜意识中，便成了秉性。缺乏思考的忙碌，犹如疯长的野草，如果熟视无睹、不求革除，将在习惯的支配下蔓延。"我们需要思考，尤其在忙碌的生活之流里停下来思考"。

贲老师时时刻刻通过教学手记的形式提醒着自己去理性地关爱学生，让每个学生得到最大的发展。

他，每日记录课堂，反思言行，在记录与反思之中，多一份理性，不随波逐流。他把易逝的课堂锁定为常存的文字，让瞬间变成永恒，继而品味、咀嚼，对实践进行反思和重建，以实现持续的"静悄悄的革命"。这过程，理智地复现自我，筹划未来；这过程，辛苦但不心苦，忙碌，但不盲目。他总是说，有心的地方，就会有欣赏；有欣赏的地方，就会有爱；有爱的地方，就会有快乐！快乐工作，应该成为我们追求的目标。

他鼓励自己：坚持下去，我能做到！坚持写教学手记的滋味，如同余秋雨所言：是很给自己过不去的劳累活。的确，坚持写教学手记是跟自己过不去的劳累活，带来苦涩后的回味，焦灼后的会心，冥思后的放松，苍老后的年轻。从2002年2月27日开始，他坚持每天上完课就写。或几十或几千字，无论繁忙与悠闲、疲惫与轻松。这是他给自己布置的作业，也是他给自己选择的道路，因而从未停歇过一步。这一路，充满了情感上的焦虑、认知上的挣扎、意志上的动摇。坚持，需要"法布尔精神"！

他，是一位思想者。他说，做有思想的教师，首先把"思想"作为动词，继而才可能使"思想"成为名词。阅读、实践、思考，贲老师的思想和灵魂时刻在路上。他的办公室里，地上、桌上、书柜里，书籍、资料堆积如山；他的电脑里更有在"贲氏整理法"下可以即时索引的浩如烟海的文档。我们常常笑言，要找什么数学资料，不用跑图书馆，也不用问什么"度娘"，直接找贲老师就行啦。无论他是否繁忙，一定会满脸笑容地回答"你等会儿啊，喝杯水，我来找一下。"片刻，一定会有最新、最有价值、整理得最好的几份资料出现在你眼前，顺带几句金玉良言。他的班级，时刻向所有人敞开着，这份自然、坦荡，不仅仅来源于自信，更来源于每一节课、每一个环节都有他的思考。各级各类的教学教研活动中，针对贲老师的现场提问多如牛毛，而每一次，他的回答总是幽默睿智、启人思考，看似信手拈来，殊不知，鲜活话语的背后，是他长时间的坚持不懈的思考。他总是在思考，并随时记录，甚至睡觉时都不例外。一日，半梦半醒时，贲老师突然想到了"数学教学变式"的问题，他立刻抓起了床头的纸笔，记录下片刻思维的火花。他知道，如果不及时记录，当他真正睡醒时，思想火花也就熄灭了。

思想，是垂青像贲老师这样时刻准备着的人的。因为思想，让贲老师的教育生活与众不同；因为思想，让教师的生命傲然挺立。

影响：改变常在一瞬间

贲老师的精神更是照亮了一批批青年教师。工作极为繁忙，但他总和我们在一起。去年，刚参加工作的我要在区里上一节公开课，反反复复八次试上，可是每一次，不管有多忙，贲老师总是准时到场，听完后照例是一两个小时的研讨。为了让我更好地领悟课堂，贲老师甚至亲自操刀上阵，上了一节示范课。其用意深刻的设计、智慧的细节处理、成熟的课堂组织，令我不由得感叹：虽然"似曾相识"，却已"拨云见日"。同样的素材，因呈现时机、处理方式和定位目标的不同，早已呈现出了另一番不同的"风景"。

贲老师的反思文章数量多、质量精，他的文章大多成了我收藏夹中的珍品。在一遍又一遍地观摩、欣赏之余，我学习着用他的姿态去揣摩，用研究的眼光去审视。他用自己的思想为青年教师打开了一扇扇新世界的大门。

贲老师有什么好的想法，总是第一时间与我们交流、分享。他的讲座，似一股精神甘泉，清新、纯净、悠长，《用反思的方式改变自己的教育生活》《用文火煨出心灵鸡汤》《让文字与你共享》《寻找自己的读法》《学生：读你千遍也不厌倦》《十年反思的力量》《数学课堂：把门打开》《寻找课堂教学的"另一种可能"》……校、区、市、省，他的精彩报告留给大家无尽的回味。

"一个人，改变一个人，有时就在那一瞬间；一个人，影响一个人，有时就是那么一句话"。在贲老师的引领下，"行动，反思，让我们的教育生活多了激情，多了智慧，多了艺术，多了创造，"是啊，教育中的美是需要用心灵去感悟的，是要用行动来彰显的。

贲友林女儿上小学时给爸爸拍的一张照片

"高山仰止、景行行止、虽不能至、心向往之"，贾老师立足数学课堂的此岸，二十多年来如一日，把记录、反思作为工作的一部分，生活的一部分，生命的一部分，在通往彼岸的道路上留下了一个个清晰的印记。因为这种执着，他的人生显得异常美丽。侠者，不仅度己，更在度人。贾老师，就是这么一座永恒的灯塔，在"彼岸"召唤，在彼岸照亮了一大片教育的天空。

（王倩，南京师范大学附属小学青年教师）

十、永远的恩师

崔旭东

到南通参加教研活动，会议报到时，刚拿到学习资料的那一刻，我就看见了一个熟悉的名字——贾友林。

贾老师是我小学四、五、六年级的数学老师，我是他的第一届学生，只记得那时候我们班的同学都特喜欢上他的数学课，非常喜欢他用普通话叫我们的名字（那时候在农村小学说普通话就像怪物一样）。一天又一天，我和贾老师逐渐地熟悉起来，从跟着他后面学习奥数，到帮他整理发表的小文章，再到他家去做客，看到老师在南通师范上学时候的照片……我感到那时候贾老师真的非常伟大，让我们班几乎是所有的同学都爱上了数学，连续几次班级均分都是全镇第一。

受到贾老师的影响，我深深喜欢上了数学。直至到了师范分班的时候，我毫不犹豫地选择了小教理科专业。因为我心里一直把贾老师当作我崇拜的偶像。

我毕业后，先是听说贾老师已经调到海安实验小学工作，不久又听说贾老师凭借出色的能力"转会"到了南京师范大学附属小学。

很幸运地在这次活动中还能听到自己的小学老师上示范课。我怀着虔诚的心，认真地听完了"找规律"一课，贾老师依然是那样潇洒、自如，虽然重感冒，但是依然凭着那充满磁性的声音，赢得了听课老师的阵阵掌声。

真不敢想象，上完课之后，贾老师竟然主动找我。我不知道他怎么知道我在活动现场的，他怎么能在几百位听课教师中找到我的。他详细向我了解情况，仔细询问了我现在的工作状况，还交换了电子邮箱和电话号码，让我多读书、多写作，积极努力工作。贲老师的教诲让我这个学生有点受宠若惊。唯有心里已经暗暗地下定决心，要向贲老师看齐。就像贲老师回忆他的师父张兴华老师时说的一样，"一个人，改变一个人，有时就在那一瞬间；一个人，影响一个人，有时就是那么一句话。"

　　非常喜欢贲老师在活动对话环节说的一句话："虽然作为一名老师，我可能有许多地方不是特别优秀，但是思考可以弥补我的不足。"

　　是啊！多思考、多总结，才能有思想、有智慧！谢谢贲友林老师给我的教诲。贲老师，我永远的恩师！

　　　　（崔旭东，贲友林老师的学生，现为江苏省海安县大公镇中心小学教师）

与学生崔旭东合影（1993 年）

十一、贲老师趣味肖像

卫恪锐

多数人认为，数学老师是严谨、缜密、一丝不苟的同义语。但我发现，我们的数学老师贲老师作为我们学校前年从外市引进的人才更多的还是睿智、诙谐与敏锐。这不，我就给数学贲老师总结了三点：逗、笨、精。

说起贲老师的"逗"可是全校闻名。在课堂上，贲老师随口说出的话，时常逗得大家捧腹大笑。但让我印象最深刻的，还是他初次给我们上课时的情景。在急促的铃声中，贲老师夹着课本阔步走进教室。观其相貌，一头钢针般的黑发顽强地高翘着，一双深邃的眼睛迸发出智慧的光芒，颇有学者风度。放下课本后，他环视了一下45张期盼的脸，便走到黑板边，捋了一下头发，奋笔疾书。顷刻间，"贲友林"三个大字清晰地出现在黑板上。他转身抬头，笑着说："我叫贲友林。"顿时，全班哗然。贲老师好像读懂了同学们的心思，意味深长地说："我知道你们在笑我的名字，但时间长了你们会明白'贲'并不总是等于'笨'。"呵，这话什么意思，真逗！

聪明的贲老师有时也表现出"笨"来。有一天，我们学习分数应用题，我们都觉得问题比较简单，不少同学甚至有些不屑一顾。贲老师却说对此问题没有弄懂，让大家自由讨论，并让同学当小老师。同学们虽有点疑惑，但还是认真地自学起来。5分钟后，大家个个摩拳擦掌，跃跃欲试，竞相举起手来。"好，陈老师请上台！"贲老师请上了陈天扬，自己坐在学生的座位上。陈天扬有板有眼地讲着，俨然是位小老师。贲老师右手托腮，像学生一样聚精会神地听着。他时而眉头紧锁，时而频频点头，时而提问一两句："请你告诉我单位'1'指的是谁？""对应分率是指什么？"正是这一个个的提问将课堂气氛变得更加活跃。陈天扬讲完了，贲老师健步走上讲台，问："都听懂了吗？""听懂了！"台下异口同声。贲老师良苦用心的"笨"，真是"笨"得其所！

贲老师的"精"也是无人不知的。有一次数学单元测试，试题十分简单，才考30多分钟，大部分同学都已做完，偷偷搞起地下活动。贲老师发现大家态度不对，便来巡视。徐云正在津津有味地偷看卡通画，根本不知贲老师正虎视眈眈地盯着他。不一会儿，在同学们的哄笑声中，他猛然醒悟，抬起头望望老师。呀！正好与贲老师"四目相对"，他羞得面红耳赤，无地自容，乖乖把书上交"班库"。这贾老师真是火眼金睛，行踪诡秘呀！从此，我们就巧妙地给他起了一个谐音外号——"贾幽灵"。

正是贾老师这一逗、一笨、一精，让我们对原本枯燥无味的数学产生了浓厚的兴趣，激励着我们勇攀数学高峰，勇往直前！

（卫恪锐，贾友林老师的学生，现就读于美国哈佛大学。
该文为卫恪锐就读于南京师范大学附属小学时写的作文）

十二、贾特，我最喜爱的老师

周语乐

到了五年级，我已经有了许多老师，但现在教我们数学的贾友林老师给我印象最深。

贾老师是江苏省小学数学特级教师，我们私下都叫他"贾特"。贾特已经教我们数学一年多了，他个儿不是很高，长着一副国字脸，眼睛不大，却很有神，扫视着每位同学，仿佛能看透我们，给人慈祥又严肃的感觉。

我喜欢贾特，是他让我们觉得数学非常重要。他能够将数学问题引申到生活中来，同样的问题会举出不同的生活案例，让我感受到数学在生活中的作用。他教学方式幽默，每次上课都能让每一双眼睛都聚集在知识点上。再难的问题，到了他的嘴边都会变得通俗易懂，让同学们学得又轻松又好。

我喜欢贾老师，是他让我们觉得数学好玩。他在课堂上总是引导我们兴趣盎然地从各个方面去发现数学问题，提出问题，并且对提出各种问题的同学都能给予肯定与鼓励。正是贾老师的鼓励，让我对数学越来越感兴趣。

记得有一次数学课结束后，贾老师说下课如果有需要问的问题可以写纸条。看到同学们都在积极地用纸条写着问题。我有点着急，也想写点问题，可绞尽脑汁也没想出有意义的问题来。就在我准备放弃的时候，我发现黑板上的数学题目出现了标点符号错误，应该把中间的句号改成省略号。但这是一个语文问题，数学课上提

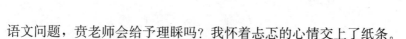

语文问题，贲老师会给予理睬吗？我怀着忐忑的心情交上了纸条。

贲老师又来上课了。他先静静地站在讲台上，扫视着全班同学，大家马上安静了下来，他才满意地眯了眯眼，点了点头，拿出几张纸片，清了下嗓子，大声宣布："我要表扬课间交纸条的同学一下，他们是×××、×××……周语乐。"突然，贲老师叫到了我的名字，还向我投来了一个鼓励的眼神。这让我十分欣喜。从此以后，我上课更加专注认真了，也爱上了寻找问题。

我喜欢贲老师，也惧怕他。因为他对我们没有偏见，无论学习成绩好坏，犯了错误都一视同仁。这不，开学后正式上课的第一周，也许是我们还没从假期回过神来，大部分同学的作业书写差，涂改多，不整洁。贲老师极不满意，"奖励"我们每人在双休日写一则反思，其中就包括许多老师的"得意门生"。

贲老师，我想对您说："感谢您对我们的谆谆教诲，您辛苦了！我非常喜欢您！"

（周语乐，贲友林老师现在所执教的南京师范大学附属小学五(6)班的学生）

附　录：
贾友林从教大事记

1990 年

8 月，分配到江苏省海安县大公乡嘟口小学工作。

1991 年

3 月，在《小学生数学报》上发表第一篇文章《两种改编哪种符合要求》。

1993 年

1 月，被海安县政府记功奖励。

7 月，获海安县小学青年教师教学基本功比赛农村小学组一等奖。

1994 年

8 月，调到江苏省海安县实验小学工作，担任学校主课题实验班数学教师。

1996 年

1 月，被海安县政府嘉奖。

1997 年

9 月，被海安县教育局评为县级小学数学教学骨干教师。

9 月，被海安县政府评为优秀大中专毕业生。

11 月，获江苏省"教海探航"征文评比一等奖。

1998 年

9 月，与崔广柏同志一起被南通市教育局、教育工会评为"十佳"师徒。

1999 年

1 月，被海安县政府嘉奖。

6 月，被《南通教育研究》作为封面、封底人物，并在"教苑新星"专栏作专辑报道。

2000 年

1 月，被海安县政府嘉奖。

1 月，论文《焕发课堂教学的活力》发表于《学科教育》。

3 月，在南通市小学数学多媒体课件说课比赛中获一等奖。

5 月，在第四届全国小学计算机辅助教学观摩课评比中获二等奖。

8 月，被破格评为小学高级教师。

9 月，被海安县教育局评为海安县小学数学学科带头人。

11 月，获江苏省"教海探航"征文评比一等奖。

2001 年

2 月，获海安县小学数学优课评比特等奖。

3 月，获南通市、江苏省小学数学优课评比一等奖。

4 月，在全国第五届小学数学优化课堂教学观摩课评比中获一等奖。

9 月，被江苏省教育厅评为江苏省优秀教育工作者。

9 月，被江苏省教育厅、教育工会评为江苏省青年教师新秀。

11 月，《江苏教育》在"呼唤名家"栏目给予推介。

撰写《走进儿童的数学学习》第六章"创造力的培养"（张兴华主编，河海大学出版社出版）。

2002 年

9 月，被评为南通市新世纪科学技术带头人培养对象。

11 月，获江苏省"教海探航"征文评比一等奖，应邀在颁奖会上执教观摩课《认识时、分》。

2003 年

1 月，被海安县委、县政府记三等功奖励。

9 月，被评为海安县小学数学学科带头人。

参与课程标准苏教版小学数学教科书的编写。

2004 年

7 月、8 月，赴宁夏、云南、广西、江西、安徽、湖南等地做教材培训。

9 月，被评为南通市小学数学学科带头人。

10 月，在江苏省小学数学青年教师教学展示活动中执教观摩课"7 的乘法口诀"。

2005 年

2 月，《小学教学参考》杂志专栏推介。

7 月、8 月，赴福建、江西、广西、安徽、湖南等地做教材培训。

9 月，调到南京师范大学附属小学工作。

2006 年

《少些"追风"多些思辨》《把握转折：从"算术"走向"代数"》发表于第 8、13、14 期《人民教育》。

参与课程标准苏教版小学数学教师用书的撰写。

2007 年

9 月，被评为南京市小学数学学科带头人。

7 月、8 月，先后赴江西上饶市，山东昌邑市、安丘市、昌乐市、临朐市、青州市等地作教材培训。

7—11 月，在江苏省教育厅送优质教育资源下乡工程中被聘为小学数学学科专家组成员，参与省送优秀教学资源下乡工程数学课堂录像工作。

11 月，《此岸与彼岸——我的数学教学手记》(33 万字)，江苏教育出版社出版。

2008 年

5 月，在江苏省小学数学教研活动中执教观摩课《找规律》。

9 月，组织并参与学校课堂教学改革实验。

10 月，被《小学教学》作为封面人物专栏推介。

2009 年

8 月，被评为中学高级教师。

《发现学生》刊于 2009 年第 2 期《教育研究与评论》。

参与编著《有效的教学技能教学问题诊断与技能提高·小学数学》（约 8 万字，吉林大学出版社出版）。

2010 年

9 月，被评为江苏省小学数学特级教师。

9 月，承担学校第一届改变教与学方式实验班数学教学工作。

参与课程标准苏教版小学数学教科书修订。

2011 年

被评为江苏省"333"高层次人才培养对象，主持的"基于斯霞教育思想的'爱的课堂'教学方式研究"获省"333 工程"培养资金资助。

参与修订后的课标苏教版小学数学教师用书的撰写。

参与编写《小学数学课程标准研究与实践》，江苏教育出版社出版。

2012 年

《生本课堂是大爱的课堂》刊于 2012 年第 3、4 期《人民教育》。

7 月，参加湖南"春晖援教"公益活动。

12 月，应邀在中国教育学会小学数学教学专业委员会第十五届年会暨成立三十周年纪念会上执教观摩课《平面图形的面积总复习》。

2013 年

《构建"以学为中心"的数学课堂》刊于 2013 年第 5 期《基础教育参考》，人大复印资料《小学数学教与学》2013 年第 9 期全文转载。

《在"复习"中学会复习》刊于 2013 年第 6 期《教育研究与评论》，人大复印资料《小学数学教与学》2013 年第 11 期全文转载。

9 月，被南京晓庄学院教师研修学院聘为 2013 年江苏省、南京市合作培养特级教师后备高级研修班教学实践指导老师。

11 月，在苏教版小学数学教材全国培训会上执教观摩课。

11 月，在江苏省首届"数学文化素质教育论坛"暨数学文化节上执教观摩课。

2014 年

1 月，《教育研究与评论》(课堂观察版)开设专栏"友林观课"。

4 月，专著《现场与背后》(48 万字)，江苏教育出版社出版。

4 月，在苏教版小学数学教材江苏省培训会上执教观摩课。

7 月，参加湖南"春晖援教"公益活动。

9 月，参与实践与研究的《爱的课堂——斯霞教育思想的传承与发展》获国家级教学成果二等奖。

2015 年

5 月，在厦门、南京等十城市协作教研活动中执教观摩课《圆的认识》。

6 月，专著《此岸与彼岸 Ⅱ》(30 万字)，江苏教育出版社出版。

10 月，参加"再飞翔"教育公益活动。

11 月，应邀在苏教版全国小学数学赛课暨课堂教学观摩活动中执教观摩课《轴对称图形》。

11 月，应邀在江苏省"教海探航"颁奖活动执教观摩课《年、月、日》并做报告。